PRÁTICA DE CONTESTAÇÃO NO PROCESSO CIVIL

O GEN | Grupo Editorial Nacional – maior plataforma editorial brasileira no segmento científico, técnico e profissional – publica conteúdos nas áreas de concursos, ciências jurídicas, humanas, exatas, da saúde e sociais aplicadas, além de prover serviços direcionados à educação continuada.

As editoras que integram o GEN, das mais respeitadas no mercado editorial, construíram catálogos inigualáveis, com obras decisivas para a formação acadêmica e o aperfeiçoamento de várias gerações de profissionais e estudantes, tendo se tornado sinônimo de qualidade e seriedade.

A missão do GEN e dos núcleos de conteúdo que o compõem é prover a melhor informação científica e distribuí-la de maneira flexível e conveniente, a preços justos, gerando benefícios e servindo a autores, docentes, livreiros, funcionários, colaboradores e acionistas.

Nosso comportamento ético incondicional e nossa responsabilidade social e ambiental são reforçados pela natureza educacional de nossa atividade e dão sustentabilidade ao crescimento contínuo e à rentabilidade do grupo.

Gediel Claudino de Araujo Júnior

PRÁTICA DE CONTESTAÇÃO NO PROCESSO CIVIL

7ª edição revista, atualizada e ampliada

■ O autor deste livro e a editora empenharam seus melhores esforços para assegurar que as informações e os procedimentos apresentados no texto estejam em acordo com os padrões aceitos à época da publicação, e todos os dados foram atualizados pelo autor até a data de fechamento do livro. Entretanto, tendo em conta a evolução das ciências, as atualizações legislativas, as mudanças regulamentares governamentais e o constante fluxo de novas informações sobre os temas que constam do livro, recomendamos enfaticamente que os leitores consultem sempre outras fontes fidedignas, de modo a se certificarem de que as informações contidas no texto estão corretas e de que não houve alterações nas recomendações ou na legislação regulamentadora.

■ Fechamento desta edição: *01.10.2021*

■ O Autor e a editora se empenharam para citar adequadamente e dar o devido crédito a todos os detentores de direitos autorais de qualquer material utilizado neste livro, dispondo-se a possíveis acertos posteriores caso, inadvertida e involuntariamente, a identificação de algum deles tenha sido omitida.

■ **Atendimento ao cliente:** (11) 5080-0751 | faleconosco@grupogen.com.br

■ Direitos exclusivos para a língua portuguesa
Copyright © 2022 by
Editora Atlas Ltda.
Uma editora integrante do GEN | Grupo Editorial Nacional
Al. Arapoema, 659, sala 05, Tamboré
Barueri – SP – 06460-080
www.grupogen.com.br

■ Reservados todos os direitos. É proibida a duplicação ou reprodução deste volume, no todo ou em parte, em quaisquer formas ou por quaisquer meios (eletrônico, mecânico, gravação, fotocópia, distribuição pela Internet ou outros), sem permissão, por escrito, da Editora Atlas Ltda.

■ Capa: Aurélio Corrêa

■ **CIP – BRASIL. CATALOGAÇÃO NA FONTE.**
SINDICATO NACIONAL DOS EDITORES DE LIVROS, RJ.

A689p

Araujo Júnior, Gediel Claudino de

Prática de contestação no processo civil/Gediel Claudino de Araujo Júnior. – 7. ed. – Barueri [SP]: Atlas, 2022.

Inclui bibliografia e índice
ISBN 978-65-59-77133-2

1. Processo civil – Brasil. 2. Contestação (Processo civil). I. Título.

21-73535 CDU: 347.91/.95(81)

Meri Gleice Rodrigues de Souza – Bibliotecária – CRB-7/6439

*Dedicado à memória de
Ruth da Silva Araujo.*

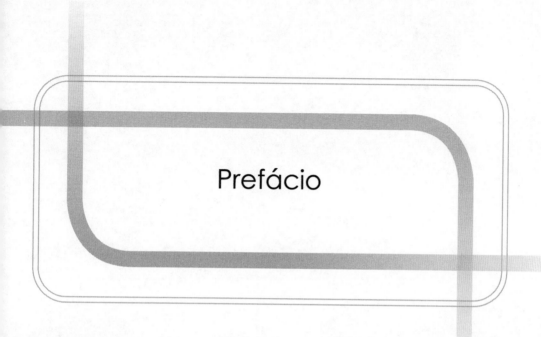

Prefácio

Esta obra é fruto de minha experiência profissional, seja como Defensor Público do Estado de São Paulo, onde atuei por quase três décadas nas áreas cível, família e infância e juventude, seja como professor, lecionando nas áreas de Direito Civil, Processo Civil e Prática Processual Civil, seja como Advogado.

Meu objetivo principal não é conceituar, caracterizar ou discutir os temas abordados, mas tão somente passar uma visão prática, invariavelmente já vivida por mim, que forneça respostas simples e diretas às questões mais comuns no dia a dia do profissional do direito. Na busca desse desiderato, procurei organizar conjuntamente as informações, tanto de direito material como de direito processual, de forma a facilitar a consulta e a compreensão dos temas tratados.

Espero, dessa forma, contribuir para facilitar e melhorar o exercício da nossa nobre profissão.

Gediel C. Araujo Jr.

Sumário

Capítulo 1 – Jurisdição 1
    1.1   Introdução 1
    1.2   Conceito e características 2
    1.3   Divisão da jurisdição 3
    1.4   Organização judiciária 3

Capítulo 2 – Direito processual civil 5
    2.1   Conceito e delimitação 5
    2.2   Evolução do direito processual civil brasileiro 6
    2.3   Características da lei processual 6

Capítulo 3 – Princípios processuais gerais 9
    3.1   Conceito 9
    3.2   Princípio do devido processo legal 9
    3.3   Princípio do contraditório e da ampla defesa 10
    3.4   Princípio do duplo grau de jurisdição 10
    3.5   Princípio dispositivo e do impulso oficial 10
    3.6   Princípio da oralidade 11
    3.7   Princípio da publicidade 11
    3.8   Princípio da boa-fé 11

Capítulo 4 – A resposta do réu 13
    4.1   Noções gerais 13
    4.2   Exceções 14
            4.2.1   Exceção de impedimento 14
            4.2.2   Exceção de suspeição 15

4.3		Intervenção de terceiros...	15
	4.3.1	Definição e modalidades...	15
	4.3.2	Assistência..	16
		4.3.2.1 Conceito e espécies..	16
		4.3.2.2 Procedimento..	17
	4.3.3	Denunciação da lide	17
	4.3.4	Chamamento ao processo...	18
	4.3.5	Do incidente de desconsideração da personalidade jurídica............	18
		4.3.5.1 Objetivo e delimitação..	18
		4.3.5.2 Da desconsideração inversa da personalidade jurídica......	19
		4.3.5.3 Procedimento..	19
	4.3.6	Do *amicus curiae*...	20
4.4		Revelia	20
4.5		Reconhecimento do pedido	21

Capítulo 5 – Contestação.. 23

5.1	Conceito e classificação..	23
5.2	Forma	23
5.3	Prazo...	24
5.4	Defesa contra o processo	25
	5.4.1 Inexistência ou nulidade da citação..	25
	5.4.2 Incompetência absoluta e relativa...	26
	5.4.3 Incorreção do valor da causa..	26
	5.4.4 Inépcia da petição inicial..	27
	5.4.5 Perempção...	27
	5.4.6 Litispendência	27
	5.4.7 Coisa julgada	28
	5.4.8 Conexão	28
	5.4.9 Incapacidade da parte, defeito de representação ou falta de autorização...	28
	5.4.10 Convenção de arbitragem	29
	5.4.11 Ausência de legitimidade ou de interesse processual...................	29
	5.4.12 Falta de caução	30
	5.4.13 Indevida concessão do benefício de gratuidade de justiça...........	30
5.5	Incidente de falsidade...	31
5.6	Defesa de mérito	32
5.7	Reconvenção...	32

Capítulo 6 – Contestação por curador especial... 35

6.1	Cabimento	35
6.2	Base legal..	36
6.3	Prática forense..	36
6.4	Dicas...	36
6.5	Primeiro modelo: Contestação por negação geral em ação de despejo onde o réu foi citado por hora certa..	37
6.6	Segundo modelo: Contestação por negação geral em ação de usucapião onde os réus foram citados por edital, com pedido de providências........	38

6.7	Terceiro modelo: Justificativa em execução de alimento onde o executado foi citado por edital	40
6.8	Quarto modelo: Cota nos autos físicos contestando ação de busca e apreensão de veículo	41
6.9	Quinto modelo: Cota nos autos físicos impugnando valor oferecido a título de indenização em ação de desapropriação	42

Capítulo 7 – Guia rápido de prática jurídica 43
    7.1   Introdução 43
    7.2   Relacionamento com o cliente 43
    7.3   Requisitos legais da petição inicial 45
    7.4   Aspectos práticos da redação da petição inicial 45
    7.5   Da resposta do demandado 49
            7.5.1   Aspectos gerais 49
            7.5.2   Aspectos práticos 50
    7.6   Dos documentos a serem juntados à petição inicial e à contestação 52
    7.7   Das despesas 53
    7.8   Conhecendo o procedimento 54

Capítulo 8 – Procuração *ad judicia* (mandato judicial) 55
    8.1   Contrato de mandato 55
    8.2   Mandato judicial 56
    8.3   Substabelecimento 57
    8.4   Responsabilidade civil dos advogados 57
    8.5   Base legal 57
    8.6   Primeiro modelo (procuração *ad judicia*, pessoa jurídica) 58
    8.7   Segundo modelo (procuração *ad judicia*, pessoa física) 59
    8.8   Terceiro modelo (substabelecimento) 60
    8.9   Quarto modelo (petição renunciando ao mandato judicial a pedido) 61
    8.10   Quinto modelo (contrato de honorários advocatícios) 62

Capítulo 9 – Prática forense 65
    9.1   Introdução 65
    9.2   Contestação de "ação de adjudicação compulsória" 65
    9.3   Contestação de "ação de alimentos" 67
    9.4   Contestação de "ação de alimentos gravídicos" 69
    9.5   Contestação de "ação de anulação de casamento" 71
    9.6   Contestação de "ação de busca e apreensão em alienação fiduciária" 72
    9.7   Contestação de "ação de consignação de aluguel" 73
    9.8   Contestação de "ação de consignação em pagamento" 74
    9.9   Contestação de "ação de conversão de separação em divórcio" 76
    9.10   Contestação de "ação de dano infecto" 77
    9.11   Contestação de "ação de demarcação de terras particulares" 78
    9.12   Contestação de "ação de despejo por denúncia vazia" 80
    9.13   Contestação de "ação de despejo por falta de pagamento" 81
    9.14   Contestação de "ação de destituição de poder familiar cumulada com adoção" 83
    9.15   Contestação de "ação de divisão" 84

9.16	Contestação de "ação de divórcio litigioso"..	85
9.17	Contestação de "ação de exigir contas"..	87
9.18	Contestação de "ação de exoneração de pensão alimentícia"........................	89
9.19	Contestação de "ação de extinção de condomínio"...	90
9.20	Contestação de "ação de extinção de fiança"...	91
9.21	Contestação de "ação de indenização por perdas e danos"..............................	92
9.22	Contestação de "ação de interdito proibitório"..	94
9.23	Contestação de "ação de investigação de paternidade cumulada com alimentos"...	95
9.24	Contestação de "ação de manutenção de posse"...	97
9.25	Contestação de "ação de modificação de guarda"...	98
9.26	Contestação de "ação de nunciação de obra nova".......................................	99
9.27	Contestação de "ação de obrigação de fazer"...	101
9.28	Contestação de "ação de reconhecimento e dissolução de união estável".......	102
9.29	Contestação de "ação de regulamentação de guarda"..................................	104
9.30	Contestação de "ação de regulamentação de visitas"..................................	106
9.31	Contestação de "ação de reintegração de posse"...	108
9.32	Contestação de "ação de reintegração de posse em comodato".....................	109
9.33	Contestação de "ação de rescisão contratual"...	111
9.34	Contestação de "ação de usucapião especial urbano"...................................	112
9.35	Contestação de "ação de usucapião extraordinário".....................................	114
9.36	Contestação de "ação de usucapião ordinário"...	115
9.37	Contestação de "ação declaratória de nulidade de negócio jurídico".............	117
9.38	Contestação de "ação estimatória"...	118
9.39	Contestação de "ação negatória de paternidade"..	120
9.40	Contestação de "ação redibitória"...	121
9.41	Contestação de "ação reivindicatória"..	122
9.42	Contestação de "ação renovatória de locação"..	123
9.43	Contestação de "ação revisional de alimentos"...	125
9.44	Contestação de "ação revisional de aluguel"..	127
9.45	Contestação de "ação revocatória"...	128
9.46	Embargos à "ação monitória"..	130
9.47	Embargos à execução..	131
9.48	Embargos de terceiros..	132
9.49	Impugnação à "ação de interdição"..	133
9.50	Justificativas em "execução de alimentos" (cumprimento de obrigação de prestar alimentos)..	135

Capítulo 10 – Peças processuais... 139

10.1	Contestação de ação de adjudicação compulsória com preliminar de "carência de ação"...	139
10.2	Contestação de "ação de alimentos gravídicos", com pedido de revisão dos alimentos provisórios, preliminar de inépcia da exordial e pedido de suspensão do feito para realização de exame e DNA...	143
10.3	Contestação de ação de alimentos movida pela filha contra o genitor com concordância parcial...	147

10.4	Contestação de ação de alimentos movida pela neta em face dos avós paternos, com preliminar de chamamento ao processo de carência de ação e inépcia da petição inicial	149
10.5	Contestação de ação de alimentos movida pelos filhos em face do pai, com preliminar e concordância parcial com o pedido	153
10.6	Contestação de ação de busca e apreensão de menores movida pela mãe em face do pai com "reconvenção"	155
10.7	Contestação de ação de busca e apreensão em alienação fiduciária, com pedido de purgação da mora	158
10.8	Contestação de ação de cobrança arrimada em contrato de locação	162
10.9	Contestação de ação de consignação em pagamento com reconvenção	165
10.10	Contestação de ação de conversão de separação em divórcio	168
10.11	Contestação de ação de dano infecto	170
10.12	Contestação de ação de despejo por denúncia vazia com preliminar de carência de ação	173
10.13	Contestação de ação de despejo por falta de pagamento com preliminar de carência de ação e inépcia da exordial (réu assistido por curador especial)	176
10.14	Contestação de ação de despejo por falta de pagamento com preliminar de nulidade de cláusula contratual, notificação prévia e inépcia da exordial	180
10.15	Contestação de ação de despejo por falta de pagamento cumulada com cobrança, com preliminar de arguição de falsidade	183
10.16	Contestação de ação de destituição de poder familiar cumulada com adoção movida em face da mãe	186
10.17	Contestação de ação de divórcio com preliminares e reconvenção – mulher vítima de violência doméstica responde ação movida pelo marido	188
10.18	Contestação de ação de divórcio movida pela mulher em face do marido, com concordância parcial com o pedido	195
10.19	Contestação de ação de divórcio movida pelo marido em face da mulher com "preliminar de conexão e impugnação do valor da causa"	197
10.20	Contestação de ação de exoneração de alimento movida pelo marido em face da ex-mulher, com impugnação da competência e pedido de reconvenção	200
10.21	Contestação de ação de exoneração de alimento movida pelo pai em face da filha maior com preliminar de emenda da exordial	204
10.22	Contestação de ação de indenização por sinistro em veículo feita por terceiro (ex-proprietário)	207
10.23	Contestação de ação de investigação de paternidade cumulada com alimentos	210
10.24	Contestação de ação de investigação de paternidade cumulada com alimentos já com exame de DNA nos autos	212
10.25	Contestação de ação de investigação de paternidade cumulada com alimentos, onde o réu confessa a paternidade e faz proposta de alimentos	214
10.26	Contestação de ação de obrigação de fazer cumulada com indenização por danos morais, com denunciação da lide	216
10.27	Contestação de ação de obrigação de fazer envolvendo transferência de veículo	219
10.28	Contestação de ação de obrigação de fazer movida pelo filho em face do pai, buscando compeli-lo a contratar plano de saúde	222

10.29	Contestação de ação de reconhecimento e dissolução de união estável, com preliminar e reconvenção	224
10.30	Contestação de ação de regulamentação de guarda movida pela avó em face da mãe	229
10.31	Contestação de ação de regulamentação de guarda movida pela mãe em face da avó paterna com preliminar de incompetência relativa e conexão..............	231
10.32	Contestação de ação de regulamentação de guarda movida pela mãe em face do pai com preliminar de conexão	234
10.33	Contestação de ação de regulamentação de guarda movida pelo pai em face da mãe com reconvenção pedindo guarda compartilhada	237
10.34	Contestação de ação de regulamentação de guarda movida por tia em face da mãe	241
10.35	Contestação de ação de regulamentação de visitas movida pela mãe em face do pai, que concorda com o pedido	243
10.36	Contestação de ação de regulamentação de visitas movida pelo pai em face da mãe com preliminar de inépcia da petição inicial	245
10.37	Contestação de ação de reintegração de posse com preliminares de incompetência absoluta, carência de ação e inépcia da petição inicial............	247
10.38	Contestação de ação de reintegração de posse com preliminares e exceção de usucapião	251
10.39	Contestação de ação de reintegração de posse de apartamento da CDHU, com preliminares de carência de ação e inépcia da petição inicial	255
10.40	Contestação de ação de reintegração de posse de área de servidão movida pela CTEEP em face de uma comunidade, com várias preliminares	259
10.41	Contestação de ação de rescisão de contrato cumulada com reintegração de posse envolvendo bem imóvel, com preliminar de nulidade da notificação prévia de constituição em mora..	267
10.42	Contestação de ação de rescisão de contrato cumulada com reintegração de posse envolvendo bem imóvel da CDHU, com preliminar de carência de ação	272
10.43	Contestação de ação de rescisão de contrato de parceria agrícola cumulada com indenização por perdas e danos, com preliminar de carência de ação....	278
10.44	Contestação de ação de usucapião com preliminares e concordância condicional do pedido (contestação pela confrontante)	280
10.45	Contestação de ação negatória de paternidade cumulada com exoneração de alimentos movida pelo pai contra os filhos, com impugnação do valor da causa e preliminar de carência de ação	282
10.46	Contestação de ação reivindicatória movida em face de uma comunidade de dezenas de pessoas, com várias preliminares......................................	285
10.47	Contestação de ação rescisória buscando anulação de sentença proferida em mandado de segurança impetrado para se obter medicamentos	293
10.48	Contestação de ação revisional de alimentos movida pelo pai em face da filha com preliminar de incompetência do juízo e inépcia da petição inicial	300
10.49	Contestação de ação revisional de alimentos movida pelo pai em face da filha com reconvenção	304
10.50	Contestação de ação revisional de alimentos movida pelo pai em face do filho com preliminar de falta de pressuposto processual................................	307

10.51	Contestação de ação revisional de alimentos movida pelos filhos em face do pai buscando o aumento do valor da pensão alimentícia com preliminar de falta de pressuposto processual..	310
10.52	Contestação de medida cautelar de busca e apreensão de menor....................	313
10.53	Embargos à ação monitória com proposta de acordo..	315
10.54	Embargos à ação monitória com reconvenção e pedido de condenação em litigância de má-fé..	317
10.55	Embargos à execução onde o embargante alega excesso de execução e nulidade da penhora...	321
10.56	Embargos de terceiros em que se busca a liberação de bem móvel penhorado em execução movida contra o marido da embargante..	324
10.57	Embargos de terceiros em que se busca a liberação de veículo bloqueado em execução..	326
10.58	"Habeas corpus" contra decisão que decretou a prisão civil do executado.......	329
10.59	Impugnação ao cumprimento definitivo da sentença sob o argumento de excesso de execução e impenhorabilidade do bem de família (art. 525, § 1º, IV e V, CPC)...	332
10.60	Impugnação aos embargos do devedor interpostos contra execução de sucumbência...	335
10.61	Impugnação aos embargos do devedor interpostos em ação de execução de alimentos pelo rito do art. 824 do CPC...	338
10.62	Impugnação de ação de interdição...	340
10.63	Justificativas em cumprimento de obrigação de prestar alimentos onde o executado nega a existência de qualquer débito, requerendo a extinção da execução (art. 924, II, CPC)...	342
10.64	Justificativas em cumprimento de obrigação de prestar alimentos onde o executado reconhece estar em débito, porém discorda dos cálculos e requer seu parcelamento...	344
10.65	Justificativas em cumprimento de obrigação de prestar alimentos onde o executado reconhece o débito e informa o pagamento, requerendo a extinção da execução...	347
10.66	Justificativas em cumprimento de obrigação de prestar alimentos onde o executado reconhece o débito e requer seu parcelamento (sem qualquer pagamento)..	349
10.67	Justificativas em cumprimento de obrigação de prestar alimentos onde o executado reconhece o débito, requer a cisão do feito em razão da cobrança de mais do que três meses, assim como requer que o juiz declare justificada sua inadimplência...	351
10.68	Justificativas em cumprimento de obrigação de prestar alimentos onde o executado reconhece o débito, requer expedição de ofício ao seu empregador e se propõe a quitar o débito usando o saldo de suas contas do FGTS.............	353
10.69	Modelo de declaração de pobreza...	356
10.70	Petição cobrando o andamento do feito que se encontra indevidamente parado, sem manifestação do juízo...	357
10.71	Petição denunciando acordo feito em cumprimento de obrigação de prestar alimentos..	358
10.72	Petição informando que o réu concorda com o pedido de exoneração de alimentos..	359

10.73	Petição justificando pedido de justiça gratuita feito na petição inicial.............	360
10.74	Petição oferecendo memoriais em ação de regulamentação de guarda e visitas...	362
10.75	Petição oferecendo memoriais em ação declaratória movida em face da empresa bandeirantes energia..	364
10.76	Petição oferecendo réplica em razão de contestação de ação de divórcio litigioso sem preliminares...	366
10.77	Petição oferecendo réplica em razão de contestação de ação de investigação de paternidade sem preliminares...	367
10.78	Petição oferecendo réplica em razão de contestação de ação de reconhecimento e dissolução de união estável sem preliminares, requerendo o saneamento do feito..	368
10.79	Petição oferecendo réplica em razão de contestação de ação de regulamentação de guarda sem preliminares, requerendo o saneamento do feito.....................	369
10.80	Petição oferecendo réplica em razão de contestação de ação de regulamentação de guarda, visitas e alimentos com preliminar e pedido de julgamento do feito no Estado..	370
10.81	Petição oferecendo réplica em razão de contestação de ação revisional de alimentos com preliminar..	371
10.82	Petição oferecendo réplica em razão de justificativas em execução de alimentos, com aceitação de pedido de parcelamento..	372
10.83	Petição oferecendo réplica em razão de justificativas em execução de alimentos, com pedido de prisão civil..	374
10.84	Petição requerendo a citação por edital do réu após diligências negativas......	375
10.85	Petição requerendo a conversão de divórcio litigioso em "divórcio consensual"...	376
10.86	Petição requerendo a desistência de ação de execução de alimentos	378
10.87	Petição requerendo a execução de acordo de visitas feito em divórcio, visto que a guardiã não vem permitindo as visitas do genitor	379
10.88	Petição requerendo a expedição de "carta de sentença" em ação de alimentos...	381
10.89	Petição requerendo a expedição de "certidão de objeto e pé" do processo em andamento...	382
10.90	Petição requerendo a expedição de mandado de levantamento e a continuidade do procedimento de cumprimento de obrigação de prestar alimentos ("execução de alimentos")..	383
10.91	Petição requerendo a expedição de ofício ao novo empregador do alimentante..	384
10.92	Petição requerendo a expedição dos ofícios de praxe a fim de tentar-se a localização do executado (execução de alimentos)..	385
10.93	Petição requerendo a expedição dos ofícios de praxe a fim de tentar-se a localização do executado, sem CPF nos autos (execução de alimentos)..........	386
10.94	Petição requerendo a extinção de ação de execução de alimentos em razão de pagamento parcial e remissão do saldo..	387
10.95	Petição requerendo a extinção de ação de execução de alimentos em razão do cumprimento de acordo..	388
10.96	Petição requerendo a extinção de procedimento de cumprimento de obrigação de prestar alimentos pelo pagamento ("execução de alimentos") – com pedido de expedição de mandado de levantamento	389

10.97 Petição requerendo a extinção de procedimento de cumprimento de obrigação de prestar alimentos pelo pagamento ("execução de alimentos") – com pedido de transferência do valor depositado judicialmente para conta pessoal da guardiã 390

10.98 Petição requerendo a homologação de acordo em cumprimento de obrigação de prestar alimentos 391

10.99 Petição requerendo a transferência eletrônica de valor depositado pelo executado e a continuidade do procedimento de cumprimento de obrigação de prestar alimentos ("execução de alimentos") 393

10.100 Petição requerendo diligências em endereços obtidos pela expedição dos ofícios de praxe (procura pelo executado) 394

10.101 Petição requerendo juntada de certidão de óbito e extinção do feito de interdição 395

10.102 Petição requerendo juntada de procuração e vista dos autos para o preparo de defesa 396

10.103 Petição requerendo o julgamento do feito no Estado 397

10.104 Petição requerendo reconsideração de alimentos provisórios fixados em ação de alimentos movida pelos filhos em face do pai 398

10.105 Petição requerendo reconsideração de alimentos provisórios fixados em ação revisional de alimentos movida pelos filhos em face do pai 400

Bibliografia 403

Capítulo 1
Jurisdição

1.1 INTRODUÇÃO

A fim de garantir a existência e a sobrevivência do indivíduo e do grupo social, a sociedade organizada criou normas gerais, abstratas e obrigatórias estabelecendo direitos e obrigações que disciplinam algumas categorias de interesses humanos. Este conjunto positivo de normas que disciplinam a vida em sociedade chamou-se "Direito". Tradicionalmente, o direito é classificado em: *direito objetivo* e *direito subjetivo*. Enquanto o direito subjetivo representa a faculdade, o poder, que a pessoa tem para praticar, ou não, certos atos da vida civil, buscando, por exemplo, a atuação jurisdicional e/ou a aplicação da sanção, o "direito objetivo", que se manifesta principalmente sob a forma de leis, indica o conjunto total das normas que disciplinam as condutas dos indivíduos na sociedade.

Embora um dos objetivos primordiais do estabelecimento de regras de conduta seja prevenir a ocorrência de conflitos entre as pessoas que habitam certo território, a história tem demonstrado que é de fato impossível evitar que esses ocorram. No início da civilização, quando uma pessoa se envolvia em um conflito intersubjetivo, tinha que resolvê-lo por si mesma, nos limites de suas próprias forças, na chamada fase da *autotutela*. Logo esta solução se mostrou insatisfatória, visto que na maioria das vezes não vencia aquele que tinha razão, mas aquele que detinha maior força. Passou-se então a se adotar a *arbitragem facultativa*, quando se dava às partes em conflito o direito de delegar a solução deste a um terceiro desinteressado e imparcial, eleito por elas. Esta solução também se mostrou inadequada, passando-se então para a fase da *arbitragem obrigatória*, na qual a solução do conflito deveria necessariamente submeter-se a uma solução dada por um terceiro imparcial.

Com o desenvolvimento da sociedade e o surgimento do Estado, posteriormente Estado de Direito, que se caracteriza pela repartição do poder (Executivo, Legislativo e Judiciário), este tomou para si a tarefa de solucionar os conflitos entre as pessoas, a quem não era mais dado fazer justiça com as próprias mãos, ou mesmo nomear árbitros para fazê-lo, salvo quando expressamente autorizado pelo próprio Estado, como no caso da legítima defesa da posse (art. 1.210, § 1º, CC) e nas hipóteses previstas na Lei de Arbitragem (Lei nº 9.307/96).

Não são todos os conflitos que ocorrem entre as pessoas que interessam ao Estado; é o caso, por exemplo, dos conflitos íntimos, que envolvem decisões pessoais do indivíduo, de cunho moral ou religioso. Com efeito, o Estado só se envolve nos conflitos que encerrem interesses juridicamente protegidos, isto é, regulados pela lei, que formam uma relação jurídica.

De outra parte, nem todos os conflitos são levados ao conhecimento do Estado-juiz, muitos se resolvem pela simples subordinação das partes envolvidas ao comando da lei; ou seja, uma parte exige a subordinação da outra e esta se conforma à pretensão da primeira, sujeitando-se voluntariamente a cumprir o requerido, por exemplo: alguém cobra uma dívida, e o devedor não só a reconhece, como faz o pagamento de forma voluntária. Ocorrendo, no entanto, de que um dos envolvidos resista à pretensão do outro, tem-se então o surgimento da lide ou litígio, que demanda a intervenção do Estado-juiz (a lide precede ao processo, mas não é essencial a ele como se verá mais a frente). Neste contexto, a doutrina costuma conceituar *lide* como o conflito de interesses caracterizado pela resistência da parte demandada, ou, em outras palavras, "como o conflito de interesses qualificado por uma pretensão resistida": por exemplo: José deseja que Maria indenize os prejuízos que esta supostamente causou em seu carro, porém Maria não reconhece a sua responsabilidade pela colisão e se recusa a pagar a indenização.

1.2 CONCEITO E CARACTERÍSTICAS

O litígio coloca em perigo a paz social e a ordem jurídica, o que reclama a atuação do Estado, que tem como uma de suas funções básicas, como se disse, a tarefa de solucionar a lide. De fato, o Estado, por meio do Poder Judiciário, tem o "poder-dever de dizer o direito", formulando, à luz do direito objetivo e dos princípios constitucionais, norma jurídica concreta que deva disciplinar determinada situação jurídica, resolvendo a lide e promovendo a paz social. Este poder-dever do Estado de dizer o direito, resolvendo o conflito, é o que a doutrina chama de *jurisdição*.

A jurisdição é ao mesmo tempo poder, função e atividade. Como função, expressa o encargo dado pela Constituição precipuamente ao Poder Judiciário de, no bojo do processo (atividade jurisdicional), promover a pacificação social, formulando a norma que irá disciplinar, resolver, a questão submetida (poder jurisdicional). Mas a atividade do Estado-juiz não se limita a declarar o direito em face do caso concreto, ela também busca fazer cumprir concretamente a norma fixada na sentença, submetendo o vencido ao seu comando.

Segundo a doutrina, a principal caraterística da jurisdição é o seu caráter substitutivo; no sentido de que a atividade do Estado-juiz substitui a atividade das partes, com escopo de estabelecer, diante do conflito, qual dos envolvidos está com a razão.

Ressalte-se, no entanto, que nem todos os casos submetidos ao Estado-juiz têm como pressuposto um conflito; há processos que não evolvem situações conflituosas e que mesmo assim o legislador achou por bem obrigar os interessados a submeta-las ao grivo do Poder Judiciário; são conhecidas como "ações constitutivas necessárias", tais como, por exemplo, o divórcio consensual e o inventário que envolva menores, assim como tantos outros procedimentos de jurisdição voluntária (retificação de registro público; curatela de interditos; tutela; alteração de regime de bens; homologação de transação extrajudicial; etc.).

A jurisdição abrange ainda três poderes básicos: decisão, coerção e documentação. Pelo primeiro, o Estado-juiz tem o poder de conhecer da lide, colher provas e decidir; pelo segundo, o Estado-juiz pode compelir o vencido ao cumprimento da decisão; pelo terceiro, o Estado-juiz pode documentar, registrar, por escrito os atos processuais.

1.3 DIVISÃO DA JURISDIÇÃO

Enquanto poder estatal, a *jurisdição é una*; no entanto, por motivos de ordem prática, principalmente pela necessidade da divisão do trabalho, costuma-se dividir as atividades jurisdicionais segundo vários critérios. Numa primeira etapa, a jurisdição se divide em comum e especial.

A *jurisdição comum*, que pode ser federal ou estadual, segundo critérios fixados na Constituição Federal (arts. 106 a 110; arts. 125 e 126), subdivide-se em civil e penal. Já a *jurisdição especial* se subdivide em trabalhista, eleitoral e militar (arts. 111 a 124, CF).

O âmbito de abrangência de cada uma das espécies de jurisdição é delineado pela exclusão; ou seja, o que não for jurisdição especial é jurisdição comum, o que não for jurisdição federal será estadual. A jurisdição civil se apresenta com a característica da generalidade, ou seja, o que não for da jurisdição penal e das jurisdições especiais será da jurisdição civil.

No Processo Civil a jurisdição pode ainda ser contenciosa ou necessária.

A *jurisdição contenciosa* é a jurisdição propriamente dita, onde, diante da lide, o Estado-juiz formula norma jurídica concreta para solucioná-la. Já a *jurisdição necessária* também conhecida como jurisdição voluntária, graciosa ou administrativa, é comumente definida como a administração pública de interesses privados; nela não se cuida de conflitos, mas de questões de interesse privado particular que por força da lei devem ter a chancela do Poder Público, tais como: nomeação de tutor ou curador, alienação de bens de incapazes, divórcio consensual, arrecadação de bens de ausentes, interdição de incapazes, retificação de registro público, etc.

1.4 ORGANIZAÇÃO JUDICIÁRIA

As regras que disciplinam a organização do Poder Judiciário, incluindo-se a constituição e o funcionamento de seus órgãos, encontram-se previstas na Constituição Federal (arts. 92 a 126), nas Constituições Estaduais, que têm competência apenas residual, nas Leis de Organização Judiciária de cada Estado, na Lei Orgânica da Magistratura (Lei Complementar nº 35, de 14 de março de 1979) e nos Regimentos Internos de cada Tribunal.

Segundo a Constituição Federal, art. 92, são órgãos do Poder Judiciário: I – o Supremo Tribunal Federal; I-A – o Conselho Nacional de Justiça; II – o Superior Tribunal de Justiça; III – os Tribunais Regionais Federais e Juízes Federais; IV – os Tribunais e Juízes do Trabalho; V – os Tribunais e Juízes Eleitorais; VI – os Tribunais e Juízes Militares; VII – os Tribunais e Juízes dos Estados e do Distrito Federal e Territórios.

O *Supremo Tribunal Federal*, ou simplesmente STF, com sede em Brasília, Distrito Federal, Capital da República, foi criado em 1890 e é composto por 11 (onze) juízes, chamados de ministros. O Supremo tem jurisdição em todo o território nacional e sua função principal é a de guardião da Constituição Federal (art. 102, CF). Já o *Superior Tribunal de Justiça* (STJ), também com sede em Brasília, foi criado em 1988, sendo composto por, no mínimo, 33 (trinta e três) ministros (art. 104, CF), com jurisdição em todo o território nacional, tendo como principal função julgar, em última instância, questões relativas a direito federal infraconstitucional.

A *justiça comum* é dividida, como já se disse, em Justiça Estadual e Justiça Federal, sendo que esta é composta por juízes federais, órgãos de primeiro grau, e por 05 (cinco) Tribunais Regionais Federais (TRF), órgãos de segundo grau e, em última instância, pelo STJ e STF, conforme seja a questão controvertida de ordem federal ou constitucional. A competência da Justiça Federal, cuja estrutura é disciplinada pela Lei nº 5.010/66, é fixada pelos arts. 108 e 109 da Constituição Federal, incluindo, entre outras, as causas: I – em que a União, entidade autárquica ou empresa pública federal forem interessadas na condição de autoras, rés, assistentes ou oponentes, exceto as de falência, as de acidentes de trabalho e as sujeitas à Justiça Eleitoral e à Justiça do Trabalho; II – entre Estado estrangeiro ou organismo internacional e Municipal ou pessoa domiciliada ou residente no País; III – as causas fundadas em tratado ou contrato da União com Estado estrangeiro ou organismo internacional; IV – os mandados de segurança e os *habeas data* contra ato de autoridade federal, excetuados os casos de competência dos tribunais federais; V – que envolvam a disputa de direitos indígenas; VI – as causas relativas a direitos humanos a que se refere o § 5º da Constituição Federal. Já a Justiça Estadual, e do Distrito Federal, cuja competência é residual, isto é, o que não for da competência da Justiça Federal será da competência da Justiça Estadual, é composta por juízes estaduais, órgãos de primeiro grau e pelo Tribunal de Justiça, órgão de segundo grau; são ainda órgãos da Justiça Estadual os Juizados Especiais Cíveis e Criminais, os juízes de paz e o Tribunal do Júri.

Por sua vez, a *justiça especial* engloba três organizações distintas: *Justiça do Trabalho*, que tem como seus órgãos as Varas do Trabalho, os Tribunais Regionais do Trabalho (TRT) e o Tribunal Superior do Trabalho (TST), sendo sua competência definida pelo art. 114 da Constituição Federal; *Justiça Eleitoral*, que tem como seus órgãos os juízes eleitorais, os Tribunais Regionais Eleitorais (TRE) e o Superior Tribunal Eleitoral (STE), sendo que a Constituição, art. 121, delegou a fixação de sua competência para Lei Complementar; *Justiça Militar*, que tem como seus órgãos juízes auditores substitutos, juízes auditores, Conselhos de Justiça, Auditoria de Correição e Superior Tribunal Militar (STM), conforme previsto na Lei nº 8.457/92.

Capítulo 2
Direito processual civil

2.1 CONCEITO E DELIMITAÇÃO

O direito objetivo encontra-se dividido em dois grandes grupos: direito material, ou substancial, e direito processual, ou instrumental.

As normas de *direito material* definem os direitos e obrigações de cada indivíduo, bem como o que é lícito ou ilícito (Direito Civil, Direito Penal, Direito do Trabalho, Direito Tributário, Direito Constitucional, Direito Eleitoral etc.). Já as normas de *direito processual* disciplinam o "exercício da jurisdição" e, conforme a natureza da lide, pode ser civil, penal, trabalhista, eleitoral etc. Quando se fala em regulamentação do "exercício da jurisdição", está-se a referir, entre outras coisas, à disciplina das atividades dos órgãos jurisdicionais (juízes), das partes (autor, réu, requerente etc.), dos auxiliares dos órgãos jurisdicionais (escreventes, escrivães, oficiais de justiça, peritos etc.), do Ministério Público e da Defensoria Pública. Destarte, o direito processual civil pode ser conceituado como o conjunto de normas que regulam o exercício da jurisdição quanto às lides de natureza civil.

Quanto à natureza dos sujeitos das relações jurídicas, pode-se ainda classificar o direito objetivo em privado e público. A norma será de *direito privado* quando todos os participantes da relação jurídica forem particulares, pessoas físicas ou jurídicas. Em síntese, no direito privado prevalece o interesse individual. De outro lado, a norma será de *direito público* sempre que o Estado, sob qualquer de suas formas, participar da relação jurídica, ou ainda se a norma tratar de matéria de natureza pública. No direito público prevalece, em síntese, os interesses da coletividade. Considerando que o exercício da jurisdição é monopólio do Estado, pode-se concluir que as normas do Direito Processual Civil são de natureza pública e, na sua grande maioria, cogentes, isto é, obrigatórias, inderrogáveis pela vontade das partes.

Por último, deve-se destacar a autonomia do direito processual civil, ou direito instrumental, em face do direito civil, ou direito substancial, e perante outros ramos do direito, em razão da evidente diversidade de natureza e de objetivos. Contudo, esta autonomia não significa isolamento, uma vez que o direito processual civil faz parte do sistema maior, que é a ciência do direito, tendo, inclusive, raízes em diversos ramos, tais como direito constitucional, direito administrativo, direito processual penal etc.

2.2 EVOLUÇÃO DO DIREITO PROCESSUAL CIVIL BRASILEIRO

Até a edição do Regulamento nº 737 no ano de 1850, que regulou o processamento das causas comerciais, vigoravam no Brasil as Ordenações Filipinas, que datavam de 1603. Posteriormente, o Regulamento nº 763, de 1890, já na era republicana, estendeu o Regulamento nº 737 aos feitos civis. Pouco depois, em 1891, a primeira Constituição Republicana dividiu a Justiça em Federal e Estadual, autorizando os Estados Federados a legislar sobre processo. A iniciativa perdurou até que a Constituição de 1934 atribuiu exclusivamente à União a competência para legislar sobre processo.

Em 1º de março de 1940, entrou em vigência o Código Nacional de Processo Civil, Decreto-lei nº 1.608/39, que vigorou até 1973, quando entrou em vigência a Lei nº 5.869, de 11 de janeiro de 1973, que reformou o Código de 1939, baseando-se em anteprojeto redigido pelo Ministro Alfredo Buzaid. Em 16 de março de 2015, foi sancionada a Lei nº 13.105, que introduziu o novo Código de Processo Civil, com vigência desde 18 de março de 2016 (conforme entendimento adotado pelo Conselho Nacional de Justiça). O anteprojeto do atual Código foi elaborado por comissão de juristas liderados pelo Ministro Luiz Fux.

O novo CPC foi dividido em duas partes, uma geral e outra especial.

A parte geral encontra-se dividida em seis livros: Livro I – Das Normas Processuais Civis; Livro II – Da Função Jurisdicional; Livro III – Dos Sujeitos do Processo; Livro IV – Dos Atos Processuais; Livro V – Da tutela Provisória; Livro VI – Da Formação, da Suspensão e da Extinção do Processo.

Já a parte especial encontra-se dividida em três livros: Livro I – Do Processo de Conhecimento e do Cumprimento de Sentença; Livro II – Do Processo de Execução; Livro III – Dos Processos nos Tribunais e dos meios de impugnação das decisões judiciais.

2.3 CARACTERÍSTICAS DA LEI PROCESSUAL

As leis processuais, ou leis do processo, estão sujeitas, como as demais leis, às regras estabelecidas no Decreto nº 4.657, de 4 de setembro de 1942, a Lei de Introdução às normas do Direito Brasileiro (LINDB). Com efeito, começam a vigorar 45 (quarenta e cinco) dias após a publicação (*vacatio legis*), salvo se outro prazo for expressamente estabelecido, e não se destinando a vigência temporária, terão vigor até que outra a modifique ou revogue (*princípio da continuidade das leis*). Mesmo que a lei revogadora perca a vigência, a lei revogada não se repristina (art. 2º, § 3º, LINDB), isto é, não volta a viger.

Embora a lei processual respeite o direito adquirido, o ato jurídico perfeito e a coisa julgada (art. 5º, XXXVI, CF), ela, entrando em vigência, tem efeito imediato, inclusive sobre os feitos que já estejam em andamento, passando a regular os atos processuais pendentes e futuros (*princípio da irretroatividade*), sendo que quanto aos primeiros, embora sejam atingidos, deverão ser respeitados eventuais efeitos dos atos já praticados.

Sendo a função jurisdicional monopólio do Estado, é natural concluir que dentro do território brasileiro só se aplicam as leis processuais tupiniquins; é o princípio da territorialidade das leis processuais (*lex fori*), expresso no art. 16 do CPC, que declara que "a jurisdição civil é exercida pelos juízes e pelos tribunais em todo o território nacional, conforme as disposições deste Código". Este princípio sujeita à lei processual pátria não só os nacionais, como também os estrangeiros domiciliados no País, conforme norma expressa no art. 12 da LINDB, que declara ser "*competente a autoridade judiciária brasileira, quando for o réu domiciliado no Brasil ou aqui tiver de ser cumprida a obrigação*".

A jurisdição brasileira pode ser concorrente ou exclusiva.

Segundo o art. 21 do CPC, a jurisdição brasileira é concorrente para julgar as ações em que: (I) o réu, qualquer que seja a sua nacionalidade, estiver domiciliado no Brasil ("considera-se domiciliada no Brasil a pessoa jurídica estrangeira que nele tiver agência, filial ou sucursal"); (II) no Brasil tiver de ser cumprida a obrigação; (III) o fundamento seja fato ocorrido ou ato praticado no Brasil. Cabe, ainda, de forma concorrente à autoridade brasileira processar e julgar, segundo o art. 22 do CPC, as ações: (I) de alimentos, quando: a) o credor tiver domicílio ou residência no Brasil; b) o réu mantiver vínculos no Brasil, tais como posse ou propriedade de bens, recebimento de renda ou obtenção de benefícios econômicos; (II) decorrentes de relações de consumo, quando o consumidor tiver domicílio ou residência no Brasil; (III) em que as partes, expressa ou tacitamente, se submeterem à jurisdição nacional.

De outro lado, o art. 23 do CPC prevê que cabe à autoridade judiciária brasileira, com exclusão de qualquer outra: (I) conhecer de ações relativas a imóveis situados no Brasil; (II) em matéria de sucessão hereditária, proceder à confirmação de testamento particular e ao inventário e à partilha de bens situados no Brasil, ainda que o autor da herança seja de nacionalidade estrangeira ou tenha domicílio fora do território nacional; (III) em divórcio, separação judicial ou dissolução de união estável, proceder à partilha de bens situados no Brasil, ainda que o titular seja de nacionalidade estrangeira ou tenha domicílio fora do território nacional.

Quanto a fatos ocorridos no exterior, o art. 13 da LINDB declara que "*a prova dos fatos ocorridos em país estrangeiro rege-se pela lei que nele vigorar, quanto ao ônus e aos meios de produzir-se, não admitindo os tribunais brasileiros provas que a lei brasileira desconheça*".

Capítulo 3
Princípios processuais gerais

3.1 CONCEITO

Princípios processuais gerais, ou fundamentais, são normas jurídicas, escritas ou não, que informam e guiam todo o sistema processual (processo e procedimento), servindo de parâmetro para o legislador infraconstitucional, à medida que envolve um prévio juízo de valor sobre vários aspectos do processo. Embora não haja uma lista taxativa sobre quantos e quais seriam esses princípios, apontam-se a seguir aqueles mais citados na doutrina brasileira.

3.2 PRINCÍPIO DO DEVIDO PROCESSO LEGAL

Também conhecido pela expressão inglesa *due process of law*, encontra-se expressamente previsto no art. 5º, LIV, da Constituição Federal, que declara que "ninguém será privado da liberdade ou de seus bens sem o devido processo legal", significando que a pessoa só pode ser privada de seus bens por meio de processo cujo procedimento e cujas consequências tenham sido previstos em lei, entendida esta como a regra geral que, emanada de autoridade competente, é imposta coercitivamente à obediência de todos.

Além da garantia de um processo legal, que engloba outras garantias como, por exemplo, a garantia do juiz natural e imparcial, a garantia de acesso à justiça, da ampla defesa e do contraditório, a moderna processualista entende ser necessário garantir que o processo seja também "justo" (processo justo); ou seja, não basta que se garanta ao cidadão o "devido processo legal", o processo moderno precisa ser também "justo", no sentido de que a prestação jurisdicional deve buscar realizar o melhor resultado concreto dentro de um prazo razoável (art. 5º, LXXVIII, CF).

Segundo Humberto Theodoro Júnior,[1] o processo, para ser justo, nos moldes constitucionais do Estado Democrático de Direito, terá de consagrar, no plano procedimental: a) o direito de acesso à Justiça; b) o direito de defesa; c) o contraditório e a paridade de armas entre as partes; d) a independência e a imparcialidade do juiz; e) a obrigatoriedade da motivação dos provimentos judiciais decisórios; f) a garantia de uma duração razoável, que proporcione uma tempestiva tutela jurisdicional.

3.3 PRINCÍPIO DO CONTRADITÓRIO E DA AMPLA DEFESA

O art. 5º, LV, da Constituição Federal declara que "aos litigantes, em processo judicial ou administrativo, e aos acusados em geral são assegurados o contraditório e ampla defesa, com os meios e recursos a ela inerentes", impondo, desta forma, a paridade de tratamento entre as partes, o que garante ao réu não só o direito de conhecer o pedido do autor, mas também o direito de respondê-lo.

3.4 PRINCÍPIO DO DUPLO GRAU DE JURISDIÇÃO

Segundo o *princípio do duplo grau de jurisdição*, é facultado às partes de processo judicial o direito de recorrer das decisões judiciais (princípio da recorribilidade), provocando seu reexame por órgão hierarquicamente superior (juízos distintos). Este princípio tem como pressuposto o desejo de se garantir, tanto quanto possível, o acerto das decisões judiciais e, ao mesmo tempo, atender à necessidade humana de uma segunda opinião.

3.5 PRINCÍPIO DISPOSITIVO E DO IMPULSO OFICIAL

O *princípio dispositivo ou da inércia* é aquele que informa que cabe à pessoa interessada provocar, por meio do ajuizamento de uma ação, o Poder Judiciário. Em outras palavras, aquele que pensa ter sido violado em seus direitos deve procurar o Estado-juiz, que até então permanece inerte (*nemo judex sine actore*). Todavia, embora o processo deva necessariamente começar por iniciativa da parte (*princípio da inércia*), uma vez ajuizada a ação, essa se desenvolve por impulso oficial (*princípio do impulso oficial*), ou seja, cabe ao juiz cuidar para que essa siga a sua marcha até que seja prolatada a sentença, resolvendo ou não a lide. Neste sentido a norma do art. 2º do CPC: "o processo começa por iniciativa da parte e se desenvolve por impulso oficial, salvo as exceções previstas em lei".

Ligado a esses dois princípios, há ainda o *princípio inquisitivo*, que confere ao juiz poder para buscar, por todos os meios a seu alcance, a "verdade real", podendo, a fim de alcançar esse objetivo, determinar a produção das provas que achar necessárias.

---

[1] THEODORO, Humberto Júnior. *Curso de direito processual civil*, 56. ed. Rio de Janeiro: Forense, 2015. v. I, p. 51.

3.6 PRINCÍPIO DA ORALIDADE

Com objetivo de tornar a prestação da tutela jurisdicional mais célere, os atos processuais devem ser feitos preferencialmente de forma oral. Essa premissa advém do *princípio da oralidade*, que se completava, sob a égide do CPC de 1973, com o *princípio da identidade física do juiz*, segundo o qual o juiz que colhe as provas deve julgar a lide, uma vez que seu contato direto com as partes e testemunhas lhe oferece melhores condições de avaliar as provas produzidas e, portanto, de sentenciar de forma mais satisfatória. Este princípio não foi conservado pelo novo CPC fato que, no entanto, não tira o valor do princípio da oralidade. Com efeito, o novo CPC procura, na verdade, incrementar o princípio da oralidade na medida em que normatiza a cooperação entre as partes e o juiz na busca de um processo mais célere e justo (art. 6°, CPC).

3.7 PRINCÍPIO DA PUBLICIDADE

A fim de garantir a veracidade, correção e transparência dos atos processuais, esses devem ser preferencialmente públicos, inclusive as audiências (arts. 11 e 189, CPC), conforme norma esculpida na própria Constituição Federal, art. 93, inciso IX, que declara que "todos os julgamentos dos órgãos do Poder Judiciário serão públicos, e fundamentadas todas as decisões, sob pena de nulidade, podendo a lei limitar a presença, em determinados atos, às próprias partes e a seus advogados, ou somente a estes, em casos nos quais a preservação do direito à intimidade do interessado no sigilo não prejudique o interesse público à informação".

O princípio tem algumas exceções previstas no CPC, art. 189, que diz que "os atos processuais são públicos, todavia tramitam em segredo de justiça os processos: I – em que o exija o interesse público ou social; II – que versem sobre casamento, separação de corpos, divórcio, separação, união estável, filiação, alimentos e guarda de crianças e adolescentes; III – em que constem dados protegidos pelo direito constitucional à intimidade; IV – que versem sobre arbitragem, inclusive sobre cumprimento de carta arbitral, desde que a confidencialidade estipulada na arbitragem seja comprovada perante o juízo. § 1º O direito de consultar os autos de processo que tramite em segredo de justiça e de pedir certidões de seus atos é restrito às partes e aos seus procuradores. § 2º O terceiro que demonstrar interesse jurídico pode requerer ao juiz certidão do dispositivo da sentença, bem como de inventário e de partilha resultantes de divórcio ou separação".

3.8 PRINCÍPIO DA BOA-FÉ

Embora o processo seja um jogo, todo aquele que dele participa deve proceder com probidade e lealdade (art. 77, CPC), isto é, sustentar suas razões dentro dos limites da ética, da moralidade e da boa-fé, expondo os fatos conforme a verdade e evitando provocar incidentes inúteis e/ou infundados que visam apenas à procrastinação do feito. O litigante de má-fé fica sujeito a responder por perdas e danos (arts. 79 e 80, CPC), além de poder ser condenado, a pedido ou de ofício, nos próprios autos a indenizar os prejuízos da parte contrária (art. 81, CPC).

Capítulo 4
A resposta do réu

4.1 NOÇÕES GERAIS

Da mesma forma como garante a todos o direito de ação, isto é, o direito de demandar perante o Poder Judiciário (art. 5º, XXXIV e XXXV, CF), a Constituição Federal também garante aos demandados o direito a ampla defesa (art. 5º, inciso LV, CF); em outras palavras, o direito de resistir à pretensão do autor, podendo esta resistência tomar várias formas no processo civil, tais como: contestação, reconvenção, exceções, impugnações e embargos.

Assim como o autor não está obrigado a litigar (*princípio dispositivo*), o réu, uma vez citado, não está obrigado a se defender. Considerando, no entanto, que a citação o vincula ao processo, formando a relação jurídica processual, deve fazê-lo, caso não queira sofrer as consequências por sua omissão (revelia). Destarte, regularmente citado o réu pode: I – *permanecer inerte*, sofrendo os efeitos da revelia (art. 344, CPC); II – *reconhecer o pedido do autor*, provocando o julgamento antecipado da lide (art. 487, III, *a*, CPC); III – *defender-se*, apresentando oportunamente contestação. Lembro que no caso específico da ação monitória, a defesa é apresentada por meio de embargos (art. 702, CPC), isso porque o procedimento desta ação é inicialmente de natureza executiva e os "embargos", como se sabe, é o meio posto à disposição do executado para que ele, caso queira, se oponha ao procedimento executivo (arts. 914 a 920, CPC), quando arrimado em título extrajudicial (art. 784, CPC). Quando o procedimento executivo for arrimado em título judicial, eventual oposição do executado pode acontecer por meio da apresentação de "impugnação", conforme previsto no art. 525 do CPC.

Registro que, além de se defender, o réu pode apresentar, no caso de entender que o juiz da causa é suspeito ou impedido, exceção de impedimento ou suspeição. Lembro, outrossim, que a iniciativa do réu pode ir além da apresentação de contestação, deixando a posição passiva de quem se defende para contra-atacar o autor por meio de "reconvenção".

4.2 EXCEÇÕES

Ao opor exceções, o réu não está se defendendo do pedido do autor, mas investindo contra aspectos formais do processo, em especial quanto à imparcialidade ou suspeição do juízo (arts. 144 e 145, CPC). Sob a vigência do CPC de 1973, o réu podia ainda interpor exceção de incompetência com escopo de questionar o foro junto ao qual o autor tinha interposto a ação; buscando simplificar o procedimento, o novo CPC acabou com a necessidade de incidente autônomo para questionar a competência, observando que tanto a competência absoluta como relativa devem ser discutidas como preliminar na própria contestação.

Quando arguida pelo réu, a exceção de impedimento e/ou suspeição deve ser aduzida por petição escrita, devidamente fundamentada, inclusive com a juntada de documentos e, quando necessário e oportuno, rol de testemunhas.

Recebida a exceção, o Juiz, se reconhecer o impedimento ou a suspeição, ordenará imediatamente a remessa dos autos a seu substituto legal; caso contrário, ou seja, se não reconhecer seu impedimento ou suspeição, determinará que a exceção seja autuada em apartado, apresentando suas razões no prazo de 15 (quinze) dias, acompanhadas de documentos e de rol de testemunhas, se houver, determinando em seguida a remessa do incidente ao tribunal. No tribunal, distribuído o incidente, o relator deverá declarar os seus efeitos. Reconhecido o impedimento ou a suspeição, o tribunal fixará o momento a partir do qual o juiz não poderia ter atuado, decretando a nulidade de eventuais atos praticados.

4.2.1 Exceção de impedimento

O art. 144 do CPC informa que o juiz é impedido de exercer as suas funções no processo: I – em que interveio como mandatário da parte, oficiou como perito, funcionou como membro do Ministério Público ou prestou depoimento como testemunha; II – de que conheceu em outro grau de jurisdição, tendo proferido decisão; III – quando nele estiver postulando, como defensor público, advogado ou membro do Ministério Público, seu cônjuge ou companheiro, ou qualquer parente, consanguíneo ou afim, em linha reta ou colateral, até o terceiro grau, inclusive; IV – quando for parte no processo ele próprio, seu cônjuge ou companheiro, ou parente, consanguíneo ou afim, em linha reta ou colateral, até o terceiro grau, inclusive; V – quando for sócio ou membro de direção ou de administração de pessoa jurídica parte no processo; VI – quando for herdeiro presuntivo, donatário ou empregador de qualquer das partes; VII – em que figure como parte instituição de ensino com a qual tenha relação de emprego ou decorrente de contrato de prestação de serviços; VIII – em que figure como parte cliente do escritório de advocacia de seu cônjuge, companheiro ou parente, consanguíneo ou afim, em linha reta ou colateral, até o terceiro grau, inclusive, mesmo que patrocinado por advogado de outro escritório; IX – quando promover ação contra a parte ou seu advogado.

A hipótese prevista no inciso III só se verifica quando o defensor público, o advogado ou o membro do Ministério Público já integrasse o processo antes do início da atividade judicante do juiz, com escopo de evitarem-se manobras para afastar indevidamente o juiz. O impedimento previsto nesse inciso também se estende aos casos de mandato conferido a membro de escritório de advocacia que tenha em seus quadros advogados que individualmente ostente a condição de cônjuge, companheiro ou parente.

O impedimento do juiz fere de nulidade a relação processual e pode ser alegado em qualquer grau de jurisdição, inclusive em ação rescisória, visto que insuscetível de preclusão.

4.2.2 Exceção de suspeição

Segundo o art. 145 do CPC, reputa-se suspeito o juiz quando: I – amigo íntimo ou inimigo de qualquer das partes ou de seus advogados; II – que receber presentes de pessoas que tiverem interesse na causa antes ou depois de iniciado o processo, que aconselhar alguma das partes acerca do objeto da causa ou que subministrar meios para atender às despesas do litígio; III – quando qualquer das partes for sua credora ou devedora, de seu cônjuge ou companheiro ou de parentes destes, em linha reta até o terceiro grau, inclusive; IV – interessado no julgamento do processo em favor de qualquer das partes.

Além das hipóteses expressamente mencionadas, o juiz pode declarar-se suspeito por motivo de foro íntimo, sem necessidade de declarar suas razões.

Ao contrário da exceção de impedimento, que provoca a nulidade do processo, a suspeição é vício sanável; isto é, se a parte não argui-lo no tempo próprio, haverá a preclusão, considerando-se que houve aceitação do juiz.

4.3 INTERVENÇÃO DE TERCEIROS

4.3.1 Definição e modalidades

A princípio, a sentença proferida num processo só deve atingir, favorecer ou prejudicar as partes (autor e réu). Há situações, no entanto, em que a decisão tomada num processo tem reflexo em outra relação jurídica de direito material, estendendo indiretamente os efeitos da sentença a terceira pessoa estranha à relação jurídica processual originária. Assim, este "terceiro juridicamente interessado" pode, com escopo de defender interesse próprio, intervir *voluntariamente* no processo, ou mediante *provocação* de uma das partes. Neste último caso, o terceiro, como o réu, pode oferecer manifestação ou ficar revel, sofrendo eventuais efeitos da sua inércia.

A intervenção por provocação de uma das partes, na chamada "intervenção provocada", envolve 3 (três) institutos diversos, quais sejam: *denunciação da lide, chamamento ao processo* e o *incidente da desconsideração da personalidade jurídica*. Sob a égide do CPC de

1973, havia ainda a "nomeação à autoria", que representava obrigação atribuída ao réu com escopo de corrigir o polo passivo da ação. O novo Código não dispensou essa obrigação, apenas passou a tratá-la como questão preliminar na própria contestação (arts. 337, XI, 338 e 339, CPC). A desconsideração da personalidade jurídica já era amplamente aceita pela jurisprudência, vindo em boa hora a sua regulamentação.

Já a intervenção por iniciativa própria do terceiro, na chamada "intervenção voluntária", envolve 2 (dois) institutos, quais sejam: *assistência* e "*amicus curiae*". O Código de 1973 incluía neste capítulo ainda o instituto da "oposição", o CPC atual optou por descolocar o assunto para o título dos "procedimentos especiais", classificando-o como ação especial autônoma (arts. 682 a 686, CPC).

4.3.2 Assistência

4.3.2.1 *Conceito e espécies*

Forma típica de intervenção de terceiro, a assistência é o meio pelo qual terceiro juridicamente interessado pode voluntariamente intervir em processo do qual não é parte, a fim de defender interesses próprios que podem ser atingidos pela sentença a ser proferida entre as partes (autor e réu).

A assistência pode ser simples ou litisconsorcial.

Ocorre a *assistência simples* quando, pendendo um processo entre duas ou mais pessoas, terceiro, que tenha interesse jurídico em que a sentença seja favorável a uma das partes, intervém no processo para assisti-la. Na qualidade de auxiliar, o assistente exercerá os mesmos poderes e sujeitar-se-á aos mesmos ônus processuais que o assistido (art. 121, CPC), embora não possa praticar atos contrários à vontade do assistido, que pode reconhecer a procedência do pedido, desistir da ação ou transigir com a parte contrária (art. 122, CPC).

O "interesse jurídico do assistente" se fundamenta na perspectiva de sofrer efeitos reflexos da decisão desfavorável ao assistido, por exemplo: sublocatário, em ação de despejo movida em face do sublocador; sublocatário, em ação renovatória de locação movida em face do sublocador; funcionário público, em ação de indenização proposta em face da Administração Pública por dano causado por ele; de seguradora, em ação de indenização promovida contra o segurado etc.

Já a *assistência litisconsorcial* ocorre sempre que a sentença houver de influir na relação jurídica entre o assistente e o adversário do assistido. Em outras palavras, embora o assistente não seja parte daquele processo, a sentença ali proferida irá afetar diretamente a relação jurídica de direito material entre ele e o adversário do assistido. É uma espécie de "litisconsórcio facultativo ulterior unitário" (*v. g.*, ação reivindicatória movida por consorte, art. 1.314, CC; adquirente de direito material litigioso quando não lhe for possível a sucessão processual, art. 109, § 1º, CPC; lide envolvendo obrigações solidárias, arts. 267 e 274, CC), razão pela qual neste tipo de intervenção o assistente atua como parte distinta, tendo o direito de promover individualmente o andamento do feito, devendo, para tanto, ser intimado dos respectivos atos (arts. 117, 118 e 124, CPC).

4.3.2.2 Procedimento

A assistência tem cabimento em qualquer tipo de procedimento e em qualquer grau de jurisdição, sendo que o assistente recebe o processo no estado em que se encontra (art. 119, parágrafo único, CPC).

O interessado em intervir como assistente num feito pendente deverá fazer pedido escrito neste sentido, oferecendo as razões e as provas que justificam seu interesse no feito, bem a quem deseja assistir. É lícito a qualquer das partes impugnar o pedido no prazo de 15 (quinze) dias. Havendo impugnação, o juiz decidirá o incidente, sem suspensão do processo (art. 120, CPC).

4.3.3 Denunciação da lide

A denunciação da lide é o ato pelo qual a parte (denunciante), a fim de garantir seu direito de regresso, no caso de que acabe vencida na ação, chama à lide terceiro garantidor (denunciado), a fim de que este integre o processo. Dessa forma, se o juiz vier a condenar ou julgar improcedente o pedido do denunciante, deverá, na mesma sentença, declarar se o denunciado, por sua vez, deve ou não indenizá-lo. Na verdade, com a denunciação se estabelece uma cumulação de ações num só processo, de sorte que a sentença não só decidirá a lide entre o autor e o réu, mas também aquela que se cria entre a parte denunciante e o terceiro denunciado.

Diferentemente do Código anterior (1973), em que a denunciação da lide era, em certos casos, obrigatória, o CPC atual, em seu art. 125, se limita a informar que a denunciação da lide é "admissível" nos seguintes casos: I – ao alienante imediato, no processo relativo à coisa cujo domínio foi transferido ao denunciante, a fim de que possa exercer os direitos que da evicção lhe resultam (garantia da evicção); II – àquele que estiver obrigado, por lei ou pelo contrato, a indenizar, em ação regressiva, o prejuízo de quem for vencido no processo. Observe-se, no entanto, que a Lei nº 8.078/90, o conhecido Código de Defesa do Consumidor, veda, no seu art. 88, a denunciação da lide nas demandas que envolvem relações de consumo.

Não havendo a denunciação da lide, sendo esta indeferida ou não permitida, o interessado poderá pleitear o seu direito por meio de ação autônoma.

O código vigente optou por limitar a chamada "denunciação sucessiva" ao declarar no § 2º do art. 125 que se admite uma única denunciação sucessiva; ou seja, o denunciado pode, por sua vez, denunciar o feito contra seu antecessor imediato na cadeia dominial ou quem seja responsável por indenizá-lo; contudo, esse denunciado não pode denunciar o seu antecessor, sendo que eventual direito de regresso deverá ser exercido por ação autônoma. Esse novo entendimento, que contraria o que dispunha o Código de 1973, se coaduna com a ideia de processo justo, na medida em que por meio dessa limitação procura-se garantir a celeridade processual.

Quando a denunciação for feita pelo autor, deverá fazê-la na petição inicial (v. g., ação reivindicatória com denúncia para o alienante); neste caso, o denunciado poderá assumir a posição de litisconsorte do denunciante, sendo-lhe lícito acrescentar novos argumentos à petição inicial. No caso em que o denunciante for o réu, a denunciação deve ser feita na contestação. Em qualquer dos casos, a inércia do interessado implicará preclusão do seu direito; feita a denunciação, o denunciante deve promovê-la no prazo de 30 dias, sob pena de ficar sem efeito (arts. 126 e 131, CPC). Sob o tema, não se deve olvidar a Súmula 106 do STJ: "Proposta a ação no prazo fixado para o seu exercício, a demora na citação, por motivos inerentes ao mecanismo da justiça, não justifica o acolhimento da arguição de prescrição ou decadência".

A decisão que admite, ou não, a denunciação da lide é impugnável por meio de agravo de instrumento (art. 1.015, IX, CPC).

Feita a denunciação pelo réu (art. 128, CPC): I – se o denunciado contestar o pedido formulado pelo autor, o processo prosseguirá tendo, na ação principal, em litisconsórcio, denunciante e denunciado; II – se o denunciado for revel, o denunciante pode deixar de prosseguir com sua defesa, eventualmente oferecida, e abster-se de recorrer, restringindo sua atuação à ação regressiva; III – se o denunciado confessar os fatos alegados pelo autor na ação principal, o denunciante poderá prosseguir com sua defesa ou, aderindo a tal reconhecimento, pedir apenas a procedência da ação de regresso.

4.3.4 Chamamento ao processo

Chamamento ao processo é o ato pelo qual o réu chama outros coobrigados para integrar a lide (solidariedade civil). Assim como acontece na denunciação da lide, o chamado fica vinculado ao feito, subordinando-o aos efeitos da sentença. Segundo o art. 130 do CPC, o chamamento ao processo é admissível em face: I – do afiançado, na ação em que o fiador for réu; II – dos demais fiadores, na ação proposta contra um ou alguns deles; III – dos demais devedores solidários, quando o credor exigir de um ou de alguns o pagamento da dívida comum.

As hipóteses de cabimento demonstram que o chamamento ao processo só é cabível contra quem, como o réu, é coobrigado solidário pela dívida cobrada. O incidente é cabível em qualquer espécie de procedimento no processo de conhecimento.

O interessado deve promover o incidente na contestação, tendo o prazo de 30 (trinta) dias para promover a citação daquele que deve figurar em litisconsórcio passivo, sob pena de ficar sem efeito o chamamento. Na eventualidade do chamado residir em outra comarca, seção ou subseção judiciária, ou em lugar incerto, o prazo para que o réu promova a citação passa a ser de 2 (dois) meses.

A sentença que eventualmente julgar procedente o pedido do autor valerá como título executivo em favor do obrigado que satisfazer a obrigação, com escopo de que possa exigi-la, por inteiro, do devedor principal ou, no caso de obrigação solidária, a quota parte de cada um dos codevedores (art. 132, CPC).

4.3.5 Do incidente de desconsideração da personalidade jurídica

4.3.5.1 Objetivo e delimitação

O art. 50 do Código Civil declara que "em caso de abuso da personalidade jurídica, caracterizado pelo desvio de finalidade ou pela confusão patrimonial, pode o juiz, a requerimento da parte ou do Ministério Público quando lhe couber intervir no processo, desconsiderá-la para que os efeitos de certas e determinadas relações de obrigações sejam estendidos aos bens particulares dos administradores ou sócios da pessoa jurídica beneficiados direta ou indiretamente pelo abuso"; ou seja, a desconsideração da pessoa jurídica consiste na possibilidade do credor da pessoa moral alcançar, sob certas circunstâncias, os bens particulares dos sócios ou administradores, com escopo de obter satisfação para o seu crédito.

Ocorre o desvio de finalidade quando a pessoa jurídica pratica atos ilícitos ou incompatíveis com a sua finalidade social. Já a confusão patrimonial ocorre quando não há separação entre o patrimônio do sócio e o da pessoa moral.

No geral, a jurisprudência tem sido no sentido de exigir que o interessado demonstre, ao requerer a desconsideração, que a pessoa jurídica foi usada pelos sócios e/ou administradores de forma fraudulenta ou abusiva, com escopo da prática de atos ilícitos. Não basta, portanto, que não sejam localizados bens em nome da pessoa jurídica. Nesse sentido, veja-se a seguinte ementa: "a desconsideração da personalidade jurídica é medida de caráter excepcional que somente pode ser decretada após a análise, no caso concreto, da existência de vícios que configurem abuso de direito, desvio de finalidade ou confusão patrimonial, o que não se verifica na espécie. (...)" (STJ, REsp 846.331/RS, rel. Min. Luis Felipe Salomão, 4ª T., j. 23-3-2010, *DJe* 6-4-2010).

4.3.5.2 Da desconsideração inversa da personalidade jurídica

Novidade do novo CPC, a "desconsideração inversa" permite responsabilizar o patrimônio da pessoa jurídica por eventual obrigação assumida pelo sócio ou administrador (art. 133, § 2º, CPC). Seus pressupostos são os mesmos, ou seja, desvio de finalidade ou confusão patrimonial. A doutrina cita como exemplo de desconsideração inversa a situação em que o sócio esvazia o seu patrimônio pessoal e o integraliza, por inteiro, na pessoa jurídica, com o propósito de prejudicar terceiros, como, por exemplo, credores ou mesmo o próprio cônjuge.

A desconsideração inversa segue o mesmo procedimento do incidente da desconsideração da personalidade jurídica.

4.3.5.3 Procedimento

O incidente de desconsideração da personalidade jurídica é cabível em todas as fases do processo de conhecimento, no cumprimento de sentença e na execução fundada em título executivo extrajudicial (art. 134, CPC), devendo ser instaurado a pedido da parte ou do Ministério Público, quando lhe couber intervir no processo, na própria petição inicial ou por petição autônoma (art. 133, CPC). Quando feito na própria exordial, não haverá a instauração de incidente à parte ou mesmo a suspensão do processo, devendo o réu apresentar sua defesa quanto ao pedido juntamente com a contestação, em preliminar.

Feito por meio de petição autônoma, a instauração do incidente tem o efeito de suspender o processo (art. 134, § 3º, CPC).

Em qualquer das formas, o interessado deve demonstrar a ocorrência dos pressupostos específicos; ou seja, deve detalhar as razões pelas quais entende que houve desvio de finalidade ou confusão patrimonial.

Citado, o sócio ou administrador terá prazo de 15 (quinze) dias para apresentar defesa, podendo requerer as provas que entender necessárias ou cabíveis ao caso (art. 135, CPC). No caso de optar por não responder, incidem os efeitos da revelia quanto às questões de fato.

Concluída a instrução, o juiz resolverá o incidente por meio de decisão interlocutória impugnável por meio de agravo de instrumento (art. 1.015, IV, CPC); no caso da decisão ser proferida por relator, o recurso cabível será o agravo interno (art. 1.021, CPC).

Acolhido o pedido, eventual alienação ou oneração de bens, havida em fraude de execução, será ineficaz em relação ao requerente (art. 137, CPC).

4.3.6 Do *amicus curiae*

O "amigo do tribunal" se apresenta, conforme regime adotado pelo novo CPC, como um auxiliar especial do juízo em causas de relevância social ou com repercussão geral (apoio técnico); sua participação tem caráter meramente opinativo, tendo como objetivo melhorar o debate processual, contribuindo para uma decisão judicial mais justa. O instituto permite que terceiro, que possua interesse jurídico legítimo, intervenha no processo voluntariamente ou em razão de convite feito por uma das partes ou de ofício pelo magistrado.

O *amicus curiae* pode ser pessoa natural ou jurídica que, nos termos do CPC (art. 138), possua representatividade adequada. O Código não especifica o que seria essa "representatividade adequada"; a doutrina e a jurisprudência, no entanto, observam que a referida expressão indicaria a pessoa ou entidade que reúnam a condição de legítimos representantes de um grupo ou classe, gozando de notório saber sobre o tema tratado no processo (pertinência temática).

Convocado ou admitida a participação, o *amicus curiae* deve fazê-lo no prazo de 15 dias, qualquer que seja a fase do processo, assegurando-se o contraditório. Cabe ao juiz delimitar os limites da sua atuação, observando-se que pode interpor embargos de declaração, assim como recorrer da decisão que julgue incidente de resolução de demandas repetitivas.

4.4 REVELIA

A lei garante ao réu o direito de se defender, porém não impõe a ele que o faça. Na verdade, a defesa expressa o comportamento que se espera do réu, razão pela qual constitui apenas um ônus para ele, no sentido de que deve fazê-la caso não queira sofrer as consequências processuais previstas em lei. Revelia, diante desse quadro, é a não apresentação de contestação pelo réu, que deixa transcorrer *in albis* o prazo legal.

Considera-se revel, ainda, o réu que apresentar a contestação fora do prazo, intempestivamente, ou aquele que deixar de impugnar especificamente os fatos narrados pelo autor (art. 341, CPC), salvo se: I – não for admissível, a seu respeito, a confissão; II – a petição inicial não estiver acompanhada de instrumento que a lei considerar da substância do ato; III – estiverem em contradição com a defesa, considerada em seu conjunto. A obrigação da impugnação específica dos fatos não se aplica ao defensor público, ao advogado dativo e ao curador especial.

Os principais efeitos da revelia são: I – a presunção relativa de veracidade dos fatos afirmados pelo autor na petição inicial, criando-se a chamada *verdade formal*; II – o transcurso dos prazos processuais fluirá da data de publicação do ato decisório no órgão oficial (arts. 344 e 346, CPC).

Quanto aos "efeitos da revelia", ressalva o art. 345 do CPC que ela não induz à presunção de veracidade dos fatos afirmados na petição inicial, quando: I – havendo pluralidade de réus, algum deles contestar a ação; II – o litígio versar sobre direitos indisponíveis; III – a petição inicial não estiver acompanhada de instrumento que a lei considere indispensável à prova do ato; IV – as alegações de fato formuladas pelo autor forem inverossímeis ou estiverem em contradição com prova constante dos autos. Também não se aplicam os efeitos da revelia ao réu preso, citado por hora certa ou edital, a quem, necessariamente, deverá ser nomeado curador especial, que terá obrigação legal de contestar (art. 72, II, CPC).

Observe-se ainda que, tratando a ação de direitos disponíveis, a revelia pode abreviar o procedimento, possibilitando o julgamento antecipado da lide (art. 355, II, CPC).

4.5 RECONHECIMENTO DO PEDIDO

Como já se disse, citado, o réu pode responder, permanecer revel e, finalmente, reconhecer o pedido do autor, causando o julgamento antecipado do processo, em decisão de mérito (art. 487, III, *a*, CPC). Advertem os tratadistas que não se deve confundir reconhecimento do pedido com confissão, visto que, enquanto esta é meio de prova e pode ser parcial, isto é, quanto a algum aspecto em especial dos fatos informados pelo autor, o reconhecimento do pedido envolve completa adesão do réu ao pedido do autor, tanto que sua ocorrência provoca o julgamento antecipado do feito (art. 354, CPC).

Capítulo 5
Contestação

5.1 CONCEITO E CLASSIFICAÇÃO

A contestação é para o réu o que a petição inicial é para o autor; ou seja, é o ato processual, escrito ou oral, por meio do qual o réu demanda a tutela jurisdicional do Estado-juiz; a diferença está no fato de que o autor manifesta na exordial uma pretensão, enquanto o réu utiliza a contestação para opor-se à pretensão do autor.

É na contestação, salvo as exceções e incidentes, que o réu deve concentrar sua defesa à pretensão do autor (art. 336, CPC), ocorrendo a preclusão das alegações não oferecidas.

Podem-se dividir as matérias a serem tratadas na contestação em dois grupos. No primeiro se concentra a defesa contra o processo, na chamada *defesa processual ou de rito*, que engloba as questões preliminares (art. 337, CPC). Afinal, como se sabe, é por meio do processo que o Estado-juiz diz o direito; logo, atacando-se o processo, pode-se impedir, ou ao menos retardar, que o juiz conheça o pedido do autor e, eventualmente, decida contra o réu. Já no segundo grupo se concentra a chamada *defesa contra o mérito*, em que o réu deve impugnar os fatos apresentados pelo autor para justificar seu pedido (*causa petendi*), podendo, eventualmente, apresentar reconvenção ou requerer proteção judiciária (ações de natureza dúplice).

5.2 FORMA

De regra, a contestação deve ser ofertada em petição escrita, subscrita por advogado e endereçada ao juiz da causa (art. 335, CPC). No caso da ação de alimentos – hoje, na verdade, bem rara, visto que normalmente os interessados preferem cumular o pedido de alimentos com o de regulamentação de guarda e visitas, fato que afasta o rito especial previsto na Lei de Alimentos –, o réu pode optar por oferecê-la de forma oral, na audiência de conciliação, instrução e julgamento (art. 9º, Lei nº 5.478/68, LA). Não obstante a permissão legal, é muito raro que o advogado assim proceda, principalmente para evitar erros, omissões e enganos, atitude com que concordo.

Nesses casos, é ainda preciso estar atento às novas regras do processo eletrônico, sendo comum que o juízo determine o protocolo da contestação, via eletrônica, pelo menos duas horas antes da audiência. Com escopo de evitar problemas, o advogado deve estar atento às regras emitidas pelo Tribunal de Justiça competente e a eventual advertência expressa no próprio mandado.

5.3 PRAZO

O prazo para oferecimento da contestação varia de acordo com o rito do processo.

No procedimento comum, a contestação deve ser oferecida no prazo de 15 (quinze) dias (art. 335, CPC). Nos procedimentos de tutela urgência, o prazo para contestar é de 5 (cinco) dias (art. 306, CPC).

No procedimento comum, o prazo para apresentação da contestação se inicia, segundo o art. 335 do CPC: I – da audiência de conciliação ou de mediação, ou da última sessão de conciliação, quando qualquer parte não comparecer ou, comparecendo, não houver autocomposição; II – do protocolo do pedido de cancelamento da audiência de conciliação ou de mediação apresentado pelo réu, quando ocorrer a hipótese do art. 334, § 4º, inciso I; III – de acordo com o modo como foi feita a citação nos demais casos (art. 231, CPC).

No caso de litisconsórcio passivo, ocorrendo a hipótese do art. 334, § 6º, do CPC, o termo inicial quando houve pedido de cancelamento da audiência de conciliação será, para cada um dos réus, a data de apresentação de seu respectivo pedido de cancelamento da audiência. Quando ocorrer a hipótese do art. 334, § 4º, inciso II, do CPC, havendo litisconsórcio passivo e o autor desistir da ação em relação a réu ainda não citado, o prazo para resposta correrá da data de intimação da decisão que homologar a desistência.

Nos demais casos, o prazo para apresentação da contestação se inicia (art. 231, CPC): I – da data de juntada aos autos do aviso de recebimento, quando a citação ou a intimação for pelo correio; II – da data de juntada aos autos do mandado cumprido, quando a citação ou a intimação for por oficial de justiça; III – da data de ocorrência da citação ou da intimação, quando ela se der por ato do escrivão ou do chefe de secretaria; IV – do dia útil seguinte ao fim da dilação assinada pelo juiz, quando a citação ou a intimação for por edital; V – no dia útil seguinte à consulta ao teor da citação ou da intimação ou ao término do prazo para que a consulta se dê, quando a citação ou a intimação for eletrônica; VI – da data de juntada do comunicado de que trata o art. 232 ou, não havendo esse, a data de juntada da carta aos autos de origem devidamente cumprida, quando a citação ou a intimação se realizar em cumprimento de carta; VII – da data de publicação, quando a intimação se der pelo Diário da Justiça impresso ou eletrônico; VIII – do dia da carga, quando a intimação se der por meio da retirada dos autos, em carga, do cartório ou da secretaria; IX – o quinto dia útil seguinte à confirmação, na forma prevista na mensagem de citação, do recebimento da citação realizada por meio eletrônico.

Quando houver mais de um réu, o dia do começo do prazo para contestar corresponderá à última das datas a que se referem os incisos I a VI do art. 231 do CPC.

Os entes públicos, tais como a União, os Estados, o Distrito Federal, e os Municípios, gozarão de prazo em dobro, assim como a Defensoria Pública (arts. 183 e 186, CPC). Da mesma forma, os litisconsortes que tiverem diferentes procuradores, de escritórios de advocacia distintos, também contarão com prazos dobrados (art. 229, CPC).

5.4 DEFESA CONTRA O PROCESSO

Como já se disse, a chamada *defesa contra o processo* tem como objetivo atacar aspectos formais do processo, impedindo que o juiz venha a apreciar o pedido do autor. São as chamadas questões "preliminares", que devem ser apresentadas na própria peça contestatória e, se eventualmente acolhidas, podem levar à extinção do processo sem julgamento do mérito (art. 485, I, CPC). Entretanto, não se deve olvidar que o processo não é um fim em si mesmo, razão pela qual, sempre que o réu levantar alguma questão preliminar cabe ao juiz, antes de decidir sobre ela, abrir oportunidade para que o autor se manifeste sobre ela, ou, se for o caso, abrir oportunidade para que se emende ou complete a petição inicial (art. 321, CPC).

Por sua natureza, este tipo de defesa demanda que a parte dispense especial atenção a todos os detalhes formais que envolvem o processo, entre outros: os requisitos da petição inicial, os pressupostos processuais, os documentos obrigatórios, os comprovantes de recolhimento de custas e despesas etc. Contudo, o que demanda maior atenção da parte são as questões enumeradas no art. 337 do CPC, as chamadas *preliminares*. Com efeito, declara a norma processual que compete ao réu, antes de discutir o mérito, alegar: I – inexistência ou nulidade da citação; II – incompetência absoluta e relativa; III – incorreção do valor da causa; IV – inépcia da petição inicial; V – perempção; VI – litispendência; VII – coisa julgada; VIII – conexão; IX – incapacidade da parte, defeito de representação ou falta de autorização; X – convenção de arbitragem; XI – ausência de legitimidade ou de interesse processual; XII – falta de caução ou de outra prestação que a lei exige como preliminar; XIII – indevida concessão do benefício de gratuidade de justiça.

5.4.1 Inexistência ou nulidade da citação

Evidente a importância da citação, visto que é por meio dela que se dá conhecimento ao réu dos termos da exordial, completando a relação jurídica processual.

No caso do réu tomar conhecimento de que contra ele está tramitando ação na qual não foi regularmente citado, ou tendo sido o ato nulo, poderá comparecer voluntariamente aos autos, desde que ainda não tenha sido proferida sentença, apresentando contestação em que indique, em preliminar, o vício da falta ou nulidade do ato citatório. O comparecimento da parte supre a falta ou nulidade da citação, fluindo a partir desta data o prazo para apresentação de contestação ou de embargos à execução (art. 239, § 1º, CPC).

O art. 280 do CPC declara que a citação é nula quando feita sem observâncias das prescrições legais, daí a importância da observância das suas formalidades. Por exemplo, são nulas as citações efetuadas: I – a pessoa sem poderes para representar a empresa (art. 242, CPC): registre-se, no entanto, que a jurisprudência tem considerado válidas as citações de pessoas jurídicas desde que o mandado seja entregue a funcionário da empresa; II – a quem estiver assistindo a qualquer ato de culto religioso; III – ao cônjuge ou a qualquer parente do morto, consanguíneo ou afim, em linha reta, ou na linha colateral em segundo grau, no dia do falecimento e nos sete dias seguintes; IV – aos noivos, nos três primeiros dias de bodas; V – aos doentes, enquanto grave o seu estado; VI – a pessoa que é demente ou está impossibilitada de recebê-las.

5.4.2 Incompetência absoluta e relativa

O CPC reparte a *competência interna* em razão do valor, da matéria, da hierarquia (funcional) e do território, e, conforme a natureza dos interesses envolvidos (público ou privado), a classifica em *absoluta* ou *relativa*.

A *competência absoluta* é aquela que não pode ser alterada pela vontade das partes em razão do interesse público envolvido (matéria e funcional), sendo que sua inobservância causa a nulidade do processo. Destarte, no caso de ocorrência de eventual incompetência absoluta, esta pode ser reconhecida pelo próprio juízo, *ex officio*. Já a *competência relativa*, fixada em razão do território e do valor, não pode ser reconhecida de ofício (Súmula 33 do STJ). Sob a égide do CPC/1973, o interessado devia argui-la por meio da antiga "exceção de incompetência" (*exceptio declinatoria fori*), sob pena de preclusão, prorrogando-se a competência do juízo.

Hoje, qualquer que seja a natureza da incompetência, absoluta ou relativa, cabe ao interessado argui-la em preliminar na contestação, havendo, no caso da incompetência relativa, prorrogação da competência do juízo se o réu não levantar a questão.

Ao reconhecer a incompetência, absoluta ou relativa, o juiz deverá providenciar a remessa dos autos ao juízo competente.

5.4.3 Incorreção do valor da causa

O art. 291 do CPC informa que a toda causa deve ser atribuído um valor, ainda que esta não tenha conteúdo econômico imediatamente aferível. De forma geral, o valor da causa deve expressar o valor do pedido, porém existem algumas regras, no próprio Código, art. 292, e em leis extravagantes (*v. g.*, art. 58, III, Lei nº 8.245/91), a que o autor deve obedecer.

Na prática, no entanto, é muito comum deparar-se com abusos, consistentes na atribuição de valores muito baixos ou muito altos, em claro desacordo com as normas legais e as orientações da doutrina e da jurisprudência. Destarte, não concordando o réu com o valor que o autor atribuiu à causa, deverá apresentar, em preliminar na contestação, impugnação, sob pena de preclusão (art. 293, CPC).

Registre-se, no entanto, que o Código faculta ao juiz corrigir, de ofício e por arbitramento, o valor da causa quando verificar que não corresponde ao conteúdo patrimonial em discussão ou ao proveito econômico perseguido pelo autor, caso em que se procederá ao recolhimento das custas correspondentes.

5.4.4 Inépcia da petição inicial

Segundo o art. 330 do CPC, § 1º, considera-se inepta a petição inicial quando: I – lhe faltar pedido ou causa de pedir; II – o pedido for indeterminado, ressalvadas as hipóteses legais em que se permite o pedido genérico; III – da narração dos fatos não decorrer logicamente a conclusão; IV – contiver pedidos incompatíveis entre si.

O pedido, como é cediço, deve ser certo e determinado (arts. 322 e 324, CPC), representando a pretensão do autor em face do réu; pode o autor, no entanto, formular pedido genérico: I – nas ações universais, se o autor não puder individuar os bens demandados; II – quando não for possível determinar, desde logo, as consequências do ato ou do fato; III – quando a determinação do objeto ou do valor da condenação depender de ato que deva ser praticado pelo réu.

A *causa petendi*, por sua vez, nada mais é do que a narração dos fatos que fundamentam o pedido do autor, as razões pelas quais o autor fez o pedido.

O pedido deve ser sempre concludente, isto é, consequência natural da narração dos fatos, sob pena de a exordial ser considerada inepta. Por exemplo, na ação de obrigação de fazer, o autor informa que o contrato firmado entre as partes é nulo, visto que viciado por erro; no entanto, conclui pedindo o cumprimento da obrigação assumida pelo réu (pedido, como se vê, não concludente, o que torna inepta a petição inicial).

Por fim, inepta a petição inicial que contiver pedidos incompatíveis entre si. Não obstante a lei processual permita que o autor cumule, num único processo, contra o mesmo réu vários pedidos, ainda que entre eles não haja conexão, estes pedidos devem ser compatíveis entre si. São exemplos, segundo a jurisprudência, de pedidos incompatíveis entre si: I – pedido de reconhecimento de união estável com pedido de indenização por serviços domésticos; II – pedido de conversão de separação em divórcio com pedido de anulação de pacto antenupcial.

5.4.5 Perempção

Perempção é a perda do direito de ação, ou seja, da faculdade que a pessoa tem de fazer valer seu direito por meio da tutela jurisdicional, em razão de o autor ter dado causa, por três vezes, à extinção do processo em razão do abandono da causa (art. 486, § 3º, CPC).

Como se vê, o instituto da perempção envolve uma sanção imposta pela lei ao autor em razão da sua desídia. O novo CPC garante, no entanto, a possibilidade do punido alegar o seu direito em eventual defesa.

5.4.6 Litispendência

Há litispendência quando se reproduz ação anteriormente ajuizada que ainda está em curso (art. 337, §§ 1º e 3º, CPC). Para que fique caracterizada é necessário que as ações sejam idênticas, mesmo que ajuizadas em comarcas distintas. Segundo o § 2º do art. 337, uma ação é idêntica a outra quando possui as mesmas partes, a mesma causa de pedir e o mesmo pedido.

Somente a citação válida, que vincula as partes ao processo, induz litispendência (art. 240, *caput*, CPC). Destarte, apurando o réu que foi citado em ação que é reprodução de outra que ainda está em curso, mesmo que aguardando julgamento de recurso, deverá em preliminar apontar tal fato, requerendo a extinção do feito sem julgamento do mérito (art. 485, V, CPC).

5.4.7 Coisa julgada

Nesta hipótese, a lei processual está se referindo à *coisa julgada material*, que pode ser conceituada como a eficácia que torna imutável e indiscutível a sentença de mérito, ou sentença definitiva, não mais sujeita a recurso ordinário ou extraordinário (art. 502, CPC).

A vedação à coisa julgada, assim como à litispendência, decorre do *princípio da unicidade da relação processual*, que, com escopo de evitar sentenças contraditórias, proíbe a repetição de lides fundadas nos mesmos fatos e entre as mesmas partes. Dessa forma, percebendo o réu que o autor está reproduzindo ação idêntica a outra anteriormente ajuizada, ação esta que já transitou em julgado, formando a coisa julgada material, deve em preliminar apontar tal fato ao juiz, que, verificando a veracidade da alegação, extinguirá o feito sem julgamento do mérito (art. 485, V, CPC).

5.4.8 Conexão

Segundo o CPC, art. 55, reputam-se conexas duas ou mais ações quando lhes for comum o objeto ou a causa de pedir. Em outros termos, quando lhes for comum o pedido (objeto), ou os fundamentos de fato, *causa petendi*, isto é, a razão pela qual o autor fez o pedido. Por exemplo, existe conexão entre a ação revisional de alimentos intentada pelo alimentante em face do alimentando que busca a diminuição da pensão, e a ação revisional de alimentos intentada pelo alimentando em face do alimentante que busca o aumento da mesma pensão. Neste exemplo, não se reunindo os feitos, as decisões poderiam ser contraditórias, ou seja, uma sentença determinando o aumento do valor da pensão e outra, ao contrário, concedendo uma revisão para menos. Destarte, com escopo de evitar decisões conflitantes, as ações devem ser reunidas, modificando-se a competência relativa.

O juiz que conhecer da preliminar deverá enviar os autos ao juiz prevento, ou, se ele for o prevento, requisitar os autos do outro juízo (arts. 58 e 59, CPC). Embora o Código seja omisso, o réu deverá alegar, pelas mesmas razões, a existência da continência (art. 57, CPC).

5.4.9 Incapacidade da parte, defeito de representação ou falta de autorização

Toda pessoa, natural ou jurídica, assim como o nascituro, é capaz de ser parte numa relação jurídica processual; contudo, para "estar em juízo" é necessário ter capacidade processual (*legitimatio ad processum*); ou seja, a pessoa deve estar no exercício de seus direitos (art. 70, CPC), ou estar devidamente representada, no caso de incapacidade absoluta, ou assistida, no caso de incapacidade relativa (art. 71, CPC).

Também as pessoas jurídicas devem juntar o respectivo contrato ou estatuto social, com escopo de legitimar seu representante (art. 75, VIII, CPC).

Destarte, verificando o réu que o autor não apresenta capacidade processual, deve apontar tal fato em preliminar na sua contestação, a fim de que o juiz abra prazo para que o processualmente incapaz regularize sua representação, sob pena de extinção do feito sem julgamento do mérito (art. 485, IV, CPC).

Considerando que as partes são representadas em juízo por advogado, que é quem tem capacidade postulatória, deve-se, ainda, apontar eventual defeito ou mesmo a falta do mandato judicial. Por exemplo: falta de poderes especiais para propor aquela ação em especial; falta de juntada do instrumento original etc.

O CPC prevê ainda a necessidade do consentimento, autorização, do cônjuge para propor ação que verse sobre direito real imobiliário, salvo quando casados sob o regime de separação absoluta de bens (art. 73, CPC). Percebendo o réu que a referida autorização não foi apresentada, deve levantar a questão em preliminar na contestação.

5.4.10 Convenção de arbitragem

É cediço que somente o Estado tem o monopólio da justiça; contudo, este facultou, por meio da Lei nº 9.307/96, Lei da Arbitragem, que as partes que estejam litigando sobre direitos patrimoniais disponíveis elejam, na forma da referida lei, árbitro para resolver o litígio. Destarte, citado, o réu deve informar, sob pena de preclusão, sobre a existência de compromisso arbitral, também conhecido como "cláusula compromissória"; quando regularmente constituído, afasta a jurisdição do juízo singular, levando à extinção do feito sem julgamento do mérito (art. 485, VII, CPC).

O silêncio do réu implica aceitação da jurisdição estatal e renúncia ao juízo arbitral (art. 337, § 6º, CPC).

5.4.11 Ausência de legitimidade ou de interesse processual

Tem-se a "carência de ação" quando falta, na demanda, uma ou mais das condições da ação, que, como é cediço, são duas: legitimidade para ser parte e interesse processual.

Tem legitimidade para a causa, *legitimatio ad causam*, aquele que é titular do direito material expresso no pedido; é o que na doutrina se chama "legitimação ordinária"; são exemplos: o credor, na ação de cobrança; o locador, na ação de despejo; o cônjuge, na ação de divórcio; quem sofreu o dano, na ação de indenização por perdas e danos; o possuidor, nas ações possessórias; o proprietário, na ação reivindicatória etc. De regra, nosso ordenamento jurídico veda a chamada "legitimação extraordinária", ou seja, ninguém poderá pleitear, em nome próprio, direito alheio (art. 18, CPC).

Segundo o art. 338 do CPC, alegando o réu, na contestação, ser parte ilegítima ou não ser o responsável pelo prejuízo invocado, o juiz facultará ao autor, em 15 (quinze) dias, a alteração da petição inicial para substituição do réu. Realizada a substituição, o autor reembolsará as despesas e pagará os honorários ao procurador do réu excluído, que serão fixados entre 3 e 5% do valor da causa ou, sendo esse irrisório, nos termos do art. 85, § 8º, do CPC. Incumbe, ademais ao réu, quando alegar ser parte ilegítima, indicar o sujeito passivo da relação jurídica discutida sempre que tiver conhecimento, sob pena de arcar com as despesas processuais e de indenizar o autor pelos prejuízos decorrentes da falta de indicação.

O interesse processual nasce da necessidade da prestação jurisdicional, ou seja, da imprescindibilidade da atuação do Estado-juiz, seja para evitar um prejuízo que advém da resistência do réu à pretensão do autor, seja por imposição legal, nos casos em que a lei exige que a parte procure a tutela jurisdicional (v. g., ação de adoção). Segundo o art. 19 do CPC, o interesse do autor pode se limitar à declaração da existência ou inexistência da relação jurídica ou, ainda, da autenticidade ou falsidade de documento. Falta interesse processual, por exemplo, ao credor de dívida não vencida; ao locador na ação de despejo por falta de pagamento, estando o pagamento dos aluguéis em dia; ao autor da ação de indenização quando não houve prejuízo, seja material, seja moral etc.

5.4.12 Falta de caução

Quando for legalmente exigível, como no caso do art. 83 do CPC, o autor deverá na petição inicial prestar caução. Não o tendo feito, a parte interessada deverá requerer que assim proceda, sob pena de extinção do processo sem julgamento do mérito (art. 485, IV, CPC).

5.4.13 Indevida concessão do benefício de gratuidade de justiça

O acesso à justiça não é, de regra, gratuito, cabendo ao autor, ao ajuizar o feito, fazer o recolhimento das custas e despesas processuais (art. 82, CPC). Entretanto, caso não possa arcar com o pagamento, o autor, na petição inicial ou posteriormente por simples petição, poderá requerer os benefícios da justiça gratuita, que envolve a isenção do pagamento de custas e despesas, bastando, para tanto, que se declare pobre no sentido jurídico do termo (art. 99, CPC).

Essa forma extremamente simples de obter os benefícios da justiça gratuita, criada com escopo de garantir a todos o acesso ao Poder Judiciário, dá margem a um grande número de abusos; ou seja, um benefício que deveria ser usado apenas por aqueles que realmente se encontram impossibilitados de pagar as custas processuais acaba sendo usado de forma generalizada por pessoas que absolutamente não são pobres, que requerem o benefício, que de regra é concedido, apenas porque é fácil obtê-lo.

Tal prática deveria ser combatida pelo próprio Poder Judiciário (art. 8º, Lei nº 1.060/50, LAJ), porém isso não acontece, seja porque é mais simples conceder o benefício, seja porque o juiz, de regra, está sobrecarregado de trabalho e não tem tempo para cuidar do assunto. Na prática, tal tarefa acaba reservada às próprias partes, autor ou réu, que têm a faculdade de requerer a revogação dos benefícios da justiça gratuita concedida à parte contrária.

A impugnação, ou pedido de revogação, deve ser feita em preliminar na própria contestação, ou, conforme o caso, na réplica, nas contrarrazões de recurso ou, nos casos de pedido superveniente ou formulado por terceiro, por meio de petição simples, a ser apresentada no prazo de 15 (quinze) dias, nos autos do próprio processo, sem suspensão de seu curso (art. 100, CPC).

Contra a decisão que indeferir a gratuidade ou a que acolher pedido de sua revogação caberá agravo de instrumento, exceto quando a questão for resolvida na sentença, contra a qual caberá apelação. O recorrente estará dispensado do recolhimento de custas até decisão do relator sobre a questão, preliminarmente ao julgamento do recurso. Confirmada a denegação ou a revogação da gratuidade, o relator ou o órgão colegiado determinará ao recorrente o recolhimento das custas processuais, no prazo de 5 (cinco) dias, sob pena de não conhecimento do recurso.

Sobrevindo o trânsito em julgado de decisão que revoga a gratuidade, a parte deverá efetuar o recolhimento de todas as despesas de cujo adiantamento foi dispensada, inclusive as relativas ao recurso interposto, se houver, no prazo fixado pelo juiz, sem prejuízo de aplicação das sanções previstas em lei. Não efetuado o recolhimento, o processo será extinto sem resolução de mérito, tratando-se do autor, e, nos demais casos, não poderá ser deferida a realização de nenhum ato ou diligência requerida pela parte enquanto não efetuado o depósito.

5.5 INCIDENTE DE FALSIDADE

O autor está obrigado a instruir a petição inicial com os documentos indispensáveis à propositura da ação e destinados a provar suas alegações (art. 320, CPC), podendo, posteriormente, tão somente juntar documentos novos, ou seja, aqueles que ainda não possuía, ou que tenham como objetivo contrapor prova produzida na contestação.

Ao réu, por sua vez, cabe o dever de se manifestar, em preliminar, sobre a autenticidade dos documentos juntados na petição inicial ou, ainda, sobre a falta de documentos que sejam essenciais àquela ação. Quanto aos documentos juntados posteriormente, o réu deverá se manifestar por petição no prazo de 15 (quinze) dias, contados da intimação de sua juntada aos autos (art. 430, CPC). Em qualquer dos casos, o prazo é preclusivo, ou seja, não arguida a falsidade em tempo próprio, nem impugnada de qualquer forma a autenticidade do documento, presume-se que a parte aceitou o documento como verdadeiro.

Entretanto, se a parte discordar da autenticidade do documento juntado pela outra parte, seja na petição inicial, na contestação ou posteriormente, poderá suscitar "incidente de falsidade" na própria contestação, em preliminar, ou, quando o caso, no prazo de 15 (quinze) dias por petição devidamente fundamentada, que deverá indicar ainda os meios pelos quais o requerente pretende provar a referida falsidade (art. 431, CPC).

Uma vez arguida, a falsidade será resolvida como questão incidental, salvo se a parte requerer que o juiz a decida como questão principal, nos termos do inciso II do art. 19, do CPC. Depois de ouvida a outra parte no prazo de 15 (quinze) dias, será realizado o exame pericial (não se procederá ao exame pericial se a parte que produziu o documento concordar em retirá-lo). A declaração sobre a falsidade do documento, quando suscitada como questão principal, constará da parte dispositiva da sentença e sobre ela incidirá também a autoridade da coisa julgada.

5.6 DEFESA DE MÉRITO

Passada a fase das preliminares, o réu deve "manifestar-se precisamente sobre as alegações de fato constantes na petição inicial", sob pena de presumirem-se verdadeiros os fatos não impugnados (art. 341, CPC). É o que a doutrina chama de *princípio do ônus da impugnação específica*, segundo o qual cabe ao réu o dever de impugnar um a um os fatos articulados pelo autor, não sendo aceita a mera negação geral, tornando-se revel quanto àqueles fatos não expressamente impugnados (art. 344, CPC).

Todavia, a regra que prevê a *confissão ficta* comporta algumas exceções: I – havendo pluralidade de réus, algum deles contestar a ação; II – o litígio versar sobre direitos indisponíveis; III – a petição inicial não estiver acompanhada de instrumento que a lei considere indispensável à prova do ato; IV – as alegações de fato formuladas pelo autor forem inverossímeis ou estiverem em contradição com prova constante dos autos.

Os direitos indisponíveis envolvem questões de estado e capacidade das pessoas. São exemplos desta hipótese: ação de anulação de casamento, ação de investigação de paternidade, ação negatória de paternidade, ação de destituição do poder familiar. Não há consenso na jurisprudência sobre se as ações de divórcio tratam ou não de direito indisponível, havendo, no entanto, uma inclinação no sentido afirmativo.

Também não se opera os efeitos da confissão ficta quando o autor deixar de juntar, na exordial, instrumento público que a lei considere da substância do ato. Em outras palavras, "quando a lei exigir instrumento público como da substância do ato, nenhuma outra prova, por mais especial que seja, pode suprir-lhe a falta" (art. 406, CPC). No caso, não cabe a confissão ficta que advém da não impugnação específica do fato. O art. 109 do Código Civil e a Lei nº 6.015/73 (LRP) indicam os fatos que devem ser provados pela juntada de instrumento público ou certidão de registro, entre eles: nascimento, casamento, óbito, adoção, emancipação, pacto antenupcial, alienação de direitos reais, constituição de pessoa jurídica etc.

Outra exceção diz respeito às alegações que sejam inverossímeis ou estiverem em contradição com prova constante dos autos; ou seja, mesmo que o réu não apresente contestação, o juiz deve estar atento às alegações do autor, mormente aquelas que se mostrarem improváveis ou que contrariem fatos conhecidos, notórios.

Por último, o parágrafo único do art. 341 do CPC informa que estão isentos do ônus de impugnar especificamente os fatos alegados pelo autor o advogado dativo, o curador especial e o defensor público, sendo lícita, nestes casos, a contestação por negação geral.

5.7 RECONVENÇÃO

Tradicionalmente, a reconvenção, que tem natureza jurídica de ação, é conceituada pela doutrina como um "contra-ataque" do réu, que deixa a posição passiva, daquele que sofre o processo, para também demandar em face do autor *reconvindo*.

Ela não representa um ônus, como a contestação, mas tão somente uma faculdade, sendo que a sua não interposição não traz nenhum prejuízo aos direitos do réu, visto que ele pode optar pelo eventual ajuizamento de ação autônoma, em época que entenda mais oportuna. Segundo o art. 343, *caput*, do CPC, o réu poderá reconvir na contestação "para manifestar pretensão própria, conexa com a ação principal ou com o fundamento da defesa". Lembramos que duas ações são conexas quando lhes for comum o pedido ou a causa de pedir (art. 55, CPC).

A doutrina tradicional assevera, com razão, serem quatro os pressupostos específicos de admissibilidade da reconvenção, quais sejam: I – competência do juízo para conhecer da matéria tratada na reconvenção; II – compatibilidade de ritos entre a ação principal e a reconvenção; III – haver processo pendente, embora se deva ressaltar que, após a interposição da reconvenção, a desistência da ação principal ou a ocorrência de qualquer fato que a extinga não obsta ao prosseguimento da reconvenção; IV – haver conexão entre a reconvenção e a ação principal.

A reconvenção deve ser ofertada na própria contestação, de preferência logo após a parte se manifestar sobre o mérito da causa, embora se deva registrar que a reconvenção pode, segundo o CPC (§ 6º, art. 343), ser oferecida independentemente da contestação. O réu reconvinte deve apresentar os fatos e os fundamentos jurídicos do pedido, assim como atribuir valor à causa, conforme as normas previstas nos arts. 291 a 293 do CPC, procedendo com o recolhimento das custas processuais.

Proposta a reconvenção, o autor será intimado, na pessoa de seu advogado, para apresentar resposta no prazo de 15 (quinze) dias.

Ambas as ações (principal e reconvenção) passarão a correr simultaneamente, sendo julgadas pela mesma sentença.

Registro, por fim, que o Superior Tribunal de Justiça estabeleceu ser possível reconvenção da reconvenção ("reconvenção sucessiva"), argumentando que "não é vedada pelo sistema processual, condicionando-se o seu exercício, todavia, ao fato de que a questão que justifica a propositura da reconvenção sucessiva tenha surgido na contestação ou na primeira reconvenção, o que viabiliza que as partes solucionem integralmente o litígio que as envolve no mesmo processo e melhor atende aos princípios da eficiência e da economia processual, sem comprometimento da razoável duração do processo" (REsp 1.690.216/RS, Min. Nancy Andrighi, 3ª T., *DJe* 28-09-2020).

Capítulo 6
Contestação por curador especial

6.1 CABIMENTO

A curadoria especial, ou *curador de ausentes*, é múnus público imposto pelo juiz a um advogado para que, dentro do processo, represente uma das partes. Com efeito, dispõe o art. 72 do CPC que o juiz dará curador especial: I – incapaz, se não tiver representante legal ou se os interesses deste colidirem com os daquele, enquanto durar a incapacidade; II – réu preso revel, bem como ao réu revel citado por edital ou com hora certa, enquanto não for constituído advogado.

A nomeação do curador especial tem como propósito proteger os interesses da parte curatelada, razão pela qual ele deverá necessariamente responder ao pedido do autor, apresentando, conforme as circunstâncias do caso, contestação, exceção, reconvenção, impugnações e embargos, sendo-lhe vedada a prática de qualquer ato que implique em disposição do direito material do curatelado, tais como confissão, transação ou reconhecimento do pedido. Na falta de elementos que possam fundamentar a contestação, o curador especial deve fazê-la por negação geral (art. 341, parágrafo único, CPC), que tem o efeito de tornar controvertidos os fatos narrados na petição inicial, afastando os efeitos da revelia e impondo ao autor o ônus de provar os fatos constitutivos de seu direito.

O prazo para o curador especial apresentar sua manifestação é "impróprio"; ou seja, caso o profissional nomeado deixe de fazê-lo no prazo concedido judicialmente, responderá administrativa e até civilmente por sua omissão, porém nenhum prejuízo poderá ser imputado ao curatelado, devendo o juiz nomear outro profissional para defendê-lo, concedendo novo prazo.

6.2 BASE LEGAL

Como já mencionado, a necessidade de intervenção de curador especial encontra arrimo no art. 72 do CPC.

6.3 PRÁTICA FORENSE

Nomeado pelo Juízo para atuar em processo na qualidade de curador especial, o advogado deve inicialmente requerer vista do processo.

De posse dos autos, o curador deve proceder com rigorosa análise, a fim de certificar-se de que todas as formalidades atinentes ao caso foram cumpridas. Entre outras questões, o curador deve verificar se:

- a petição inicial atende aos requisitos legais;
- o autor juntou todos os documentos necessários à propositura da ação;
- os procedimentos para citação por edital, no caso de réu em lugar incerto ou não sabido, foram seguidos, inclusive com o esgotamento das tentativas para localizar-se o curatelado (expedição de ofícios);
- os procedimentos para citação por hora certa foram realmente observados (arts. 252 a 254, CPC).

O curador especial pode, ainda, requerer novas diligências, pugnar pela nulidade de atos praticados, pedindo a sua repetição, buscando sempre preservar os interesses do Curatelado. Embora não esteja obrigado a tanto, o curador especial pode ainda interpor os recursos que entender necessários ao bom desempenho de suas funções.

6.4 DICAS

- o curador especial pode requerer que os autos lhe sejam entregues com vista, o que possibilita que ofereça a sua manifestação por meio de cota (autos físicos);
- se, depois de analisar cuidadosamente os autos, o curador especial não encontrar nada de relevante para arrimar a sua manifestação, deve se limitar a contestar o feito por negação geral, conforme permissão do parágrafo único do art. 341 do CPC;
- de forma alguma o curador pode confessar, concordar, com o pedido inicial;
- o curador especial não tem poder para requerer em favor do curatelado os benefícios da justiça gratuita.

6.5 PRIMEIRO MODELO: CONTESTAÇÃO POR NEGAÇÃO GERAL EM AÇÃO DE DESPEJO ONDE O RÉU FOI CITADO POR HORA CERTA

Excelentíssimo Senhor Doutor Juiz de Direito da 3ª Vara Cível do Foro de Mogi das Cruzes, São Paulo.

Processo nº 00000-00.0000.0.00.0000
Ação de Despejo por Falta de Pagamento
cc Cobrança

C. M., já qualificado, pelo Curador Especial, regularmente nomeado por este douto Juízo, fls. 00, nos autos do processo que lhe move **M. I. da C.**, vem à presença de Vossa Excelência oferecer ***contestação***, nos termos a seguir articulados:

Dos Fatos:

A autora ajuizou a presente ação de despejo por falta de pagamento cumulada com cobrança em face do réu asseverando, em apertada síntese, que ele estaria em atraso com suas obrigações locatícias desde outubro de 0000. Na inicial informou os cálculos de débito, fls. 00. Requereu, por fim, a rescisão do contrato de locação, determinando-se o despejo do inquilino e sua condenação ao pagamento do débito total de R$ 2.065,04 (dois mil, sessenta e cinco reais, quatro centavos), mais os encargos que se vencerem durante o processo.

Recebida a inicial, este douto Juízo determinou a citação do réu para responder, contudo o Sr. Oficial de Justiça constatou que o réu estaria se ocultando para evitar ser citado pessoalmente, procedendo-se assim a sua citação por hora certa na pessoa de sua companheira, Sra. S. A. de M.

Em síntese, os fatos.

Do Mérito:

Na falta de maiores elementos que possam arrimar a defesa, contesta-se o feito por negação geral (art. 341, parágrafo único, CPC), requerendo-se a improcedência dos pedidos.

Termos em que
p. deferimento.

Mogi das Cruzes, 00 de junho de 0000.

Gediel Claudino de Araujo Júnior
OAB/SP 000.000

6.6 SEGUNDO MODELO: CONTESTAÇÃO POR NEGAÇÃO GERAL EM AÇÃO DE USUCAPIÃO ONDE OS RÉUS FORAM CITADOS POR EDITAL, COM PEDIDO DE PROVIDÊNCIAS

Excelentíssimo Senhor Doutor Juiz de Direito da 3ª Vara Cível do Foro de Mogi das Cruzes, São Paulo.

Processo nº 00000-00.0000.0.00.0000
Ação de Usucapião Extraordinário

M. L. C. de R. e outros, já qualificados, pelo Curador Especial, regularmente nomeado por este douto Juízo, fls. 00, nos autos do processo que lhes move **V. R. P. E OUTRA**, vêm à presença de Vossa Excelência oferecer *contestação*, nos termos a seguir articulados:

Dos Fatos:

Os autores ajuizaram o presente feito asseverando, em apertada síntese, que possuem há mais de 15 (quinze) anos a posse mansa e pacífica do imóvel situado na Rua Vereador Delcyr Maciel de Azevedo, nº 00, Jardim Armênia, nesta Cidade, e desejam que seja reconhecida a ocorrência da prescrição aquisitiva, declarando-se a propriedade deles sobre o referido bem.

Recebida a exordial, determinou-se a citação por edital dos proprietários; decorrido o prazo legal, este douto Juízo nomeou o subscritor desta para atuar na qualidade de curador especial aos citados fictamente.

Em síntese, os fatos.

Preliminarmente:

Ab initio, ressalte-se que os autores não pediram a citação dos confinantes; MAIS, deixaram ainda de juntar certidão atualizada quanto a distribuições de ações possessórias em seu nome e dos antecessores da posse; MAIS, não juntaram IPTU do ano da distribuição (0000), necessário não só para provar-se o *animus domini* (quitação dos tributos), mas também para saber-se da correção do valor da causa; MAIS, não juntaram a certidão de casamento e os documentos pessoais (RG e CPF), tais documentos legitimam os autores e possibilitam ao Juízo conferir a correção dos dados informados que eventualmente comporão registro público.

Destarte, REQUER-SE sejam os autores intimados para regularizar o feito, sob pena de extinção do feito sem julgamento de mérito.

No mais, a validade da citação por edital reclama se esgotem todos os meios de citação pessoal das partes, fato que não foi feito neste processo. Destarte, com escopo de legitimar-se a citação por edital, necessário providenciem os autores a expedição dos ofícios de praxe para tentativa de localização dos citados por edital, mesmo não havendo outros dados além do nome, sob pena de ser declarada a nulidade da citação editalícia.

Do Mérito:

Na falta de maiores elementos que possam arrimar a defesa, contesta-se o feito por negação geral (art. 341, parágrafo único, CPC), requerendo-se a improcedência do pedido.

Considerando, ademais, que a planta e o memorial descritivo apresentados pelos autores não foram firmados por profissional habilitado, entende esta Curadoria ser imprescindível a produção de prova pericial, com escopo de corretamente localizar-se e identificar-se o imóvel usucapiendo.

Termos em que
p. deferimento.

Mogi das Cruzes, 00 de junho de 0000.

**Gediel Claudino de Araujo Júnior
OAB/SP 000.000**

6.7 TERCEIRO MODELO: JUSTIFICATIVA EM EXECUÇÃO DE ALIMENTO ONDE O EXECUTADO FOI CITADO POR EDITAL

Excelentíssimo Senhor Doutor Juiz de Direito da 3ª Vara Cível do Foro de Mogi das Cruzes, São Paulo.

Processo nº 00000-00.0000.0.00.0000
Ação de Execução de Alimentos

M. L. C., já qualificado, pelo Curador Especial, regularmente nomeado por este douto Juízo, fls. 00, nos autos do processo que lhe move **V. R. P.**, vem à presença de Vossa Excelência apresentar as suas ***justificativas***, nos termos a seguir articulados:

Dos Fatos:

O autor ajuizou o presente feito asseverando, em apertada síntese, que o curatelado encontra-se em atraso com as suas obrigações alimentícias; requereu a citação para pagamento sob pena de prisão civil, conforme permissivo do parágrafo terceiro, do artigo 528 do CPC.

O executado não foi encontrado, não obstante as muitas diligências intentadas pelo juízo; determinou-se, então, a sua citação por edital, fls. 00/00.

Decorrido o prazo do edital, nomeou este douto Juízo o subscritor da presente Curadoria Especial do citado fictamente.

Em síntese, os fatos.

Do Mérito:

Não havendo nos autos elementos que possam arrimar eventual justificativa para o não pagamento da pensão alimentícia, "impugnam-se" as assertivas dos exequentes por negativa geral, em especial o pedido de prisão, medida excepcional que só deve ser imposta após ser o alimentante "pessoalmente intimado" para o pagamento.

Termos em que
p. deferimento.

Mogi das Cruzes, 00 de junho de 0000.

Gediel Claudino de Araujo Júnior
OAB/SP 000.000

6.8 QUARTO MODELO: COTA NOS AUTOS FÍSICOS CONTESTANDO AÇÃO DE BUSCA E APREENSÃO DE VEÍCULO

MM. Juiz

p/ Curadoria Especial – Proc. nº 0000000-00.0000.0.00.0000

Ciente do processado. Em atenção ao determinado por este douto Juízo, fls. 00, o subscritor da presente assume o múnus da Curadoria Especial do citado fictamente, fls. 00/00.

Ab initio, requer-se seja o banco autor intimado a regularizar a sua representação processual, juntando aos autos seu contrato social e ata da assembleia onde conste a nomeação dos diretores que outorgam a procuração original, fls. 00.

Necessário, ainda, providencie a tentativa de citação do Curatelado no endereço fornecido às fls. 00, bem como expedição de ofício às empresas mencionadas no ofício de fls. 00, determinando que informem o endereço do Curatelado que consta em seu cadastro.

No mérito, na falta de maiores elementos que possam amparar a defesa, contesta-se por negação geral, *ex vi* do parágrafo único, artigo 341 do CPC, requerendo-se a improcedência do pedido.

Termos em que
p. deferimento.

Mogi das Cruzes, 00 de junho de 0000.

Gediel Claudino de Araujo Júnior
OAB/SP 000.000

6.9 QUINTO MODELO: COTA NOS AUTOS FÍSICOS IMPUGNANDO VALOR OFERECIDO A TÍTULO DE INDENIZAÇÃO EM AÇÃO DE DESAPROPRIAÇÃO

MM. Juiz
p/ Curadoria Especial – Proc. nº 0000000-00.0000.0.00.0000

Ciente do processado. Em atenção ao determinado por este douto Juízo, fls. 00, o subscritor da presente assume o múnus da Curadoria Especial do citado fictamente, fls. 00/00.

A validade da citação por edital RECLAMA se esgotem todos os meios de citação pessoal das partes, fato que não foi feito neste processo. Destarte, com escopo de legitimar-se a citação por edital, necessário providencie a autora tentativa de "citação pessoal", via carta precatória, nos endereços constantes nos autos, fls. 00/00. Necessário, ainda, a expedição dos ofícios de praxe, inclusive reiteração do ofício à Receita Federal, devido ao longo tempo decorrido.

Ao receber a exordial, o Juízo determinou que se desse ciência desse feito a eventuais ocupantes dos imóveis desapropriados; não obstante a evidente importância de tal medida, verifica-se nos autos que ela não foi, até o momento, efetivada. Destarte, requer-se seja expedido mandado de notificação, orientando-se ao Sr. Oficial de Justiça que percorra os imóveis desapropriados, não só dando ciência a eventuais moradores, mas também identificando seus nomes e a que título residem no local.

No mais, esta Curadoria "discorda" do valor oferecido pela expropriante a título de indenização, requerendo determine este douto Juízo a realização de perícia técnica nos imóveis desapropriados com escopo de apurar-se o seu valor atual de mercado.

Termos em que
p. deferimento.

Mogi das Cruzes, 00 de agosto de 0000.

Gediel Claudino de Araujo Júnior
OAB/SP 000.000

Capítulo 7
Guia rápido de prática jurídica

7.1 INTRODUÇÃO

Não obstante esteja o processo civil sujeito ao princípio da oralidade, na prática forense a atuação do advogado dá-se quase que exclusivamente por meio da "petição escrita". Com efeito, é por meio dela que o profissional do direito se dirige ao Poder Judiciário para informar, pedir, explicar, argumentar e, quando necessário, para recorrer.

Diante de tal realidade, fica muito fácil perceber-se a importância que a "petição escrita" tem para o sucesso da demanda submetida a juízo. Uma petição mal apresentada, a técnica, cheia de erros de grafia e exageros, dificulta, ou mesmo inviabiliza, a pretensão defendida pelo advogado; de outro lado, uma petição escorreita, técnica, bem apresentada, facilita, ou pelo menos não atrapalha, a obtenção do direito pretendido.

Conhecer e dominar as técnicas que envolvem a redação da petição jurídica é obrigação de todo profissional do direito, afinal "o maior erro que o jurista pode cometer é não conhecer a técnica, a terminologia da sua profissão".[1]

7.2 RELACIONAMENTO COM O CLIENTE

Cada profissional tem o seu próprio modo de "lidar" com o cliente, contudo a experiência mostra que alguns cuidados nos primeiros contatos podem evitar problemas no futuro, seja para o cliente ou mesmo para o advogado.

---

[1] MONTEIRO, Washington de Barros. *Curso de direito civil*. 24. ed. São Paulo: Saraiva, 1985. p. 137.

Entre outras atitudes que o caso estiver a exigir, recomendo que o colega:

- no caso de uma demanda inicial, escute com atenção os fatos informados pelo cliente, fazendo perguntas que entender relevantes e anotando, por escrito, os aspectos relevantes (estas anotações devem ser juntadas na pasta do cliente);
- no caso de o cliente ter sido citado ou intimado, indague inicialmente como e quando tal fato ocorreu, depois leia "com atenção" o mandado e a contrafé, após pergunte sobre os fatos do caso, anotando por escrito o que for relevante (verifique, mesmo que de forma aproximada, o prazo para apresentação da defesa);
- após ouvir o cliente, diga, caso se sinta em condições (não tenha qualquer pudor em pedir um prazo para estudar melhor os aspectos jurídicos do tema, marcando uma nova entrevista), de forma "clara" a sua opinião como jurista sobre o problema, apontando, segundo a lei, as alternativas que se apresentam (neste particular, nunca tome decisões pelo cliente);
- nunca faça "promessas" e/ou "prognósticos" (na justiça, quase tudo pode acontecer a um processo); também evite estabelecer prazos; sentindo-se forçado a tanto, sempre "deixe" uma boa margem de segurança; por exemplo, se você pensa que o processo vai demorar 6 (seis) meses, indique que serão 9 (nove) meses, assim você sempre ficará bem com o cliente;
- após o cliente decidir o que quer fazer sobre o assunto (o que pode acontecer no primeiro ou num segundo encontro), fale abertamente sobre os seus honorários, redigindo, no caso de haver um acerto, o respectivo contrato (veja-se modelo no Capítulo "Procuração *ad judicia*");
- reduza a termo os fatos informados, assim como os seus pedidos e orientações (o documento final deve ser assinado pelo cliente); em seguida o advogado deve entregar, mediante recibo, lista dos documentos de que irá necessitar (o advogado deve evitar pegar documentos originais do cliente, salvo naqueles casos absolutamente necessários);
- recebidas as cópias dos documentos requeridos, firmada a procuração e o contrato de honorários, o advogado deve preparar a petição que o caso estiver a exigir, observando os prazos e as regras técnicas e legais;
- preste periodicamente contas ao cliente do seu trabalho e do andamento do processo (pessoalmente, por telefone, por carta ou por e-mail); não espere ser cobrado pelo cliente, isso acaba manchando a sua reputação;
- antes de qualquer audiência, reúna-se com o cliente e explique detalhadamente o que irá acontecer e "como" irá acontecer, discutindo com ele qual a melhor postura a ser adotada, bem como as vantagens e os limites de um possível acordo; neste momento, evite a todo custo o "improviso" (falta de preparo), o preço pode ser muito caro para o seu cliente e para a sua boa fama;
- qualquer que seja o resultado da demanda, entregue cópia da sentença para o cliente, esclarecendo os próximos passos, tais como: apresentação de eventuais recursos (informe sobre os custos e a possibilidade de "aumento" do valor da sucumbência); transito em julgado e a expedição de mandado; fase executiva (cumprimento forçado do comando da sentença).

Como alerta geral, peço vênia para reproduzir o art. 31 da Lei nº 8.906/94-EA, que declara que: "*o advogado deve proceder de forma que o torne merecedor de respeito e que contribua para o prestígio da classe e da advocacia*". Recomendo, ainda, a leitura atenta do novo Código de Ética da OAB (Resolução CFOAB nº 02/2015), mormente o Capítulo III (arts. 9º a 26) do Título I, que trata das relações com o cliente.

7.3 REQUISITOS LEGAIS DA PETIÇÃO INICIAL

Segundo o *princípio dispositivo ou da inércia*, cabe à pessoa interessada provocar, por meio do ajuizamento de uma ação, o Poder Judiciário (*nemo judex sine actore*). Em outras palavras, aquele que pensa ter sido violado em seus direitos deve procurar o Estado-juiz, que até então permanece inerte (art. 2º, CPC). A provocação do Poder Judiciário, ou em outras palavras, o exercício do direito de exigir a tutela jurisdicional do Estado, se dá por meio de um ato processual escrito denominado "petição inicial". É ela que dá início ao processo, embora a relação jurídica processual só se complete com a citação válida do réu (art. 240, CPC).

Destarte, pode-se afirmar que a *petição inicial* é o ato processual escrito por meio do qual a pessoa exerce seu direito de ação, provocando a atividade jurisdicional do Estado.

A fim de traçar os exatos parâmetros da lide, possibilitando ao juiz saber sobre o que terá que julgar (art. 141, CPC), o Código de Processo Civil, art. 319, exige que a petição inicial indique: I – o juízo a que é dirigida; II – os nomes, prenomes, o estado civil, a existência de união estável, a profissão, o número de inscrição no Cadastro de Pessoas Físicas ou no Cadastro Nacional da Pessoa Jurídica, o endereço eletrônico, o domicílio e a residência do autor e do réu; III – o fato e os fundamentos jurídicos do pedido; IV – o pedido com as suas especificações; V – o valor da causa; VI – as provas com que o autor pretende demonstrar a verdade dos fatos alegados; VII – a opção do autor pela realização ou não de audiência de conciliação ou de mediação.

Além dos requisitos enumerados anteriormente, a petição inicial deve ser instruída com os documentos indispensáveis à propositura da ação (art. 320, CPC), assim como o instrumento de procuração, onde conste o endereço físico e eletrônico do advogado (arts. 287, 320, 434, CPC). Quando postular em causa própria, o advogado deve ainda declarar na petição inicial o endereço, físico e eletrônico, onde poderá ser intimado (art. 106, I, CPC).

Não são apenas estes os requisitos da petição inicial, há várias ações que têm requisitos próprios (*v. g.*, possessórias, locação, adoção, demarcação, divisão, pauliana, execução etc.), para os quais também se deve estar atento.

A correta compreensão e domínio dos requisitos legais da petição inicial, além do cuidado com sua forma e apresentação, são imprescindíveis para a obtenção do direito pretendido.

7.4 ASPECTOS PRÁTICOS DA REDAÇÃO DA PETIÇÃO INICIAL

Do papel e dos caracteres gráficos:

Os cuidados com a petição inicial devem começar da escolha do papel que será usado. Inexperientes, é comum que advogados iniciantes se deixem seduzir por papéis coloridos e com alta gramatura (grossos). Comum, ainda, a inserção de desenhos, brasões e declarações religiosas ou políticas. Tais fatos afrontam a boa técnica, desqualificando o trabalho do advogado e colocando em risco o direito do cliente, mesmo em tempos de processo eletrônico.

A aparência da petição inicial deve transmitir ao Juiz, ao Ministério Público e à parte adversa a ideia de "seriedade" e de "competência", só assim o advogado proponente terá a chance de obter a total atenção dos envolvidos.

Nenhum aspecto da petição deve chamar mais a atenção do que o seu conteúdo, que deve ser apresentado de forma sóbria e escorreita.

Das margens, do tipo e do tamanho das letras:

Nestes novos tempos dominados pela tecnologia, é raro encontrar-se um advogado que ainda faça uso da velha máquina de escrever. Contudo, observando os trabalhos jurídicos que circulam pelos fóruns, percebe-se claramente que muitos advogados ainda não dominam aspectos básicos da redação por meio dos computadores pessoais. Na verdade, parece que o uso desta nova ferramenta de trabalho provocou uma baixa na qualidade dos trabalhos jurídicos, talvez em razão de os computadores oferecerem, ao contrário das máquinas de escrever, uma gama tão grande de opções. Com efeito, os programas de redação oferecem, entre outras coisas, dezenas de estilos, de formatações, de tipos de letras, fato que parece ainda desnortear o usuário comum.

Não obstante essas evidentes dificuldades, o profissional do direito deve zelar para que suas petições sejam elaboradas com estrita observância das técnicas de redação profissional, mormente no que tange ao uso de margens, entrelinhas e ao tipo e tamanho das letras. Neste particular, recomendo que o advogado mantenha margem de 3 (três) centímetros do lado esquerdo e 2 (dois) centímetros em cima, embaixo e no lado direito da petição; já quanto ao tipo e tamanho de letra, recomendo que se evitem aventuras, preferindo-se os tipos mais tradicionais (Times New Roman, Arial ou Book Antiqua), no tamanho 12 (doze) ou 14 (catorze), com entrelinhas de 18 (dezoito) ou 20 (vinte).

Endereçar ao "juiz" ou ao "juízo":

Diante da nova redação do inciso I do art. 319 do Código de Processo Civil, algumas pessoas têm argumentado que agora o correto é se endereçar a petição inicial para o "juízo" e não mais ao "juiz", como se faz tradicionalmente. Como se sabe, a palavra "juízo" indica a vara, ou seja, a unidade de competência da jurisdição; não acho que seja certo se endereçar a petição para a vara, ou juízo; parece-me que o certo é endereçar a petição para o titular da função, ou seja, o "juiz", como se faz; é como mandar uma carta para o Presidente ou Diretor de uma empresa: você não endereça a correspondência pra o "cargo", mas para a pessoa que exerce o cargo naquele momento; afinal "juízo" não tem personalidade, não decide, não pensa, é apenas um lugar, uma unidade da jurisdição.

Não se busca justiça junto ao "cargo" (juízo), mas junto ao seu titular (pessoa física – juiz); por isso, entendo que o endereçamento deve continuar a ser feito ao "juiz". Ao falar em "juízo", o Código está indicando que você deve endereçar ao lugar competente, nada mais.

Dos marcadores:

O advogado deve evitar abusar do uso de "marcadores" (negrito, sublinhado, letras maiúsculas, itálico, aspas etc.).

Alguns colegas ficam tão envolvidos com a questão tratada na petição que acabam exagerando no uso dos marcadores; em todos, ou em quase todos os parágrafos da petição, há uma frase sublinhada, em letras maiúsculas ou destacada em negrito ou em aspas; isso quando não se usa todos os marcadores em um mesmo parágrafo; já vi muitas petições redigidas dessa forma, com frases escritas em letras maiúsculas, negritadas e sublinhadas.

Lamento dizer, mas a petição fica "suja" e "escura", praticamente impossível de ler, sendo que o objetivo das marcações invariavelmente não é atingido, qual seja: chamar a atenção do Magistrado para certo fato ou argumento.

Recomendo ao colega que use com bastante cuidado e parcimônia os MARCADORES.

Das abreviaturas:

O uso indevido de abreviaturas tem se alastrado, sendo comum encontrar-se em quase todas as petições iniciais ao menos o já famoso "V. Exa.". Em tempos de computadores pessoais, como se justificar os endereçamentos feitos da seguinte forma: "Exmo. Sr. Dr. J. Direito da __ V. Cível d. Comarca?".

Na redação forense se deve evitar o uso de abreviaturas, principalmente na petição inicial e na contestação.

Das técnicas de redação:

Os advogados tradicionalmente usam duas técnicas na redação da petição inicial. A primeira simplesmente divide a inicial por tópicos (*v.g.*, dos fatos, do direito, da liminar, dos pedidos, das provas, do valor da causa); já a segunda expõe os fatos de forma articulada, numerando-se de forma sequencial os parágrafos.

Qualquer das duas formas é perfeitamente adequada, embora pessoalmente prefiro a técnica que divide a inicial de forma articulada em parágrafos, visto que ela se mostra mais adequada aos tempos modernos, que se caracterizam principalmente pelo excesso de processos e absoluta falta de tempo e de paciência por parte dos juízes. No mais, o advogado não precisa nem é obrigado a indicar, ou menos ainda ensinar o direito para o Magistrado ("narra *me factum dabo tibi jus*" – narra-me os fatos e eu te darei o direito). Na verdade, todos os juízes que conheço querem que o advogado seja "direto" e "sucinto", ou seja, que lhes dê apenas "os fatos" e faça "o pedido". Se me permite, só faça a sua petição inicial por tópicos quando verificar que necessariamente terá de escrever sobre o "direito" envolvido; ou seja, naqueles casos mais complexos em que o direito ainda é novo ou controvertido.

Tendo escolhido qualquer das técnicas, o profissional deve tomar o cuidado de manter-se fiel ao estilo escolhido.

Do nome da ação:

O nome da ação não se encontra entre os requisitos legais da petição inicial, contudo, alguns advogados têm dado cada vez mais atenção a esse aspecto da exordial. De fato, alguns profissionais não só põem o nome da ação em destaque (letras maiúsculas e em negrito), como dividem em duas partes o parágrafo destinado à qualificação, interrompendo-o de forma absolutamente inadequada apenas para anunciar de forma especular o nome da ação, que, como já se disse, não é nem mesmo requisito legal da petição inicial (art. 319, CPC). Tal atitude afronta a boa técnica de redação e deve ser evitada.

Contando os fatos:

Contar os fatos na exordial nada mais é do que informar ao juiz as razões pelas quais o autor precisa da tutela jurisdicional. Entretanto, o profissional do direito não pode se limitar a reproduzir na petição inicial as declarações de seu cliente. Com efeito, quando uma pessoa conversa com seu advogado costuma lhe passar de forma emocional um monte de informações, algumas úteis e necessárias para a ação, outras sem qualquer relevância. Não raras vezes, o cliente também tem a falsa ideia de que o ajuizamento da ação é uma maneira de obter vingança contra a pessoa que lhe ofendeu. Nestes casos, cabe ao profissional do direito ser o fiel conselheiro e orientador, mostrando ao cliente qual exatamente é o papel da Justiça e quais os fatos que são realmente relevantes para a causa.

Ao redigir a petição inicial, o advogado deve ser sucinto, claro e "sempre" respeitoso com a outra parte, não importa quão emocional seja a questão submetida a juízo.

Considerando que para a grande maioria das pessoas escrever é uma atividade difícil, recomendo que o advogado separe um bom tempo para redigir a sua peça, lendo e relendo quantas vezes forem necessárias até que ela se mostre apta a cumprir o seu desiderato. Lembre-se: não só os interesses do cliente estarão em jogo, mas também o seu bom nome.

Da ordem dos pedidos:

É notória a situação caótica em que vive o Poder Judiciário, que já há longa data não se mostra capaz de cumprir a sua missão constitucional. Diante desta realidade, sabemos que o juiz tem muito pouco tempo, e paciência, para ler a petição inicial, mormente quando esta se apresenta confusa e cheia de erros. Não obstante tal fato, alguns colegas insistem em apresentar o "pedido", que é o ponto crucial da petição, escondido no meio dos fatos, normalmente dentro de um longo parágrafo. Comum, ainda, que os pedidos sejam apresentados fora de uma ordem lógica, como se o advogado os redigisse conforme fosse lembrando deles, ou como se simplesmente tivesse preguiça de organizá-los.

Tal fato afronta a boa técnica de redação e deve ser evitado a todo custo. Depois de contar os fatos, o advogado deve organizadamente fazer os pedidos, obedecendo a uma ordem lógica jurídica, conforme a natureza da ação.

Como fazer os pedidos:

Outra questão ligada aos pedidos que atormenta os profissionais do direito é a forma de fazê-lo na prática.

Há uma tradição no sentido de se iniciar o pedido de uma das seguintes formas: I – "Ante o exposto, requer-se a procedência da ação para..."; II – Ante o exposto, requer-se a procedência do pedido para...".

Data venia dos que assim agem, entendo que "nenhuma dessas duas formas está correta".

No primeiro caso, já se pacificou na doutrina o reconhecimento da autonomia do direito de ação (direito de demandar), que é, por assim dizer, sempre procedente, mesmo que a petição inicial seja indeferida ou o pedido julgado improcedente, uma vez que a parte teve garantido o acesso à justiça; ou seja, pediu e obteve, num sentido ou noutro, a tutela jurisdicional. Já no segundo caso, por uma questão de lógica; com efeito, fazendo o pedido dessa forma, o autor estará pedindo a procedência daquilo que de fato ainda não pediu, visto que é na petição inicial que "efetivamente" se faz o pedido; veja, você diz que "requer a procedência do pedido" para em seguida fazê-lo; a contradição é evidente.

Entre muitas maneiras, o pedido pode ser feito da seguinte forma: "Ante o exposto, requer-se seja a ré condenada a pagar indenização pelos danos causados ao autor no valor de..."; "Ante todo o exposto, requer-se seja decretado o divórcio do casal, declarando-se ainda que...".

Note, assim você poupa o direito de ação e faz o pedido sem afrontar a lógica e as técnicas de redação. Agora, nas alegações finais você pode usar a expressão "procedência do pedido, conforme feito na petição inicial".

7.5 DA RESPOSTA DO DEMANDADO

7.5.1 Aspectos gerais

Da mesma forma como garante a todos o direito de ação (demandar perante o Poder Judiciário), a Constituição Federal também garante aos demandados o direito a ampla defesa (art. 5º, LV, CF); isto é, o direito de resistir à pretensão do autor, podendo, essa resistência tomar várias formas no processo civil, tais como: contestação, impugnações, embargos e justificativas.

Assim como o autor não está obrigado a litigar, o réu, uma vez citado ou intimado, não está obrigado a se defender; considerando, contudo, que a citação o vincula ao processo ou ao procedimento, deve fazê-lo, caso não queira sofrer as consequências por sua omissão (revelia).

Destarte, regularmente citado ou intimado o réu, o executado e o embargado podem, conforme o caso: permanecerem inertes, sofrendo os efeitos da revelia (art. 344, CPC); reconhecerem o pedido do autor, provocando o julgamento antecipado da lide (art. 487, III, *a*, CPC); defenderem-se, apresentando eventualmente *exceção* de suspeição ou impedimento (art. 146, CPC), contestação (art. 335, CPC), impugnação (art. 525, CPC), justificativas (art. 528, CPC), embargos (arts. 702 e 910, CPC) ou embargos à execução (art. 914, CPC).

Segundo as disposições do Código de Processo Civil, incumbe ao réu na contestação, além de impugnar o pedido do autor, alegar "em preliminar" (art. 337, CPC): (I) inexistência ou nulidade da citação; (II) incompetência absoluta e relativa; (III) incorreção do valor da causa; (IV) inépcia da petição inicial; (V) perempção; (VI) litispendência; (VII) coisa julgada; (VIII) conexão; (IX) incapacidade da parte, defeito de representação ou falta de autorização; (X) convenção de arbitragem; (XI) ausência de legitimidade ou de interesse processual; (XII) falta de caução ou de outra prestação que a lei exige como preliminar; (XIII) indevida concessão do benefício de gratuidade de justiça.

Além das hipóteses apontadas pelo art. 337 do Código de Processo Civil, o requerido pode ainda, em preliminar na contestação, provocar a intervenção de terceiros, seja denunciando à lide (art. 125, CPC) ou chamando ao processo (art. 130, CPC). Pode, por fim, deixar a situação passiva de quem apenas se defende para contra-atacar o autor, oferecendo reconvenção (art. 343, CPC).

Como se vê pelas muitas possibilidades envolvidas, a preparação da defesa é inegavelmente uma tarefa complexa.

As dificuldades já começam no próprio trato com o cliente, enquanto o autor normalmente se apresenta de forma positiva, desejando a demanda, a fim de buscar a satisfação do seu direito ou a reparação dos seus danos; o réu, mesmo que nada deva, se vê, a princípio, acuado e assustado, ficando muito mais dependente das orientações do seu advogado. Não fosse isso o bastante, há que se considerar que enquanto o advogado encarregado de preparar a petição inicial é, de regra, senhor de seu tempo, podendo estudar o problema posto pelo cliente com calma e escolher o melhor momento para ajuizar a ação, o advogado responsável pela defesa tem prazo fixo e, invariavelmente, mais curto do que o desejável. Por essas e outras razões, a defesa exige muita atenção do advogado, o que demanda que este aja com muito cuidado, rapidez e determinação.

7.5.2 Aspectos práticos

Vista do Processo:

Contratado para fazer a defesa, um dos primeiros passos que o advogado deve tomar é obter vista dos autos processo; isso se obtém por meio de uma petição intermediária em que ele se apresenta em nome do cliente, requerendo acesso aos autos, lembrando que muitas ações correm em segredo de justiça, com escopo de preparar a sua resposta dentro do prazo legal.

A petição que requer vista deve se fazer acompanhar da procuração firmada pelo cliente, assim como do competente comprovante de recolhimento da taxa normalmente devida pela sua juntada aos autos. No caso de o cliente desejar os benefícios da justiça gratuita, já nesta petição deve ser feito o pedido, juntando-se, claro, a declaração de pobreza firmada pelo cliente.

Leitura do Processo:

Obtida vista dos autos, o advogado deve ler e reler o processo tantas vezes quantas forem necessárias para se inteirar do seu conteúdo. Quando mais inexperiente você for, com mais calma e atenção deve fazer e refazer essa leitura.

Não se dê o direito de ficar entediado ou apressado; olhe tudo, cada detalhe da petição inicial (o endereçamento, a qualificação, os fatos, os pedidos, a indicação das provas e do valor da causa), depois confira com cuidado cada um dos documentos juntados, veja se são realmente verdadeiros, se estão rasurados ou se foram alterados de alguma forma (já ouvi histórias de advogados que juntam documentos parcialmente alterados, contando com a distração do colega).

Depois, leia todas as decisões já proferidas nos autos, assim como as certidões do escrivão e as manifestações do Ministério Público, prestando especial atenção à data da juntada do mandado nos autos, quando esta já tiver ocorrido, claro, a fim de confirmar o real prazo de que dispõe para protocolar a contestação.

Em resumo, fique íntimo do processo, saiba tudo sobre ele, cada detalhe, cada vírgula. Nessa condição, volte a conversar com o cliente, não só para prestar contas, mas também quando necessário para tirar dúvidas e decidir sobre a melhor estratégica de defesa.

Recurso contra a tutela provisória:

Uma das primeiras preocupações do advogado ao ter vista dos autos é quanto ao prazo para recorrer contra eventual decisão que tenha concedido tutela provisória. Lembro que o prazo para a interposição do competente recurso, sejam os embargos de declaração (art. 1.022, CPC) ou o agravo de instrumento (art. 1.015, I, CPC), inicia-se normalmente da juntada aos autos do mandado devidamente cumprido (art. 231, CPC), ou da petição requerendo vista dos autos, quando é o réu que por iniciativa própria se apresenta nos autos.

Estudo do Direito Processual e Material:

Ciente do processo e da vontade do cliente, o advogado deve estudar as questões de direito material e processual aplicáveis àquele processo em particular. Veja, mesmo que você já entenda do assunto, procure reler a doutrina, separando aqueles trechos que poderão ser úteis não só na elaboração da contestação, mas também quando de eventual recurso.

Em seguida, pesquise sobre o entendimento do tribunal sobre o tema; leia decisões proferidas em processos semelhantes, com escopo de entender as teses de defesa que são normalmente usadas, assim como os limites de uma eventual condenação, separando numa pasta a jurisprudência que lhe é favorável.

Redação da Contestação:

Já conheci colegas que por uma razão ou outra tinham enormes dificuldades para iniciar a redação da contestação. Liam o processo, estudavam a questão, mas não conseguiam sentar e começar a redação da peça de defesa. Ficavam andando de um lado ao outro no escritório como leões enjaulados até às últimas horas do prazo quando, então, forçados pela obrigação inevitável, sentavam e faziam a redação da peça.

Reconheço que mesmo em circunstâncias tão extremas surgia, vez por outra, uma obra-prima de técnica jurídica, mas isso era uma exceção; ou seja, na maioria dos casos, a contestação acabava sendo protocolada cheia de erros, enganos e omissões que, depois, eram difíceis de corrigir. Conclusão: "não deixe a redação da contestação para a última hora". Separe tempo para fazê-la com calma e "refaça" quantas vezes forem necessárias, até que o seu trabalho fique tecnicamente perfeito, algo que o faça sentir orgulho de pôr o seu nome no final.

O tempo é fundamental para uma boa contestação.

Protocolo da Contestação:

Pronta a petição e separados, em ordem, os documentos que deverão acompanhá-la, não corra para fazer o protocolo. Há colegas tão ansiosos quanto ao seu serviço que simplesmente não conseguem esperar o melhor momento para fazer o protocolo da contestação. Sendo esse o seu caso, aprenda a se controlar, use o tempo a seu favor e, principalmente, a favor do seu cliente; aproveite para ler e reler o seu trabalho, que deve ser o melhor que você pode fazer.

Espere o melhor momento para protocolar a sua contestação, tomando cuidado, claro, para não perder o prazo.

7.6 DOS DOCUMENTOS A SEREM JUNTADOS À PETIÇÃO INICIAL E À CONTESTAÇÃO

Informa o art. 320 do Código de Processo Civil que a petição inicial deve ser "instruída com os documentos indispensáveis à propositura da ação"; já o art. 434 do mesmo diploma legal informa que "incumbe à parte instruir a petição inicial ou a contestação com os documentos destinados a provar suas alegações"; ou seja, além da juntada de cópia dos seus documentos pessoais, tais como RG, CPF, certidão de nascimento ou casamento, comprovante de residência, destinados a identificar corretamente o litigante, cabe ao interessado juntar à sua petição inicial ou à sua contestação, conforme o caso, os documentos destinados a provar as suas alegações.

Claro que a juntada de documentos não é o único meio de prova no processo civil, na verdade o Código de Processo Civil declara em seu art. 369 que "as partes têm o direito de empregar todos os meios legais, bem como os moralmente legítimos, ainda que não especificados neste Código, para provar a verdade dos fatos em que se funda o pedido ou a defesa e influir eficazmente na convicção do juiz", mas é inegável que a "prova documental" merece um destaque especial, principalmente em razão da sua evidente força de convencimento.

Há ainda que se observar que certos fatos só podem ser provados por documentos, como informa o artigo 406 do Código de Processo Civil: "quando a lei exigir instrumento público como da substância do ato, nenhuma outra prova, por mais especial que seja, pode suprir-lhe a falta".

Ao preparar a lista dos documentos que irão instruir a petição inicial ou a contestação, conforme o caso, o advogado deve inicialmente atentar para aqueles documentos indispensáveis ao caso, seja em razão da lógica jurídica (por exemplo: se o interessado pretende discutir a validade ou algum aspecto de um contrato, ou mesmo requerer o seu cumprimento ou rescisão, deve juntar uma cópia dele; nas ações de divórcio, deve-se juntar a certidão de casamento; nas ações de adoção, interdição, guarda, alimentos ou execução destes, deve-se juntar certidão de nascimento; na ação de alimentos gravídicos, deve-se juntar exame de gravidez positivo ou atestado médico indicando a condição de gestante etc.), seja por expressa imposição da lei (por exemplo: nas ações de demarcação e de divisão, devem-se juntar os títulos de propriedade, conforme determinam os arts. 574 e 588 do CPC; na ação de dissolução parcial de sociedade, deve-se juntar o contrato social consolidado, conforme determina o § 1º do art. 599 do CPC; na petição que requer a abertura de inventário, deve-se juntar necessariamente a certidão de óbito, conforme parágrafo único do art. 615 do CPC etc.).

Na dúvida se algum documento é ou não necessário, minha sugestão é no sentido de que você peça ao cliente que o apresente; veja, é melhor ter o referido documento à sua disposição na pasta do cliente do que ter de novamente contatar o cliente para solicitá-lo.

7.7 DAS DESPESAS

Informa o art. 82 do Código de Processo Civil que, "salvo as disposições concernentes à gratuidade da justiça, incumbe às partes prover as despesas dos atos que realizarem ou requererem no processo"; já o art. 98 do mesmo diploma declara que "a pessoa natural ou jurídica, brasileira ou estrangeira, com insuficiência de recursos para pagar as custas, as despesas processuais e os honorários advocatícios tem direito à gratuidade da justiça, na forma da lei".

Em outras palavras, atuar no processo, seja como autor ou mesmo como réu, envolve o pagamento de custas e despesas, salvo se o interessado obtiver os benefícios da justiça gratuita.

O pedido de justiça gratuita pode ser feito na petição inicial, na contestação ou em qualquer outro momento processual por simples petição, devendo o interessado declarar expressamente que não possui condições financeiras de arcar com as custas e despesas do processo, normalmente o pedido é acompanhado de uma "declaração de pobreza".

Entendendo que faltam os pressupostos legais, o juiz pode determinar ao interessado que prove as suas alegações sob pena de indeferimento.

Não sendo o caso de justiça gratuita, o autor deve apresentar com a inicial os comprovantes do recolhimento das custas processuais, que normalmente envolvem a taxa judiciária, o valor devido pela juntada do mandato e as despesas com diligências do Oficial de Justiça e/ou com o correio. Os valores destas custas variam não só de Estado para Estado, mas também no caso de a ação ser proposta na Justiça Estadual ou Federal. Já o réu deve ao menos recolher a taxa pela juntada do mandato; no caso de que apresente reconvenção, deve ainda recolher a taxa judiciária.

Procure informações sobre a forma de recolhimento e valores nos *sites* dos próprios tribunais, junto à sua associação profissional e/ou junto à sua subseção da OAB.

7.8 CONHECENDO O PROCEDIMENTO

Advogar é principalmente conhecer o trâmite, o procedimento, do processo. Qualquer pessoa pode conhecer o direito material, mas só o advogado tem obrigação de conhecer o direito processual.

Saber como o processo vai acontecer, ou seja, o seu procedimento, é essencial.

O "procedimento comum", previsto nos arts. 318 a 512 do Código de Processo Civil, é a base de todos os procedimentos judiciais; na verdade, os "procedimentos especiais" previstos no CPC ou em leis ordinárias são apenas variações do procedimento comum.

É extremamente embaraçoso quando o advogado se manifesta em momento impróprio ou deixa de fazê-lo quando deveria; tais atitudes afetam não só a duração do processo, mas também o seu resultado.

Se você tem dificuldades nesta área, estude, se prepare. Você precisa estar familiarizado com as principais fases do procedimento, com escopo de poder agir quando necessário. No caso do "procedimento comum", temos: (I) petição inicial, arts. 319 e 320, CPC; (II) citação, arts. 238 a 259, CPC; (III) audiência de conciliação, art. 334, CPC; (IV) contestação, arts. 335 a 342, CPC; (V) providências preliminares, arts. 347 a 353, CPC; (VI) julgamento conforme o estado do processo, arts. 354 a 356, CPC; (VII) saneamento e organização do processo, art. 357, CPC; (VIII) audiência de instrução e julgamento, arts. 358 a 368, CPC; (IX) sentença, arts. 366, 485 a 495, CPC.

Capítulo 8
Procuração *ad judicia* (mandato judicial)

8.1 CONTRATO DE MANDATO

Segundo o art. 653 do Código Civil, mandato é o contrato pelo qual uma pessoa, denominada *mandante*, outorga poderes a outrem, denominado *mandatário* ou *procurador*, para que este, em nome do mandante, pratique atos ou administre interesses.

Trata-se de um contrato de natureza consensual e não solene, que se efetiva por meio de uma "procuração" (autorização representativa), que pode ser feita por instrumento particular ou público (art. 654, CC). A procuração por instrumento particular poderá ser feita pelas próprias partes, desde que capazes, podendo ser manuscrita por elas e por terceiro, digitada, impressa, mas deverá ser obrigatoriamente assinada pelo outorgante.

O mandato pode envolver todos os negócios do mandante (mandato geral), ou ser relativo a um ou mais negócios determinados (mandato especial); de qualquer forma, exige o Código Civil poderes especiais e expressos para aqueles atos que excedem à administração ordinária, em especial atos que envolvam o poder de alienar, hipotecar e transigir (arts. 660 e 661, CC). Os atos do mandatário só vincularão o representado se praticados em seu nome e dentro dos limites do mandato; pode, no entanto, o mandante ratificar expressa ou tacitamente (mediante ato inequívoco) os atos praticados em seu nome sem poderes suficientes (art. 662, CC), sendo que os efeitos da eventual ratificação retroagirão à data do ato (*ex tunc*).

O mandatário deve agir com o necessário zelo e diligência, transferindo as vantagens que auferir ao mandante, prestando-lhe, ao final, contas de sua gestão (arts.

667 a 674, CC). O mandante, por sua vez, é obrigado a satisfazer todas as obrigações contraídas pelo mandatário, na conformidade do mandato conferido, e adiantar a importância das despesas necessárias à execução dele, quando o mandatário lhe pedir (arts. 675 a 681, CC).

8.2 MANDATO JUDICIAL

A outorga ao advogado de procuração geral para o foro, ou simplesmente "procuração *ad judicia*", tem duas naturezas distintas. Primeiro, indica a existência de contrato de prestação de serviços jurídicos; segundo, torna o advogado representante legal do outorgante para o foro em geral.

A procuração *ad judicia*, ou procuração para o foro ou para o juízo, é o instrumento que habilita, segundo o art. 104 do CPC, o advogado a praticar, em nome da parte, todo e qualquer ato processual (*v. g.*, ajuizar ação, contestar, reconvir, impugnar, justificar, opor embargos, recorrer, opor exceção etc.), salvo receber a citação, confessar, reconhecer a procedência do pedido, transigir, desistir, renunciar ao direito sobre que se funda a ação, receber, dar quitação, firmar compromisso e assinar declaração de hipossuficiência econômica, vez que a prática desses atos exige que o advogado tenha poderes especiais, expressos no instrumento de mandato (art. 105, CPC). Excepcionalmente permite a lei processual que o advogado ajuíze ação ou pratique outros atos, reputados urgentes, a fim de evitar a decadência ou a prescrição, sem apresentar o instrumento do mandato (*procuração*), desde que assuma o compromisso de exibi-lo no prazo de 15 (quinze) dias; prazo que pode, por despacho do juiz, ser prorrogado por mais 15 (quinze) dias. Caso o instrumento não seja apresentado no prazo, o ato não ratificado será considerado ineficaz relativamente àquele em cujo nome foi praticado, respondendo o advogado pelas despesas e eventuais perdas e danos (art. 104, § 2º, CPC).

Há, ademais, que se registrar que sempre que o mandato dos procuradores advier da lei (*v. g.*, Procuradores da União, dos Estados e Municípios, Defensores Públicos), estes estão dispensados de apresentar procuração.

Sendo o mandato um contrato firmado com base na confiança, pode o mandante revogá-lo a qualquer momento, sem que tenha sequer que declarar os seus motivos para tanto, não importa em que fase esteja o processo, devendo no mesmo ato constituir outro mandatário para que assuma o patrocínio da causa (art. 111, CPC; arts. 686 e 687, CC; art. 17, Código de Ética e Disciplina). De outro lado, o advogado também pode a qualquer tempo renunciar ao mandato, provando que cientificou o cliente a fim de que este nomeie substituto, continuando a representá-lo por mais 10 (dez) dias, contados da notificação, desde que necessário para lhe evitar prejuízo (art. 112, CPC).

No caso de morte ou incapacidade do advogado, o juiz deverá suspender o feito, concedendo o prazo de 15 (quinze) dias para que a parte constitua outro para representá-la no processo. Findo o prazo sem que a parte tenha nomeado novo procurador, o juiz extinguirá o processo sem julgamento do mérito, se o obrigado for o autor, ou mandará prosseguir o processo à revelia do réu, se o advogado falecido era deste (art. 313, I, § 3º, CPC).

8.3 SUBSTABELECIMENTO

De regra, o substabelecimento exige, para sua validade, poderes especiais.

Questão relevante quanto ao tema é o da responsabilidade civil pelos atos praticados pelo substabelecido. Três as principais hipóteses: *primeiro*, se o procurador tem poderes para substabelecer, não responde por eventuais danos que venham a ser causados pelo substabelecido, que deverá responder diretamente ao mandante; *segundo*, se o procurador substabelece sem ter poderes para tanto, continuará responsável perante o mandante por eventuais danos advindos da negligência do substabelecido; *terceiro*, se a despeito da procuração expressamente vedar o substabelecimento, o mandatário substabelece a procuração, responderá ao mandante pelos prejuízos causados pelo substabelecido até no caso destes danos advierem de caso fortuito ou força maior.

8.4 RESPONSABILIDADE CIVIL DOS ADVOGADOS

O exercício da profissão de "advogado" é disciplinado pela Lei nº 8.906/94, o conhecido Estatuto da Advocacia, que em seu art. 32 declara que "o advogado é responsável pelos atos que, no exercício profissional, praticar com dolo ou culpa"; já o § 4º do art. 14 do Código de Defesa do Consumidor, Lei nº 8.078/90, informa que "a responsabilidade pessoal dos profissionais liberais será apurada mediante a verificação de culpa".

No mais, a obrigação do advogado é de meio e não de resultado. Em outras palavras, ao aceitar o mandato, o advogado não se obriga a ganhar a causa, mas tão somente defender os interesses de seu cliente da melhor forma possível, aconselhando e assessorando quando necessário.

Doutrina e jurisprudência têm decidido que o advogado é civilmente responsável: I – pelos erros de direito (desconhecimento de norma jurídica); II – pelas omissões de providências necessárias para ressalvar os direitos do seu constituinte; III – pela perda de prazo; IV – pela desobediência às instruções do constituinte; V – pelos pareceres que der, contrários à lei, à jurisprudência e à doutrina; VI – pela omissão de conselho; VII – pela violação de segredo profissional; VIII – pelo dano causado a terceiro; IX – pelo fato de não representar o constituinte, para evitar-lhe prejuízo, durante os dez dias seguintes à notificação de sua renúncia ao mandato judicial; X – pela circunstância de ter feito publicações desnecessárias sobre alegações forenses ou relativas a causas pendentes; XI – por ter servido de testemunha nos casos arrolados no art. 7º, XIX, da Lei nº 8.906/94; XII – por reter ou extraviar autos que se encontravam em seu poder; XIII – por reter ou extraviar documentos do cliente.

8.5 BASE LEGAL

O contrato de mandato encontra-se disciplinado nos arts. 653 a 692 do Código Civil; já o Código de Processo Civil cuida do tema "dos procuradores" nos arts. 103 a 112. O exercício da profissão de "advogado" é disciplinado pela Lei nº 8.906/94-EA e as "relações de consumo" pela Lei nº 8.078/90-CDC.

8.6 PRIMEIRO MODELO (*PROCURAÇÃO* AD JUDICIA, *PESSOA JURÍDICA*)

PROCURAÇÃO *AD JUDICIA*

SOCIEDADE CIVIL DE EDUCAÇÃO T. O., inscrita no CNPJ sob o no 00.000.000/0000-00, titular do endereço eletrônico sociedadecivileducaçao@gsa.com, com sede na Rua Capitão Manoel Caetano, no 00, Centro, cidade de Mogi das Cruzes-SP, CEP 00000-000, neste ato representada por seu Presidente, Prof. S. A. S., portador do RG 0.000.000-SSP/SP e do CPF 000.000.000-00, pelo presente instrumento de procuração, nomeia e constitui seu bastante procurador o **DR. GEDIEL CLAUDINO DE ARAUJO JÚNIOR**, brasileiro, casado, Advogado inscrito na OAB/SP sob o no 000.000, titular do e-mail gediel@gsa.com.br, com escritório na Rua Adelino Torquato, no 00, Parque Monte Líbano, cidade de Mogi das Cruzes-SP, CEP 00000-000, a quem confere amplos poderes para o foro em geral, com a cláusula *ad judicia*, em qualquer Juízo, Instância ou Tribunal, podendo propor contra quem de direito (*vide cláusula restritiva abaixo*) as ações competentes e defender nas contrárias, seguindo umas e outras, até decisão final, usando os recursos legais que se fizerem necessários e ou oportunos. Conferindo-lhe, ainda, poderes especiais para confessar, desistir, transigir, firmar compromissos ou acordos, receber e dar quitação, agindo em conjunto ou separadamente, podendo ainda substabelecer esta em outrem, com ou sem reservas de iguais poderes, dando tudo por bom, firme e valioso.

Especialmente para: propor ação de despejo por denúncia vazia contra S. D. B.

Mogi das Cruzes, 00 de maio de 0000.

8.7 SEGUNDO MODELO (*PROCURAÇÃO* AD JUDICIA, *PESSOA FÍSICA*)

PROCURAÇÃO *AD JUDICIA*

        S. A. de A., brasileira, casada, professora, portadora do RG 000.000-0-SSP/SP e do CPF 000.000.000-00, titular do e-mail saa@gsa.com.br, residente e domiciliada na Rua José Urbano Sanches, nº 00, Vila Oliveira, cidade de Mogi das Cruzes-SP, CEP 00000-000, pelo presente instrumento de procuração, nomeia e constitui seu bastante procurador o **DR. GEDIEL CLAUDINO DE ARAUJO JÚNIOR**, brasileiro, casado, Advogado inscrito na OAB/SP sob o nº 000.000, titular do e-mail gediel@gsa.com.br, com escritório na Rua Adelino Torquato, nº 00, Parque Monte Líbano, cidade de Mogi das Cruzes-SP, CEP 00000-000, a quem confere amplos poderes para o foro em geral, com a cláusula *ad judicia*, em qualquer Juízo, Instância ou Tribunal, podendo propor contra quem de direito (*vide cláusula restritiva abaixo*) as ações competentes e defender nas contrárias, seguindo umas e outras, até decisão final, usando os recursos legais que se fizerem necessários e ou oportunos. Conferindo-lhe, ainda, poderes especiais para confessar, desistir, transigir, firmar compromissos ou acordos, receber e dar quitação, agindo em conjunto ou separadamente, podendo ainda substabelecer esta em outrem, com ou sem reservas de iguais poderes, dando tudo por bom, firme e valioso.

        Especialmente para: propor ação de indenização por perdas e danos em face do Senhor J. M. A. dos S.

        Mogi das Cruzes, 00 de maio de 0000.

8.8 TERCEIRO MODELO (*SUBSTABELECIMENTO*)

SUBSTABELECIMENTO

Eu, **Gediel Claudino de Araujo Júnior,** brasileiro, casado, Advogado, inscrito na OAB/SP 000.000, titular do e-mail gediel@gsa.com.br, com escritório na Rua Adelino Torquato, nº 38, bairro Parque Monte Líbano, cidade de Mogi das Cruzes-SP, CEP 00000-000, pelo presente instrumento "**substabeleço**", sem reservas, ao "**Dr. M. L. C. de A.**", brasileiro, casado, Advogado inscrito na OAB/SP 000.000, titular do e-mail mlca@gsa.com.br, com escritório na Avenida Brasil, nº 00, Centro, cidade de Mogi das Cruzes-SP, CEP 00000-000, os poderes que me foram outorgados pela "Sra. S. A. de A.", a fim de que o substabelecido possa também representar os interesses da outorgante junto ao processo nº 0000000-00.0000.0.00.0000, que tramita junto à 3ª Vara Cível da Comarca de Mogi das Cruzes.

Mogi das Cruzes, 00 de fevereiro de 0000.

_____

8.9 QUARTO MODELO (*PETIÇÃO RENUNCIANDO AO MANDATO JUDICIAL A PEDIDO*)

Excelentíssimo Senhor Doutor Juiz de Direito da 3ª Vara da Família e das Sucessões do Foro de Mogi das Cruzes, São Paulo.

Processo no 0000000-00.0000.0.00.0000
Ação Negatória de Paternidade
Autor: G. S.
Réu: W. A. S.

GEDIEL CLAUDINO DE ARAUJO JÚNIOR, brasileiro, casado, Advogado, titular do e-mail gediel@gsa.com.br, com escritório na Rua Adelino Torquato, nº 00, bairro Parque Monte Líbano, cidade de Mogi das Cruzes-SP, CEP 00000-000, nos autos do processo em epígrafe, vem à presença de Vossa Excelência "renunciar", a pedido, o mandato concedido pelo réu, vez que este pretende constituir outro Advogado. Requer-se, portanto, seja o nome do subscritor riscado da contracapa dos autos.

Termos em que
p. deferimento.

Mogi das Cruzes, 00 de outubro de 0000.

Gediel Claudino de Araujo Júnior
OAB/SP 000.000

8.10 QUINTO MODELO (*CONTRATO DE HONORÁRIOS ADVOCATÍCIOS*)

CONTRATO DE PRESTAÇÃO DE SERVIÇOS ADVOCATÍCIOS

CONTRATANTE: **B. L. A.**, brasileira, casada, farmacêutica, portadora do RG 00.000.000-SSP/SP e do CPF 000.000.000-00, titular do e-mail bla@gsa.com.br, residente e domiciliada na Rua José Urbano, n° 00, Jardim Brasil, cidade de Mogi das Cruzes-SP, CEP 00000-00.

CONTRATADO: **DR. GEDIEL CLAUDINO DE ARAUJO JÚNIOR**, brasileiro, casado, Advogado, inscrito na OAB-SP sob o n° 000.000, portador do RG 00.000.000-SSP/SP e do CPF 000.000.000-00, titular do e-mail gediel@gsa.com.br, com escritório na Rua Adelino Torquato, n° 00, Parque Monte Líbano, cidade de Mogi das Cruzes-SP, CEP 00000-000.

Pelo presente instrumento particular, as partes supraqualificadas convencionam entre si o seguinte:

1° O CONTRATADO obriga-se a ajuizar "ação de divórcio litigioso" em face do cônjuge da CONTRATANTE, conforme termos do mandato que lhe é outorgado em apartado.

2° A medida judicial referida no item anterior deverá ser ajuizada no prazo de 30 (trinta) dias, contados da entrega efetiva de todos os documentos solicitados pelo CONTRATADO, conforme recibo anexo.

3° Pelos serviços, a CONTRATANTE pagará ao CONTRATADO o valor total de R$ 9.000,00 (nove mil reais), sendo R$ 3.000,00 (três mil reais) a vista, neste ato, servindo o presente de recibo de quitação, e R$ 6.000,00 (seis mil reais) em 4 (quatro) parcelas mensais e consecutivas de R$ 1.500,00 (um mil e quinhentos reais), vencendo a primeira em 00.00.0000;

4° Os honorários serão devidos, qualquer que seja o resultado da ação;

5° Distribuída a medida judicial, o total dos honorários será devido mesmo que haja composição amigável quanto ao pedido de divórcio, venha a CONTRATANTE a desistir do pedido ou, ainda, se for revogada a procuração sem culpa do CONTRATADO;

Parágrafo único. Na hipótese de desistência antes do ajuizamento da ação, serão devidos 50% (cinquenta por cento) do valor contratado;

6° A CONTRATANTE responderá, ainda, por todas as despesas do processo, sendo que o pagamento deverá ser feito de imediato tão logo a conta lhe seja apresentada, não respondendo o CONTRATADO por qualquer prejuízo que advenha da demora ou do não pagamento de qualquer despesa;

7° Na eventualidade de ser necessária a interposição de qualquer recurso (razões ou contrarrazões), serão ainda devidos ao CONTRATADO honorários extras de R$ 3.000,00 (três mil reais), valor este que deverá ser quitado antes do protocolo do recurso, sob pena de o Advogado ficar dispensado do serviço;

8º O contato entre as partes, objetivando apresentação de contas de despesas, informações sobre o andamento do processo, convocações ou solicitações para reuniões e/ou audiências no fórum e até mesmo para eventual "notificação" quanto à renúncia ou destituição do mandato deverá ser feito "preferencialmente" por meio de mensagem eletrônica via os *e-mails* informados na qualificação deste contrato, cabendo às partes mantê-lo atualizado, sob pena de serem considerados válidos os contatos e notificações dirigidos ao endereço eletrônico constante neste contrato;

9º Qualquer medida judicial ou extrajudicial que tenha como objeto o conteúdo deste contrato deverá ser ajuizada no Foro da Comarca de Mogi das Cruzes-SP (foro de eleição).

Por estarem, assim, justos e contratados, firmam o presente instrumento, que é elaborado em duas vias, de igual teor, sendo uma para cada parte.

Mogi das Cruzes, 00 de setembro de 0000.

Gediel Claudino de Araujo Júnior

B. L. A.

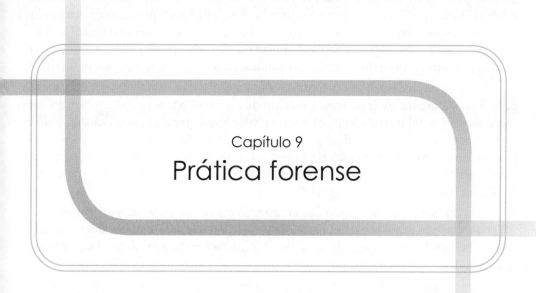

Capítulo 9
Prática forense

9.1 INTRODUÇÃO

Somente o estudo detalhado do caso, após se ouvir o cliente e fazer-se percuciente análise dos documentos apresentados e dos autos do processo, habilita o advogado a apresentar as opções de defesa ao seu cliente; por esta razão não é possível apresentar em um manual como este todas as possibilidades de resposta num caso concreto; contudo, com escopo de ajudar os colegas advogados, apresento, com arrimo na minha experiência pessoal, a seguir, observações particulares sobre a defesa, em especial sobre a contestação, de algumas das ações mais comuns no processo civil.

9.2 CONTESTAÇÃO DE "AÇÃO DE ADJUDICAÇÃO COMPULSÓRIA"

O objetivo da "ação de adjudicação compulsória" é possibilitar a transferência, por força de ordem judicial, da propriedade de um bem adquirido mediante pagamento do preço em prestações (compromisso de compra e venda). Encontra fundamento nos arts. 15 e 16 do Decreto-lei nº 58, de 10.12.1937, e nos arts. 1.417 e 1.418 do Código Civil, tendo como pressuposto a recusa do proprietário em passar a escritura de compra e venda após a quitação do preço ajustado entre as partes. A ação só pode ser ajuizada em face do "proprietário do imóvel" ou, no caso de este ter falecido, contra os seus herdeiros. O art. 1.417 do Código Civil declara que o comprador só tem direito real à aquisição do imóvel se o instrumento de promessa de compra e venda, onde não se pactuou direito a arrependimento, for registrado junto ao Cartório de Registro de Imóveis; contudo a Súmula 239 do Superior Tribunal de Justiça informa que o direito à adjudicação compulsória não se condiciona ao registro do compromisso de compra e venda no cartório de imóveis (direito pessoal de adjudicação). Sujeita ao procedimento comum (arts. 318 a 512, CPC), esta ação deve ser protocolada, ou distribuída, conforme o caso, no foro onde se encontra localizado o imóvel (art. 47, CPC); se o autor for casado, deve estar acompanhado de seu cônjuge ou apresentar outorga marital; no caso de o réu ou seus herdeiros serem casados, devem ser citados ambos os cônjuges. Segundo norma do art. 292, II, do CPC, o valor da causa será equivalente ao valor do contrato que fundamenta o pedido, devidamente atualizado.

Entre os documentos que o autor deve juntar à petição inicial tem-se: documentos pessoais; estatuto ou contrato social, no caso de o interessado ser pessoa jurídica (assim como ata da assembleia que legitima o representante que passa a procuração, quando for o caso); contrato ou compromisso de compra e venda; recibo de quitação final ou recibos que demonstrem o pagamento total do preço; certidão de propriedade do bem atualizada; carnê do IPTU atual; comprovante de notificação do compromitente vendedor (constituição em mora).

O prazo para o oferecimento da contestação é de 15 (quinze) dias úteis[1] (arts. 219 e 335, CPC), sendo que a estrutura básica da petição é a seguinte: endereçamento; qualificação; resumo dos fatos; preliminares; mérito; reconvenção, quando for do interesse do réu[2]; pedidos.

O conhecimento destas informações é imprescindível para que o advogado possa preparar a defesa, que começa justamente pela chamada "defesa contra o processo", na qual o réu, por meio do seu advogado, deve atentar não só para as preliminares apontadas no art. 337 do Código de Processo Civil, mas também para as exigências legais ligadas ao tema, como, por exemplo: se houve de fato a quitado de todas as obrigações do compromitente comprador; se este apresentou todos os documentos necessários; se este está ou não acompanhado de seu cônjuge (no caso de que seja casado); se este constituiu regularmente em mora o compromitente vendedor (houve recusa na outorga da escritura de compra e venda?); se este ajuizou o feito no foro competente; se este atribuiu corretamente o valor da causa; se o contrato que arrima o pedido atende aos requisitos do § 1º do art. 11 do Decreto-Lei nº 58/1937 (muito importante, não deixe de confrontar o contrato com os termos deste artigo, visto que o não atendimento pode configurar falta de pressuposto legal; o autor não perde o imóvel, mas perde a ação). Lembro, ademais, que cabe ao réu suscitar, em preliminar na contestação, eventual falsidade dos documentos juntados pela outra parte (arts. 430 a 433, CPC). O prazo é de natureza preclusiva, ou seja, não arguida a falsidade em tempo próprio, nem impugnada de qualquer forma a autenticidade do documento juntado pelo autor na exordial, presume-se que o réu aceitou o documento como verdadeiro.

Nesta ação, algumas das questões preliminares podem se confundir com o mérito, quando, por exemplo, o réu alega que o autor não cumpriu com todas as suas obrigações (nesse caso deve-se indicar qual obrigação contratual está em aberto), ou mesmo quando o

---

[1] Para descobrir quando começa e quando termina o prazo para oferecimento da sua contestação, leia com atenção os arts. 219, 224, 231 e 335 do Código de Processo Civil.

[2] Quanto à reconvenção, consulte os requisitos específicos no art. 343 do Código de Processo Civil.

réu negue que tenha se recusado a outorgar a competente escritura (não foi constituído em mora; na prática forense já vi casos em que o proprietário estava simplesmente esperando o comprador ter dinheiro para arcar com os custos da escritura, o tempo passou e as partes se afastaram, mas nunca houve recusa, o que, em tese, deve provocar a improcedência do pedido por carência de ação, ou falta de interesse de agir). Essas questões devem ser apresentadas em preliminar, sob o título "carência de ação por falta de legitimidade ou interesse", razão pela qual o advogado deve dedicar especial atenção ao assunto.

Se não for o caso de carência de ação (não houve quitação das obrigações; não houve recusa), no mérito, o réu que esteja realmente em débito com responsabilidade contratual e que não tenha motivos legais para justificar a sua recusa ou mora, pode tentar compor com o autor, colocando-se à disposição para cumprir imediatamente o compromisso de compra e venda, tentando assim evitar todo o ônus da sucumbência (ou seja, fazer um acordo imediato); naqueles casos em que o réu não tenha como cumprir a sua obrigação deve, de boa-fé, informar em detalhes as razões da impossibilidade, por exemplo, ainda não ser formalmente o proprietário do bem, lembrando que esta ação só pode ser intentada contra o proprietário (v.g.: pendência de inventário ou de alguma outra medida judicial que esteja em curso).

Por fim, lembro que o réu cuja defesa tenha como arrimo a inadimplência do autor (não quitou todo o preço, por exemplo) pode ainda fazer pedido, em reconvenção, no sentido de que o contrato seja rescindido e o vendedor reintegrado na posse do bem.

9.3 CONTESTAÇÃO DE "AÇÃO DE ALIMENTOS"

Considerando a interdependência natural que existe entre as pessoas, estabelece a lei civil que, estando o indivíduo impossibilitado de prover a própria subsistência, seja em razão da pouca idade, da velhice, de doença, de falta de trabalho ou qualquer outra forma de incapacidade, poderá socorrer-se de seus parentes mais próximos, do cônjuge ou do companheiro que, diante da natural solidariedade que advém do vínculo familiar ou conjugal, ficam legalmente obrigados a ajudá-lo mediante o pagamento de uma pensão a ser fixada judicialmente. Os pressupostos desta ação são as necessidades do interessado, a possibilidade do obrigado e o vínculo de parentesco ou conjugal. O direito a alimentos tem como características fundamentais ser "personalíssimo" e "irrenunciável", sendo o respectivo crédito insuscetível de cessão, compensação ou penhora (art. 1.707, CC). A "pensão alimentícia" engloba um conjunto de coisas essenciais à vida, tais como: moradia; vestuário; alimentação; lazer; assistência médica; medicamentos; educação etc.

O direito de requerer alimentos aos parentes, cônjuge e/ou companheiro encontra fundamento legal nos arts. 1.694 a 1.710 do Código Civil, sendo que a "ação de alimentos", e seu procedimento, se encontram disciplinados na Lei nº 5.478/68, a conhecida Lei dos Alimentos. O foro competente para se ajuizar a ação é o do domicílio do alimentando (art. 53, II, CPC), sendo, no entanto, facultado ao interessado optar pelo foro do domicílio do réu (art. 46, CPC), visto que se trata de competência relativa. O valor da causa deve ser o equivalente à soma de 12 (doze) prestações mensais pedidas pelo autor (art. 292, III, CPC).

Entre os documentos que o autor deve juntar com a inicial tem-se: documentos pessoais, entre eles certidão de nascimento ou casamento que prove o vínculo de parentesco (no caso de companheiros, esta ação costuma ser cumulada com pedido de reconhecimento de união estável, salvo se houver contrato firmado entre as partes); comprovantes de suas despesas (*v.g.*: luz, água, moradia, alimentação, medicamentos, vestuário, educação, lazer, transporte, internet); laudo médico, quando houver necessidades especiais.

A contestação deve ser ofertada em audiência (art. 9º, Lei nº 5.478/68), contudo o advogado deve ler com atenção os termos do mandado de citação, visto que é comum nesses tempos de processo eletrônico o juiz determinar que o réu protocole a sua petição certo tempo antes da audiência, com escopo de que esta já esteja nos autos quando da realização da audiência de conciliação, instrução e julgamento. A estrutura básica da petição é a seguinte: endereçamento; qualificação; resumo dos fatos; preliminares; mérito; pedidos.

Ciente dos conceitos, pressupostos e requisitos legais, o advogado deve analisar com cuidado os autos do processo, verificando se o autor cumpriu com as normas legais, por exemplo: ajuizou a ação no foro competente? qualificou corretamente as partes (art. 319, CPC)? escolheu o procedimento correto (especial previsto na Lei nº 5.478/68-LA)? descreveu na exordial as suas necessidades e as possibilidades do réu (inépcia da inicial, art. 330, I, CPC)? atribuiu corretamente valor à causa (art. 292, III, CPC)? juntou todos os documentos necessários, principalmente aquele que prova o vínculo de parentesco (art. 320, CPC)?

Ao tratar dessas e de outras preliminares, conforme previsto no art. 337 do CPC, devo alertar aos colegas que nesse tipo de ação, mais do que nas demais, de forma geral, os juízes não gostam de dar guarida a questões formalistas, isto pela simples razão de que normalmente o objetivo da ação é estabelecer a obrigação alimentícia entre pais e filhos ou entre cônjuges e companheiros, assunto naturalmente sensível e que desperta, via de regra, a simpatia do juiz e do promotor em favor do requerente, criança e/ou mulher desamparada pelo pai e/ou cônjuge. Sendo assim, ao levantar alguma preliminar tome cuidado para não o fazer de forma que desperte a antipatia dessas autoridades judiciais, ou seja, escolha com cuidado a forma como vai fazê-lo, sempre deixando claro que sua intenção é garantir que o processo fique, por exemplo, isento de qualquer nulidade que possa prejudicar a criança no futuro.

Na verdade, a defesa nesse tipo de processo deve ser feita sempre com muito cuidado e tato, mormente quando o demandado é o genitor, como acontece na maioria dos casos. De maneira geral, a postura não deve ser nunca de "antagonismo" (cara feia, má vontade, falta de disposição para um acordo, excesso de lamentações, ameaças, debate verbal paralelo etc.); ou seja, ao redigir a contestação, o advogado deve, é claro, defender os interesses do réu, mas sempre ressalvando que sua "principal" preocupação é na verdade os interesses dos filhos.

No mérito, o requerido que deseje impugnar o valor mensal da pensão alimentícia deve fazê-lo de forma clara, expondo em detalhes a sua situação financeira (juntando os documentos necessários para tanto: comprovantes de despesas pessoais e de manutenção, assim como comprovantes de renda). Lembre-se, o bom pai sempre quer dar o melhor para os seus filhos, sendo assim, "lamente" sinceramente sempre que isso não for possível, procurando demonstrar que a situação do alimentante não lhe permite dar mais, como seria do seu desejo. Veja, muitos colegas assustados com o valor requerido pelo autor acabam ficando excessivamente na defensiva; ou seja, o medo de ver o seu cliente condenado em uma pensão muito além de suas possibilidades faz com que o advogado e seu cliente tratem da questão como uma "guerra", e isso, acreditem, já cuidei de milhares de casos, costuma ter o efeito contrário do pretendido (obter um valor menor para a pensão). Nesse tipo de ação, deve-se, como já disse, evitar-se o "antagonismo", como se genitor e filho estivessem em lados opostos, porque não estão (todos estão do mesmo lado, qual seja, buscando o bem-estar do menor). A postura correta é de tranquilidade e franqueza, afinal, lembre-se são as necessidades do filho do réu; o juiz vai perceber que o genitor está jogando limpo, que está preocupado com o bem-estar de seus filhos (se não está, deve ao menos parecer que está), e esta atitude pode fazer toda a diferença.

Lembro, por fim, que o réu deve comparecer na audiência de conciliação, instrução e julgamento, acompanhado de suas testemunhas.

9.4 CONTESTAÇÃO DE "AÇÃO DE ALIMENTOS GRAVÍDICOS"

A Lei nº 11.804/2008 abriu a possibilidade de a mulher gestante requerer pensão alimentícia em face do "suposto" pai de seu filho por nascer; o objetivo desta medida judicial é possibilitar à mulher obter ajuda financeira para arcar com as despesas adicionais do período de gravidez, tais como: alimentação, moradia, vestuário, assistência médica e psicológica, exames, medicamentos, internações, parto etc. Com escopo de obter sucesso em sua demanda, cabe à mulher apresentar ao juiz provas que o convençam de que existe, ao menos, boa possibilidade de que o réu seja o pai do seu filho por nascer (indícios de paternidade). Normalmente essa prova se faz mediante apresentação de documentos (*v.g.*, cartas, bilhetes, fotos, extratos da rede social), assim como pelo depoimento de testemunhas que demonstrem que o casal mantinha relacionamento amoroso regular e exclusivo (ao menos na aparência).

A referida lei não estabeleceu o procedimento a ser seguido, apenas mencionou que o réu deve ser citado para responder no prazo de 5 (cinco) dias e que se aplicam supletivamente a esta ação os dispositivos da Lei nº 5.478/68-LA e do Código de Processo Civil. O foro competente para conhecer desta ação é o da residência da mulher (art. 53, II, CPC), lembrando que se trata de competência relativa, ou seja, a mulher pode, caso queira, escolher por ajuizar a ação no domicílio do réu. Não há regra específica quanto ao valor da causa, daí que entendo ser aplicável ao caso a norma do art. 292, III, do CPC, ou seja, o valor da causa deve ser o equivalente à soma de 12 (doze) prestações mensais pedidas pela autora.

Entre os documentos que a autora deve juntar à petição inicial tem-se: documentos pessoais; exame de gravidez positivo ou atestado médico sobre a sua condição de grávida; comprovantes de despesas, que nesse caso não podem ser presumidas; documentos que provem a relação amorosa entre as partes.

A lei que instituiu os alimentos gravídicos colocou o homem em uma situação de desvantagem, visto que possibilitou a sua condenação ao pagamento de pensão alimentícia mediante simples indícios; ou seja, sem que haja prova real de sua paternidade em relação ao nascituro. Embora isso possa dar margem a injustiças, o legislador preferiu correr este risco a fim de evitar dano maior, qual seja, que a mulher grávida fique, em momento tão crítico, sem o amparo financeiro necessário. Todavia, se ao final do processo ficar demonstrado que o réu não era o pai da criança, constituindo o feito apenas uma aventura processual, o interessado pode, por sua vez, processar a mulher por danos materiais e morais.

Como já observado, o prazo para o oferecimento da contestação é de 5 (cinco) dias úteis[3] (art. 7º, Lei nº 11.804/08), sendo que a estrutura básica da petição é a seguinte: endereçamento; qualificação; resumo dos fatos; preliminares; mérito; pedidos.

Ao tomar conhecimento do processo, o advogado deve inicialmente verificar se o feito encontra-se regular (art. 337, CPC), por exemplo: a ação foi ajuizada no foro competente? a autora qualificou corretamente as partes (art. 319, CPC)? demonstrou na exordial como suas despesas aumentaram em razão da gravidez? atribuiu corretamente valor à causa? juntou todos os documentos necessários, principalmente aquele que prova o estado de grávida (art. 320, CPC)? Veja, o não atendimento de alguns destes requisitos pode dar margem ao indeferimento da ação por inépcia (art. 330, CPC), ou mesmo a sua extinção por carência de ação (falta de interesse processual).

No mérito, lembro que cabe à mulher fazer prova de que há ao menos "indícios de paternidade"; sendo assim, o homem pode simplesmente negar a paternidade que lhe é imputada, seja porque não teve relações sexuais com a autora, seja porque quando destas usou preservativo. No caso de que reconheça o relacionamento amoroso com a autora, o homem que tenha reais dúvidas sobre sua paternidade em relação ao nascituro, em razão, por exemplo, de comprovada infidelidade da ex-namorada ou por já ter feito vasectomia, deve contestar a ação juntando documentos e pedindo a produção de provas (*v.g.*, oitiva de testemunhas, perícia técnica etc.). Com escopo de evitar que fique condenado a pagar pensão para filho que não seja seu (*os alimentos gravídicos se convertem em alimentos para a criança automaticamente*), pode ainda o homem requerer que o juiz suspenda oportunamente o feito, após decidir sobre a liminar, até o nascimento da criança, a fim de possibilitar a realização de exame de DNA nos próprios autos (*princípio da economia processual*).

No geral, recomendo, ademais, aos colegas advogados, que sejam extremamente cuidadosos no relato das razões pelas quais seu cliente duvida da imputada paternidade; veja, nada mais covarde e ignóbil do que o homem abandonar a mulher em momento tão crítico. Sendo assim, se o réu tem seus motivos para duvidar da paternidade que lhe é imputada, prepare a defesa procurando respeitar o momento delicado em que se encontra a mulher grávida, evitando ataques gratuitos a sua honra e o uso de palavras grosseiras que vão aumentar ainda mais a sua dor e solidão.

Na sua resposta, o homem deve ainda informar sobre as suas condições financeiras, discutindo o valor da pensão, a fim de que esta, no caso de procedência do pedido, seja

---

[3] Para descobrir quando começa e quando termina o prazo para oferecimento da sua contestação, leia com atenção os arts. 219, 224, 231 e 335 do Código de Processo Civil.

fixada num valor justo. Não se deve deixar de juntar documentos comprovatórios dos fatos alegados, em especial a existência de outros filhos, doenças crônicas ou mesmo qualquer outro fato que diminua ou limite a capacidade de pagamento do requerido.

9.5 CONTESTAÇÃO DE "AÇÃO DE ANULAÇÃO DE CASAMENTO"

Embora tenha perdido muito da sua importância, num país cristão e tradicional como o nosso ainda se encontram ações dessa natureza. As hipóteses de nulidade e anulabilidade do casamento são indicadas nos arts. 1.548 e 1.550 do Código Civil. Entre as hipóteses apontadas pelo legislador, merece destaque a possibilidade de anulação do casamento por vício da vontade, se houve por parte de um dos nubentes, ao consentir, erro essencial quanto à pessoa do outro (art. 1.556, CC). A fim de realmente viciar o ato jurídico, o erro deve ser substancial ou essencial, ou seja, referir-se diretamente à pessoa do cônjuge ou a alguma de suas qualidades. Ademais, o erro deve ser escusável, isto é, plausível, aceitável, no qual poderia incidir qualquer pessoa normal. A legitimidade para a propositura dessa ação é restrita (arts. 1.552 e 1.559, CC), sendo que o procedimento é comum (arts. 318 a 512, CPC), observando-se quanto ao foro competente a regra do art. 53, I, do Código de Processo Civil.

Entre outros documentos, o interessado deve juntar à petição inicial: documentos pessoais, entre eles necessariamente a certidão de casamento; pacto antenupcial, quando houver; certidão de objeto e pé de eventual processo criminal, quando for o caso; laudo médico, a depender da situação; outros documentos que fundamentem o pedido (*v.g.*: fotos, cartas, extratos da rede social etc.).

O prazo para o oferecimento da contestação é de 15 (quinze) dias úteis[4] (arts. 219 e 335, CPC), sendo que a estrutura básica da petição é a seguinte: endereçamento; qualificação; resumo dos fatos; preliminares; mérito; reconvenção, quando for do interesse do réu[5]; pedidos.

Ao tomar conhecimento do processo, o advogado deve inicialmente verificar se o feito encontra-se regular (art. 337, CPC), por exemplo: a ação foi ajuizada no foro competente? a autora qualificou corretamente as partes (art. 319, CPC)? indicou corretamente as razões do pedido de anulação (arts. 1.550 e 1.558, CC)? atribuiu corretamente valor à causa? juntou todos os documentos necessários, principalmente a certidão de casamento e eventual pacto antenupcial (art. 320, CPC)? a ação foi proposta antes da ocorrência da decadência do direito (arts. 1.555 e 1.560, CC)? Veja, o não atendimento de alguns desses requisitos pode dar margem ao indeferimento da ação por inépcia (art. 330, CPC), ou mesmo a sua extinção por carência de ação (falta de interesse processual) ou decadência do direito, neste caso já no mérito (art. 487, II, CPC). Lembro, ademais, que cabe ao réu suscitar, em preliminar na contestação, eventual falsidade dos documentos juntados pela outra parte (arts. 430 a 433, CPC). O prazo é de natureza preclusiva, ou seja, não arguida

---

[4] Para descobrir quando começa e quando termina o prazo para oferecimento da sua contestação, leia com atenção os art. 219, 224, 231 e 335 do Código de Processo Civil.

[5] Quanto à reconvenção, consulte os requisitos específicos no art. 343 do Código de Processo Civil.

a falsidade em tempo próprio, nem impugnada de qualquer forma a autenticidade do documento juntado pelo autor na exordial, presume-se que o réu aceitou o documento como verdadeiro.

No mérito, o réu pode se limitar a negar os fatos, apresentando a sua própria narrativa, cuidando para não provocar a inversão do ônus da prova (art. 373, II, CPC); pode, ainda, apresentar reconvenção requerendo, por exemplo, o divórcio, assim como indenização por danos materiais e morais.

9.6 CONTESTAÇÃO DE "AÇÃO DE BUSCA E APREENSÃO EM ALIENAÇÃO FIDUCIÁRIA"

Alienação fiduciária é negócio jurídico formal, ou seja, o contrato deve ser necessariamente feito por escrito; nele, o devedor fiduciante transmite ao credor fiduciário a propriedade resolúvel de um bem com escopo de garantir o pagamento de uma dívida de trato sucessivo. A propriedade fiduciária se constitui com o registro do contrato no Cartório de Registro de Títulos e Documentos do domicílio do devedor ou, em se tratando de veículos (tipo mais comum deste contrato), na repartição competente para o licenciamento, fazendo-se a anotação no certificado de registro. Tem-se a "ação de busca e apreensão em alienação fiduciária" quando o devedor fiduciante deixa de efetuar o pagamento do débito; por meio dela, o credor fiduciário toma posse plena do bem dado em garantia, ficando autorizado a vendê-lo, judicial ou extrajudicialmente, a fim de aplicar o preço apurado na quitação da dívida em aberto, entregando o saldo, se houver, ao devedor fiduciante. A propriedade fiduciária e a ação de busca e apreensão, assim como seu procedimento, encontram, respectivamente, fundamento nos arts. 1.361 a 1.368-A do Código Civil e no Decreto-Lei nº 911/69. É comum que o contrato de alienação fiduciária preveja um foro de eleição (art. 78, CC), onde deve ser ajuizada a medida judicial, contudo tratando-se de competência relativa, nada impede que o credor fiduciário opte por ajuizar a ação onde se encontra o bem ou onde tenha domicílio o devedor (art. 46, CPC).

Entre os documentos que o autor deve juntar à petição inicial tem-se: documentos pessoais; estatuto ou contrato social, no caso de o interessado ser pessoa jurídica (assim como ata da assembleia que legitima o representante que passa a procuração, quando for o caso); contrato de alienação fiduciária; extrato atualizado do débito (incluindo prestações vencidas e vincendas); comprovante de notificação do devedor (constituição em mora).

O devedor fiduciante que deixa de pagar financiamento garantido por alienação fiduciária acaba numa situação muito difícil; além de perder o veículo, ele normalmente fica ainda com um grande débito junto à instituição financeira que lhe emprestou o dinheiro (multa, juros, correção monetária, despesas, honorários advocatícios, entre outras, que normalmente mais do que dobram o débito). Todavia não se deve olvidar que a situação já foi pior, visto que não faz muito tempo ele podia ainda acabar preso como depositário infiel. Esta hipótese foi definitivamente afastada com a emissão da Súmula Vinculante nº 25 do STF, com a seguinte redação: "*É ilícita a prisão civil de depositário infiel, qualquer que seja a modalidade do depósito*".

Ao tomar conhecimento do processo, o advogado deve inicialmente verificar se o feito encontra-se regular (art. 337, CPC), por exemplo: a ação foi ajuizada no foro competente? a autora qualificou corretamente as partes (art. 319, CPC)? a autora, pessoa jurídica, está devidamente representada nos autos (estatuto social, ata da assembleia, procuração válida e atualizada etc.)? a autora apresentou extrato atualizado do débito, incluindo prestações vencidas e vincendas (isso é fundamental para que o devedor fiduciário possa exercer o direito de quitar o seu débito e recuperar o bem)? o devedor fiduciário foi regularmente constituído em mora (há prova disso nos autos)? foi apresentado cópia do contrato de alienação fiduciária? o valor da causa está correto (há alguma discussão sobre qual seria o valor correto neste tipo de ação: valor do contrato ou valor atualizado do débito – procure defender a tese que lhe interessar diante do caso concreto)? Veja, o não atendimento de algum destes requisitos pode dar margem ao indeferimento da ação por inépcia (art. 330, CPC), ou mesmo a sua extinção por carência de ação (falta de interesse processual).

Embora a defesa nesses casos seja difícil, há algumas alternativas. Primeiro, o § 2º do art. 3º do Decreto-lei nº 911/69, com a redação que lhe deu a Lei nº 10.931/2004, assegura ao devedor o direito de recuperar a posse do bem se, no prazo de 5 (cinco) dias após executada a liminar de busca e apreensão, pagar integralmente a dívida pendente, conforme cálculos apresentados pelo credor na sua petição inicial. Registre-se que esta é uma "saída" viável principalmente quando o valor de mercado do bem é maior do que a dívida apontada na exordial.

Pedindo ou não a purgação da mora, o devedor pode oferecer contestação no prazo de 15 (quinze) dias úteis da execução da liminar. Além de eventuais questões preliminares (já apontadas *supra*), que podem eventualmente provocar a extinção do feito sem julgamento do mérito, neste, estando o devedor fiduciante realmente em mora com as suas obrigações, não há muito que se possa fazer, salvo talvez questionar a própria estrutura do contrato e os seus parâmetros, impugnando o valor apontado como débito (abuso de direito) e requerendo-se, em reconvenção, a revisão total do contrato (*v.g.*: cobrança de juros abusivos), com recálculo do valor devido.

No caso de a ação de busca e apreensão ser julgada improcedente, o juiz deve condenar o credor fiduciário ao pagamento de multa, em favor do devedor fiduciante, equivalente a 50% (cinquenta por cento) do valor originalmente financiado, sem prejuízo de eventuais perdas e danos.

9.7 CONTESTAÇÃO DE "AÇÃO DE CONSIGNAÇÃO DE ALUGUEL"

O pressuposto desta ação é a "injusta recusa" do locador em receber o que é legalmente devido a título de aluguel (conforme os termos do contrato de locação); seu objetivo é possibilitar ao locatário a quitação de suas obrigações contratuais (*v.g.*: aluguel, impostos, taxas, condomínio etc.). O fundamento legal e o procedimento especial dela encontra-se previsto no art. 67 da Lei nº 8.245/91, devendo ser ajuizada no foro da situação do imóvel (art. 58, II, Lei nº 8.245/91); já o valor da causa deve corresponder a doze vezes o valor do aluguel (art. 58, III, Lei nº 8.245/91).

Com a petição inicial, o autor deve juntar os seguintes documentos: documentos pessoais; estatuto ou contrato social, no caso de o interessado ser pessoa jurídica (assim como ata da assembleia que legitima o representante que passa a procuração, quando for o caso); contrato de locação; os três últimos comprovantes de quitação do aluguel.

O prazo para o oferecimento da contestação é de 15 (quinze) dias úteis[6] (arts. 219 e 335, CPC), sendo que a estrutura básica da petição é a seguinte: endereçamento; qualificação; resumo dos fatos; preliminares; mérito; reconvenção, quando for do interesse do réu[7]; pedidos.

Ao tomar conhecimento do processo, o advogado deve inicialmente verificar se o feito encontra-se regular (art. 337, CPC), por exemplo: a ação foi ajuizada no foro competente? o autor qualificou corretamente as partes (art. 319, CPC)? a autora, pessoa jurídica, está devidamente representada nos autos (estatuto social, ata da assembleia, procuração válida e atualizada etc.)? foi juntado contrato de locação? a petição inicial indica corretamente os meses e encargos a serem consignados? Veja, o não atendimento de algum destes requisitos pode dar margem ao indeferimento da ação por inépcia (art. 330, CPC), ou mesmo a sua extinção por carência de ação (falta de interesse processual). Lembro, ademais, que cabe ao réu suscitar, em preliminar na contestação, eventual falsidade dos documentos juntados pela outra parte (arts. 430 a 433, CPC). O prazo é de natureza preclusiva, ou seja, não arguida a falsidade em tempo próprio, nem impugnada de qualquer forma a autenticidade do documento juntado pelo autor na exordial, presume-se que o réu aceitou o documento como verdadeiro.

Além de eventuais preliminares, o locador tem, no mérito, sua defesa restrita, consoante inciso V do já referido art. 67, ou seja, somente pode alegar que: (I) não houve recusa ou mora em receber a quantia devida; (II) ter sido justa a recusa; (III) não ter sido efetuado o depósito no prazo ou no lugar do pagamento; (IV) não ter sido o depósito integral.

Não se deve olvidar que quanto à ocorrência ou não da "recusa do locador", o ônus da prova é todo do autor; agora, se o réu confirmar que se recusou, mas entende que sua recusa foi "justa", o ônus se inverte; ou seja, é ele quem passa a ter o ônus de provar as suas razões (art. 373, II, CPC).

Além de apresentar defesa, nos limites apontados, o réu pode ainda apresentar reconvenção pedindo o despejo por falta de pagamento.

9.8 CONTESTAÇÃO DE "AÇÃO DE CONSIGNAÇÃO EM PAGAMENTO"

A "ação de consignação em pagamento" é o meio colocado à disposição do devedor, ou de qualquer outra pessoa por ele (art. 304, CC), para buscar judicialmente a extinção de uma obrigação, quando caracterizada uma das seguintes hipóteses (art. 335, CC): (I) o credor não puder, ou, sem justa causa, recusar receber o pagamento, ou dar quitação na devida forma; (II) o credor não for, nem mandar receber a coisa no lugar, tempo e condição devidos; (III) o credor for incapaz de receber, for desconhecido, declarado ausente, ou

---

[6] Para descobrir quando começa e quando termina o prazo para oferecimento da sua contestação, leia com atenção os arts. 219, 224, 231 e 335 do Código de Processo Civil.

[7] Quanto à reconvenção, consulte os requisitos específicos no art. 343 do Código de Processo Civil.

residir em lugar incerto ou de acesso perigoso ou difícil; (IV) ocorrer dúvida sobre quem deva legitimamente receber o objeto do pagamento; (V) pender litígio sobre o objeto do pagamento.

A consignação em pagamento, como forma de extinção da obrigação, encontra amparo nos arts. 334 a 345 do Código Civil; já a ação de consignação em pagamento, e seu procedimento, encontram-se disciplinados nos arts. 539 a 549 do Código de Processo Civil. Não havendo foro de eleição, esta ação deve ser ajuizada no foro do local onde deveria ser cumprida a obrigação (arts. 337, CC, 540, CPC); tratando-se de obrigação oriunda de relação de consumo, a ação também pode ser ajuizada no foro de domicílio do autor (art. 101, I, CDC). O valor da causa depende do objeto do pagamento. Tratando-se de consignação de um bem certo, o valor da causa será o valor do bem; tratando-se, no entanto, de consignação de uma obrigação de trato sucessivo, o valor da causa será o valor das parcelas vencidas e vincendas até o limite de uma anuidade (art. 292, §§ 1º e 2º, CPC).

Entre os documentos que o autor deve juntar à petição inicial tem-se: documentos pessoais; estatuto ou contrato social, no caso de o interessado ser pessoa jurídica (assim como ata da assembleia que legitima o representante que passa a procuração, quando for o caso); contrato ou instrumento onde está prevista a obrigação em aberto (*v.g.*: duplicata, nota promissória, boleto, cheque, extrato etc.); certidão do cartório de protesto e/ou de outra instituição onde se encontre negativado o nome do interessado.

O prazo para o oferecimento da contestação é de 15 (quinze) dias úteis[8] (arts. 219 e 335, CPC), sendo que a estrutura básica da petição é a seguinte: endereçamento; qualificação; resumo dos fatos; preliminares; mérito; reconvenção, quando for do interesse do réu[9]; pedidos.

Ao tomar conhecimento do processo, o advogado deve inicialmente verificar se o feito encontra-se regular (art. 337, CPC), por exemplo: a ação foi ajuizada no foro competente? o autor qualificou corretamente as partes (art. 319, CPC)? a autora, pessoa jurídica, está devidamente representada nos autos (estatuto social, ata da assembleia, procuração válida e atualizada etc.)? foi juntado o contrato ou título que arrima a obrigação pendente? foi depositado o valor correto da obrigação (juros, correção monetária, multa etc.)? Veja, o não atendimento de algum desses requisitos pode dar margem ao indeferimento da ação por inépcia (art. 330, CPC), ou mesmo a sua extinção por carência de ação (falta de interesse processual). Lembro, ademais, que cabe ao réu suscitar, em preliminar na contestação, eventual falsidade dos documentos juntados pela outra parte (arts. 430 a 433, CPC). O prazo é de natureza preclusiva, ou seja, não arguida a falsidade em tempo próprio, nem impugnada de qualquer forma a autenticidade do documento juntado pelo autor na exordial, presume-se que o réu aceitou o documento como verdadeiro.

Além de eventuais preliminares, o locador tem, no mérito, sua defesa restrita, consoante art. 544 do CPC, ou seja, somente pode alegar que: (I) não houve recusa ou mora

---

[8] Para descobrir quando começa e quando termina o prazo para oferecimento da sua contestação, leia com atenção os arts. 219, 224, 231 e 335 do Código de Processo Civil.

[9] Quanto à reconvenção, consulte os requisitos específicos no art. 343 do Código de Processo Civil.

em receber a quantia ou coisa devida; (II) foi justa a recusa; (III) o depósito não se efetuou no prazo ou no lugar do pagamento; (IV) o depósito não é integral (nesse caso, o credor deve indicar qual o montante que entende devido).

Não se deve olvidar que quanto à ocorrência ou não da "recusa do credor", o ônus da prova é todo do autor; agora, se o réu confirmar que se recusou, mas entende que sua recusa foi "justa", o ônus se inverte; ou seja, é ele quem passa a ter o ônus de provar as suas razões (art. 373, II, CPC).

9.9 CONTESTAÇÃO DE "AÇÃO DE CONVERSÃO DE SEPARAÇÃO EM DIVÓRCIO"

A "ação de conversão de separação em divórcio litigiosa" possibilita que a parte interessada requeira, de forma unilateral (ela também pode ser feita de forma consensual por ambos os interessados), seja decretado o seu divórcio, pondo fim ao casamento. Seu único requisito formal é o decurso do prazo anual, ou seja, o interessado não precisa justificar ou fundamentar o seu pedido, que encontra respaldo legal no § 6º do art. 226 da Constituição Federal, nos arts. 1.580 do Código Civil e 25 da Lei nº 6.515/77. Na ação requerida de forma unilateral, é vedada a rediscussão dos temas acordados na separação, se há pendências o interessado deve buscar resolvê-las pelos meios próprios. O feito está sujeito ao procedimento comum (arts. 318 a 512, CPC), sendo competente o foro (art. 53, I, CPC): a) de domicílio do guardião de filho incapaz; b) do último domicílio do casal, caso não haja filho incapaz; c) de domicílio do réu, se nenhuma das partes residir no antigo domicílio do casal; d) de domicílio da vítima de violência doméstica e familiar, nos termos da Lei nº 11.340/2006.

Entre os documentos que o interessado deve juntar à petição inicial tem-se: documentos pessoais; certidão de casamento devidamente averbada, ou seja, onde conste o registro da separação judicial.

O prazo para o oferecimento da contestação é de 15 (quinze) dias úteis[10] (arts. 219 e 335, CPC), sendo que a estrutura básica da petição é a seguinte: endereçamento; qualificação; resumo dos fatos; preliminares; mérito; reconvenção, quando for do interesse do réu[11]; pedidos.

Ao tomar conhecimento do processo, o advogado deve inicialmente verificar se o feito encontra-se regular (art. 337, CPC), por exemplo: a ação foi ajuizada no foro competente? o autor qualificou corretamente as partes (art. 319, CPC)? foi juntada certidão de casamento em que consta a averbação da separação? Veja, o não atendimento de algum desses requisitos pode dar margem ao indeferimento da ação por inépcia (art. 330, CPC), ou mesmo a sua extinção por carência de ação (falta de interesse processual). Lembro, ademais, que cabe ao réu suscitar, em preliminar na contestação, eventual falsidade dos documentos juntados pela outra parte (arts. 430 a 433, CPC). O prazo é de natureza preclusiva, ou seja, não arguida a falsidade em tempo próprio, nem impugnada de qualquer

---

[10] Para descobrir quando começa e quando termina o prazo para oferecimento da sua contestação, leia com atenção os arts. 219, 224, 231 e 335 do Código de Processo Civil.

[11] Quanto à reconvenção, consulte os requisitos específicos no art. 343 do Código de Processo Civil.

forma a autenticidade do documento juntado pelo autor na exordial, presume-se que o réu aceitou o documento como verdadeiro.

Considerando que regularizar o seu estado civil é direito inalienável do autor, nesse tipo de ação, quanto ao mérito, a simples "oposição" do réu não é suficiente para provocar a improcedência do pedido; ou seja, o réu pode se opor, mas se houver decorrido o prazo anual, o pedido será julgado procedente. Certa feita, uma senhora me pediu que apresentasse contestação ao pedido; depois de verificar o processo, lhe disse que estava tudo regular (não havia preliminares), que nada poderia ser feito; ela entendeu, mas me disse que por convicção pessoal queria deixar registrado nos autos a sua oposição, mesmo diante de uma possível sucumbência. Assim foi feito, visto que se opor é direito fundamental do réu, mesmo que ele não tenha qualquer razão.

9.10 CONTESTAÇÃO DE "AÇÃO DE DANO INFECTO"

Inicialmente há que se observar que a pouco conhecida "ação de dano infecto" tem cabimento naquelas situações em que o proprietário ou possuidor de imóvel esteja sofrendo, ou tenha receio de sofrer, dano ou prejuízo pelo uso nocivo ou ruína de prédio vizinho (*v.g.*: barulho em excesso, criação de animais, armazenamento indevido de produtos perigosos, exalações fétidas, perigo de desmoronamento etc.). O objetivo desta ação é impor pena de multa ao vizinho, proprietário ou possuidor, até que a situação cesse ou este preste caução pelo dano eminente; seu fundamento são as regras do "direito de vizinhança", disciplinadas nos arts. 1.277 a 1.313 do Código Civil.

Sujeita ao procedimento comum (art. 318 a 512, CPC), a ação de dano infecto deve ser proposta no foro da situação do imóvel (art. 47, CPC). Tendo como arrimo situação de dano patrimonial, sofrido ou em potencial, o valor da causa deve o espelhar; no caso de dano abstrato, o valor da causa fica a critério do autor.

Com a petição inicial, o autor deve juntar os seguintes documentos: documentos pessoais; estatuto ou contrato social, no caso de o interessado ser pessoa jurídica (assim como ata da assembleia que legitima o representante que passa a procuração, quando for o caso); documentos que demonstrem a natureza da posse que o autor exerce sobre o seu imóvel; boletim de ocorrência e/ou documentos que demonstram que o autor comunicou ou expressou a sua preocupação com o problema; laudo técnico, quando disponível.

O prazo para o oferecimento da contestação é de 15 (quinze) dias úteis[12] (arts. 219 e 335, CPC), sendo que a estrutura básica da petição é a seguinte: endereçamento; qualificação; resumo dos fatos; preliminares; mérito; reconvenção, quando for do interesse do réu[13]; pedidos.

---

[12] Para descobrir quando começa e quando termina o prazo para oferecimento da sua contestação, leia com atenção os arts. 219, 224, 231 e 335 do Código de Processo Civil.

[13] Quanto à reconvenção, consulte os requisitos específicos no art. 343 do Código de Processo Civil.

Ao tomar conhecimento do processo, o advogado deve inicialmente verificar se o feito encontra-se regular (art. 337, CPC), por exemplo: a ação foi ajuizada no foro competente? o autor qualificou corretamente as partes (art. 319, CPC)? o autor juntou prova da natureza da sua posse, assim como prova de que notificou, formal ou informalmente, o vizinho quanto aos seus problemas? Veja, o não atendimento de algum desses requisitos pode dar margem ao indeferimento da ação por inépcia (art. 330, CPC), ou mesmo a sua extinção por carência de ação (falta de interesse processual). Lembro, ademais, que cabe ao réu suscitar, em preliminar na contestação, eventual falsidade dos documentos juntados pela outra parte (arts. 430 a 433, CPC). O prazo é de natureza preclusiva, ou seja, não arguida a falsidade em tempo próprio, nem impugnada de qualquer forma a autenticidade do documento juntado pelo autor na exordial, presume-se que o réu aceitou o documento como verdadeiro.

Antes de comentarmos sobre o mérito, é preciso observar que a convivência pacífica entre vizinhos é fundamental para o bem-estar tanto do autor quanto do réu; sendo assim, o advogado deve fazer o possível para resolver a questão na audiência de conciliação, procurando pacificar o seu cliente, mostrando os prejuízos que lhe podem advir de uma longa batalha com pessoa tão próxima. No mérito, o réu pode negar os fatos ou sua responsabilidade sobre eles; pode ainda declarar que eles estão dentro dos limites legais, ou seja: o barulho noticiado ocorreu em horário e intensidade permitidos; os animais são permitidos naquele local e são cuidados adequadamente, não representando qualquer risco para a saúde do autor e de sua família. Lembrando que quanto a estes fatos, ocorre a inversão do ônus da prova (art. 373, II, CPC).

Por fim, não se pode olvidar que o réu ainda pode reconvir; seja para requerer proteção possessória, seja para requerer reparação por danos materiais ou morais.

9.11 CONTESTAÇÃO DE "AÇÃO DE DEMARCAÇÃO DE TERRAS PARTICULARES"

O direito de requerer a demarcação de terras particulares encontra arrimo nos arts. 1.297 e 1.298 do Código Civil; já a "ação de demarcação de terras particulares", e seu procedimento, se encontram disciplinados nos arts. 569 a 587 do Código de Processo Civil e tem cabimento quando o proprietário de um bem imóvel deseja obrigar os seus confinantes a estremar os respectivos prédios, fixando-se novos limites entre eles ou aviventando-se os já apagados. Tratando-se de ação real imobiliária, o feito deve ser ajuizado no foro onde está localizado o imóvel (art. 47, CPC), sendo que o valor da causa deve ser a avaliação da área ou do local objeto do pedido (art. 292, IV, CPC).

Com a petição inicial, o autor deve juntar os seguintes documentos: documentos pessoais; estatuto ou contrato social, no caso de o interessado ser pessoa jurídica (assim como ata da assembleia que legitima o representante que passa a procuração, quando for o caso); certidão de propriedade atualizada (com menos de trinta dias); carnê do IPTU atual (do ano); certidão de confinantes a ser emitida tanto pela prefeitura municipal quanto pelo cartório de imóveis; levantamento e fotos do local, quando disponíveis.

O prazo para o oferecimento da contestação é de 15 (quinze) dias úteis[14] (arts. 219 e 335, CPC), sendo que a estrutura básica da petição é a seguinte: endereçamento; qualificação; resumo dos fatos; preliminares; mérito; pedidos.

Além de eventuais preliminares (art. 337, CPC), o advogado deve analisar os autos tendo em consideração as seguintes observações sobre este tipo de processo: (I) o direito de postular demarcação é reservado somente ao proprietário, legitimado pelo seu título; (II) trata-se de ação real imobiliária, o que demanda a autorização[15] do cônjuge ou sua participação no feito, devendo-se, ademais, requerer a citação da mulher do réu casado (art. 73, § 1º, I, CPC); (III) todos os confrontantes devem ser citados; (IV) o condômino também tem legitimidade para promover a ação demarcatória; no entanto, deve requerer a citação dos demais condôminos com escopo de que integrem a relação processual (litisconsórcio ativo, art. 575, CPC); (V) a ação tem natureza dúplice, ou seja, os réus podem demandar no mesmo processo contra o autor; (VI) a ação de demarcação pode ser cumulada com a ação de divisão; (VII) além dos requisitos dos arts. 319 e 320 do CPC, cabe ao autor designar o imóvel pela situação e denominação, descrevendo os limites por constituir, aviventar ou renovar, nomeando ainda todos os confinantes da linha demarcada; (VIII) a citação será feita pelo correio (art. 576, CPC); (IX) a ação de demarcação pode, e normalmente é, ser cumulada com queixa de esbulho ou turbação (art. 572, CPC).

Lembro, ademais, que cabe ao réu suscitar, em preliminar na contestação, eventual falsidade dos documentos juntados pela outra parte (arts. 430 a 433, CPC). O prazo é de natureza preclusiva, ou seja, não arguida a falsidade em tempo próprio, nem impugnada de qualquer forma a autenticidade do documento juntado pelo autor na exordial, presume-se que o réu aceitou o documento como verdadeiro.

No mérito, o advogado deve analisar juntamente com o cliente as razões que levaram o autor a requerer o aviventamento dos limites das propriedades, indagando se realmente este se faz necessário, ou seja: os marcos e limites das propriedades estão visíveis e corretos? Entendendo o réu que não há necessidade deste procedimento, deve fornecer ao advogado documentos e provas que demonstrem a existência e a clareza dos marcos (laudos, fotos e plantas do local). Nesse caso, o advogado deve requerer que o autor seja declarado carecedor de ação por falta de interesse processual (art. 17, CPC). Não sendo este o caso, o trabalho do advogado é acompanhar o desenrolar do feito, com escopo de garantir a correção dos novos limites a serem fixados pelo juiz; nesse sentido, a depender, é claro, das circunstâncias do caso, deve esclarecer o cliente sobre a importância da nomeação de um assistente técnico da sua confiança, com escopo de acompanhar os trabalhos da perícia. Considerando, ademais, a natureza dúplice da ação, que dispensa reconvenção, o advogado deve analisar o cabimento e/ou oportunidade para requerer proteção possessória

---

[14] Para descobrir quando começa e quando termina o prazo para oferecimento da sua contestação, leia com atenção os arts. 219, 224, 231 e 335 do Código de Processo Civil.

[15] A lei não exige forma especial para a concessão da autorização marital ou uxória, podendo esta ser prestada tanto por instrumento público como por instrumento particular.

e até mesmo indenização por eventuais prejuízos que tenham sidos causados ao seu cliente em razão de invasões e destruição de propriedade.

No caso de que o réu tenha avançado na propriedade do autor, o advogado deve analisar se, em relação à posse dessa área, houve ou não a ocorrência da prescrição aquisição, apresentando como defesa a "exceção de usucapião".

9.12 CONTESTAÇÃO DE "AÇÃO DE DESPEJO POR DENÚNCIA VAZIA"

Terminado o contrato de locação que tenha sido firmado por escrito e por prazo igual ou superior a 30 (trinta) meses, o locador poderá requerer a desocupação do imóvel, sem ter de justificar a sua vontade, fazendo uso, no caso de o inquilino se recusar a sair amigavelmente, da "ação de despejo por denúncia vazia". Igual direito cabe ao locado nos casos em que o contrato de locação tenha sido ajustado verbalmente ou por escrito com prazo inferior a trinta meses (doze meses, por exemplo), se a vigência ininterrupta da locação ultrapassar cinco anos.

A ação deve ser ajuizada em até 30 (trinta) dias do término do contrato, havendo presunção no sentido de que o contrato foi prorrogado por prazo indeterminado no caso de não ajuizamento da ação neste período. Tendo isso ocorrido (locação valendo por prazo indeterminado), o locador que deseje a retomada imotivada do imóvel deve notificar o inquilino nesse sentido, concedendo prazo de 30 (trinta) dias para a desocupação (esta notificação pode ser feita por qualquer meio que possibilite o conhecimento inequívoco do locatário quanto à intenção do locador).

A chamada "denúncia vazia" encontra respaldo nos arts. 46 e 47, V, da Lei nº 8.245/91-LI, estando a "ação de despejo por denúncia vazia" sujeita ao procedimento comum (arts. 318 a 512, CPC), com as alterações previstas na Lei do Inquilinato, devendo ser proposta no foro da situação do imóvel (art. 58, II, Lei nº 8.245/91). O valor da causa deve corresponder a 12 (doze) vezes o valor mensal do aluguel (art. 58, III, Lei nº 8.245/91).

Com a petição inicial, o autor deve juntar os seguintes documentos: documentos pessoais; estatuto ou contrato social, no caso de o interessado ser pessoa jurídica (assim como ata da assembleia que legitima o representante que passa a procuração, quando for o caso); contrato de locação, quando firmado por escrito; comprovante de notificação do inquilino (quando exigível).

O prazo para o oferecimento da contestação é de 15 (quinze) dias úteis[16] (arts. 219 e 335, CPC), sendo que a estrutura básica da petição é a seguinte: endereçamento; qualificação; resumo dos fatos; preliminares; mérito; reconvenção, quando for do interesse do réu[17]; pedidos.

Ao tomar conhecimento do processo, o advogado deve inicialmente verificar se o feito encontra-se regular (art. 337, CPC), por exemplo: a ação foi ajuizada no foro com-

---

[16] Para descobrir quando começa e quando termina o prazo para oferecimento da sua contestação, leia com atenção os arts. 219, 224, 231 e 335 do Código de Processo Civil.

[17] Quanto à reconvenção, consulte os requisitos específicos no art. 343 do Código de Processo Civil.

petente? o autor qualificou corretamente as partes (art. 319, CPC)? o autor encontra-se regularmente representado, mormente quando se tratar de pessoa jurídica? foi atribuído valor correto à causa? Além destas questões deve estar atento aos requisitos específicos da ação, como exposto nos parágrafos retros. Veja, o não atendimento de algum destes requisitos pode dar margem ao indeferimento da ação por inépcia (art. 330, CPC), ou mesmo a sua extinção por carência de ação (falta de interesse processual). Lembro, ademais, que cabe ao réu suscitar, em preliminar na contestação, eventual falsidade dos documentos juntados pela outra parte (arts. 430 a 433, CPC). O prazo é de natureza preclusiva, ou seja, não arguida a falsidade em tempo próprio, nem impugnada de qualquer forma a autenticidade do documento juntado pelo autor na exordial, presume-se que o réu aceitou o documento como verdadeiro.

Se o autor não cometeu erros no ajuizamento da ação e se estão presentes os requisitos legais, "no mérito", não há nada que o réu possa fazer, senão informar que concorda com o pedido e que estará desocupando o imóvel. Na audiência de conciliação, que neste caso passa a ser importante para o réu, pode-se tentar um acordo que envolva a dispensa da sucumbência e a concessão de um prazo maior para desocupação; veja, mesmo tendo a causa ganha, o autor pode se interessar por um acordo, visto que a resistência do réu pode lhe causar aumento de despesas, afinal todos sabem que executar um mandado de despejo não é coisa barata e envolve a contratação de uma equipe para fazer a mudança, assim como o aluguel de um lugar para estocar os bens do réu. Como disse, um acordo pode ser interessante para ambas as partes.

9.13 CONTESTAÇÃO DE "AÇÃO DE DESPEJO POR FALTA DE PAGAMENTO"

Diante da mora do inquilino quanto às suas obrigações locatícias (*v.g.*: aluguel, IPTU, condomínio etc.), o locador pode socorrer-se da "ação de despejo por falta de pagamento", com escopo de obter a rescisão do contrato de locação e a desocupação do imóvel (despejo).

A Lei do Inquilinato, no seu art. 62, I, faculta ao locador cumular o pedido de despejo com o de cobrança dos aluguéis e acessórios que estejam em atraso; optando por essa hipótese, o autor deve incluir no polo passivo da ação eventuais fiadores, a fim de que também sejam citados para responder aos pedidos. Cabe ainda observar que o art. 59, IX, permite a concessão de limitar para desocupação do imóvel no prazo de 15 (quinze) dias, desde que a locação esteja desprovida de qualquer garantia e que seja prestada caução no valor equivalente a 3 (três) meses de aluguel.

O direito de requerer a rescisão do contrato de locação e, por consequência, a desocupação do imóvel, por falta de cumprimento das obrigações locatícias encontra respaldo no art. 9º, III, da Lei nº 8.245/91; já a "ação de despejo por falta de pagamento" encontra-se disciplinada nos arts. 59 a 66 do mesmo diploma legal. O procedimento é o comum, arts. 318 a 512 do CPC, com as alterações previstas nos artigos já citados da Lei do Inquilinato, devendo ser proposta no foro da situação do imóvel (art. 58, II, Lei nº 8.245/91). O valor da causa deve corresponder a 12 (doze) vezes o valor mensal do aluguel (art. 58, III, Lei nº 8.245/91).

Com a petição inicial, o autor deve juntar os seguintes documentos: documentos pessoais; estatuto ou contrato social, no caso de o interessado ser pessoa jurídica (assim como ata da assembleia que legitima o representante que passa a procuração, quando for o caso); contrato de locação, quando firmado por escrito; cálculos do débito (a apresentação, pelo autor, de cálculo correto e discriminado do valor do débito é requisito essencial da petição inicial, a sua falta ou a sua incorreção pode levar ao indeferimento da petição inicial por inépcia, extinguindo-se o feito sem julgamento de mérito).

O prazo para o oferecimento da contestação é de 15 (quinze) dias úteis[18] (arts. 219 e 335, CPC), sendo que a estrutura básica da petição é a seguinte: endereçamento; qualificação; resumo dos fatos; preliminares; mérito; pedidos.

Ao tomar conhecimento do processo, o advogado deve inicialmente verificar se o feito encontra-se regular (art. 337, CPC), por exemplo: a ação foi ajuizada no foro competente? o autor qualificou corretamente as partes (art. 319, CPC)? o autor encontra-se regularmente representado, mormente quando se tratar de pessoa jurídica? foi atribuído valor correto à causa? o autor apresentou os cálculos corretos do débito (se não, o advogado pode atacar os cálculos, demonstrando a presença de valores não devidos ou excessivos, requerendo a declaração de inépcia da exordial)? Veja, o não atendimento de algum destes requisitos pode dar margem ao indeferimento da ação por inépcia (art. 330, CPC), ou mesmo a sua extinção por carência de ação (falta de interesse processual). Lembro, ademais, que cabe ao réu suscitar, em preliminar na contestação, eventual falsidade dos documentos juntados pela outra parte (arts. 430 a 433, CPC). O prazo é de natureza preclusiva, ou seja, não arguida a falsidade em tempo próprio, nem impugnada de qualquer forma a autenticidade do documento juntado pelo autor na exordial, presume-se que o réu aceitou o documento como verdadeiro.

Quanto à incorreção dos cálculos, lembro que a jurisprudência é no sentido de que o locatário deve depositar em juízo a parte incontroversa se quiser evitar a rescisão do contrato.

Naqueles casos em que tenha sido concedida liminar para desocupação imediata do inquilino (art. 59, Lei nº 8.245/91), o advogado pode agravar de instrumento (art. 1.015, I, CPC).

No mérito, o inquilino que esteja realmente em mora pode evitar a rescisão do contrato de locação e, obviamente, o despejo, purgando a mora no prazo de 15 (quinze) dias, conforme lhe faculta a lei (art. 62, II, LI). Ressalte-se, no entanto, que essa faculdade só pode ser utilizada uma vez a cada 24 (vinte e quatro) meses. No caso de o réu confessar a inadimplência, declarando que não tem como quitá-la, o advogado pode tentar um acordo que envolva a dispensa da sucumbência e a concessão de um prazo maior para desocupação (quem sabe até mesmo um parcelamento do débito); veja, mesmo tendo a causa ganha, o autor pode se interessar por um acordo, visto que a resistência do réu pode lhe causar um aumento de despesas, afinal todos sabem que executar um mandado de

---

[18] Para descobrir quando começa e quando termina o prazo para oferecimento da sua contestação, leia com atenção os art. 219, 224, 231 e 335 do Código de Processo Civil.

despejo não é coisa barata e envolve a contratação de uma equipe para fazer a mudança, assim como o aluguel de um lugar para estocar os bens do réu. Como disse, um acordo pode ser interessante para ambas as partes.

9.14 CONTESTAÇÃO DE "AÇÃO DE DESTITUIÇÃO DE PODER FAMILIAR CUMULADA COM ADOÇÃO"

Esta ação tem cabimento quando uma pessoa, ou um casal, deseja adotar uma criança e/ou adolescente sem contar com a expressa concordância dos pais ou do representante legal, seja porque estes de fato não concordam com a adoção ou porque se encontram impossibilitados de consentir (*v.g.*: doentes, em lugar incerto ou não sabido etc.). É oportuno lembrar que podem adotar os maiores de 18 (dezoito anos), qualquer que seja o seu estado civil (art. 42, ECA), desde que o adotante seja pelo menos 16 (dezesseis) anos mais velho do que o adotando, assim como devem estar obrigatoriamente inscritos junto ao Juízo da Infância e da Juventude da Comarca, salvo os casos excepcionados no § 13º do art. 50 do Estatuto da Criança e do Adolescente (Lei nº 8.069/90).

Os motivos que podem levar à perda do poder familiar encontram-se previstos no art. 1.638 do Código Civil, já a adoção encontra-se disciplinada nos arts. 39 a 52-D da Lei nº 8.069/90-ECA. Não há previsão de um procedimento específico para esta ação, que deve então sujeitar-se ao rito comum (arts. 318 a 512, CPC), com as alterações previstas nos arts. 155 a 163 do ECA, que tratam da perda e suspensão do poder familiar.

Com a petição inicial, o interessado deve juntar os seguintes documentos: documentos pessoais do adotante e do adotando; fotos e outros documentos que comprovem a natureza e o tempo da relação existente entre o adotante e o adotando; rol de testemunhas (art. 450, CPC).

O prazo para o oferecimento da contestação é de 10 (dez) dias úteis[19] (arts. 219 e 335, CPC), sendo que a estrutura básica da petição é a seguinte: endereçamento; qualificação; resumo dos fatos; preliminares; mérito; pedidos.

O advogado deve começar a defesa pela análise da presença dos requisitos legais, citados acima, assim como pela análise da presença de algumas daquelas situações previstas no art. 337 do CPC, as conhecidas "preliminares".

Ultrapassadas as questões iniciais, no mérito, com escopo de impedir a procedência do pedido de adoção, o advogado deve se concentrar em responder aos fatos que fundamentam o pedido de destituição do poder familiar, visto que sem essa destituição o pedido de adoção fica prejudicado. Como já indicado, os motivos que podem levar à perda por ato judicial do poder familiar do pai ou da mãe são (art. 1.638, CC): (I) – castigar imoderadamente o filho; (II) – deixar o filho em abandono; (III) – praticar atos contrários à moral e aos bons costumes; (IV) – incidir, reiteradamente, nas faltas previstas no artigo antecedente; (V) – entregar de forma irregular o filho a terceiros para fins de adoção;

---

[19] Para descobrir quando começa e quando termina o prazo para oferecimento da sua contestação, leia com atenção os arts. 219, 224, 231 e 335 do Código de Processo Civil.

(VI) – praticar contra outrem igualmente titular do mesmo poder familiar: a) homicídio, feminicídio ou lesão corporal de natureza grave ou seguida de morte, quando se tratar de crime doloso envolvendo violência doméstica e familiar ou menosprezo ou discriminação à condição de mulher; b) estupro ou outro crime contra a dignidade sexual sujeito à pena de reclusão; (VII) – praticar contra filho, filha ou outro descendente: a) homicídio, feminicídio ou lesão corporal de natureza grave ou seguida de morte, quando se tratar de crime doloso envolvendo violência doméstica e familiar ou menosprezo ou discriminação à condição de mulher; b) estupro, estupro de vulnerável ou outro crime contra a dignidade sexual sujeito à pena de reclusão.

Diante da acusação do autor feita na exordial, o réu precisará explicar as circunstâncias que o levaram a perder ou entregar a guarda de seu filho para ele. Embora o ônus da prova seja do autor, com certeza o juiz vai querer do réu mais do que uma simples negativa, visto que o caso envolve interesse de menor.

9.15 CONTESTAÇÃO DE "AÇÃO DE DIVISÃO"

Segundo o art. 569, II, do Código de Processo Civil, cabe "ao condômino a ação de divisão, para obrigar os demais consortes a estremar os quinhões". O direito de exigir a divisão da coisa comum encontra arrimo no art. 1.320 do Código Civil, já a "ação de divisão", e seu procedimento, se encontra disciplinada nos arts. 569 a 598 do CPC. Tratando-se de ação real imobiliária, o feito deve ser ajuizado no foro onde está localizado o imóvel (art. 47, CPC), sendo que o valor da causa deve ser a avaliação da área ou do local objeto do pedido (art. 292, IV, CPC).

Com a petição inicial, o autor deve juntar os seguintes documentos: documentos pessoais; estatuto ou contrato social, no caso de o interessado ser pessoa jurídica (assim como ata da assembleia que legitima o representante que passa a procuração, quando for o caso); certidão de propriedade atualizada (com menos de trinta dias); carnê do IPTU atual (do ano); lista dos consortes – nome e qualificação; levantamento e fotos do local, quando disponíveis.

O prazo para o oferecimento da contestação é de 15 (quinze) dias úteis[20] (arts. 219 e 335, CPC), sendo que a estrutura básica da petição é a seguinte: endereçamento; qualificação; resumo dos fatos; preliminares; mérito; pedidos.

Além de eventuais preliminares (art. 337, CPC), o advogado deve analisar os autos tendo em consideração as seguintes observações sobre este feito: (I) a legitimidade para esta ação, ativa e passiva, é dos condôminos, titulares de direito real (propriedade, uso, usufruto, enfiteuse) e, segundo alguns doutrinadores, também dos compossuidores (art. 1.199, CC), não obstante a literalidade da lei (art. 588, CPC); (II) trata-se de ação real imobiliária, sendo necessária, portanto, a autorização[21] do cônjuge ou sua participação no feito, devendo-se,

---

[20] Para descobrir quando começa e quando termina o prazo para oferecimento da sua contestação, leia com atenção os arts. 219, 224, 231 e 335 do Código de Processo Civil.

[21] A lei não exige forma especial para a concessão da autorização marital ou uxória, podendo esta ser prestada tanto por instrumento público como por instrumento particular.

ademais, requerer a citação da mulher do réu casado (art. 73, § 1º, I, CPC); (III) a ação tem natureza dúplice, ou seja, os réus podem demandar no mesmo processo contra o autor; (IV) a ação de divisão pode ser cumulada com a ação de demarcação, observando-se que, nesse caso, será necessária a citação de todos os confinantes; (V) além dos requisitos dos arts. 319 e 320 do CPC, cabe ao autor na exordial indicar a origem da comunhão e a denominação, situação, limites e características do imóvel, as benfeitorias comuns, além de informar se algum dos consortes está estabelecido no imóvel, com ou sem benfeitorias ou culturas próprias; (VI) o bem deve comportar divisão (art. 87, CC), caso contrário a ação cabível será de extinção de condomínio; (VII) o imóvel a ser dividido deve estar na posse dos consortes, caso contrário será necessário ajuizar primeiro ação reivindicatória.

Lembro, ademais, que cabe ao réu suscitar, em preliminar na contestação, eventual falsidade dos documentos juntados pela outra parte (arts. 430 a 433, CPC). O prazo é de natureza preclusiva, ou seja, não arguida a falsidade em tempo próprio, nem impugnada de qualquer forma a autenticidade do documento juntado pelo autor na exordial, presume-se que o réu aceitou o documento como verdadeiro.

Superadas eventuais questões preliminares e considerando que o direito do autor de requerer a divisão advém da própria lei, que inclusive fala, como mencionado no primeiro parágrafo, em "obrigar os demais consortes", o advogado, no mérito, deve centrar a sua atenção em defender eventual direito particular do seu cliente, como por exemplo, a existência de benfeitoria permanente feita por ele. Não sendo o caso, o trabalho do advogado é apresentar as reivindicações do seu cliente (qual parte do bem deseja para si), assim como acompanhar o desenrolar do feito, com escopo de garantir a correção da perícia a ser realizada; nesse sentido, a depender, é claro, das circunstâncias do caso, deve esclarecer o cliente sobre a importância da nomeação de um assistente técnico da sua confiança, com escopo de acompanhar os trabalhos da perícia. Considerando, ademais, a natureza dúplice da ação, que dispensa reconvenção, o advogado deve analisar o cabimento e/ou oportunidade para requerer proteção possessória e até mesmo indenização por eventuais prejuízos que tenham sidos causados ao seu cliente em razão de invasões, destruição de propriedade e despesas efetuadas com a sua manutenção.

9.16 CONTESTAÇÃO DE "AÇÃO DE DIVÓRCIO LITIGIOSO"

Não sendo possível a obtenção do divórcio consensual, qualquer dos cônjuges pode requerê-lo individualmente por meio da "ação de divórcio litigioso", lembrando que não é mais necessário que o interessado declare, informe, as razões do seu pedido. No bojo desta ação, o interessado pode requerer, quando a situação o estiver a exigir, a separação de corpos (art. 1.562, CC), assim como a aplicação de medidas protetivas previstas na Lei nº 11.340/2006 (Lei Maria da Penha).

O direito de requerer o divórcio, sem prévia separação judicial ou fática, encontra respaldo no art. 226, § 6º, da Constituição Federal. A ação deve submeter-se ao rito comum (arts. 318 a 512, CPC), observando-se ainda as normas especiais previstas nos arts. 693 a 699 do CPC, devendo, segundo o art. 53, I, do CPC, ser ajuizada no foro: (I) do domicílio do guardião de filho incapaz; (II) do último domicílio do casal, caso não haja filho incapaz; (III) do domicílio do réu, se nenhuma das partes residir no antigo domicílio do casal; (IV) de domicílio da vítima de violência doméstica e familiar, nos termos da Lei nº 11.340/2006. É importante observar, no entanto, que se trata de competência relativa; ou seja, o juiz não pode declinar sua competência de ofício, sendo necessário que o interessado levante a questão em preliminar na contestação. Havendo bens a serem partilhados pelos cônjuges, o valor da causa, na ação de divórcio, deve ser a somatória dos valores dos referidos bens. Não havendo bens e cientes da obrigatoriedade de atribuição de um valor (art. 291, CPC), os autores têm autonomia para fixar o valor da causa segundo critérios subjetivos próprios, desde que compatível com as circunstâncias gerais do caso.

Além de atender aos requisitos dos arts. 319 e 320 do CPC, a petição inicial da ação de divórcio deve mencionar expressamente o desejo do autor em pôr fim ao seu casamento. Como já observamos não é necessário relatar os fatos que o estão a motivar; deve, no entanto, fazer menção ao patrimônio do casal, inclusive proposta de partilha, a guarda dos filhos menores, a pensão alimentícia para si, para o outro cônjuge e para filhos, conforme o caso, e ao uso do nome de casado. Deve, por fim, juntar cópia dos seguintes documentos: certidão de casamento; documentos pessoais (RG e CPF); comprovante de residência; certidão de nascimento dos filhos; pacto antenupcial, quando for o caso; certidão de propriedade dos bens imóveis; carnê do imposto predial atual dos imóveis; extrato atualizado das contas bancárias e de eventuais investimentos; documento de propriedade de eventuais veículos, assim como prova de seu valor de mercado (por exemplo, o jornal do carro); outros documentos tendentes a provar a propriedade de bens (barcos, aviões, joias, quadros, títulos etc.); contrato ou outro documento relativo a obrigações em aberto, tais como empréstimos pessoais e financiamentos diversos.

O prazo para o oferecimento da contestação é de 15 (quinze) dias úteis[22] (arts. 219 e 335, CPC), sendo que a estrutura básica da petição é a seguinte: endereçamento; qualificação; resumo dos fatos; preliminares; mérito; reconvenção, quando for do interesse do réu[23]; pedidos.

O advogado deve iniciar a sua atuação por meio de uma demorada conversa com o seu cliente sobre os termos da exordial, confirmando a veracidade, ou não, dos fatos informados; deve, ainda, se informar sobre eventuais fatos omitidos maliciosamente pelo autor. Por fim, deve verificar juntamente com o cliente a veracidade, ou não, dos documentos juntados à petição inicial, assim como inteirar-se sobre o que ele entende que cada uma das testemunhas arroladas pelo autor tem a dizer (no caso de ter sido apresentado o rol).

Bem informado sobre os "fatos", a atenção do advogado deve se voltar para as "preliminares" previstas no art. 337 do CPC, que são as seguintes: (I) inexistência ou nulidade da citação; (II) incompetência absoluta e relativa; (III) incorreção do valor da causa; (IV) inépcia da petição inicial; (V) perempção; (VI) litispendência; (VII) coisa julgada; (VIII) conexão; (IX) incapacidade da parte, defeito de representação ou falta de autorização; (X)

---

[22] Para descobrir quando começa e quando termina o prazo para oferecimento da sua contestação, leia com atenção os arts. 219, 224, 231 e 335 do Código de Processo Civil.

[23] Quanto à reconvenção, consulte os requisitos específicos no art. 343 do Código de Processo Civil.

convenção de arbitragem; (XI) ausência de legitimidade ou de interesse processual; (XII) falta de caução ou de outra prestação que a lei exige como preliminar; (XIII) indevida concessão do benefício de gratuidade de justiça.

Lembro, ademais, que cabe ao réu suscitar, em preliminar na contestação, eventual falsidade dos documentos juntados pela outra parte (arts. 430 a 433, CPC). O prazo é de natureza preclusiva, ou seja, não arguida a falsidade em tempo próprio, nem impugnada de qualquer forma a autenticidade do documento juntado pelo autor na exordial, presume-se que o réu aceitou o documento como verdadeiro.

Depois de verificar a eventual existência de preliminares, apresentando, é claro, aquelas que se fizerem necessárias, o advogado deve passar ao mérito dos pedidos do autor. Neste ponto, lembro que não são mais legalmente relevantes os fatos que levaram à separação do casal, ou seja, nem o autor tem de apontar estes fatos na sua exordial, nem o réu tem de impugná-los na contestação, salvo se estes fatos estiverem arrimando eventual pedido de "guarda unilateral" dos filhos menores ou alguma outra questão patrimonial. A atenção do advogado deve se concentrar nas questões ligadas à guarda dos filhos menores, no direito de visitas, no valor da pensão alimentícia devida aos filhos e, eventualmente, ao cônjuge, e finalmente na partilha dos bens do casal (ativo e passivo).

Quanto aos bens, lembro que o casal pode optar, a fim de facilitar um acordo e apressar a obtenção do divórcio, por fazê-lo posteriormente por meio de ação própria (art. 1.581, CC), ou seja, ação de partilha.

Impugnada a pretensão do autor, principalmente quanto à guarda dos filhos e a partilha dos bens, o advogado deve verificar sobre a conveniência, ou não, de apresentar "reconvenção". Explico: entendo que a ação de divórcio tem natureza dúplice, ou seja, a fim de obter, por exemplo, a guarda compartilhada dos filhos, basta ao réu impugnar o pedido do autor de guarda unilateral, apresentando alternativamente pedido de guarda compartilhada nas próprias razões da contestação. Embora haja muitos argumentos em favor desta linha de pensamento, há aqueles que entendem o contrário, negando a natureza dúplice da ação de divórcio e da ação de reconhecimento e dissolução de união estável. Nesse momento, talvez o mais prudente, salvo se já se conheça a posição do juízo, seja apresentar reconvenção com os seus pedidos para a guarda dos filhos, para o direito de visitas, para o valor de eventual pensão para os filhos e para o cônjuge e para a partilha dos bens (ativo e passivo).

9.17 CONTESTAÇÃO DE "AÇÃO DE EXIGIR CONTAS"

O objetivo desta ação é possibilitar ao credor exigir a prestação de contas do obrigado, com escopo de apurar o seu crédito em relação a determinado negócio jurídico (apuração de crédito líquido). Destarte, tem legitimidade para interpô-la aquele que tem o direito de exigir a prestação de contas. As relações jurídicas mais comuns que podem amparar uma ação de exigir contas são, entre outras: mandante em face do mandatário; tutelado em face do tutor; curatelado em face do curador; herdeiros em face do inventariante; herdeiros e legatários em face do testamenteiro; o credor em face do administrador; os condôminos em face do síndico.

O direito de exigir contas encontra arrimo no contrato firmado pelas partes (*mandato, por exemplo – art. 653, CC*), ou em obrigação estabelecida diretamente na lei (*inventariante, por exemplo – art. 618, VII, CPC*), ou por imposição judicial (*tutor dativo, por exemplo – art. 1.732, CC*); já a *ação de exigir contas*, e seu procedimento especial, encontra disciplina nos arts. 550 a 553 do Código de Processo Civil. Não havendo foro de eleição, a ação de exigir contas deve ser ajuizada do foro do local onde se deu a administração (art. 53, III, "d", CPC). No entanto, cabe observar que as contas do inventariante, do tutor, do curador, do depositário e de qualquer outro administrador judicial deverão ser prestadas no mesmo juízo onde foi constituído o encargo, em autos apensos ao processo principal.

Com a petição inicial, o autor deve juntar os seguintes documentos: documentos pessoais; estatuto ou contrato social, no caso de o interessado ser pessoa jurídica (assim como ata da assembleia que legitima o representante que passa a procuração, quando for o caso); documento que fundamenta a obrigação ou encargo (por exemplo: instrumento da procuração; termo de acordo; sentença etc.); demonstrativo contábil sobre os negócios realizados, quando disponível.

O prazo para o oferecimento da contestação é de 15 (quinze) dias úteis[24] (arts. 219 e 550, CPC), sendo que a estrutura básica da petição é a seguinte: endereçamento; qualificação; resumo dos fatos; preliminares; mérito; pedidos.

Como de praxe, o advogado deve iniciar a sua atuação por meio de análise percuciente dos autos com escopo de verificar se estes se encontram regulares, mormente quanto à existência ou não de alguma preliminar (art. 337, CPC). Lembro, ademais, que cabe ao réu suscitar, em preliminar na contestação, eventual falsidade dos documentos juntados pela outra parte (arts. 430 a 433, CPC). O prazo é de natureza preclusiva, ou seja, não arguida a falsidade em tempo próprio, nem impugnada de qualquer forma a autenticidade dos documentos juntados pelo autor na exordial, presume-se que o réu os aceitou como verdadeiros.

No mais, antes de se manifestar sobre o mérito, o advogado deve se inteirar sobre o negócio objeto da ação, ou seja: qual a natureza da obrigação? a obrigação foi estabelecida por escrito? o cliente prestou contas dos negócios que realizou? há algum saldo em favor do autor (neste particular, seria conveniente obter um relatório contábil de um profissional habilitado, um contador, por exemplo)? o réu prestou ou tentou prestar contas dos seus atos? como? quando? de que maneira?

Se o réu pretende negar que exista contas a prestar (*v.g.*: não tem esta obrigação; não existe negócio entre as partes; as contas já foram prestadas e liquidadas etc.), o assunto deve ser apresentado em "preliminar de carência de ação" por falta de interesse processual.

No mérito, se há de fato contas pendentes, o melhor a fazer é prestá-las dentro do prazo legal, mesmo que o cliente não tenha como quitá-las (pagar); assim o réu reconhece a sua obrigação, presta contas e pode, ainda, aproveitar a oportunidade para propor uma forma de quitação ou de reparação, conforme o caso.

---

[24] Para descobrir quando começa e quando termina o prazo para oferecimento da sua contestação, leia com atenção os arts. 219, 224, 231 e 335 do Código de Processo Civil.

9.18 CONTESTAÇÃO DE "AÇÃO DE EXONERAÇÃO DE PENSÃO ALIMENTÍCIA"

Cessando as condições que amparavam a concessão da pensão alimentícia, o alimentante pode buscar judicialmente a exoneração de sua obrigação, fazendo uso, para tanto, da "ação de exoneração de pensão alimentícia". Os motivos mais comuns que levam o alimentante a requerer a exoneração da pensão são: (I) a maioridade ou emancipação dos filhos (art. 5º, CC), quando a pensão tiver sido fixada em razão do poder familiar; (II) novo casamento ou estabelecimento de união estável do alimentando (art. 1.708, CC); (III) a gravidez da ex-mulher em razão de nova relação (art. 1.708, CC); (IV) a cessação da condição de necessitado do alimentando ou impossibilidade do alimentante (art. 1.699, CC).

A ação de exoneração de pensão alimentícia encontra arrimo no art. 15 da Lei de Alimentos e no art. 1.699 do Código Civil, à medida que o alimentante demonstre que já não estão mais presentes as condições que justificaram a concessão da pensão. Na falta de previsão de um procedimento especial, a ação de exoneração de pensão alimentícia deve tramitar pelo "procedimento comum" (arts. 318 a 512, CPC). O foro competente é o domicílio do réu (art. 46, CPC). O valor da causa deve ser fixado em 12 (doze) vezes o valor mensal da pensão alimentícia da qual o requerente busca se exonerar (art. 292, III, CPC).

Com a petição inicial, o autor deve juntar os seguintes documentos: documentos pessoais; sentença e/ou acordo onde foi fixado o valor da pensão alimentícia; laudo médico quando a impossibilidade para o trabalho for a razão do pedido; fotos, cartas, extratos de rede social que provem as razões do pedido.

O prazo para o oferecimento da contestação é de 15 (quinze) dias úteis[25] (arts. 219 e 335, CPC), sendo que a estrutura básica da petição é a seguinte: endereçamento; qualificação; resumo dos fatos; preliminares; mérito; reconvenção, quando for do interesse do réu[26]; pedidos.

Depois de verificar com cuidado os autos do processo, com escopo de certificar-se sobre a existência ou não de alguma preliminar (art. 337, CPC), o advogado deve conferir com seu cliente a veracidade dos documentos juntados pelo autor à sua exordial. Lembrando que cabe ao réu suscitar, em preliminar na contestação, eventual falsidade dos documentos juntados pela outra parte (arts. 430 a 433, CPC). O prazo é de natureza preclusiva, ou seja, não arguida a falsidade em tempo próprio, nem impugnada de qualquer forma a autenticidade dos documentos juntados pelo autor na exordial, presume-se que o réu os aceitou como verdadeiros.

A defesa de mérito depende, é claro, da razão pela qual o autor está requerendo a exoneração. Como já dissemos acima, os motivos mais comuns são os seguintes: (I) maioridade civil do credor (art. 5º, CC); (II) novo casamento ou união estável do alimentando (art. 1.708, CC); (III) cessação da condição de necessitado do alimentando ou a impossibilidade de o alimentante de continuar com o encargo (art. 1.699, CC).

---

[25] Para descobrir quando começa e quando termina o prazo para oferecimento da sua contestação, leia com atenção os arts. 219, 224, 231 e 335 do Código de Processo Civil.

[26] Quanto à reconvenção, consulte os requisitos específicos no art. 343 do Código de Processo Civil.

Inegável que a primeira hipótese é a mais comum (maioridade civil). Sobre o tema, há que se observar que a simples maioridade do filho não é bastante, segundo a jurisprudência, para justificar a exoneração da obrigação alimentos. Por exemplo: se o filho é portador de doença grave que o impossibilita para o trabalho ou se este ainda está estudando de forma regular, o alimentante está obrigado a continuar ajudando-o. No primeiro caso até que este se recupere e esteja em condições de prover o seu próprio sustento; já no segundo caso até que este complete os seus estudos ou atinja a idade de 24 (vinte e quatro) anos, o que vier primeiro. Para que o pagamento da pensão não represente um incentivo para o ócio, o interessado deve juntar na sua contestação prova de suas alegações, tais como certidão de matrícula e/ou atestado médico, conforme o caso. Nos demais casos, uma simples negativa normalmente é o bastante, visto que cabe ao autor ônus de provar as suas alegações.

9.19 CONTESTAÇÃO DE "AÇÃO DE EXTINÇÃO DE CONDOMÍNIO"

Quando o coproprietário de um bem indivisível[27] desejar pôr termo à comunhão, isto é, vender sua parte, não podendo ou querendo nenhum dos outros consortes comprá-la, poderá fazer uso da "ação de extinção de condomínio", que possibilita a venda total do bem, repartindo os consortes o apurado, de acordo com o quinhão de cada um. A incidência mais frequente dessa ação está ligada à extinção de comunhão advinda a herdeiros ou a ex-cônjuges, quando não há acordo entre as partes envolvidas para venda amigável do bem. O direito de requerer a venda de coisa comum indivisível encontra-se previsto no art. 1.322 do Código Civil; já a *ação de extinção de condomínio* encontra arrimo no art. 730 do Código de Processo Civil; o procedimento especial de jurisdição voluntária desta ação encontra-se previsto nos arts. 719 a 725 do CPC, devendo ela ser ajuizada no foro onde está localizado o imóvel, consoante o art. 47 do Código de Processo Civil. O valor da causa deve ser equivalente ao valor do bem objeto do litígio (art. 292, II, CPC).

Com a petição inicial, o autor deve juntar os seguintes documentos: documentos pessoais; estatuto ou contrato social, no caso de o interessado ser pessoa jurídica (assim como ata da assembleia que legitima o representante que passa a procuração, quando for o caso); certidão de propriedade atualizada, quando se tratar de bem imóvel; carnê do IPTU do ano, quando se tratar de bem imóvel; no caso de bem móvel, deve juntar, conforme o caso, nota fiscal, certidão de registro, cártula etc.; avaliação do bem a ser vendido, de preferência ao menos três; documento que demonstre ter notificado os demais proprietários da sua vontade (notificação).

O prazo para o oferecimento da contestação é de 15 (quinze) dias úteis[28] (arts. 219 e 721, CPC), sendo que a estrutura básica da petição é a seguinte: endereçamento; qualificação; resumo dos fatos; preliminares; mérito; pedidos.

---

[27] Vejam-se arts. 87 e 88 do Código Civil.
[28] Para descobrir quando começa e quando termina o prazo para oferecimento da sua contestação, leia com atenção os arts. 219, 224, 231 e 335 do Código de Processo Civil.

Depois de verificar com cuidado os autos do processo, com escopo de certificar-se sobre a existência ou não de alguma preliminar (art. 337, CPC), o advogado deve conferir com seu cliente a veracidade dos documentos juntados pelo autor à sua exordial. Lembrando que cabe ao réu suscitar, em preliminar na contestação, eventual falsidade dos documentos juntados pela outra parte (arts. 430 a 433, CPC). O prazo é de natureza preclusiva, ou seja, não arguida a falsidade em tempo próprio, nem impugnada de qualquer forma a autenticidade dos documentos juntados pelo autor na exordial, presume-se que o réu os aceitou como verdadeiros.

Quanto ao mérito, o advogado deve esclarecer ao seu cliente que o autor tem o "direito potestativo" de buscar a extinção do condomínio (art. 1.322, CC), sendo que quanto a este fato nada se pode fazer; na verdade, a simples resistência sem sentido e sem argumentos pode levar o interessado a ser condenado por litigância de má-fé. Superada esta questão, a atuação do advogado deve ser no sentido de preservar os interesses do seu cliente, mormente quanto a benfeitorias feitas no imóvel, assim como procurar garantir que o bem seja vendido pelo melhor preço possível.

9.20 CONTESTAÇÃO DE "AÇÃO DE EXTINÇÃO DE FIANÇA"

Jurisprudência majoritária[29] tem decidido que, ao final do contrato de locação firmado por tempo certo, ou a qualquer momento, quando o contrato estiver valendo por prazo indeterminado, o fiador pode exonerar-se da fiança, bastando que notifique, judicial ou extrajudicialmente, o locador de sua intenção. Caso o locador imponha empecilhos (v.g., contranotificando o fiador no sentido de informá-lo de que não aceita a exoneração da fiança e que esta deve perdurar até a efetiva entrega das chaves), o fiador deve ajuizar "ação de extinção de fiança", com escopo de obter declaração judicial que limite sua responsabilidade até a data da prévia notificação. O direito do fiador de exonerar-se da fiança, após prévia notificação do locador, encontra arrimo nos arts. 40, X, da Lei nº 8.245/91, e 835 do Código Civil.

Na falta de previsão de um procedimento especial, a ação de extinção de fiança deve tramitar pelo "procedimento comum" (arts. 318 a 512, CPC). Na falta de foro de eleição, a ação de extinção de fiança deve ser ajuizada no domicílio do réu (art. 46, CPC). A princípio, nesta ação é o valor do contrato que deve servir de parâmetro para o valor da causa (art. 292, II, CPC). Entretanto, tratando-se de contrato que envolva obrigações periódicas (v.g., locação), o valor da causa deve ser equivalente a 12 (doze) vezes o valor de uma prestação (art. 292, § 2º, CPC; art. 58, III, Lei nº 8.245/91).

Com a petição inicial, o autor deve juntar os seguintes documentos: documentos pessoais; estatuto ou contrato social, no caso de o interessado ser pessoa jurídica (assim

---

[29] "Não pode o fiador ser responsabilizado perpetuamente por obrigações futuras, resultantes da prorrogação do contrato por prazo determinado, *ex vi legis*, do qual não anuiu concretamente. Dessa forma, pode o fiador, vencido o prazo contratual e por tratar-se de direito disponível, renunciar expressamente de opor sua garantia ao contrato de locação prorrogado" (STJ, REsp. nº 121744-RJ, Min. Rel. Jorge Scartezzini, 5ª T., j. 21-9-1999, *v. u.*).

como ata da assembleia que legitima o representante que passa a procuração, quando for o caso); contrato principal onde foi estabelecida a fiança; comprovante de notificação do interessado dando conta de que o fiador deseja exonerar-se do encargo.

O prazo para o oferecimento da contestação é de 15 (quinze) dias úteis[30] (arts. 219 e 335, CPC), sendo que a estrutura básica da petição é a seguinte: endereçamento; qualificação; resumo dos fatos; preliminares; mérito; reconvenção, quando for do interesse do réu[31]; pedidos.

Inicialmente, o advogado deve verificar a presença ou não de alguma preliminar (art. 337, CPC), assim como se houve o cumprimento do pressuposto específico, qual seja a notificação do locador quanto ao desejo do fiador de deixar o encargo (art. 835, CC); sem ela, ele pode ser considerado carecedor de ação por falta de interesse processual. Além das preliminares, o colega advogado deve olhar com atenção os documentos juntados aos autos, verificando junto ao seu cliente a sua veracidade ou não. Lembro que cabe ao réu suscitar, em preliminar na contestação, eventual falsidade dos documentos juntados pela outra parte (arts. 430 a 433, CPC). O prazo é de natureza preclusiva, ou seja, não arguida a falsidade em tempo próprio, nem impugnada de qualquer forma a autenticidade do documento juntado pelo autor na exordial, presume-se que o réu aceitou o documento como verdadeiro.

Presentes os requisitos legais, o autor tem direito de exonerar-se da fiança (salvo, é claro, se renunciou expressamente a este direito no contrato de locação), ou seja, não há nada que o réu possa realmente fazer quanto a isso. Ciente disso, o advogado deve conversar com o seu cliente a fim de que sua atuação não piore ainda mais as coisas, esclarecendo que a exoneração do fiador dá direito de ele requerer, caso o locatário não apresente outro em tempo hábil, pleitear a rescisão do contrato e o despejo do inquilino.

9.21 CONTESTAÇÃO DE "AÇÃO DE INDENIZAÇÃO POR PERDAS E DANOS"

O termo "responsabilidade civil" expressa obrigação imposta a uma pessoa no sentido de reparar eventuais danos causados a outra em razão de atos ilícitos que tenha praticado (fato próprio), ou por atos praticados por pessoas ou coisas que estejam legalmente sob sua responsabilidade (art. 932, CC). Com efeito, ao agente do ato ilícito é imposta a obrigação de indenizar a vítima, ressarcindo todos os prejuízos por ela experimentados. As perdas e danos abrangem não só o dano emergente como também o lucro cessante; isto é, tudo o que a vítima efetivamente perdeu mais tudo o que ela deixou razoavelmente de ganhar. Segundo a doutrina tradicional, os pressupostos da responsabilidade civil são: (I) ação ou omissão do agente; (II) culpa do agente; (III) relação de causalidade; (IV) dano experimentado pela vítima. Ciente dessas normas e desses requisitos, a pessoa a quem advierem prejuízos, materiais ou morais, em razão da ação ou omissão de terceiros, po-

---

[30] Para descobrir quando começa e quando termina o prazo para oferecimento da sua contestação, leia com atenção os arts. 219, 224, 231 e 335 do Código de Processo Civil.

[31] Quanto à reconvenção, consulte os requisitos específicos no art. 343 do Código de Processo Civil.

derá se valer da *ação de indenização por perdas e danos* ou, como preferem alguns, *ação de reparação de danos*.

Quanto a sua base legal, a responsabilidade civil pode ser contratual ou extracontratual. A responsabilidade contratual tem origem no inadimplemento de uma obrigação livremente assumida num contrato, conforme estabelece o art. 389 do Código Civil; já a responsabilidade extracontratual tem origem num ato ilícito, isto é, ação ou omissão que afronta uma obrigação legalmente estabelecida, conforme estabelecem os arts. 186 a 188 e arts. 927 a 943 do Código Civil. Registre-se, ademais, que a responsabilidade advinda das relações de consumo encontra-se disciplinada nos arts. 12 a 14 e arts. 18 a 20 da Lei nº 8.078/90-CDC.

A ação de indenização por perdas e danos deve tramitar pelo "procedimento comum" (arts. 318 a 512, CPC); devendo ser ajuizada, na falta de um foro de eleição (responsabilidade contratual), no foro do lugar do ato ou fato que a arrima; no caso de a ação ser em razão de acidente de veículos, o requerente pode optar por ajuizar a ação no foro de seu domicílio (art. 53, IV, "a", V, CPC); no caso de os fatos envolverem relações de consumo, o autor pode ajuizar a ação no foro de seu domicílio (art. 101, I, CDC). O valor da causa deve expressar a importância pretendida a título de reparação, inclusive a fundada em dano moral (art. 292, V, CPC).

Com a petição inicial, o autor deve juntar os seguintes documentos: documentos pessoais; estatuto ou contrato social, no caso de o interessado ser pessoa jurídica (assim como ata da assembleia que legitima o representante que passa a procuração, quando for o caso); boletim de ocorrência, quando for aplicável; documentos que demonstrem eventuais gastos arcados pelo interessado (*v.g.*: nota fiscal, recibos etc.); perícia realizada para demonstrar o dano; laudo médico, quando aplicável; certidões diversas, conforme o caso; fotos e extratos das redes sociais.

O prazo para o oferecimento da contestação é de 15 (quinze) dias úteis[32] (arts. 219 e 335, CPC), sendo que a estrutura básica da petição é a seguinte: endereçamento; qualificação; resumo dos fatos; preliminares; mérito; reconvenção, quando for do interesse do réu[33]; pedidos.

Depois de verificar com cuidado os autos do processo, com escopo de certificar-se sobre a existência ou não de alguma preliminar (art. 337, CPC), o advogado deve conferir com seu cliente a veracidade dos documentos juntados pelo autor à sua exordial. Lembrando que cabe ao réu suscitar, em preliminar na contestação, eventual falsidade dos documentos juntados pela outra parte (arts. 430 a 433, CPC). O prazo é de natureza preclusiva, ou seja, não arguida a falsidade em tempo próprio, nem impugnada de qualquer forma a autenticidade dos documentos juntados pelo autor na exordial, presume-se que o réu os aceitou como verdadeiros.

No mérito, cabe ao autor provar seu prejuízo (dano material e dano moral), o nexo de causalidade entre o dano e a ação ou omissão do réu e a culpa deste. Tais fatos podem

---

[32] Para descobrir quando começa e quando termina o prazo para oferecimento da sua contestação, leia com atenção os arts. 219, 224, 231 e 335 do Código de Processo Civil.

[33] Quanto à reconvenção, consulte os requisitos específicos no art. 343 do Código de Processo Civil.

ser provados pela oitiva de testemunhas, juntada de documentos (fotos, cartas, declarações, vídeo, boletim de ocorrência etc.) e perícia técnica, razão pela qual o advogado deve olhar com cuidado não só os documentos juntados, mas também o rol de testemunhas apresentadas, com escopo de preparar-se.

A resposta no mérito propriamente dita vai depender da condição do réu; se este se encaixa em alguma das situações especiais (responsabilidade objetiva: Decreto nº 2.681/1912; art. 734, CC; art. 6º, VIII, Lei nº 8.078/90-CDC; art. 37, § 6º, CF), deverá tentar demonstrar que não teve qualquer responsabilidade no evento (culpa exclusiva do autor); nos demais casos, lembrando que o ônus da prova cabe a quem alega, *actori incumbit probatio* (art. 373, I, CPC), pode se limitar a negar os fatos; por cautela, não se pode deixar ainda de questionar os valores que são cobrados a título de indenização.

9.22 CONTESTAÇÃO DE "AÇÃO DE INTERDITO PROIBITÓRIO"

A ação de interdito proibitório destina-se à proteção preventiva da posse que se acha na iminência, ou sob ameaça, de ser molestada. Seus pressupostos objetivos são: estar o autor na posse do bem; a ameaça de turbação ou esbulho por parte do réu; justo receio de vir a ser efetivada a ameaça. Ocorrendo a mudança, no curso do processo, da simples ameaça para fatos concretos de turbação ou esbulho, haverá, mediante pedido do autor, a transmutação da ação de interdito para manutenção ou reintegração,[34] conforme o caso (art. 554, CPC), expedindo-se o competente mandado. Além da proteção possessória, o autor, segundo o art. 555 do CPC, pode requerer: (I) condenação do requerido em perdas e danos; (II) indenização dos frutos que deixou de receber; (III) imposição de medida que evite nova turbação ou esbulho.

O direito de defender a posse em face de violência iminente encontra amparo no *caput* do art. 1.210 do Código Civil; já a *ação de interdito proibitório*, e seu procedimento especial, encontra disciplina nos arts. 567 e 568 do Código de Processo Civil, devendo ser proposta no foro onde está localizado o imóvel (art. 47, CPC).

Nas ações possessórias, o valor da causa deve ser equivalente ao do bem objeto do litígio. Tratando-se do bem imóvel, pode-se utilizar a estimativa oficial para lançamento do imposto (IPTU), ordinariamente denominado "valor venal". Havendo cumulação de pedidos (*v.g.*, interdito proibitório com perdas e danos), deve-se atentar para a regra do art. 292, VI, do CPC.

Com a petição inicial, o autor deve juntar os seguintes documentos: documentos pessoais; estatuto ou contrato social, no caso de o interessado ser pessoa jurídica (assim como ata da assembleia que legitima o representante que passa a procuração, quando for o caso); certidão de propriedade e/ou contrato de compra e venda; carnê do IPTU atual;

---

[34] "Verificada a moléstia à posse, transmuda-se automaticamente o interdito proibitório em ação de manutenção ou de reintegração, bastando apenas que a parte comunique o fato ao juiz" (*RT* 490/75, *RF* 302/159, *in* NEGRÃO, Theotonio. *Código de processo civil e legislação processual em vigor*. 30. ed. São Paulo: Saraiva, 1999. p. 814).

boletim de ocorrência, quando for aplicável; documentos que demonstrem a posse efetiva do bem.

O prazo para o oferecimento da contestação é de 15 (quinze) dias úteis[35] (arts. 219, 564 e 568, CPC), sendo que a estrutura básica da petição é a seguinte: endereçamento; qualificação; resumo dos fatos; preliminares; mérito; pedidos.

Depois de verificar com cuidado os autos do processo, com escopo de certificar-se sobre a existência ou não de alguma preliminar (art. 337, CPC), o advogado deve conferir com seu cliente a veracidade dos documentos juntados pelo autor à sua exordial. Lembrando que cabe ao réu suscitar, em preliminar na contestação, eventual falsidade dos documentos juntados pela outra parte (arts. 430 a 433, CPC). O prazo é de natureza preclusiva, ou seja, não arguida a falsidade em tempo próprio, nem impugnada de qualquer forma a autenticidade dos documentos juntados pelo autor na exordial, presume-se que o réu os aceitou como verdadeiros.

Além das preliminares formais, o advogado deve verificar com cuidado a presença ou não dos pressupostos específicos da ação (indicados acima).

Considerando que cabe ao autor provar as suas alegações (art. 373, I, CPC), o réu, no mérito, pode se limitar a negar esteja de fato ameaçando a posse do autor. O advogado deve redigir com cuidado a negativa, visto que, se apresentar versão modificando os acontecimentos, o ônus da prova passa a ser do réu (art. 373, II, CPC). Considerando a natureza dúplice das ações possessórias, percebendo o réu que a iniciativa do autor representa também uma ameaça à sua posse, pode, além de se defender, requerer proteção possessória em face dele (art. 556, CPC).

9.23 CONTESTAÇÃO DE "AÇÃO DE INVESTIGAÇÃO DE PATERNIDADE CUMULADA COM ALIMENTOS"

Aquele que não teve a sua paternidade reconhecida voluntariamente quando de seu registro de nascimento ou posteriormente por meio de escritura pública pode buscar a tutela jurisdicional por meio da "ação de investigação de paternidade", a fim de que decisão judicial declare a paternidade do réu (aquele a quem é imputada a paternidade). Registre-se que o direito de investigar a paternidade é personalíssimo, indisponível e imprescritível (art. 27, Lei nº 8.069/90-ECA). Quando o autor desta ação for incapaz, ele deverá ser representado ou assistido nos autos pela sua genitora ou pelo seu representante legal. Nesses casos, o pedido de investigação de paternidade costuma ser cumulado com pedido de alimentos, que, no caso de a ação ser julgada procedente, serão devidos a partir da citação.[36] O direito de ajuizar ação de investigação de paternidade encontra respaldo na Lei nº 8.560/92, no art. 1.606 do Código Civil e no art. 27 da Lei nº 8.069/90-ECA; já o

---

[35] Para descobrir quando começa e quando termina o prazo para oferecimento da sua contestação, leia com atenção os arts. 219, 224, 231 e 335 do Código de Processo Civil.

[36] Súmula 277 do STJ: "Julgada procedente a investigação de paternidade, os alimentos são devidos a partir da citação".

direito de pedir alimentos ao genitor encontra respaldo nos arts. 1.694 a 1.710 do Código Civil e na Lei nº 5.478/68-LA.

Sujeita ao procedimento comum (arts. 318 a 512, CPC), a ação de investigação de paternidade cumulada com alimentos deve ser ajuizada no foro do domicílio do autor, consoante permissivo do art. 53, II, do Código de Processo Civil. Se, ao contrário, a ação não for cumulada com alimentos, deve ser ajuizada no foro de domicílio do réu (art. 46, CPC); nesse mesmo caso, o autor, ao atribuir valor à causa, deve atentar para a regra do art. 292, III e VI, do CPC. Entretanto, se a ação não estiver cumulada com alimentos e também não envolver questões patrimoniais que possam servir de parâmetro para a fixação do valor da causa, o autor, ciente da obrigatoriedade da atribuição de um valor à causa (art. 291, CPC), tem autonomia para fazê-lo segundo critérios subjetivos próprios, desde que o valor imputado seja compatível com as circunstâncias gerais do caso.

Com a petição inicial, o autor deve juntar os seguintes documentos: documentos pessoais, entre eles a sua certidão de nascimento – obrigatório; documentos tendentes a provar o relacionamento da mãe do autor com o réu; documentos tendentes a provar as necessidades do autor, quando, é claro, houver pedido de alimentos.

O prazo para o oferecimento da contestação é de 15 (quinze) dias úteis[37] (arts. 219 e 335, CPC), sendo que a estrutura básica da petição é a seguinte: endereçamento; qualificação; resumo dos fatos; preliminares; mérito; reconvenção, quando for do interesse do réu[38]; pedidos.

Depois de verificar com cuidado os autos do processo, com escopo de certificar-se sobre a existência ou não de alguma preliminar (art. 337, CPC), o advogado deve conferir com seu cliente a veracidade dos documentos juntados pelo autor à sua exordial. Lembrando que cabe ao réu suscitar, em preliminar na contestação, eventual falsidade dos documentos juntados pela outra parte (arts. 430 a 433, CPC). O prazo é de natureza preclusiva, ou seja, não arguida a falsidade em tempo próprio, nem impugnada de qualquer forma a autenticidade dos documentos juntados pelo autor na exordial, presume-se que o réu os aceitou como verdadeiros.

Além das questões preliminares eventualmente cabíveis ao caso concreto, o réu que tenha dúvidas reais quanto a sua paternidade em face do autor deverá, em contestação, negá-la. Registre-se que a simples negação é bastante para resguardar os direitos do réu, vez que o ônus da prova é do autor (art. 373, I, CPC). Desnecessário, portanto, que o réu, a fim de defender os seus interesses, dirija agressões pessoais à genitora do autor. Tal fato, infelizmente tão comum, é totalmente desnecessário e profundamente deselegante. Veja, uma atitude respeitosa não só é obrigação do réu, como pode ao final, se confirmada a paternidade, facilitar o relacionamento que necessariamente irá surgir entre as partes.

Sendo a ação de investigação de paternidade cumulada com alimentos, cabe ainda ao réu se manifestar sobre o pedido de pensão alimentícia, impugnando eventualmente

---

[37] Para descobrir quando começa e quando termina o prazo para oferecimento da sua contestação, leia com atenção os arts. 219, 224, 231 e 335 do Código de Processo Civil.

[38] Quanto à reconvenção, consulte os requisitos específicos no art. 343 do Código de Processo Civil.

o valor requerido, informando sobre sua capacidade financeira real e os encargos que já possui, a fim de possibilitar ao magistrado, no caso de procedência do pedido, a correta fixação do valor da pensão. Existindo outros filhos, é importante a juntada de certidão de nascimento deles.

Além de se manifestar sobre a obrigação alimentar, o réu pode já lançar as bases para a futura discussão da guarda do menor e do direito de visitas, no caso, é claro, da alegada paternidade ser confirmada.

9.24 CONTESTAÇÃO DE "AÇÃO DE MANUTENÇÃO DE POSSE"

Cabível quando o possuidor ou proprietário tiver sua posse turbada, perturbada, por terceiros. Nesse caso, o interessado ainda não chegou a perder a sua posse, mas esta sofrendo ataques de terceiros, fato que lhe causa desassossego e inquietação. A turbação pode ser de fato, como, por exemplo, na tentativa de invasão, ou de direito, tal como o ajuizamento de uma ação possessória. O direito de defender a posse em face de terceiros que a estejam perturbando, causando desassossego e inquietação, encontra amparo no *caput* do art. 1.210 do Código Civil; já as ações possessórias, e seu procedimento especial, encontram disciplina nos arts. 554 a 568 do Código de Processo Civil, devendo ser ajuizada no foro onde está localizado o imóvel (art. 47, CPC). Já o valor da causa deve ser equivalente ao do bem objeto do litígio. Tratando-se de bem imóvel, pode-se utilizar a estimativa oficial para lançamento do imposto (IPTU), ordinariamente denominado "valor venal". Havendo cumulação de pedidos (*v.g.*, manutenção de posse e condenação em perdas e danos), deve-se atentar para a regra do art. 292, VI, do CPC.

Com a petição inicial, o autor deve juntar os seguintes documentos: documentos pessoais; estatuto ou contrato social, no caso de o interessado ser pessoa jurídica (assim como ata da assembleia que legitima o representante que passa a procuração, quando for o caso); certidão de propriedade e/ou contrato de compra e venda; carnê do IPTU atual; boletim de ocorrência, quando for aplicável; documentos que demonstrem a posse efetiva do bem.

O prazo para o oferecimento da contestação é de 15 (quinze) dias úteis[39] (arts. 219 e 564, CPC), sendo que a estrutura básica da petição é a seguinte: endereçamento; qualificação; resumo dos fatos; preliminares; mérito; pedidos.

Depois de verificar com cuidado os autos do processo, com escopo de certificar-se sobre a existência ou não de alguma preliminar (art. 337, CPC), o advogado deve conferir com seu cliente a veracidade dos documentos juntados pelo autor à sua exordial. Lembrando que cabe ao réu suscitar, em preliminar na contestação, eventual falsidade dos documentos juntados pela outra parte (arts. 430 a 433, CPC). O prazo é de natureza preclusiva, ou seja, não arguida a falsidade em tempo próprio, nem impugnada de qualquer forma a autenticidade dos documentos juntados pelo autor na exordial, presume-se que o réu os aceitou como verdadeiros.

---

[39] Para descobrir quando começa e quando termina o prazo para oferecimento da sua contestação, leia com atenção os arts. 219, 224, 231 e 335 do Código de Processo Civil.

Além das preliminares formais, o advogado deve verificar com cuidado se o autor demonstrou na sua exordial os pressupostos específicos da ação, conforme previstos no art. 561 do CPC.

Considerando que cabe ao autor provar as suas alegações (art. 373, I, CPC), o réu, no mérito, pode se limitar a negar esteja de fato ameaçando a posse do autor. O advogado deve redigir com cuidado a negativa, visto que se apresentar versão modificando os acontecimentos, o ônus da prova passa a ser do réu (art. 373, II, CPC). Considerando a natureza dúplice das ações possessórias, percebendo o réu que a iniciativa do autor representa também uma ameaça à sua posse, pode, além de se defender, requerer proteção possessória em face dele (art. 556, CPC).

9.25 CONTESTAÇÃO DE "AÇÃO DE MODIFICAÇÃO DE GUARDA"

Quando uma pessoa, normalmente um parente próximo, deseja obter a guarda legal de um menor, que, por sua vez, encontra-se sob os cuidados de um terceiro (mãe, pai, avô etc.), deverá fazer uso da "ação de modificação de guarda". Regra geral, o autor argumenta que o atual guardião do menor não vem cuidando deste de forma adequada e requer, tendo como interesse exclusivo o bem-estar da criança, que o juiz lhe entregue sua guarda legal. A incidência mais comum dessa ação é entre ex-cônjuges, mas não é raro movam esta ação outros parentes, normalmente avós, que, dando-se conta dos prejuízos sofridos pelo menor, procurem a tutela judicial com escopo de obterem a guarda legal da criança e assim poderem cuidar de seus interesses. O direito de pedir a modificação da guarda legal de uma criança encontra amparo no art. 1.637 do Código Civil; registre-se, ainda, que o Estatuto da Criança e do Adolescente, Lei nº 8.069/90, disciplina a guarda nos arts. 33 a 35.

Na falta de um procedimento especial, aplica-se à ação de modificação de guarda o "procedimento comum" (arts. 318 a 512, CPC), com as alterações previstas nos arts. 693 a 699 do CPC. Considerando que o incapaz não é, em princípio, parte na ação, o foro competente é do domicílio do réu (art. 46, CPC); a jurisprudência, no entanto, tem se inclinado no sentido de que o foro competente é o daquele que declara ter a guarda fática do menor. Havendo cumulação de pedidos, como, por exemplo, exoneração e/ou cobrança de alimentos, fato que provoca a inclusão do menor na ação como parte, o requerente não se deve olvidar da norma prevista no art. 53, II, do CPC.

Não havendo questões patrimoniais que possam servir de parâmetro para a fixação do valor da causa, o autor, ciente da obrigatoriedade de atribuição de um valor à causa (art. 291, CPC), tem autonomia para fazê-lo segundo critérios subjetivos próprios, desde que o valor imputado seja compatível com as circunstâncias gerais do caso. No caso de a ação ser cumulada com outros pedidos, como, por exemplo, exoneração de alimentos, o requerente deve ser atento à regra prevista no art. 292, VI, do CPC.

Com a petição inicial, o autor deve juntar os seguintes documentos: documentos pessoais do autor e do menor, entre eles necessariamente a certidão de nascimento do último; cópia da sentença que fixou ou homologou a guarda do menor; boletim de ocorrência, quando houver; atestado médico, quando os fatos envolverem maus tratos; fotos, cartas, bilhetes, extratos das redes sociais, que estejam conectados aos fatos que fundamentam o pedido.

O prazo para o oferecimento da contestação é de 15 (quinze) dias úteis[40] (arts. 219 e 335, CPC), sendo que a estrutura básica da petição é a seguinte: endereçamento; qualificação; resumo dos fatos; preliminares; mérito; reconvenção, quando for do interesse do réu[41]; pedidos.

Depois de verificar com cuidado os autos do processo, com escopo de certificar-se sobre a existência ou não de alguma preliminar (art. 337, CPC), o advogado deve conferir com seu cliente a veracidade dos documentos juntados pelo autor à sua exordial. Lembrando que cabe ao réu suscitar, em preliminar na contestação, eventual falsidade dos documentos juntados pela outra parte (arts. 430 a 433, CPC). O prazo é de natureza preclusiva, ou seja, não arguida a falsidade em tempo próprio, nem impugnada de qualquer forma a autenticidade dos documentos juntados pelo autor na exordial, presume-se que o réu os aceitou como verdadeiros.

Ultrapassadas as questões preliminares, o réu deve, no mérito, negar os fatos narrados pelo autor na petição inicial. No caso de que tenha perdido a guarda fática da criança para o autor, é importante justificar as circunstâncias em que isso ocorreu, assim também esclarecer as razões pelas quais não tomou providências oportunas para reavê-la. Nesse tipo de ação o juiz deve zelar principalmente pelo interesse da criança e/ou adolescente, sabendo disso o réu em todas as suas manifestações, seja concordando ou discordando dos fatos, deve sempre destacar que sua preocupação é justamente o bem-estar do menor; ou seja, ao responder não se perca em desculpas e lamentações próprias.

9.26 CONTESTAÇÃO DE "AÇÃO DE NUNCIAÇÃO DE OBRA NOVA"

Pode fazer uso da "ação de nunciação de obra nova" aquele que deseje embargar ou impedir o prosseguimento de construção, em prédio vizinho, que desatenda as normas legais, ou ponha em risco a segurança do seu prédio (art. 1.311, CC). Ressalte-se que a doutrina e jurisprudência informam que o termo *vizinho* não se refere apenas ao prédio contíguo, mas também a qualquer outro imóvel próximo. Segundo a doutrina, tem legitimidade ativa para esta ação: I – o proprietário ou possuidor, a fim de impedir que a edificação de obra nova em imóvel vizinho lhe prejudique o prédio, suas servidões ou fins a que é destinado; II – o condômino, para impedir que o coproprietário execute alguma obra com prejuízo ou alteração da coisa comum; III – o Município, a fim de impedir que o particular construa em contravenção da lei, do regulamento ou de postura. A Lei nº 6.766/79, que dispõe sobre o parcelamento do solo urbano, também empresta legitimidade para esta ação ao "loteador", conforme norma expressa em seu art. 45: "*o loteador, ainda que já tenha vendido todos os lotes, ou os vizinhos, são partes legítimas para promover ação destinada a impedir construção em desacordo com restrições legais ou contratuais*". Registre-se, no entan-

---

[40] Para descobrir quando começa e quando termina o prazo para oferecimento da sua contestação, leia com atenção os arts. 219, 224, 231 e 335 do Código de Processo Civil.

[41] Quanto à reconvenção, consulte os requisitos específicos no art. 343 do Código de Processo Civil.

to, que, se a obra que ofende os direitos do autor já tiver sido concluída, este deverá fazer uso da ação demolitória, com escopo de alcançar o desfazimento da obra (art. 1.302, CC).

Na falta de um procedimento especial, aplica-se à ação de nunciação de obra nova o "procedimento comum" (arts. 318 a 512, CPC); ela deve ser ajuizada no foro da situação do imóvel onde se realiza a obra a ser embargada (art. 47, CPC). Quando o autor cumular o pedido de embargo da obra com pedido de reparação de perdas e danos, deverá dar à causa, no mínimo, o valor estimado de seus prejuízos. No caso de não ser possível, quando da interposição da ação, saber o montante dos prejuízos e/ou estar a obra colocando em risco toda a propriedade do autor, este pode atribuir à causa o valor venal do bem. Fora dessas situações, o autor, ciente da obrigatoriedade da atribuição de um valor à causa (art. 291, CPC), tem autonomia para fazê-lo segundo critérios subjetivos próprios, desde que o valor imputado seja compatível com as circunstâncias gerais do caso.

Com a petição inicial, o autor deve juntar os seguintes documentos: documentos pessoais; estatuto ou contrato social, no caso de o interessado ser pessoa jurídica (assim como ata da assembleia que legitima o representante que passa a procuração, quando for o caso); boletim de ocorrência, quando for aplicável; fotos da obra a ser embargada; laudo técnico, se disponível; orçamento quanto a eventuais reparos a serem feitos na residência do autor; escritura ou outro documento que demonstre a natureza da posse do bem do autor.

O prazo para o oferecimento da contestação é de 15 (quinze) dias úteis[42] (arts. 219 e 335, CPC), sendo que a estrutura básica da petição é a seguinte: endereçamento; qualificação; resumo dos fatos; preliminares; mérito; reconvenção, quando for do interesse do réu[43]; pedidos.

Considerando que este tipo de processo tem como pano de fundo a segurança de uma obra e até mesmo o bem-estar de vizinhos, é prudente que o advogado converse com o seu cliente sobre os detalhes do caso, com escopo de verificar se realmente estão sendo, ou foram, causados prejuízos ao imóvel do autor ou até mesmo de terceiros. Em caso positivo, o melhor é tentar resolver a questão na audiência de conciliação, não só para garantir a segurança de todos os envolvidos, mas também para evitar atrasos na obra, que podem elevar em muito o seu custo total.

No mais, após verificar com cuidado os autos do processo, com escopo de certificar-se sobre a existência ou não de alguma preliminar (art. 337, CPC), o advogado deve conferir com seu cliente a veracidade dos documentos juntados pelo autor à sua exordial. Lembrando que cabe ao réu suscitar, em preliminar na contestação, eventual falsidade dos documentos juntados pela outra parte (arts. 430 a 433, CPC). O prazo é de natureza preclusiva, ou seja, não arguida a falsidade em tempo próprio, nem impugnada de qualquer forma a autenticidade dos documentos juntados pelo autor na exordial, presume-se que o réu os aceitou como verdadeiros.

---

[42] Para descobrir quando começa e quando termina o prazo para oferecimento da sua contestação, leia com atenção os arts. 219, 224, 231 e 335 do Código de Processo Civil.

[43] Quanto à reconvenção, consulte os requisitos específicos no art. 343 do Código de Processo Civil.

No caso de que tenha sido concedido, em caráter liminar, o embargo da obra, o advogado deve verificar com o seu cliente a necessidade/interesse em interpor contra esta decisão o recurso de agravo de instrumento (art. 1.015, I, CPC).

No mérito, o caminho é negar qualquer irregularidade na realização da obra, assim como a responsabilidade pelos danos apontados. Prudente, ainda, demonstrar ao magistrado a regularidade da obra, apresentando as autorizações pertinentes ao caso.

9.27 CONTESTAÇÃO DE "AÇÃO DE OBRIGAÇÃO DE FAZER"

Cabível sempre que alguém desejar impelir outra pessoa, física ou jurídica, a cumprir obrigação de fazer assumida em contrato ou prevista em lei (*fornecimento de medicamentos ou vaga em creche, por exemplo*). Com escopo de garantir que a obrigação seja efetivamente cumprida, o autor pode requerer ao juiz que determine providências que assegurem o resultado prático buscado, inclusive com a imposição de multa diária (arts. 536 a 537, CPC). No caso da obrigação de fazer estar prevista em contrato que constitua título extrajudicial (art. 784, CPC), o interessado deve fazer uso da "execução de obrigação de fazer", com procedimento previsto nos arts. 815 a 821 do Código de Processo Civil.

O tema das obrigações encontra-se disciplinado nos arts. 233 a 420 do Código Civil, sendo que os arts. 247 a 249 do referido diploma legal tratam especificamente das *obrigações de fazer*.

Na falta de um procedimento especial, aplica-se à ação de obrigação de fazer o "procedimento comum" (arts. 318 a 512, CPC). Não havendo foro de eleição, esta ação deve ser ajuizada no foro do domicílio do réu (art. 46, CPC); no caso de a ação ser movida contra a União, Estado ou o Distrito Federal, o foro competente será o do domicílio do autor (arts. 51 e 52, CPC). Da mesma forma, tratando-se de relação de consumo, o autor pode ajuizar a ação no foro de seu domicílio (art. 101, I, CDC).

Com a petição inicial, o autor deve juntar os seguintes documentos: documentos pessoais; estatuto ou contrato social, no caso de o interessado ser pessoa jurídica (assim como ata da assembleia que legitima o representante que passa a procuração, quando for o caso); contrato em que se acordou a obrigação, quando for o caso; comprovante de constituição em mora do obrigado, quando aplicável; laudo médico, quando se pretenda obter medicamento ou tratamento de saúde; negativa formal do ente público, quando for o caso; estimativa e/ou orçamento de custos, quando for caso.

O prazo para o oferecimento da contestação é de 15 (quinze) dias úteis[44] (arts. 219 e 335, CPC), sendo que a estrutura básica da petição é a seguinte: endereçamento; qualificação; resumo dos fatos; preliminares; mérito; reconvenção, quando for do interesse do réu[45]; pedidos.

---

[44] Para descobrir quando começa e quando termina o prazo para oferecimento da sua contestação, leia com atenção os arts. 219, 224, 231 e 335 do Código de Processo Civil.

[45] Quanto à reconvenção, consulte os requisitos específicos no art. 343 do Código de Processo Civil.

Após verificar com cuidado os autos do processo, com escopo de certificar-se sobre a existência ou não de preliminares (art. 337, CPC), o advogado deve conferir com seu cliente a veracidade dos documentos juntados pelo autor à sua exordial. Lembrando que cabe ao réu suscitar, em preliminar na contestação, eventual falsidade dos documentos juntados pela outra parte (arts. 430 a 433, CPC). O prazo é de natureza preclusiva, ou seja, não arguida a falsidade em tempo próprio, nem impugnada de qualquer forma a autenticidade dos documentos juntados pelo autor na exordial, presume-se que o réu os aceitou como verdadeiros.

No mérito, o devedor, entre outras razões, pode negar a recusa em cumprir a obrigação ou, no caso de obrigação legal, pode negar até mesmo que ela exista; pode informar sobre a impossibilidade de se cumprir a obrigação, apresentando seus motivos; pode, também, alegar que o autor não fez, ainda, sua parte (exceção do contrato não cumprido).

9.28 CONTESTAÇÃO DE "AÇÃO DE RECONHECIMENTO E DISSOLUÇÃO DE UNIÃO ESTÁVEL"

Considerando os limites legais (arts. 3º, IV, e 226, § 3º, CF; art. 1.723, CC), conforme interpretação dada pelo Supremo Tribunal Federal, podemos conceituar "união estável" como a união fática de duas pessoas, seja de um homem e de uma mulher, de um homem com outro homem, seja de uma mulher com outra mulher, com o propósito de estabelecer comunhão plena de vida, assumindo publicamente e mutuamente os companheiros a qualidade de consortes, com base na igualdade de direitos e deveres. Entretanto, há que se observar que a referida união, para caracterizar efetivamente "união estável", com direito à proteção do Estado, deve envolver pessoas não impedidas, segundo o art. 1.521 do CC, de casar, salvo no caso de pessoas casadas, quando estas encontrarem-se separadas de fato ou judicialmente. Excepcionam-se, quanto aos impedimentos, os de natureza sexual, conforme emblemática decisão do STF, ocorrida em julho de 2011, no julgamento da Ação Direta de Inconstitucionalidade nº 4.277-ADI e a Arguição de Descumprimento de Preceito Fundamental nº 132-ADPF, ajuizadas, respectivamente, pela Procuradoria-Geral da República e pelo governador do Rio de Janeiro, Sérgio Cabral. O ministro Ayres Britto, relator das ações, votou pela inconstitucionalidade do art. 1.723 do Código Civil, vez que o art. 3º, IV, da Constituição Federal, proíbe qualquer discriminação em virtude de sexo, raça e cor, abrindo caminho para o reconhecimento da união estável homoafetiva.

Presentes os requisitos legais, no sentido de que o relacionamento seja público, contínuo e duradouro, qualquer interessado pode buscar a tutela jurisdicional a fim de ver reconhecidos, respeitados, os seus direitos, ajuizando, conforme o caso, *ação de reconhecimento de união estável* ou *ação de reconhecimento e dissolução de união estável*.

Os direitos e as obrigações dos companheiros encontram-se disciplinados nos arts. 1.723 a 1.727 do Código Civil.

Na falta de um procedimento especial, aplica-se à ação de reconhecimento e/ou dissolução de união estável o "procedimento comum" (arts. 318 a 512, CPC), com as alterações previstas nos arts. 693 a 699 do CPC. Segundo o art. 53, I, a ação de reconhecimento e/ou dissolução de união estável deve ser ajuizada no foro: (I) do domicílio do guardião de filho incapaz; (II) do último domicílio do casal, caso não haja filho incapaz;

(III) do domicílio do réu, se nenhuma das partes residir no antigo domicílio do casal. É importante observar, entretanto, que se trata de competência relativa; ou seja, o juiz não pode declinar de sua competência de ofício, sendo necessário que o interessado levante a questão em preliminar na contestação. O valor da causa será equivalente à soma do valor atribuído aos bens a serem partilhados pelos companheiros; no caso de não haverem bens a serem partilhados, buscando o requerente apenas o reconhecimento da união e a regulamentação, por exemplo, de guarda, visitas e alimentos, deve observar a regra prevista no art. 292, III, do CPC. No caso de cumulação de pedidos, uns e outros deverão ser considerados (art. 292, VI, CPC).

O autor deve, ademais, juntar cópia dos seguintes documentos: documentos pessoais (RG e CPF); comprovante de residência; certidão de nascimento dos filhos; contrato de união estável, quando existir; certidão de propriedade dos bens imóveis; carnê do imposto predial atual dos imóveis; extrato atualizado das contas bancárias e de eventuais investimentos; documento de propriedade de eventuais veículos, assim como prova de seu valor de mercado (por exemplo, o jornal do carro); outros documentos tendentes a provar a propriedade de bens (barcos, aviões, joias, quadros, títulos etc.); contrato ou outro documento relativo a obrigações em aberto, tais como empréstimos pessoais e financiamentos diversos.

O prazo para o oferecimento da contestação é de 15 (quinze) dias úteis[46] (arts. 219 e 335, CPC), sendo que a estrutura básica da petição é a seguinte: endereçamento; qualificação; resumo dos fatos; preliminares; mérito; reconvenção, quando for do interesse do réu[47]; pedidos.

O advogado deve iniciar a sua atuação por meio de uma demorada conversa com o seu cliente sobre os termos da exordial, confirmando a veracidade, ou não, dos fatos informados; deve, ainda, se informar sobre eventuais fatos omitidos maliciosamente pelo autor. Por fim, deve verificar juntamente com o cliente os documentos juntados à petição inicial, assim como inteirar-se sobre o que ele entende que cada uma das testemunhas arroladas pelo autor tem a dizer (quando apresentado o rol).

Bem informado sobre os "fatos", a atenção do advogado deve se voltar para as "preliminares" previstas no art. 337 do CPC, que são as seguintes: (I) inexistência ou nulidade da citação; (II) incompetência absoluta e relativa; (III) incorreção do valor da causa; (IV) inépcia da petição inicial; (V) perempção; (VI) litispendência; (VII) coisa julgada; (VIII) conexão; (IX) incapacidade da parte, defeito de representação ou falta de autorização; (X) convenção de arbitragem; (XI) ausência de legitimidade ou de interesse processual; (XII) falta de caução ou de outra prestação que a lei exige como preliminar; (XIII) indevida concessão do benefício de gratuidade de justiça.

Lembro, ademais, que cabe ao réu suscitar, em preliminar na contestação, eventual falsidade dos documentos juntados pela outra parte (arts. 430 a 433, CPC). O prazo é de

---

[46] Para descobrir quando começa e quando termina o prazo para oferecimento da sua contestação, leia com atenção os arts. 219, 224, 231 e 335 do Código de Processo Civil.

[47] Quanto à reconvenção, consulte os requisitos específicos no art. 343 do Código de Processo Civil.

natureza preclusiva, ou seja, não arguida a falsidade em tempo próprio, nem impugnada de qualquer forma a autenticidade do documento juntado pelo autor na exordial, presume-se que o réu aceitou o documento como verdadeiro.

Depois de verificar a eventual existência de preliminares, apresentando, é claro, aquelas que se fizerem necessárias, o advogado deve passar ao mérito dos pedidos do autor. Neste ponto, lembro que não são mais legalmente relevantes os fatos que levaram à separação do casal, ou seja, nem o autor tem de apontar estes fatos na sua exordial, nem o réu tem de impugná-los na contestação, salvo se estes fatos estiverem arrimando eventual pedido de "guarda unilateral" dos filhos menores ou alguma outra questão patrimonial. Caso não pretenda impugnar a própria existência da "união estável", a atenção do advogado deve se concentrar nas questões ligadas à guarda dos filhos menores, no direito de visitas, no valor da pensão alimentícia devida aos filhos e, eventualmente, ao cônjuge, e finalmente na partilha dos bens do casal (ativo e passivo).

Impugnada a pretensão do autor, principalmente quanto à guarda dos filhos e a partilha dos bens, o advogado deve verificar sobre a conveniência, ou não, de apresentar "reconvenção". Explico: entendo que, assim como a ação de divórcio, a ação de reconhecimento e dissolução de união estável tem natureza dúplice, ou seja, a fim de obter, por exemplo, a guarda compartilhada dos filhos, basta ao réu impugnar o pedido do autor de guarda unilateral, apresentando alternativamente pedido de guarda compartilhada nas próprias razões da contestação. Embora haja muitos argumentos em favor desta linha de pensamento, há aqueles que entendem o contrário, negando a natureza dúplice desta ação. Nesse momento, talvez o mais prudente, salvo se já se conheça a posição do juízo, seja apresentar reconvenção com os seus pedidos para a guarda dos filhos, para o direito de visitas, para o valor de eventual pensão para os filhos e para o cônjuge e para a partilha dos bens (ativo e passivo).

9.29 CONTESTAÇÃO DE "AÇÃO DE REGULAMENTAÇÃO DE GUARDA"

Em face das enormes transformações pelas quais vem passando a família, mormente em razão da crescente liberdade sexual, que tem como uma de suas consequências o nascimento de filhos de pais solteiros, ou que vivem em união estável, cotidianamente surge a necessidade da regulamentação da guarda dessa prole. Com efeito, é comum que após o nascimento ou da separação de fato, os pais venham a discutir quem ficará com a guarda dos filhos, não sendo raras notícias que envolvem a retirada irregular do menor do lar por um dos pais, o que causa desassossego àquele que fica com a guarda fática do menor. Destarte, a fim de evitar problemas e estabelecer responsabilidades, a parte interessada (pai ou mãe), pode ajuizar "ação de regulamentação de guarda", que, de regra, deve ser cumulada com pedido de regulamentação de visitas, podendo, ainda, incluir-se pedido de fixação de alimentos. Não se pode olvidar, outrossim, que, nesses novos tempos de liberdade sexual e irresponsabilidade em face da prole, é cada vez mais comum que o menor acabe sob a guarda fática dos avós, ou de algum outro parente ou terceiro (*família ampliada*), fato que também os legitima ao ajuizamento da ação de regulamentação de guarda, visitas e alimentos em face dos pais biológicos.

O direito dos pais de ter a guarda dos filhos advém do poder familiar (art. 1.634, II, CC). No caso de pais casados ou que vivam em união estável, a guarda deve ser discutida e disciplinada, no caso de separação, na ação de divórcio ou de reconhecimento e dissolução de união estável (arts. 1.583, 1.584, 1.724, CC; art. 226, § 6º, CF). Ressalte-se, por fim, que qualquer pessoa pode requerer, com arrimo nos arts. 33 a 35 da Lei nº 8.069/90-ECA, seja estabelecida em seu favor a guarda de um menor em situação irregular. Nesse caso, a petição inicial deve ser endereçada ao juiz da Vara da Infância e Juventude.

Na falta de um procedimento especial, aplica-se à ação de regulamentação de guarda o "procedimento comum" (arts. 318 a 512, CPC), devendo ser ajuizada, regra geral, no foro do domicílio daquele que detém a guarda fática do incapaz. Não havendo questões patrimoniais que possam servir de parâmetro para a fixação do valor da causa, o autor, ciente da obrigatoriedade de atribuição de um valor à causa (art. 291, CPC), tem autonomia para fazê-lo segundo critérios subjetivos próprios, desde que o valor imputado seja compatível com as circunstâncias gerais do caso. No caso de o pedido de regulamentação de guarda ser cumulado com regulamento de visitas e fixação do valor mensal da pensão alimentícia, o interessado deve estar atento às normas do art. 292, III e VI, do CPC.

O autor deve, ademais, juntar cópia dos seguintes documentos: documentos pessoais (RG e CPF); comprovante de residência; certidão de nascimento dos menores cuja guarda se discutirá; certidão de matrícula escolar, quando for o caso; boletim de ocorrência, quando houver denúncia de violência doméstica; documentos que demonstrem a guarda fática do menor pelo interessado.

O prazo para o oferecimento da contestação é de 15 (quinze) dias úteis[48] (arts. 219 e 335, CPC), sendo que a estrutura básica da petição é a seguinte: endereçamento; qualificação; resumo dos fatos; preliminares; mérito; reconvenção, quando for do interesse do réu[49]; pedidos.

O advogado deve iniciar a sua atuação por meio de uma demorada conversa com o seu cliente sobre os termos da exordial, confirmando a veracidade, ou não, dos fatos informados; deve, ainda, se informar sobre eventuais fatos omitidos maliciosamente pelo autor. Por fim, deve verificar juntamente com o cliente a veracidade, ou não, dos documentos juntados à petição inicial, assim como inteirar-se sobre o que ele entende que cada uma das testemunhas arroladas pelo autor tem a dizer.

Bem informado sobre os "fatos", a atenção do advogado deve se voltar para as "preliminares" previstas no art. 337 do CPC, que são as seguintes: (I) inexistência ou nulidade da citação; (II) incompetência absoluta e relativa; (III) incorreção do valor da causa; (IV) inépcia da petição inicial; (V) perempção; (VI) litispendência; (VII) coisa julgada; (VIII) conexão; (IX) incapacidade da parte, defeito de representação ou falta de autorização; (X) convenção de arbitragem; (XI) ausência de legitimidade ou de interesse processual; (XII)

---

[48] Para descobrir quando começa e quando termina o prazo para oferecimento da sua contestação, leia com atenção os arts. 219, 224, 231 e 335 do Código de Processo Civil.

[49] Quanto à reconvenção, consulte os requisitos específicos no art. 343 do Código de Processo Civil.

falta de caução ou de outra prestação que a lei exige como preliminar; (XIII) indevida concessão do benefício de gratuidade de justiça.

Lembro, ademais, que cabe ao réu suscitar, em preliminar na contestação, eventual falsidade dos documentos juntados pela outra parte (arts. 430 a 433, CPC). O prazo é de natureza preclusiva, ou seja, não arguida a falsidade em tempo próprio, nem impugnada de qualquer forma a autenticidade do documento juntado pelo autor na exordial, presume-se que o réu aceitou o documento como verdadeiro.

Depois de verificar a eventual existência de preliminares, apresentando, é claro, aquelas que se fizerem necessárias, o advogado deve passar ao mérito dos pedidos do autor. Nesse ponto, lembro que, segundo o § 2º do art. 1.584 do Código Civil não havendo acordo entre o pai e a mãe quanto à guarda unilateral dos filhos, o juiz, sendo ambos os genitores aptos a exercê-la, deve aplicar a "guarda compartilhada". Inegável que a guarda dos filhos é tema sensível e deve ser tratado por todos os envolvidos com muito cuidado; no mais, considerando que o interesse das crianças está acima de todos os outros, o advogado deve escolher com cuidado a forma como apresenta as reinvindicações do seu cliente. Por exemplo, se o réu pretende a guarda unilateral dos filhos, os argumentos devem ser apresentados no sentido de procurar mostrar ao juiz que isso é do maior interesse das crianças (*v.g.*: a casa do réu é maior, mais bem localizada, mais segura; o réu tem mais tempo para ficar com os filhos; as condições pessoais do réu são mais adequadas ao convívio diário com as crianças etc.).

Impugnada a pretensão do autor, o advogado deve verificar sobre a conveniência, ou não, de apresentar "reconvenção". Explico: entendo que a ação de regulamentação de guarda tem natureza dúplice, visto que o juiz ao negar, por exemplo, o pedido de guarda unilateral do autor deverá conceder a guarda dos filhos para o réu, ou ainda aplicar a guarda compartilhada (ele não pode simplesmente negar o pedido do autor e deixar de fixar a guarda legal das crianças). Embora haja muitos argumentos em favor desta linha de pensamento, há aqueles que entendem o contrário, negando a natureza dúplice desta ação. Nesse momento, talvez o mais prudente, salvo se já se conheça a posição do juízo, seja apresentar reconvenção com os pedidos do réu quanto a guarda dos filhos, mormente se ele pretende a guarda unilateral ou mesmo a guarda compartilhada.

Dificilmente o pedido de regulamentação de guarda de menores deixa de ser cumulado com pedido de regulamentação do direito de visitas e do valor mensal da pensão alimentícia; sendo este o caso, há que se observar que a cumulação do pedido de guarda com o de pensão alimentícia demanda a inclusão no polo passivo ou ativo da ação, conforme o caso, do menor, visto que enquanto a questão da guarda diz respeito somente aos pais (titulares do direito material), o pedido de alimento tem como titular o menor, neste caso representado por aquele que detém a sua guarda fática. Ao responder, o réu, mesmo que pretenda a guarda unilateral ou compartilhada, deve ter o cuidado de impugnar a pretensão do autor, apresentando, pelo princípio da eventualidade, seus argumentos sobre o tema.

9.30 CONTESTAÇÃO DE "AÇÃO DE REGULAMENTAÇÃO DE VISITAS"

A ação de regulamentação de visitas poderá ocorrer quando uma pessoa, normalmente um parente próximo (pai, mãe, avó etc.) desejar que o juiz discipline o direito de visitas a um menor, em razão do guardião legal não as permitir ou dificultar. Por sua vez, o guardião que não estiver satisfeito com os abusos daquele que tem o direito à visita (pai, mãe, avó etc.) também poderá buscar, por meio desse feito, a regulamentação do direito de visitas.

O Estatuto da Criança e do Adolescente, Lei nº 8.069/90, em seu art. 4º, garante à criança e ao adolescente o direito de convivência familiar, o que inclui o direito de encontrar todos os seus parentes (arts. 1.591 e 1.592, CC), mesmo quando seus pais estejam divorciados. Com efeito, o art. 1.589 do Código Civil, com a redação que lhe deu a Lei nº 12.398/2011, garante não só aos pais o direito de visita, mas também a qualquer dos avós.

Na falta de um procedimento especial, aplica-se à ação de regulamentação de visitas o "procedimento comum" (arts. 318 a 512, CPC), devendo ser ajuizada no foro do domicílio do réu ou guardião do incapaz (arts. 46 e 50, CPC). Não havendo questões patrimoniais, na ação de regulamentação de visitas, que possam servir de parâmetro para a fixação do valor da causa, o autor, ciente da obrigatoriedade de atribuição de um valor à causa (art. 291, CPC), tem autonomia para o fazer segundo critérios subjetivos próprios, desde que o valor imputado seja compatível com as circunstâncias gerais do caso.

O autor deve, ademais, juntar cópia dos seguintes documentos: documentos pessoais (RG e CPF); comprovante de residência; certidão de nascimento dos menores envolvidos; boletim de ocorrência, quando houver; rol de testemunhas (art. 450, CPC).

O prazo para o oferecimento da contestação é de 15 (quinze) dias úteis[50] (arts. 219 e 335, CPC), sendo que a estrutura básica da petição é a seguinte: endereçamento; qualificação; resumo dos fatos; preliminares; mérito; reconvenção, quando for do interesse do réu[51]; pedidos.

O advogado deve iniciar a sua atuação por meio de uma demorada conversa com o seu cliente sobre os termos da exordial, confirmando a veracidade, ou não, dos fatos informados; deve, ainda, se informar sobre eventuais fatos omitidos maliciosamente pelo autor. Deve, ainda, verificar juntamente com o cliente a veracidade, ou não, dos documentos juntados à petição inicial, assim como inteirar-se sobre o que ele entende que cada uma das testemunhas arroladas pelo autor tem a dizer (claro, quando apresentado o rol).

Bem informado sobre os "fatos", a atenção do advogado deve se voltar para as "preliminares" previstas no art. 337 do CPC, que são as seguintes: (I) inexistência ou nulidade da citação; (II) incompetência absoluta e relativa; (III) incorreção do valor da causa; (IV) inépcia da petição inicial; (V) perempção; (VI) litispendência; (VII) coisa julgada; (VIII) conexão; (IX) incapacidade da parte, defeito de representação ou falta de autorização; (X) convenção de arbitragem; (XI) ausência de legitimidade ou de interesse processual; (XII) falta de caução ou de outra prestação que a lei exige como preliminar; (XIII) indevida concessão do benefício de gratuidade de justiça.

---

[50] Para descobrir quando começa e quando termina o prazo para oferecimento da sua contestação, leia com atenção os arts. 219, 224, 231 e 335 do Código de Processo Civil.

[51] Quanto à reconvenção, consulte os requisitos específicos no art. 343 do Código de Processo Civil.

Lembro, ademais, que cabe ao réu suscitar, em preliminar na contestação, eventual falsidade dos documentos juntados pela outra parte (arts. 430 a 433, CPC). O prazo é de natureza preclusiva, ou seja, não arguida a falsidade em tempo próprio, nem impugnada de qualquer forma a autenticidade do documento juntado pelo autor na exordial, presume-se que o réu aceitou o documento como verdadeiro.

Depois de verificar a eventual existência de preliminares, apresentando, é claro, aquelas que se fizerem necessárias, o advogado deve passar ao mérito dos pedidos do autor. No caso de que o autor esteja requerendo acesso ao menor sob o argumento de que o réu, seu guardião, está dificultando ou mesmo impedindo as visitas, o réu pode simplesmente negar a referida alegação, propondo dia e horário para que as referidas visitas ocorram; no caso de que o réu "não concorde" com as visitas, deve então apresentar os seus argumentos. Lembro que somente razões muito graves podem efetivamente justificar a completa vedação do direito de visitas de um genitor ou de um avô; uma resistência sem fortes razões que tenham como fundo os superiores interesses da criança podem indicar "alienação parental" e vir a justificar, inclusive, a mudança de guarda do menor. Sendo assim, esclareça todos os fatos e possibilidades com o réu. De outro lado, se o que o autor pretende é regulamentar o direito de visitas sob o argumento de que o réu está abusando do seu direito ou mesmo se omitindo na obrigação de visitar os filhos, a resposta deve ser no sentido de negar as acusações, apresentando-se proposta de regulamentação que respeite os interesses e limitações do réu.

9.31 CONTESTAÇÃO DE "AÇÃO DE REINTEGRAÇÃO DE POSSE"

Quando o possuidor perde a posse de um bem (móvel ou imóvel) em razão de ação ilícita de terceiro, pode valer-se da "ação de reintegração de posse", a fim de que seja reintegrado na posse do bem. Registre-se, no entanto, que esta ação só tem cabimento quando há efetivo esbulho (perda) da posse, vez que se a posse está sendo tão somente turbada, isto é, atrapalhada, abalada, a ação competente será a de "manutenção de posse" ou de "interdito proibitório", caso a posse esteja apenas sob ameaça de turbação ou esbulho. De qualquer forma, a lei processual civil assevera expressamente que a propositura de uma ação possessória por outra não impede que o juiz conheça do pedido.

O direito de defender a posse em face de terceiro que a tenha esbulhado encontra amparo no *caput*, do art. 1.210, do Código Civil; já as ações possessórias encontram disciplina nos arts. 554 a 568 do Código de Processo Civil.

O procedimento especial previsto para esta ação nos arts. 560 a 566 do Código de Processo Civil só se aplica para aquelas situações em que a ação buscando a proteção possessória é ajuizada dentro de ano e dia da turbação ou do esbulho (art. 558, CPC); nas demais hipóteses deve-se aplicar o "procedimento comum" (arts. 318 a 512, CPC). O foro competente é o da localização do imóvel (art. 47, CPC). O valor da causa deve ser equivalente ao do bem objeto do litígio. Tratando-se de bem imóvel, pode-se utilizar a estimativa oficial para lançamento do imposto (IPTU), ordinariamente denominado "valor venal". Havendo cumulação de pedidos (*v.g.*, reintegração de posse e condenação em perdas e danos), deve-se atentar para a regra do art. 292, VI, CPC.

Com a petição inicial, o autor deve juntar os seguintes documentos: documentos pessoais; estatuto ou contrato social, no caso de o interessado ser pessoa jurídica (assim como ata da assembleia que legitima o representante que passa a procuração, quando for o caso); certidão de propriedade e/ou contrato de compra e venda; carnê do IPTU atual; boletim de ocorrência, quando for aplicável; documentos que demonstrem a posse efetiva do bem.

O prazo para o oferecimento da contestação é de 15 (quinze) dias úteis[52] (arts. 219 e 564, CPC), sendo que a estrutura básica da petição é a seguinte: endereçamento; qualificação; resumo dos fatos; preliminares; mérito; pedidos.

Depois de verificar com cuidado os autos do processo, com escopo de certificar-se sobre a existência ou não de alguma preliminar (art. 337, CPC), o advogado deve conferir com seu cliente a veracidade dos documentos juntados pelo autor à sua exordial. Lembrando que cabe ao réu suscitar, em preliminar na contestação, eventual falsidade dos documentos juntados pela outra parte (arts. 430 a 433, CPC). O prazo é de natureza preclusiva, ou seja, não arguida a falsidade em tempo próprio, nem impugnada de qualquer forma a autenticidade dos documentos juntados pelo autor na exordial, presume-se que o réu os aceitou como verdadeiros.

Além das preliminares formais, o advogado deve verificar com cuidado se o autor demonstrou na sua exordial os pressupostos específicos da ação, conforme previstos no art. 561 do CPC.

Considerando que cabe ao autor provar as suas alegações (art. 373, I, CPC), o réu, no mérito, pode se limitar a negar tenha esbulhado a posse do autor. O advogado deve redigir com cuidado a negativa, visto que se apresentar versão modificando os acontecimentos, o ônus da prova passa a ser do réu (art. 373, II, CPC). Considerando a natureza dúplice das ações possessórias, percebendo o réu que a iniciativa do autor representa também uma ameaça à sua posse, pode, além de se defender, requerer proteção possessória em face dele (art. 556, CPC).

No caso de o réu realmente estar com a posse do bem do autor, o advogado deve verificar em que circunstâncias ele adquiriu esta posse, com escopo de verificar o que pode ser feito; tratando-se de propriedade privada e sendo a posse antiga, deve considerar com cuidado a ocorrência, ou não, da prescrição aquisitiva (usucapião).

9.32 CONTESTAÇÃO DE "AÇÃO DE REINTEGRAÇÃO DE POSSE EM COMODATO"

Como é sabido, comodato é uma espécie de contrato pelo qual alguém (comodante) empresta gratuitamente um bem para outrem (comodatário), que fica obrigado, durante o tempo em que mantiver sua posse, a cuidar da coisa como se sua fosse, devendo devolvê-la no tempo aprazado ou tão logo requerido pelo proprietário. Recusando-se o comodatário a devolver o bem emprestado no termo acordado ou após regular pedido do

---

[52] Para descobrir quando começa e quando termina o prazo para oferecimento da sua contestação, leia com atenção os arts. 219, 224, 231 e 335 do Código de Processo Civil.

proprietário, fica caracterizado o esbulho possessório, o que dá ensejo ao ajuizamento de ação de reintegração de posse, com pedido liminar. Embora não seja legalmente exigível, é conveniente notificar[53] expressamente o comodatário quanto à devolução do bem, com escopo de perfeitamente caracterizar-se sua mora e, por consequência lógica, o esbulho.

O contrato de comodato encontra-se disciplinado nos arts. 579 a 585 do Código Civil; o direito de defender a posse que tenha sido esbulhada encontra amparo no *caput*, do art. 1.210, do Código Civil; já as ações possessórias encontram disciplina nos arts. 554 a 568 do Código de Processo Civil. O procedimento especial previsto nos arts. 560 a 566 do Código de Processo Civil só se aplica para aquelas situações em que a ação buscando a proteção possessória é ajuizada dentro de ano e dia da turbação ou do esbulho (art. 558, CPC), como costuma ser o caso das ações de reintegração de posse em comodato. Não havendo foro de eleição e sendo o objeto da ação bem móvel, a ação deve ser ajuizada no domicílio do réu (art. 46, CPC); contudo, sendo o objeto da ação bem imóvel, o foro competente será o do local onde este se encontra (art. 47, CPC). O valor da causa deve ser equivalente ao do bem objeto em litígio. Tratando-se de bem imóvel, pode-se utilizar a estimativa oficial para lançamento do imposto predial (IPTU), ordinariamente denominado "valor venal". Havendo cumulação de pedidos (*v.g.*, reintegração de posse e condenação em perdas e danos), deve-se atentar para a regra do art. 292, VI, do CPC.

Com a petição inicial, o autor deve juntar os seguintes documentos: documentos pessoais; estatuto ou contrato social, no caso de o interessado ser pessoa jurídica (assim como ata da assembleia que legitima o representante que passa a procuração, quando for o caso); certidão de propriedade e/ou contrato de compra e venda; carnê do IPTU atual; boletim de ocorrência, quando for aplicável; contrato de comodato; comprovante de notificação do comodatário.

O prazo para o oferecimento da contestação é de 15 (quinze) dias úteis[54] (arts. 219 e 564, CPC), sendo que a estrutura básica da petição é a seguinte: endereçamento; qualificação; resumo dos fatos; preliminares; mérito; pedidos.

Depois de verificar com cuidado os autos do processo, com escopo de certificar-se sobre a existência ou não de alguma preliminar (art. 337, CPC), o advogado deve conferir com seu cliente a veracidade dos documentos juntados pelo autor à sua exordial. Lembrando que cabe ao réu suscitar, em preliminar na contestação, eventual falsidade dos documentos juntados pela outra parte (arts. 430 a 433, CPC). O prazo é de natureza preclusiva, ou seja, não arguida a falsidade em tempo próprio, nem impugnada de qualquer forma a autenticidade dos documentos juntados pelo autor na exordial, presume-se que o réu os aceitou como verdadeiros.

O rumo das alegações quanto ao mérito do pedido do autor vai depender, é claro, do que o réu contar ao seu advogado sobre os fatos; se ele reconhecer ser o autor proprietário do bem, assim como a existência do contrato de comodato entre as partes, a

---

[53] A notificação pode ser judicial ou extrajudicial.

[54] Para descobrir quando começa e quando termina o prazo para oferecimento da sua contestação, leia com atenção os arts. 219, 224, 231 e 335 do Código de Processo Civil.

atuação do advogado deve ser no sentido de acordar a devolução do bem com o menor prejuízo possível para o cliente. Agora se o réu não reconhece a propriedade do autor sobre o bem ou se nega a existência de contrato de comodato, o advogado deve redigir com cuidado a negativa, visto que se apresentar versão modificando os acontecimentos, o ônus da prova passa a ser do réu (art. 373, II, CPC). Considerando a natureza dúplice das ações possessórias, percebendo o réu que a iniciativa do autor representa também uma ameaça à sua posse, pode, além de se defender, requerer proteção possessória em face dele (art. 556, CPC).

9.33 CONTESTAÇÃO DE "AÇÃO DE RESCISÃO CONTRATUAL"

A ação de rescisão contratual permite a extinção anormal de um contrato previamente ajustado. Tem cabimento, portanto, naquelas situações em que um dos contratantes não está cumprindo suas obrigações na forma e tempo determinados ou esteja o contrato maculado por algum vício. De regra, amparam o pedido de rescisão contratual: a inadimplência ou mora de uma das partes; vício do produto, objeto ou forma do contrato; superveniência de fato inesperado que altere drasticamente as condições em que foi firmado o contrato, cláusula *rebus sic stantibus*. A ação de rescisão de contrato costuma ser cumulada com pedido de indenização por perdas e danos e ou reintegração de posse.

A extinção anormal do contrato por meio da ação rescisória encontra fundamento no art. 475 do Código Civil; tratando-se, no entanto, de relação de consumo, o interessado encontrará arrimo, entre outros, nos arts. 6º, V, 18, § 1º, II, 20, II e 49 da Lei nº 8.078/90-CDC. Nesses casos, deve o interessado, ainda, estar atento aos prazos decadenciais e prescricionais estabelecidos nos arts. 26 e 27 do citado diploma legal.

Na falta de previsão de um procedimento especial, a ação de rescisão contratual deve seguir o "procedimento comum" (arts. 318 a 512, CPC). Normalmente, os contratantes elegem, no próprio contrato, o foro onde devem ser propostas ações para dirimir eventuais conflitos. Na falta da previsão de um foro específico, vale a regra geral dos arts. 46 e 47 do CPC, isto é, o foro do domicílio do réu ou, caso o contrato trate de bens imóveis, o foro da situação da coisa. O Código de Defesa do Consumidor permite que o autor ajuíze ação no foro de seu domicílio (art. 101, I), sendo assim, tendo a ação amparo no CDC, o contratante pode optar por propor ação em seu domicílio ou no domicílio do réu. Em qualquer dos casos, é importante observar que se trata de competência relativa, não podendo o juiz decliná-la de ofício.[55] Segundo norma do art. 292, II, do CPC, na ação de rescisão contratual o valor da causa deverá corresponder ao valor do contrato ou da parte controvertida.

Com a petição inicial, o autor deve juntar os seguintes documentos: documentos pessoais; estatuto ou contrato social, no caso de o interessado ser pessoa jurídica (assim como ata da assembleia que legitima o representante que passa a procuração, quando for o caso); contrato a ser rescindido; comprovante de notificação da outra parte, quando

---

[55] Súmula 33, STJ: "A incompetência relativa não pode ser declarada de ofício".

exigível; laudo técnico, quando o pedido fundar-se em vício do produto; outros documentos relacionados ao caso, tais como recibos, mensagens, declarações, fotos; boletim de ocorrência, quando for aplicável.

O prazo para o oferecimento da contestação é de 15 (quinze) dias úteis[56] (arts. 219 e 335, CPC), sendo que a estrutura básica da petição é a seguinte: endereçamento; qualificação; resumo dos fatos; preliminares; mérito; reconvenção, quando for do interesse do réu[57]; pedidos.

Depois de verificar com cuidado os autos do processo, com escopo de certificar-se sobre a existência ou não de alguma preliminar (art. 337, CPC), o advogado deve conferir com seu cliente a veracidade dos documentos juntados pelo autor à sua exordial. Lembrando que cabe ao réu suscitar, em preliminar na contestação, eventual falsidade dos documentos juntados pela outra parte (arts. 430 a 433, CPC). O prazo é de natureza preclusiva, ou seja, não arguida a falsidade em tempo próprio, nem impugnada de qualquer forma a autenticidade dos documentos juntados pelo autor na exordial, presume-se que o réu os aceitou como verdadeiros.

Considerando que cabe ao autor provar as suas alegações (art. 373, I, CPC), o réu, no mérito, pode se limitar a negar os fatos apresentados como fundamento para a rescisão do contrato firmado entre as partes. O advogado deve redigir com cuidado a negativa, visto que se apresentar versão modificando os acontecimentos, o ônus da prova passa a ser do réu (art. 373, II, CPC).

9.34 CONTESTAÇÃO DE "AÇÃO DE USUCAPIÃO ESPECIAL URBANO"

A ação de usucapião especial urbana tem como escopo regularizar a aquisição da propriedade de imóvel situado em área urbana, com metragem igual ou inferior a 250 m^2, cuja aquisição se deu pela ocorrência da prescrição aquisitiva, fruto da posse mansa, pacífica e ininterrupta pelo prazo mínimo de 5 (cinco) anos. Seus requisitos objetivos são: *animus domini* (desejo de ser dono); que o imóvel esteja localizado em área urbana; que sua metragem não ultrapasse 250 m^2; que a posse do autor seja igual ou superior a 5 (cinco) anos; que o autor resida no imóvel; que o autor não seja proprietário de outro imóvel urbano ou rural. Não se deve olvidar, outrossim, que se trata de ação real imobiliária, em que o autor casado deve ser acompanhado de seu cônjuge ou apresentar autorização deste para o ajuizamento da ação. Esta autorização, conhecida como marital ou uxória, pode ser dada por instrumento público ou particular. Da mesma forma, registre-se que é obrigatória a citação de ambos os cônjuges quando o réu for casado, formando-se litisconsórcio necessário. Mesmo com a revogação dos arts. 941 a 945 do CPC de 1973, continua sendo necessário apresentar planta e memorial descritivo do imóvel usucapiendo, visto que tais documentos são imprescindíveis para a correta individualização do bem, assim como para viabilizar o registro da propriedade no competente cartório de imóveis.

---

[56] Para descobrir quando começa e quando termina o prazo para oferecimento da sua contestação, leia com atenção os arts. 219, 224, 231 e 335 do Código de Processo Civil.

[57] Quanto à reconvenção, consulte os requisitos específicos no art. 343 do Código de Processo Civil.

O direito de usucapir imóvel urbano com metragem igual ou inferior a 250 m² encontra fundamento no art. 183[58] da Constituição Federal e no art. 1.240 do Código Civil.

Na falta de um procedimento especial, esta ação se sujeita ao "procedimento comum" (arts. 318 a 512, CPC), devendo ser ajuizada no foro em que está localizado o imóvel, consoante art. 47 do CPC. O valor da causa é o valor do bem usucapiendo, sendo costume usar-se o valor constante no carnê do imposto (IPTU),[59] ordinariamente denominado "valor venal".

Com a petição inicial, o autor deve juntar uma lista grande de documentos, entre eles: documentos pessoais; contrato e/ou compromisso de compra e venda, quando houver; carnê de IPTU atual e de anos anteriores (desde a posse); certidão de propriedade atual do imóvel usucapiendo; certidão negativa de propriedade (com escopo de provar que não é dono de outro imóvel); certidão do cartório distribuidor quanto a existência de ações possessórias; planta e memorial descritivo; relação de confinantes.

O prazo para o oferecimento da contestação é de 15 (quinze) dias úteis[60] (arts. 219 e 335, CPC), sendo que a estrutura básica da petição é a seguinte: endereçamento; qualificação; resumo dos fatos; preliminares; mérito; reconvenção, quando for do interesse do réu[61]; pedidos.

Ao tomar conhecimento do processo, o advogado deve analisar com cuidado se estão presentes, ou não, os muitos requisitos específicos deste tipo de ação, conforme expostos nos parágrafos anteriores. Lembrando que a falta de documentos essenciais e/ou de requisito específico pode levar, conforme o caso, ao indeferimento da petição inicial e consequente extinção por ausência de pressupostos de constituição e de desenvolvimento válido do processo, ou mesmo por falta de interesse processual (arts. 330 e 485, IV, VI, CPC).

Além dessas questões particulares, o advogado deve verificar a existência ou não de alguma das questões preliminares apontadas no art. 337 do Código de Processo Civil. Em seguida, o advogado deve conferir com seu cliente a veracidade dos documentos juntados pelo autor à sua exordial. Lembrando que cabe ao réu suscitar, em preliminar na contestação, eventual falsidade dos documentos juntados pela outra parte (arts. 430 a 433, CPC). O prazo é de natureza preclusiva, ou seja, não arguida a falsidade em tempo próprio, nem impugnada de qualquer forma a autenticidade dos documentos juntados pelo autor na exordial, presume-se que o réu os aceitou como verdadeiros.

---

[58] "Aquele que possuir como sua área urbana de até duzentos e cinquenta metros quadrados, por cinco anos, ininterruptamente e sem oposição, utilizando-a para sua moradia ou de sua família, adquirir-lhe-á o domínio, desde que não seja proprietário de outro imóvel urbano ou rural."

[59] "À falta de disposição expressa, é razoável entender-se que o valor da causa em ação de usucapião é do valor venal do imóvel, conforme consta do respectivo lançamento fiscal" (TJSP – 1ª Câm., AI nº 101.794-1 Jacareí, Rel. Des. Luís de Macedo, j. 11-10-88, v. u., Bol. AASP 1.602/210).

[60] Para descobrir quando começa e quando termina o prazo para oferecimento da sua contestação, leia com atenção os arts. 219, 224, 231 e 335 do Código de Processo Civil.

[61] Quanto à reconvenção, consulte os requisitos específicos no art. 343 do Código de Processo Civil.

A defesa de mérito depende, é claro, do interesse do réu na causa e das circunstâncias que envolvem o processo. No caso, por exemplo, de que o réu seja apenas um dos confinantes, a defesa de mérito deve apenas garantir que os limites da propriedade do contestante sejam respeitados; já no caso do réu ser o proprietário do bem objeto do usucapião, ou seja, aquele que está na eminência de perder a propriedade do bem, a única possibilidade de defesa é negar que tenha ocorrido a prescrição aquisitiva, seja porque houve resistência do réu à posse do autor, seja porque a referida posse tinha outra natureza (*v.g.*: detenção, locação, comodato).

9.35 CONTESTAÇÃO DE "AÇÃO DE USUCAPIÃO EXTRAORDINÁRIO"

A ação de usucapião extraordinária tem como finalidade possibilitar a regularização do registro imobiliário de imóvel, urbano ou rural, cuja aquisição se deu pela ocorrência da prescrição aquisitiva, fruto da posse mansa, pacífica e ininterrupta pelo prazo de 15 (quinze) anos; prazo que pode ser reduzido para 10 (dez) anos se o possuidor houver estabelecido no imóvel a sua moradia habitual, ou nele realizado obras ou serviços de caráter produtivo (art. 1.238, parágrafo único, CC). Seus requisitos objetivos são: *animus domini* (desejo de ser dono); posse mansa e pacífica pelo prazo de dez ou quinze anos, conforme o caso. Não se deve olvidar, outrossim, que se trata de ação real imobiliária, na qual o autor casado deve ser acompanhado de seu cônjuge ou apresentar autorização deste para o ajuizamento da ação. Esta autorização, conhecida como marital ou uxória, pode ser dada por instrumento público ou particular. Da mesma forma, registre-se que é obrigatória a citação de ambos os cônjuges quando o réu for casado, formando-se litisconsórcio necessário. Mesmo com a revogação dos arts. 941 a 945 do CPC de 1973, continua sendo necessário apresentar planta e memorial descritivo do imóvel usucapiendo, visto que tais documentos são imprescindíveis para a correta individualização do bem, assim como para viabilizar o registro da propriedade no competente cartório de imóveis.

A usucapião, como forma de aquisição da propriedade imóvel, encontra-se disciplinada nos arts. 1.238 a 1.244 do Código Civil, sendo que o art. 1.238 trata especificamente da "usucapião extraordinária".

Na falta de um procedimento especial, esta ação se sujeita ao "procedimento comum" (arts. 318 a 512, CPC), devendo ser ajuizada no foro onde está localizado o imóvel, consoante art. 47 do CPC. O valor da causa é o valor do bem usucapiendo, sendo costume usar-se o valor constante no carnê do imposto (IPTU),[62] ordinariamente denominado "valor venal".

Com a petição inicial, o autor deve juntar uma lista grande de documentos, entre eles: documentos pessoais; contrato e/ou compromisso de compra e venda, quando houver; carnê de IPTU atual e de anos anteriores (desde a posse); certidão de propriedade atual

---

[62] "À falta de disposição expressa, é razoável entender-se que o valor da causa em ação de usucapião é do valor venal do imóvel, conforme consta do respectivo lançamento fiscal" (TJSP – 1ª Câm., Al nº 101.794-1 Jacareí, Rel. Des. Luís de Macedo, j. 11-10-88, *v. u.*, Bol. AASP 1.602/210).

do imóvel usucapiendo; certidão do cartório distribuidor quanto a existência de ações possessórias; planta e memorial descritivo; relação de confinantes.

O prazo para o oferecimento da contestação é de 15 (quinze) dias úteis[63] (arts. 219 e 335, CPC), sendo que a estrutura básica da petição é a seguinte: endereçamento; qualificação; resumo dos fatos; preliminares; mérito; reconvenção, quando for do interesse do réu[64]; pedidos.

Ao tomar conhecimento do processo, o advogado deve analisar com cuidado se estão presentes, ou não, os muitos requisitos específicos deste tipo de ação, conforme expostos nos parágrafos anteriores. Lembrando que a falta de documentos essenciais e/ou de requisito específico pode levar, conforme o caso, ao indeferimento da petição inicial e consequente extinção por ausência de pressupostos de constituição e de desenvolvimento válido do processo, ou mesmo por falta de interesse processual (arts. 330 e 485, IV, VI, CPC).

Além dessas questões particulares, o advogado deve verificar a existência ou não de alguma das questões preliminares apontadas no art. 337 do Código de Processo Civil. Em seguida, o advogado deve conferir com seu cliente a veracidade dos documentos juntados pelo autor à sua exordial. Lembrando que cabe ao réu suscitar, em preliminar na contestação, eventual falsidade dos documentos juntados pela outra parte (arts. 430 a 433, CPC). O prazo é de natureza preclusiva, ou seja, não arguida a falsidade em tempo próprio, nem impugnada de qualquer forma a autenticidade dos documentos juntados pelo autor na exordial, presume-se que o réu os aceitou como verdadeiros.

A defesa de mérito depende, é claro, do interesse do réu na causa e das circunstâncias que envolvem o processo. No caso, por exemplo, de que o réu seja apenas um dos confinantes, a defesa de mérito deve apenas garantir que os limites da propriedade do contestante sejam respeitados; já no caso de o réu ser o proprietário do bem objeto da usucapião, ou seja, aquele que está na eminência de perder a propriedade do bem, a única possibilidade de defesa é negar que tenha ocorrido a prescrição aquisitiva, seja porque houve resistência do réu à posse do autor, seja porque a referida posse tinha outra natureza (*v.g.*: detenção, locação, comodato).

9.36 CONTESTAÇÃO DE "AÇÃO DE USUCAPIÃO ORDINÁRIO"

Esta ação tem como escopo regularizar a aquisição da propriedade imóvel por aquele que, com justo título e boa-fé, mantém a posse mansa, pacífica e ininterrupta de um imóvel pelo prazo de 10 (dez) anos, sendo que esse prazo pode ser reduzido para 5 (cinco) anos, se o bem houver sido adquirido, onerosamente, com base no registro constante do respectivo cartório, cancelada posteriormente, desde que os possuidores nele tenham estabelecido a sua moradia, ou realizado investimentos de interesse social

---

[63] Para descobrir quando começa e quando termina o prazo para oferecimento da sua contestação, leia com atenção os arts. 219, 224, 231 e 335 do Código de Processo Civil.

[64] Quanto à reconvenção, consulte os requisitos específicos no art. 343 do Código de Processo Civil.

e econômico. Além do prazo prescricional menor, o que diferencia a usucapião ordinária da extraordinária é a exigência de justo título e boa-fé. Justo título é o documento apto para transferir a propriedade (v.g., escritura pública e formal de partilha), que, no entanto, não a transfere, em razão da existência de algum vício ou irregularidade, não passível de saneamento. Boa-fé, por sua vez, é a ignorância do vício; ou seja, está de boa-fé o possuidor que, ao adquirir o bem, acreditava na legitimidade de seu título. A posse perde o caráter de boa-fé desde o momento em que as circunstâncias façam presumir que o possuidor não mais ignora que possui a coisa indevidamente (art. 1.202, CC). Não se deve olvidar, outrossim, que se trata de ação real imobiliária, onde o autor casado deve ser acompanhado de seu cônjuge ou apresentar autorização deste para o ajuizamento da ação. Esta autorização, conhecida como marital ou uxória, pode ser dada por instrumento público ou particular. Da mesma forma, registre-se que é obrigatória a citação de ambos os cônjuges quando o réu for casado, formando-se litisconsórcio necessário. Mesmo com a revogação dos arts. 941 a 945 do CPC de 1973, continua sendo necessário apresentar planta e memorial descritivo do imóvel usucapiendo, visto que tais documentos são imprescindíveis para a correta individualização do bem, assim como para viabilizar o registro da propriedade no competente cartório de imóveis.

A usucapião, enquanto forma de aquisição da propriedade imóvel, encontra-se disciplinado nos arts. 1.238 a 1.244 do Código Civil, sendo que o art. 1.242 trata especificamente da "usucapião ordinária".

Na falta de um procedimento especial, esta ação se sujeita ao "procedimento comum" (arts. 318 a 512, CPC), devendo ser ajuizada no foro onde está localizado o imóvel, consoante art. 47 do CPC. O valor da causa é o valor do bem usucapiendo, sendo costume usar-se o valor constante no carnê do imposto (IPTU),[65] ordinariamente denominado "valor venal".

Com a petição inicial, o autor deve juntar uma lista grande de documentos, entre eles: documentos pessoais; justo título, ou seja, escritura de compra e venda e/ou formal de partilha; carnê de IPTU atual e de anos anteriores (desde a posse); certidão de propriedade atual do imóvel usucapiendo; certidão do cartório distribuidor quanto a existência de ações possessórias; planta e memorial descritivo; relação de confinantes.

O prazo para o oferecimento da contestação é de 15 (quinze) dias úteis[66] (arts. 219 e 335, CPC), sendo que a estrutura básica da petição é a seguinte: endereçamento; qualificação; resumo dos fatos; preliminares; mérito; reconvenção, quando for do interesse do réu[67]; pedidos.

Ao tomar conhecimento do processo, o advogado deve analisar com cuidado se estão presentes, ou não, os muitos requisitos específicos desse tipo de ação, conforme expostos nos parágrafos anteriores. Lembrando que a falta de documentos essenciais

---

[65] "À falta de disposição expressa, é razoável entender-se que o valor da causa em ação de usucapião é do valor venal do imóvel, conforme consta do respectivo lançamento fiscal" (TJSP – 1ª Câm., Al nº 101.794-1 Jacareí, Rel. Des. Luís de Macedo, j. 11-10-88, v. u., Bol. AASP 1.602/210).

[66] Para descobrir quando começa e quando termina o prazo para oferecimento da sua contestação, leia com atenção os arts. 219, 224, 231 e 335 do Código de Processo Civil.

[67] Quanto à reconvenção, consulte os requisitos específicos no art. 343 do Código de Processo Civil.

e/ou de requisito específico pode levar, conforme o caso, ao indeferimento da petição inicial e consequente extinção por ausência de pressupostos de constituição e de desenvolvimento válido do processo, ou mesmo por falta de interesse processual (arts. 330 e 485, IV, VI, CPC).

Além dessas questões particulares, o advogado deve verificar a existência ou não de alguma das questões preliminares apontadas no art. 337 do Código de Processo Civil. Em seguida, o advogado deve conferir com seu cliente a veracidade dos documentos juntados pelo autor à sua exordial. Lembrando que cabe ao réu suscitar, em preliminar na contestação, eventual falsidade dos documentos juntados pela outra parte (arts. 430 a 433, CPC). O prazo é de natureza preclusiva, ou seja, não arguida a falsidade em tempo próprio, nem impugnada de qualquer forma a autenticidade dos documentos juntados pelo autor na exordial, presume-se que o réu os aceitou como verdadeiros.

A defesa de mérito depende, é claro, do interesse do réu na causa e das circunstâncias que envolvem o processo. No caso, por exemplo, de que o réu seja apenas um dos confinantes, a defesa de mérito deve apenas garantir que os limites da propriedade do contestante sejam respeitados; já no caso de o réu ser o proprietário do bem objeto da usucapião, ou seja, aquele que está na eminência de perder a propriedade do bem, pode negar que tenha ocorrido a prescrição aquisitiva, seja porque houve resistência do réu à posse do autor, seja porque a referida posse tinha outra natureza (*v.g.*: detenção, locação, comodato). Considerando que o pressuposto formal desta ação é "justo título", o réu deve ainda argumentar sobre o tema da sua "invalidade"; ou seja, as razões pelas quais nega efeito ao referido título.

9.37 CONTESTAÇÃO DE "AÇÃO DECLARATÓRIA DE NULIDADE DE NEGÓCIO JURÍDICO"

Informa o Código Civil no seu art. 104 que a validade de qualquer negócio jurídico demanda: (I) agente capaz; (II) objetivo lícito, possível, determinado ou determinável; (III) forma prescrita ou não defesa em lei. Nos capítulos intitulados "dos defeitos do negócio jurídico", arts. 138 a 165, e 'da invalidade do negócio jurídico, arts. 166 a 184, todos também do CC, indicam-se as hipóteses que possibilitam a anulação ou mesmo a nulidade de eventual negócio jurídico. Sendo assim, desejando alguém, pessoa física ou jurídica, seja judicialmente declarada ou reconhecida a nulidade de um negócio jurídico, pode fazer uso da "ação declaratória de nulidade de negócio jurídico". Na petição inicial, o autor deve declarar a razão pela qual entende ser o negócio anulável ou nulo.

Na falta de um procedimento especial, a ação segue o rito comum (arts. 318 a 512, CPC). Não havendo foro de eleição, a ação deve ser ajuizada no foro do domicílio do réu (art. 46, CPC); não se deve olvidar, ademais, que em se tratando de relação de consumo, o autor pode ajuizar a ação no foro de seu domicílio (art. 101, I, CDC). O valor da causa deve expressar o valor do contrato ou do ato que se deseja anular.

Com a petição inicial, o autor deve juntar os seguintes documentos: documentos pessoais; estatuto ou contrato social, no caso de o interessado ser pessoa jurídica (assim como ata da assembleia que legitima o representante que passa a procuração, quando for o caso); todos os documentos que envolvem o negócio ou a cláusula a ser discutida (por exemplo: contrato, recibos, extratos, fotos, mensagens, registros, boletos, duplicadas, atas, notificações etc.); laudo técnico, quando for da natureza do caso.

O prazo para o oferecimento da contestação é de 15 (quinze) dias úteis[68] (arts. 219 e 335, CPC), sendo que a estrutura básica da petição é a seguinte: endereçamento; qualificação; resumo dos fatos; preliminares; mérito; reconvenção, quando for do interesse do réu[69]; pedidos.

Ao tomar conhecimento do processo, o advogado deve inicialmente verificar se o feito encontra-se regular (art. 337, CPC), por exemplo: a ação foi ajuizada no foro competente? o autor qualificou corretamente as partes (art. 319, CPC)? o autor está regularmente representado nos autos? o autor juntou todos os documentos envolvendo o negócio jurídico? o autor juntou as mensagens trocadas entre as partes? Veja, o não atendimento de algum desses requisitos pode dar margem ao indeferimento da ação por inépcia (art. 330, CPC), ou mesmo a sua extinção por carência de ação (falta de interesse processual). Lembro, ademais, que cabe ao réu suscitar, em preliminar na contestação, eventual falsidade dos documentos juntados pela outra parte (arts. 430 a 433, CPC). O prazo é de natureza preclusiva, ou seja, não arguida a falsidade em tempo próprio, nem impugnada de qualquer forma a autenticidade do documento juntado pelo autor na exordial, presume-se que o réu aceitou o documento como verdadeiro.

Antes de adentrar no mérito, o advogado precisa discutir com seu cliente a procedência ou não do vício apontado; verificando se tal vício realmente compromete a essência do negócio firmado entre as partes ou se é possível fazer ajustes que mantenham o contrato. No mérito, além de simplesmente negar os fatos informados pelo autor, o réu pode argumentar e juntar documentos que demonstram como as coisas realmente ocorreram, concertando a narrativa parcial e tendenciosa do requerente.

Por fim, não se pode olvidar que o réu ainda pode reconvir; seja para requerer o cumprimento da obrigação, que nesta altura pode estar em mora, a rescisão do contrato ou até mesmo eventual reparação por danos materiais e/ou morais.

9.38 CONTESTAÇÃO DE "AÇÃO ESTIMATÓRIA"

Evidenciado o vício redibitório,[70] o adquirente pode, à sua livre escolha, rejeitar a coisa, rescindindo o contrato e recobrando o preço pago mais despesas contratuais, fazendo uso, para tanto, da "ação redibitória", ou pode, ao contrário, decidir ficar com o bem, requerendo apenas um abatimento no preço, devendo fazer uso, nesse caso, da "ação estimatória ou *quanti minoris*".

---

[68] Para descobrir quando começa e quando termina o prazo para oferecimento da sua contestação, leia com atenção os arts. 219, 224, 231 e 335 do Código de Processo Civil.

[69] Quanto à reconvenção, consulte os requisitos específicos no art. 343 do Código de Processo Civil.

[70] Os vícios redibitórios "podem ser definidos como defeitos ocultos da coisa, que a tornam imprópria ao fim a que se destina, ou lhe diminuem o valor, de tal forma que o contrato não se teria realizado se esses defeitos fossem conhecidos" (MONTEIRO, Washington de Barros. *Curso de direito civil*. 31. ed. São Paulo: Saraiva, 1999. v. 5, p. 53).

Os vícios redibitórios encontram-se disciplinados nos arts. 441 a 446 do Código Civil, sendo que a ação estimatória submete-se ao procedimento comum (arts. 318 a 512, CPC). Não havendo foro de eleição, a *ação estimatória* deve ser ajuizada no foro do domicílio do réu (art. 46, CPC); não se deve olvidar, ademais, que, em se tratando de relação de consumo, o autor pode ajuizar a ação no foro de seu domicílio (art. 101, I, CDC). O valor da causa deve ser o valor do abatimento, desconto, buscado pelo autor. Em outras palavras, envolvendo apenas um aspecto do contrato, o valor da causa deve restringir-se à controvérsia.[71] Veja, não deixe de conferir o valor da causa, visto que ele é a base para a fixação de eventual sucumbência.

Com a petição inicial, o autor deve juntar os seguintes documentos: documentos pessoais; estatuto ou contrato social, no caso de o interessado ser pessoa jurídica (assim como ata da assembleia que legitima o representante que passa a procuração, quando for o caso); nota fiscal, recibo e/ou contrato de compra e venda do bem objeto da ação; perícia ou laudo que indique o defeito do bem e sua extensão; orçamentos que indiquem o quanto será necessário gastar para consertar o bem, quando for o caso.

O prazo para o oferecimento da contestação é de 15 (quinze) dias úteis[72] (arts. 219 e 335, CPC), sendo que a estrutura básica da petição é a seguinte: endereçamento; qualificação; resumo dos fatos; preliminares; mérito; reconvenção, quando for do interesse do réu[73]; pedidos.

Ao iniciar a análise dos autos para verificar a presença ou não de preliminares (art. 337, CPC), o colega advogado deve olhar com atenção os prazos decadenciais para este tipo de pedido (art. 445, CC), que pode levar à extinção do feito no mérito (art. 487, II, CPC); deve ainda olhar com cuidado laudos e documentos juntados aos autos, debatendo com seu cliente sobre a sua veracidade e correção. Lembro que cabe ao réu suscitar, em preliminar na contestação, eventual falsidade dos documentos juntados pela outra parte (arts. 430 a 433, CPC). O prazo é de natureza preclusiva, ou seja, não arguida a falsidade em tempo próprio, nem impugnada de qualquer forma a autenticidade do documento juntado pelo autor na exordial, presume-se que o réu aceitou o documento como verdadeiro.

No mérito, além de negar a existência do vício, o réu ainda pode argumentar que este não existia quando da ocorrência do negócio; ou seja, se há vício no momento, é certo que não havia quando do fechamento do contrato. Se o negócio envolvia bem usado, não se pode deixar de observar que eventuais problemas encontrados pelo autor são compatíveis com o tempo de uso do bem. Por fim, o advogado não deve olvidar de discutir o valor do abatimento pretendido pelo autor.

---

[71] "É pacífica a jurisprudência da Corte ao considerar que o valor da causa deve ser proporcional à cláusula contratual envolvida na controvérsia, e não de todo o contrato" (STJ, REsp 196.670-PB, *DJ* 13-9-99, p. 64, Rel. Min. Carlos Alberto Menezes, 3ª T., *v. u.*).

[72] Para descobrir quando começa e quando termina o prazo para oferecimento da sua contestação, leia com atenção os arts. 219, 224, 231 e 335 do Código de Processo Civil.

[73] Quanto à reconvenção, consulte os requisitos específicos no art. 343 do Código de Processo Civil.

9.39 CONTESTAÇÃO DE "AÇÃO NEGATÓRIA DE PATERNIDADE"

Quando o homem descobre que foi enganado quanto a sua paternidade em relação a um filho, que, de fato, não é seu, pode ajuizar "ação negatória de paternidade", a fim de que seja judicialmente declarada a nulidade do reconhecimento voluntário feito por erro. No caso de o autor estar obrigado a pagar pensão alimentícia ao suposto filho, deve cumular a ação negatória de paternidade com pedido de exoneração da pensão alimentícia.

O direito de requerer a anulação de reconhecimento de paternidade efetuado por erro encontra arrimo nos arts. 171, II, e 1.601 do Código Civil.

Na falta de um procedimento especial, aplica-se à ação negatória de paternidade o "procedimento comum" (arts. 318 a 512, CPC), sendo competente para conhecer desta ação o foro de domicílio do réu (art. 46, CPC). Quando cumulada com exoneração de pensão alimentícia, o valor da causa deve observar a norma do art. 292, III e VI, do CPC. Entretanto, se a ação não estiver cumulada com exoneração e também não envolver questões patrimoniais, que poderiam servir de parâmetro para a fixação do valor da causa, o autor, ciente da obrigatoriedade da atribuição de um valor à causa (art. 291, CPC), tem autonomia para fazê-lo segundo critérios subjetivos próprios, desde que o valor imputado seja compatível com as circunstâncias gerais do caso.

Com a petição inicial, o autor deve juntar os seguintes documentos: documentos pessoais do autor e do menor, entre eles necessariamente a certidão de nascimento do último; cópia da sentença que fixou ou homologou a guarda do menor, assim como o valor da pensão alimentícia; documentos tendentes a provar os fatos que fundamentam o pedido (*v.g.*: fotos, cartas, bilhetes, mensagens, extratos das redes sociais etc.).

O prazo para o oferecimento da contestação é de 15 (quinze) dias úteis[74] (arts. 219 e 335, CPC), sendo que a estrutura básica da petição é a seguinte: endereçamento; qualificação; resumo dos fatos; preliminares; mérito; pedidos.

Depois de verificar com cuidado os autos do processo, com escopo de certificar-se sobre a existência ou não de alguma preliminar (art. 337, CPC), o advogado deve conferir com seu cliente a veracidade dos documentos juntados pelo autor à sua exordial. Lembrando que cabe ao réu suscitar, em preliminar na contestação, eventual falsidade dos documentos juntados pela outra parte (arts. 430 a 433, CPC). O prazo é de natureza preclusiva, ou seja, não arguida a falsidade em tempo próprio, nem impugnada de qualquer forma a autenticidade dos documentos juntados pelo autor na exordial, presume-se que o réu os aceitou como verdadeiros.

Nesses casos, é comum ser o advogado informado pela representante do menor que o autor sabia que a criança não era o seu filho biológico, que mesmo assim insistiu em registrar a criança como sua, na chamada adoção à brasileira. Embora a questão se confunda com o mérito, formalmente deve ser apresentada como preliminar, visto que o conhecimento prévio do réu sobre o tema o torna carecedor de ação por falta de interesse processual.

---

[74] Para descobrir quando começa e quando termina o prazo para oferecimento da sua contestação, leia com atenção os arts. 219, 224, 231 e 335 do Código de Processo Civil.

No mérito, além de negar os fatos apresentados na exordial, o réu pode defender a tese da "paternidade social"; ou seja, que o autor assumiu publicamente por tanto tempo a paternidade do menor, que efetivamente não faz mais qualquer diferença se ele é ou não biologicamente o pai dele, devendo-se manter o registro, mesmo com exame de DNA negativo, em razão dos imensos prejuízos que sofreria o menor, material e, principalmente, psicologicamente. Efetivamente, não se deve olvidar que o interesse do menor está acima dos interesses egoísticos do autor.

9.40 CONTESTAÇÃO DE "AÇÃO REDIBITÓRIA"

Evidenciado o vício redibitório,[75] o adquirente pode, à sua livre escolha, rejeitar a coisa, rescindindo o contrato e recobrando o preço pago mais despesas contratuais, fazendo uso, para tanto, da "ação redibitória". Se, ao contrário, o adquirente deseja ficar com o bem, requerendo apenas um abatimento no preço, deve fazer uso da ação estimatória. Além de recobrar o preço mais despesas contratuais, o autor ainda pode cobrar eventuais perdas e danos (danos emergentes, lucros cessantes, juros moratórios, honorários advocatícios e outras despesas), desde que prove que o alienante tinha ciência do vício oculto (art. 443, CC).

Os vícios redibitórios encontram-se disciplinados nos arts. 441 a 446 do Código Civil. Tratando-se de relações de consumo, o tema encontra-se normatizado nos arts. 18 a 25 da Lei nº 8.078/90-CDC.

Na falta de um procedimento especial, aplica-se à ação redibitória o "procedimento comum" (arts. 318 a 512, CPC). Não havendo foro de eleição e sendo o objeto da ação bem móvel, o feito deve ser ajuizado no foro do domicílio do réu (art. 46, CPC); contudo, sendo o objeto da ação bem imóvel, o foro competente será o do local onde este se encontra (art. 47, CPC). Ressalte-se, ademais, que em se tratando de relação de consumo (bens móveis), o autor pode ajuizar a ação no foro de seu domicílio (art. 101, I, CDC). Considerando-se, ademais, que a ação redibitória visa à rescisão do contrato de compra e venda, à causa deve ser atribuído o valor do contrato (art. 292, II, CPC). Entretanto, caso o autor esteja cumulando o pedido de rescisão com perdas e danos, deve, também, considerar esse aspecto ao fixar o valor da causa (art. 292, VI, CPC).

Com a petição inicial, o autor deve juntar os seguintes documentos: documentos pessoais; estatuto ou contrato social, no caso de o interessado ser pessoa jurídica (assim como ata da assembleia que legitima o representante que passa a procuração, quando for o caso); título e/ou contato que dá legitimidade a interessado; avaliação, laudo ou perícia que demonstre o defeito oculto do bem; comprovantes de despesas ligadas ao fato; correspondência trocada entre as partes, quando for o caso.

---

[75] Os vícios redibitórios "podem ser definidos como defeitos ocultos da coisa, que a tornam imprópria ao fim a que se destina, ou lhe diminuem o valor, de tal forma que o contrato não se teria realizado se esses defeitos fossem conhecidos" (MONTEIRO, Washington de Barros. *Curso de direito civil.* 31. ed. São Paulo: Saraiva, 1999. v. 5, p. 53).

O prazo para o oferecimento da contestação é de 15 (quinze) dias úteis[76] (arts. 219 e 335, CPC), sendo que a estrutura básica da petição é a seguinte: endereçamento; qualificação; resumo dos fatos; preliminares; mérito; reconvenção, quando for do interesse do réu[77]; pedidos.

Após verificar com cuidado os autos do processo, com escopo de certificar-se sobre a existência ou não de preliminares (art. 337, CPC), o advogado deve conferir com seu cliente a veracidade dos documentos juntados pelo autor à sua exordial. Lembrando que cabe ao réu suscitar, em preliminar na contestação, eventual falsidade dos documentos juntados pela outra parte (arts. 430 a 433, CPC). O prazo é de natureza preclusiva, ou seja, não arguida a falsidade em tempo próprio, nem impugnada de qualquer forma a autenticidade dos documentos juntados pelo autor na exordial, presume-se que o réu os aceitou como verdadeiros.

Nesta ocasião deve, ainda, discutir com ele sobre o "suposto" defeito da coisa, verificando se o cliente reconhece a sua existência e se já tinha conhecimento do fato ou mesmo da possibilidade da sua ocorrência. Estabelecer este fato é importante para o escopo de delimitar a estratégica de defesa.

No mérito, a primeira coisa que o advogado deve conferir é se o autor ajuizou a ação dentro do prazo legal; explico, no caso desta ação os prazos decadenciais que, como se sabe, provocam a perda do direito de ação, são curtos (arts. 445 e 446, CC). Ocorrida a decadência, o assunto deve ser levantado com destaque, visto que pode provocar a extinção do feito com julgamento de mérito (art. 487, II, CPC). No mais, é negar que o bem tivesse qualquer defeito quando da realização do negócio ou, no caso disso não ser possível em razão das circunstâncias do caso, negar qualquer conhecimento prévio do vício redibitório.

9.41 CONTESTAÇÃO DE "AÇÃO REIVINDICATÓRIA"

Quando o proprietário deseja buscar coisa sua, móvel ou imóvel, que se encontra na posse injusta de terceiros, deve fazer uso da ação reivindicatória. Ao contrário do que pode parecer à primeira vista, esta ação não tem caráter possessório, uma vez que, de regra, o autor é alguém que ainda não teve, de fato, a posse do bem. Destarte, dispensável a prova de posse prévia, porém imprescindível a prova do domínio sobre o bem reivindicado. Em outras palavras, a ação reivindicatória visa à proteção da propriedade, cabendo seu uso unicamente ao proprietário, devidamente legitimado pelo seu título, que, no caso de bens imóveis, é a escritura pública regularmente registrada no Cartório de Imóveis (art. 1.245, CC), e, em se tratando de bens móveis, qualquer documento que confirme o domínio (*v.g.*, nota fiscal).

O direito de sequela, ou seja, o direito de reivindicar a "coisa" de quem quer que injustamente a possua, encontra arrimo no art. 1.228 do Código Civil.

---

[76] Para descobrir quando começa e quando termina o prazo para oferecimento da sua contestação, leia com atenção os arts. 219, 224, 231 e 335 do Código de Processo Civil.

[77] Quanto à reconvenção, consulte os requisitos específicos no art. 343 do Código de Processo Civil.

Na falta de previsão de um procedimento especial, a ação reivindicatória deve seguir o "procedimento comum" (arts. 318 a 512, CPC). Quanto a bens imóveis, a ação deve ser ajuizada no foro onde este se encontra localizado (art. 47, CPC); tratando-se, no entanto, de bem móvel, a ação deve ser ajuizada no domicílio do réu (art. 46, CPC). O valor da causa deve ser equivalente ao do bem objeto do pedido (art. 292, IV, CPC). Tratando-se de bem imóvel, pode-se utilizar a estimativa oficial para lançamento do imposto (IPTU), ordinariamente denominado "valor venal".

Com a petição inicial, o autor deve juntar os seguintes documentos: documentos pessoais; estatuto ou contrato social, no caso de o interessado ser pessoa jurídica (assim como ata da assembleia que legitima o representante que passa a procuração, quando for o caso); certidão de propriedade, lembrando que esta ação cabe exclusivamente ao proprietário com título registrado; carnê do IPTU atual; boletim de ocorrência, quando for aplicável.

O prazo para o oferecimento da contestação é de 15 (quinze) dias úteis[78] (arts. 219 e 335, CPC), sendo que a estrutura básica da petição é a seguinte: endereçamento; qualificação; resumo dos fatos; preliminares; mérito; reconvenção, quando for do interesse do réu[79]; pedidos.

Depois de verificar com cuidado os autos do processo, com escopo de certificar-se sobre a existência ou não de alguma preliminar (art. 337, CPC), o advogado deve conferir com seu cliente a veracidade dos documentos juntados pelo autor à sua exordial. Lembrando que cabe ao réu suscitar, em preliminar na contestação, eventual falsidade dos documentos juntados pela outra parte (arts. 430 a 433, CPC). O prazo é de natureza preclusiva, ou seja, não arguida a falsidade em tempo próprio, nem impugnada de qualquer forma a autenticidade dos documentos juntados pelo autor na exordial, presume-se que o réu os aceitou como verdadeiros.

O rumo das alegações quanto ao mérito do pedido do autor vai depender, é claro, do que o réu contar ao seu advogado sobre os fatos; se ele realmente está na posse do bem que pertence ao autor, a única defesa possível é a alegação da "prescrição aquisitiva" (usucapião); no mais, é tentar um acordo para a devolução do bem, assim como tentar obter indenização por eventuais benfeitorias que o réu tenha feito no imóvel, lembrando que o possuidor de boa-fé tem direito de retenção até ser indenizado.

9.42 CONTESTAÇÃO DE "AÇÃO RENOVATÓRIA DE LOCAÇÃO"

O locatário de imóvel urbano destinado à atividade comercial (não residencial), industrial ou à atividade de sociedade civil com fins lucrativos (art. 51, III, § 4º, Lei nº 8.245/91-LI), cujo contrato de locação tenha sido celebrado por escrito e com prazo mínimo total, ou a soma dos prazos ininterruptos, de 5 (cinco) anos, que deseje obter a renovação judicial do vínculo locatício, pode fazer uso da "ação renovatória de locação".

---

[78] Para descobrir quando começa e quando termina o prazo para oferecimento da sua contestação, leia com atenção os arts. 219, 224, 231 e 335 do Código de Processo Civil.

[79] Quanto à reconvenção, consulte os requisitos específicos no art. 343 do Código de Processo Civil.

Além de atender aos requisitos dos arts. 319 e 320 do CPC, a petição inicial deve indicar de forma clara e precisa as condições oferecidas para a renovação da locação, em especial o valor do novo aluguel e os dados do fiador, caso não seja o mesmo do contrato anterior. Registre-se, ademais, que o locatário decai do direito à ação renovatória se não ajuizar a ação no interregno de 1 (um) ano, no máximo, até 6 (seis) meses, no mínimo, anteriores à data da finalização do prazo do contrato em vigor (art. 51, § 5º, Lei nº 8.245/91-LI).

O direito de requerer a renovação compulsória do contrato de locação tem arrimo nos arts. 51 e 52 da Lei nº 8.245/91-LI, sendo que a ação renovatória encontra-se disciplinada nos arts. 71 a 75 do mesmo diploma legal.

A Lei do Inquilinato não prevê rito especial para a ação renovatória, que, portanto, deve seguir o "procedimento comum" (arts. 318 a 512, CPC). Não havendo previsão no contrato de locação de foro especial, a ação deve ser proposta na comarca onde está localizado o imóvel locado, conforme regra do art. 58, II, da Lei nº 8.245/91-LI. O valor da causa deve ser fixado em 12 (doze) vezes o valor do aluguel, segundo regra do art. 58, III, da Lei nº 8.245/91-LI.

Com a petição inicial, o autor deve juntar os seguintes documentos: documentos pessoais; estatuto ou contrato social, no caso de o interessado ser pessoa jurídica (assim como ata da assembleia que legitima o representante que passa a procuração, quando for o caso); contrato de locação por escrito (todos, desde o início da locação); carnê do IPTU atual; documentos que provam que explora o mesmo ramo comercial há pelo menos três anos recibos que demonstrem estar em dia com suas obrigações locatícias; declaração do fiador com firma reconhecida.

O prazo para o oferecimento da contestação é de 15 (quinze) dias úteis[80] (arts. 219 e 335, CPC), sendo que a estrutura básica da petição é a seguinte: endereçamento; qualificação; resumo dos fatos; preliminares; mérito; reconvenção, quando for do interesse do réu[81]; pedidos.

Ao tomar conhecimento do processo, o advogado deve analisar com cuidado se estão presentes, ou não, os requisitos específicos deste tipo de ação, por exemplo: o contrato de locação foi firmado por escrito? houve, ou não, interrupção no prazo quinquenal? considerando o prazo decadencial, o feito foi distribuído no tempo certo? foi juntada prova escrita de que o locatário encontra-se no mesmo ramo comercial há pelo menos três anos? foi juntada declaração expressa dos fiadores, com firma reconhecida, em que estes concordam com a renovação da locação? a petição inicial indica de forma clara e precisa as condições oferecidas para a renovação da locação? Veja, o não atendimento de qualquer desses requisitos pode dar margem à extinção do feito por carência de ação (falta de interesse processual). Ocorrida a decadência do direito, o assunto deve ser levantado com destaque, visto que pode provocar a extinção do feito com julgamento de mérito (art. 487, II, CPC).

---

[80] Para descobrir quando começa e quando termina o prazo para oferecimento da sua contestação, leia com atenção os arts. 219, 224, 231 e 335 do Código de Processo Civil.

[81] Quanto à reconvenção, consulte os requisitos específicos no art. 343 do Código de Processo Civil.

Além destas questões particulares, o advogado deve verificar a existência ou não de alguma das questões preliminares apontadas no art. 337 do Código de Processo Civil. Em seguida, o advogado deve conferir com seu cliente a veracidade dos documentos juntados pelo autor à sua exordial. Lembrando que cabe ao réu suscitar, em preliminar na contestação, eventual falsidade dos documentos juntados pela outra parte (arts. 430 a 433, CPC). O prazo é de natureza preclusiva, ou seja, não arguida a falsidade em tempo próprio, nem impugnada de qualquer forma a autenticidade dos documentos juntados pelo autor na exordial, presume-se que o réu os aceitou como verdadeiros.

No mérito, o art. 72 da Lei nº 8.245/91 limita a abrangência da contestação neste tipo de ação, informando que, além da defesa de direito que possa caber (preliminares), esta ficará adstrita ao seguinte: I – não preencher o autor os requisitos estabelecidos nesta Lei; II – não atender à proposta do locatário o valor locativo real do imóvel na época da renovação, excluída a valorização trazida por aquele ao ponto ou lugar (neste caso, o locador deverá apresentar contraproposta); III – ter proposta de terceiro para a locação, em condições melhores (neste caso, o locador deve juntar prova por escrito); IV – não estar obrigado a renovar a locação (incisos I e II do art. 52 da Lei nº 8.245/91).

Contestando a ação, o locador pode pedir que o juiz fixe aluguel provisório para viger após o término do contrato e seja fixado prazo para que o locatário desocupe o imóvel após o término do processo.

9.43 CONTESTAÇÃO DE "AÇÃO REVISIONAL DE ALIMENTOS"

A sentença proferida na ação de alimentos não transita em julgado e pode ser, a qualquer momento, revista, conforme declara o art. 15 da Lei nº 5.478/68-LA. Em outras palavras, quando houver alteração nas condições pessoais ou financeiras do alimentando e/ou do alimentante, qualquer um deles pode ajuizar ação revisional de alimentos, buscando adequar sua obrigação, ou seu direito, às novas circunstâncias. Por parte do alimentando, as razões mais comuns para pedir revisional de alimentos são: insuficiência do valor anteriormente fixado somada à maior possibilidade do obrigado; doença grave que demanda maiores recursos; mudar pensão fixada em porcentagem do salário líquido para pensão a ser fixada em salários mínimos, ou vice-versa. Por parte do alimentante, as razões mais comuns para pedir revisional de alimentos são: nascimento de outros filhos; desemprego; doença grave; problemas financeiros.

O direito de requerer a revisão, para mais ou para menos, do valor fixado a título de pensão alimentícia, encontra fundamento no art. 15 da Lei nº 5.478/68-LA e no art. 1.699 do Código Civil.

O art. 13 da Lei nº 5.478/68-LA informa que à "ação revisional de alimentos" se deve aplicar o procedimento especial previsto naquela lei para a ação de alimentos. Com efeito, a medida se apresenta, a nosso ver, adequada e coerente, uma vez que, via de regra, a revisão de alimentos, assim como a fixação dos alimentos, demanda cognição sumária a fim de evitar maiores prejuízos para as partes. Sendo o pedido formulado pelo alimentando, a demora pode trazer o desamparo; sendo formulado pelo alimentante, a demora pode trazer a prisão civil. Entretanto, na prática forense é comum que os juízos adotem o procedimento comum. Sendo assim, o advogado deve atentar para os termos do mandado, principalmente quanto ao prazo para apresentação de contestação.

Assim como a ação de alimentos, a ação revisional de alimentos deve obedecer à norma do art. 53 do CPC, que declara ser competente o foro do domicílio ou residência do alimentando; ou seja, do credor da pensão. Todavia, por questão de conveniência, nada impede que o alimentando opte pelo foro geral do domicílio do réu, consoante o art. 46 do CPC.

Não existe critério expresso sobre qual deve ser o valor da causa na ação revisional de alimentos, o que tem levado muitos a aplicar a norma prevista para a ação de alimentos, qual seja, 12 (doze) vezes o valor da pensão requerida (art. 292, III, CPC). Entretanto, considerando que o valor da causa deve ter arrimo no pedido e que na ação revisional de alimentos se busca o aumento ou a diminuição do valor da pensão, entendo, em consonância com a doutrina, que o valor da causa deve expressar essa intenção. Destarte, o valor da causa nesse tipo de ação deve corresponder a 12 (doze) vezes a diferença, para mais ou para menos, buscada no feito.

O autor deve juntar à exordial cópia dos seguintes documentos: documentos pessoais (RG e CPF); comprovante de residência; certidão de nascimento dos menores; cópia da sentença em que foi fixada a pensão alimentícia cujo valor se deseja rever; carteira de trabalho ou comprovante de renda, conforme o caso; comprovante de despesas, conforme o caso; rol de testemunhas (art. 450, CPC).

Como já observado, o prazo para o oferecimento da contestação vai variar conforme o procedimento adotado pelo juízo; se for adotado o rito previsto na Lei dos Alimentos, a contestação deve ser apresentada na própria audiência de conciliação, instrução e julgamento[82]; se o procedimento escolhido for o comum, a contestação deve ser apresentada no prazo de 15 (quinze) dias úteis[83] (arts. 219 e 335, CPC), sendo que a estrutura básica da petição é a seguinte: endereçamento; qualificação; resumo dos fatos; preliminares; mérito; pedidos.

O advogado deve iniciar a sua atuação por meio de uma demorada conversa com o seu cliente sobre os termos da exordial, confirmando a veracidade, ou não, dos fatos informados; deve, ainda, se informar sobre eventuais fatos omitidos maliciosamente pelo autor. Por fim, deve verificar juntamente com o cliente a veracidade, ou não, dos documentos juntados à petição inicial, assim como inteirar-se sobre o que ele entende que cada uma das testemunhas arroladas pelo autor tem a dizer.

Bem informado sobre os "fatos", a atenção do advogado deve se voltar para as "preliminares" previstas no art. 337 do CPC, que são as seguintes: (I) inexistência ou nulidade da citação; (II) incompetência absoluta e relativa; (III) incorreção do valor da causa; (IV)

---

[82] Tratando-se de processo eletrônico, o advogado deve ficar atento aos termos do mandado, visto que é comum o juiz determinar o protocolo da contestação com certa antecedência, com escopo de que esta já esteja juntada aos autos quando da realização da audiência.

[83] Para descobrir quando começa e quando termina o prazo para oferecimento da sua contestação, leia com atenção os arts. 219, 224, 231 e 335 do Código de Processo Civil.

inépcia da petição inicial; (V) perempção; (VI) litispendência; (VII) coisa julgada; (VIII) conexão; (IX) incapacidade da parte, defeito de representação ou falta de autorização; (X) convenção de arbitragem; (XI) ausência de legitimidade ou de interesse processual; (XII) falta de caução ou de outra prestação que a lei exige como preliminar; (XIII) indevida concessão do benefício de gratuidade de justiça.

Lembro, ademais, que cabe ao réu suscitar, em preliminar na contestação, eventual falsidade dos documentos juntados pela outra parte (arts. 430 a 433, CPC). O prazo é de natureza preclusiva, ou seja, não arguida a falsidade em tempo próprio, nem impugnada de qualquer forma a autenticidade do documento juntado pelo autor na exordial, presume-se que o réu aceitou o documento como verdadeiro.

Depois de verificar a eventual existência de preliminares, apresentando, é claro, aquelas que se fizerem necessárias, o advogado deve passar ao mérito dos pedidos do autor. Quando a ação for ajuizada pelo alimentando, querendo, é claro, o aumento do valor da pensão alimentícia, o réu deverá demonstrar sua impossibilidade, indicando seus rendimentos e suas obrigações. Já quando a ação for ajuizada pelo alimentante, buscando a diminuição de sua obrigação alimentícia, o réu deverá impugnar as razões do pedido, procurando demonstrar que, de fato, o alimentante continua tendo condições de arcar com os custos da pensão como se encontra fixado. Com efeito, mesmo o nascimento de nova prole pode não ser motivo para a revisão judicial da pensão, visto que o alimentante tinha pleno conhecimento de suas obrigações e das necessidades do alimentando.

9.44 CONTESTAÇÃO DE "AÇÃO REVISIONAL DE ALUGUEL"

Não havendo acordo quanto ao reajuste do aluguel após 3 (três) anos de vigência do contrato de locação ou do último acordo anteriormente realizado, tanto o locador como o locatário têm legitimidade para requerer sua revisão judicial, fazendo uso, para tanto, da "ação revisional de aluguel". Registre-se, ademais, que a doutrina e a jurisprudência têm entendido cabível esta ação mesmo antes da ocorrência do prazo de 3 (três) anos, desde que ocorra fato relevante que desequilibre substancialmente o contrato de locação, tornando o aluguel excessivamente oneroso ou insignificante. Além de atender aos requisitos dos arts. 319 e 320 do CPC, a petição inicial deve indicar o valor do aluguel cuja fixação é pretendida, podendo incluir, ainda, pedido de fixação do aluguel provisório, desde que a inicial se faça acompanhar de elementos que o justifiquem.

O direito de requerer a revisão do valor do aluguel encontra respaldo no art. 19 da Lei nº 8.245/91-LI; já a "ação revisional de aluguel" encontra-se disciplinada nos arts. 68 a 70 do mesmo diploma legal.

O *caput*, do art. 68 da Lei nº 8.245/91-LI declara que à ação revisional de aluguel se aplica o "procedimento comum" (arts. 318 a 512, CPC). Não havendo previsão no contrato de locação de foro especial, a ação deve ser proposta na comarca onde está localizado o imóvel locado, conforme regra do art. 58, II, da Lei nº 8.245/91-LI. O valor da causa deve ser fixado em 12 (doze) vezes o valor do aluguel, segundo regra do art. 58, III, da Lei nº 8.245/91-LI.

Com a petição inicial, o autor deve juntar os seguintes documentos: documentos pessoais; estatuto ou contrato social, no caso de o interessado ser pessoa jurídica (assim como ata da assembleia que legitima o representante que passa a procuração, quando for o caso); contrato de locação dos últimos três anos, ao menos; recibos de quitação do aluguel dos últimos doze meses; laudo ou avaliação de três imobiliárias que atestem o valor médio do aluguel na área onde está localizado o imóvel locado (preço por metro quadrado); carnê do IPTU atual.

O prazo para o oferecimento da contestação é de 15 (quinze) dias úteis[84] (arts. 219 e 335, CPC), sendo que a estrutura básica da petição é a seguinte: endereçamento; qualificação; resumo dos fatos; preliminares; mérito; reconvenção, quando for do interesse do réu[85]; pedidos.

Ao tomar conhecimento do processo, o advogado deve analisar com cuidado se estão presentes, ou não, os requisitos específicos deste tipo de ação como, por exemplo, decurso de ao menos três anos desde o último acordo sobre o valor do aluguel: deve verificar ainda se o autor tomou o cuidado de declarar na petição inicial o valor do novo aluguel pretendido. Veja, o não atendimento de algum destes requisitos pode dar margem ao indeferimento da ação por inépcia (art. 330, CPC), ou mesmo a sua extinção por carência de ação (falta de interesse).

Além dessas questões particulares, o advogado deve verificar a existência ou não de alguma das questões preliminares apontadas no art. 337 do Código de Processo Civil. Em seguida, o advogado deve conferir com seu cliente a veracidade dos documentos juntados pelo autor à sua exordial. Lembrando que cabe ao réu suscitar, em preliminar na contestação, eventual falsidade dos documentos juntados pela outra parte (arts. 430 a 433, CPC). O prazo é de natureza preclusiva, ou seja, não arguida a falsidade em tempo próprio, nem impugnada de qualquer forma a autenticidade dos documentos juntados pelo autor na exordial, presume-se que o réu os aceitou como verdadeiros.

No mérito, o réu pode negar os fatos, ou seus efeitos, declarados pelo autor para justificar o pedido de aumento ou de diminuição do valor do aluguel; pode, caso entenda conveniente, apresentar contraproposta para o valor do aluguel. Sendo a interpretação do réu totalmente contrária à do autor que, por exemplo, pede diminuição no valor mensal do aluguel, este, em reconvenção, pode requerer também a revisão do valor do aluguel, com o objetivo de aumentá-lo.

9.45 CONTESTAÇÃO DE "AÇÃO REVOCATÓRIA"

O credor quirografário, isto é, sem garantia, que se sentir prejudicado em seus direitos por força de atos praticados pelo devedor insolvente (*eventus damni*), ou na iminência de tornar-se tal, que envolvam perdão de dívidas, transmissão gratuita ou onerosa de bens, pagamento antecipado de dívidas, constituição de direitos de preferência, pode socorrer-se da "ação revocatória", também conhecida como "ação pauliana", a fim de provocar a

---

[84] Para descobrir quando começa e quando termina o prazo para oferecimento da sua contestação, leia com atenção os arts. 219, 224, 231 e 335 do Código de Processo Civil.

[85] Quanto à reconvenção, consulte os requisitos específicos no art. 343 do Código de Processo Civil.

anulação dos referidos atos, restabelecendo o patrimônio do devedor com o fim exclusivo de que responda pelas dívidas existentes (penhora). A ação pauliana deve incluir no polo passivo não só o devedor, mas também todos aqueles que tiverem tomado parte no ato fraudulento[86] (litisconsórcio necessário), inclusive a mulher[87] ou marido de uma das partes.

O tema "fraude contra credores" encontra-se disciplinado nos arts. 158 a 165 do Código Civil; também o art. 792 do CPC trata do tema, apontando os casos em que a alienação ou oneração de bem é considerada fraude à execução.

Na falta de um procedimento especial, aplica-se à ação pauliana o "procedimento comum" (arts. 318 a 512, CPC). Doutrina e jurisprudência são unânimes em reconhecer a natureza pessoal da ação pauliana, o que torna competente para seu ajuizamento o domicílio do réu (art. 46, CPC). Havendo vários réus, o autor poderá ajuizar ação no domicílio de qualquer deles (competência concorrente). Nessa ação, busca-se a anulação de um negócio; o valor da causa, portanto, deve ser equivalente ao valor do negócio que se quer anular. Envolvendo bem imóvel, pode-se utilizar a estimativa oficial para lançamento do imposto predial (IPTU), ordinariamente denominado "valor venal".

Com a petição inicial, o autor deve juntar os seguintes documentos: documentos pessoais; estatuto ou contrato social, no caso de o interessado ser pessoa jurídica (assim como ata da assembleia que legitima o representante que passa a procuração, quando for o caso); título e/ou contato que dá legitimidade a interessado; documento, instrumento e/ou ato que e quer anular; certidão de propriedade, quando for o caso; correspondência trocada entre as partes, quando for o caso; documentos que demonstrem a notoriedade da insolvência do devedor; certidão do distribuidor quanto à existência de ações contra o requerido; certidão de objeto e pé de eventual processo de cobrança e/ou de execução contra o requerido.

O prazo para o oferecimento da contestação é de 15 (quinze) dias úteis[88] (arts. 219 e 335, CPC), sendo que a estrutura básica da petição é a seguinte: endereçamento; qualificação; resumo dos fatos; preliminares; mérito; reconvenção, quando for do interesse do réu[89]; pedidos.

Após verificar com cuidado os autos do processo, com escopo de certificar-se sobre a existência ou não de preliminares (art. 337, CPC), o advogado deve conferir com seu cliente a veracidade dos documentos juntados pelo autor à sua exordial. Lembrando que cabe ao réu suscitar, em preliminar na contestação, eventual falsidade dos documentos juntados pela outra parte (arts. 430 a 433, CPC). O prazo é de natureza preclusiva, ou seja, não arguida a falsidade em tempo próprio, nem impugnada de qualquer forma a

---

[86] "Necessidade da citação de todos os contraentes ou figurantes do negócio jurídico, cuja ineficácia se argui. Nulidade do processo" (*JTJ* 130/250).

[87] "Se se atribui ao marido fraude contra credores, parece óbvio que deva integrar o polo passivo seu cônjuge (art. 235, CC), na ação pauliana" (*JTJ* 156/183).

[88] Para descobrir quando começa e quando termina o prazo para oferecimento da sua contestação, leia com atenção os arts. 219, 224, 231 e 335 do Código de Processo Civil.

[89] Quanto à reconvenção, consulte os requisitos específicos no art. 343 do Código de Processo Civil.

autenticidade dos documentos juntados pelo autor na exordial, presume-se que o réu os aceitou como verdadeiros.

No mérito, o réu pode simplesmente negar os fatos, ou seja, que o ato apontado represente manobra para prejudicar os interesses do autor, seja porque é antecedente ao vencimento da obrigação, ou mesmo porque não tem a força de torná-lo insolvente. O réu pode ainda atacar a própria legitimidade do autor, argumentando que o seu crédito está *sub judice*, ou seja, seu montante e validade estão sendo discutido em outro processo, não podendo assim justificar o interesse dele nos atos negociais do réu.

9.46 EMBARGOS À "AÇÃO MONITÓRIA"

A ação monitória tem cabimento quando o credor de quantia certa, de coisa fungível[90] ou de determinado bem móvel, assim como o credor de obrigação de fazer ou não fazer, munido com documento escrito sem eficácia de título executivo, desejar efetuar a cobrança judicial do que lhe é devido.

Embora constitua meio mais rápido para a obtenção de um título judicial, a ação monitória tem como exigência básica a existência de prova escrita sem eficácia de título executivo,[91] normalmente, um orçamento assinado pelo devedor, um contrato de prestação de serviços, também firmado pelo devedor, um cheque com prazo para execução vencido, duplicata sem aceite etc.

O tema envolvendo *a inadimplência das obrigações* está disciplinado nos arts. 389 a 420 do Código Civil; já a *ação monitória*, e seu procedimento especial, encontra disciplina nos arts. 700 a 702 do Código de Processo Civil, devendo ser ajuizada, de regra, no foro do domicílio do réu (art. 46, CPC); não se deve, contudo, esquecer-se das possibilidades previstas no art. 53, III, do CPC; já o valor da causa deve ser equivalente ao valor total da dívida cobrada ou do bem cuja entrega se busca (art. 700, § 3º, CPC).

Com a petição inicial, o autor deve juntar os seguintes documentos: documentos pessoais; estatuto ou contrato social, no caso de o interessado ser pessoa jurídica (assim como ata da assembleia que legitima o representante que passa a procuração, quando for o caso); a prova escrita do débito; cálculo atualizado do débito; rol de testemunhas (art. 450, CPC).

O prazo para o oferecimento de embargos à ação monitória é de 15 (quinze) dias úteis[92] (arts. 219, 701 e 702, CPC), sendo que a estrutura básica da petição é a seguinte:

---

[90] "Fungíveis são as coisas que não se identificam pela sua individualidade, mas pela quantidade e qualidade (dinheiro, metros de fazenda, quilos de manteiga, sacas de café de determinado tipo)" (Arnold Wald. *Curso de direito civil brasileiro*: introdução e parte geral. São Paulo: Revista dos Tribunais, 1995. p. 158).

[91] "A prova escrita, exigida pelo art. 1.102a do CPC, é todo documento que, embora não prove, diretamente, o fato constitutivo, permite ao órgão judiciário deduzir, através de presunção, a existência do direito alegado. Lição da doutrina italiana" (TJRGS – 5ª Câmara Civil; Ap. Cível nº 597.030.873; Rel. Des. Araken de Assis; j. 15-5-1997; *RJ* 238/67, *BAASP* 2074).

[92] Para descobrir quando começa e quando termina o prazo para oferecimento da sua contestação, leia com atenção os arts. 219, 224, 231 e 335 do Código de Processo Civil.

endereçamento; qualificação; resumo dos fatos; preliminares; mérito; reconvenção, quando for do interesse do réu[93]; pedidos.

Depois de verificar com cuidado os autos do processo, com escopo de certificar-se sobre a existência ou não de alguma preliminar (art. 337, CPC), o advogado deve conferir com seu cliente a veracidade dos documentos juntados pelo autor à sua exordial. Nesta ação em particular, este cuidado é ainda muito mais importante, visto que o pressuposto básico dela é justamente a existência de documento escrito sem eficácia de título executivo; ou seja, caso pretenda negar a existência da obrigação, o embargante deve também questionar a veracidade e/ou autenticidade do documento juntado pela parte; isso se faz, lembro, em preliminar nos embargos (arts. 430 a 433, CPC). O prazo é de natureza preclusiva, ou seja, não arguida a falsidade em tempo próprio, nem impugnada de qualquer forma a autenticidade dos documentos juntados pelo autor na exordial, presume-se que estes são verdadeiros.

No mérito, o réu que decidir por cumprir a obrigação ficará isento do pagamento de custas processuais; os honorários advocatícios ficarão restritos a 5% (cinco por cento) do valor atribuído à causa; se reconhecer o crédito do autor e comprovar o depósito de 30% (trinta por cento) do valor cobrado, acrescido de custas e de honorários advocatícios, poderá requerer o parcelamento do restante em até 6 (seis) vezes (arts. 701, § 5º, 916, CPC). Importante, portanto, que o advogado discuta com o seu cliente estas possibilidades antes de interpor os embargos.

Optando o embargante por argumentar que o autor pleiteia quantia superior à devida, deve declarar o valor que entende correto, acompanhado dos devidos cálculos, sob pena de rejeição liminar dos embargos. Pode, ainda, apresentar proposta para a quitação total da obrigação.

Por fim, lembro que se não realizado o pagamento nem oferecido embargos, constitui-se de pleno direito o título executivo.

9.47 EMBARGOS À EXECUÇÃO

No processo de execução, o executado é citado, no geral, para cumprir a obrigação (arts. 806, 815 e 827, CPC); nem por isso ele fica totalmente de mãos atadas, a lei processual civil lhe garante, sob certas circunstâncias, o direito de resistir à execução, defendendo seus interesses. Esta resistência pode ser feita por meio dos "embargos à execução", que, segundo a melhor doutrina, têm natureza jurídica de "ação de cognição incidental". Atente-se para o fato de que os embargos não devem ser vistos como "uma resposta" do executado, mesmo porque no processo executivo não há contraditório, mas como uma ação que impugna os pressupostos da ação executiva, procurando desconstituí-la ou, ao menos, alterar o seu limite e extensão.

O procedimento especial dos embargos à execução encontra-se previsto nos arts. 914 a 920 do Código de Processo Civil, devendo ser oferecidos no mesmo juízo em que se processa a execução (arts. 61 e 914, § 1º, CPC). No entanto, se a execução é feita por carta precatória, o embargante poderá oferecer os embargos no juízo deprecado,

---

[93] Quanto à reconvenção, consulte os requisitos específicos no art. 343 do Código de Processo Civil.

mas a competência para julgá-los é do juízo deprecante, salvo se versarem unicamente sobre vícios ou defeitos da penhora, da avaliação ou da alienação dos bens efetuadas no juízo deprecado (art. 914, § 2º, CPC). O valor da causa deve corresponder àquele atribuído ao processo de execução, salvo se os embargos não impugnarem todo o débito reclamado; nesse caso, o valor da causa nos embargos deve corresponder ao total impugnado.

O executado, independentemente de penhora, depósito ou caução, pode opor embargos no prazo de 15 (quinze) dias úteis (arts. 219 e 915, CPC), contados na forma do art. 231 do CPC.

Segundo o art. 917 do CPC, o executado pode alegar nos embargos: (I) inexequibilidade do título ou inexigibilidade da obrigação; (II) penhora incorreta ou avaliação errônea; (III) excesso de execução ou cumulação indevida de execuções; (IV) retenção por benfeitorias necessárias ou úteis, nos casos de execução para entrega de coisa certa; (IV) incompetência absoluta ou relativa do juízo da execução; (VI) qualquer matéria que lhe seria lícito deduzir como defesa em processo de conhecimento.

Quando arrimar os embargos em excesso de execução, o embargante deve declarar o valor que entende correto, apresentando demonstrativo discriminado e atualizado de seu cálculo, sob pena de os embargos serem liminarmente rejeitados.

9.48 EMBARGOS DE TERCEIROS

O proprietário e/ou possuidor que, não sendo parte no processo (terceiro), sofrer, ou se achar na iminência de sofrer, "constrição" sobre bens que possua por ato de apreensão judicial (v.g., penhora, depósito, arresto, sequestro, alienação judicial, arrecadação, arrolamento, inventário, partilha etc.), poderá requerer seu desfazimento ou sua inibição por meio dos chamados "embargos de terceiro", que, segundo a melhor doutrina, têm natureza de ação incidental. A lei processual equipara a terceiro: I – o cônjuge ou companheiro, quando defende a posse de bens próprios ou de sua meação, ressalvado o disposto no art. 843 do CPC; II – o adquirente de bens cuja constrição decorreu de decisão que declara a ineficácia da alienação realizada em fraude à execução; III – quem sofre constrição judicial de seus bens por força de desconsideração da personalidade jurídica, de cujo incidente não fez parte; IV – o credor com garantia real para obstar expropriação judicial do objeto de direito real de garantia, caso não tenha sido intimado, nos termos legais dos atos expropriatórios respectivos.

Os embargos de terceiro podem ser opostos a qualquer tempo no processo de conhecimento enquanto não transitada em julgado a sentença, e, no cumprimento de sentença ou no processo de execução, até 5 (cinco) dias úteis depois da adjudicação, da alienação por iniciativa particular ou da arrematação, mas sempre antes da assinatura da respectiva carta (arts. 219, 675, CPC). Registre-se, outrossim, que devem ser opostos em face do exequente e, eventualmente, do executado (litisconsórcio necessário), quando este tenha dado causa à constrição (v.g., indicação do bem). Entendendo suficientemente provado o domínio ou a posse do bem litigioso, o juiz poderá determinar a suspensão das medidas constritivas (art. 678, CPC).

Os embargos de terceiros encontram-se disciplinados nos arts. 674 a 681 do Código de Processo Civil. No mais, registre-se que a proteção da posse e da propriedade encontra arrimo nos arts. 1.210 e 1.228 do Código Civil.

A petição inicial dos embargos de terceiro deve atender os requisitos dos arts. 319 e 320 do CPC, devendo o embargante declarar a sua qualidade de terceiro, descrevendo e provando, ao menos sumariamente, a sua posse, podendo, para tanto, requerer audiência preliminar de justificação (art. 677, CPC). Deve, outrossim, diligenciar no sentido de juntar cópia do ato judicial apontado como a causa da interposição dos embargos.

Considerando a natureza possessória dos embargos de terceiros, o embargante deve requerer "liminar" no sentido de ser mantido ou reintegrado na posse do bem turbado ou esbulhado.

Distribuída por dependência a petição inicial e formados os autos, estes vão conclusos para o juiz, que poderá: (I) determinar que o autor emende a inicial no prazo de 15 (quinze) dias (art. 321, CPC); (II) não recebê-la, extinguindo o feito sem julgamento de mérito (arts. 330 e 485, CPC); (III) recebê-la, deferindo ou não o pedido liminar de manutenção ou reintegração de posse (art. 678, CPC), suspendendo os atos de constrição do bem litigioso; em seguida, o juiz deverá determinar a citação do embargado na pessoa do seu procurador, ou pessoalmente, caso este não tiver procurador constituído nos autos da ação principal.

Os embargados podem oferecer contestação no prazo de 15 (quinze) dias úteis, sendo que, após eventual resposta, o rito passa a ser o do procedimento comum (providências preliminares, saneador, audiência, sentença).

A sentença decidirá sobre a legitimidade ou não da constrição aos bens do embargando; no caso de os embargos serem acolhidos, o ato de constrição indevida será cancelado, com o reconhecimento do domínio, da manutenção da posse ou da reintegração definitiva do bem ou do direito ao embargante (art. 681, CPC).

Os embargos de terceiro, que correrão em autos distintos, devem ser interpostos (distribuição por dependência) perante o juízo responsável pela constrição (art. 676, CPC). O valor da causa deve ser equivalente ao do bem que se quer liberar. Tratando-se de bem imóvel, é costume se utilizar da estimativa oficial para lançamento do imposto predial (IPTU), ordinariamente denominado "valor venal".

9.49 IMPUGNAÇÃO À "AÇÃO DE INTERDIÇÃO"

O Estatuto da Pessoa com Deficiência, Lei nº 13.146/2015, trouxe importantes alterações no conceito de "capacidade", afastando a noção de que uma deficiência torna a pessoa incapaz. Dentro dessas novas perspectivas, manteve-se o instituto da "curatela", agora não mais para se buscar a declaração de "incapacidade de uma pessoa", mas como instrumento necessário para se garantir os direitos da pessoa que, por causa transitória ou permanente, não puder exprimir sua vontade ou, ainda, seja ébrio habitual, viciado em droga ou pródigo. A curatela passa a consistir em uma medida protetiva extraordinária, "limitada aos direitos de natureza patrimonial e negocial", que deve ser proporcional às necessidades e às circunstâncias de cada caso. Diante destes novos fatos, podemos dizer que pode valer-se da "ação de interdição" a pessoa que deseje obter a curatela de alguém que, por causa transitória ou permanente, não possa exprimir sua vontade, seja ébrio habitual, viciado em tóxico ou pródigo. Registre-se, por fim, que cabe ao juiz determinar, segundo as potencialidades do interditando, os limites da curatela, assim como quem será o curador.

A curatela encontra-se disciplinada dos arts. 1.767 a 1.783-A do Código Civil; o tema também é tratado na Lei nº 13.146/2015, Estatuto da Pessoa com Deficiência, em especial nos arts. 84 a 87. Já a ação de *interdição*, e seu procedimento especial, encontra disciplina nos arts. 747 a 763 do Código de Processo Civil. A ação deve ser proposta, de regra, no foro do domicílio do interditando, consoante o art. 46 do Código de Processo Civil. A jurisprudência tem confirmado a competência, também, do foro do local onde o interditando se encontra internado, desde que a internação tenha caráter permanente. Não havendo questões patrimoniais que possam servir de parâmetro para a fixação do valor da causa, o autor, ciente da obrigatoriedade de atribuição de valor à causa (art. 291, CPC), tem autonomia para fazê-lo segundo critérios subjetivos próprios, desde que o valor imputado seja compatível com as circunstâncias gerais do caso.

Com a petição inicial, o autor deve juntar os seguintes documentos: documentos pessoais; estatuto ou contrato social, no caso de o interessado ser pessoa jurídica (assim como ata da assembleia que legitima o representante que passa a procuração, quando for o caso); boletim de ocorrência, quando for aplicável; documentos que demonstrem eventuais gastos arcados pelo interessado (*v.g.*: nota fiscal, recibos etc.); perícia realizada para demonstrar o dano; laudo médico, quando aplicável; certidões diversas, conforme o caso; fotos e extratos das redes sociais; rol de testemunhas (art. 450, CPC).

O prazo para o oferecimento de "impugnação" é de 15 (quinze) dias úteis[94] (arts. 219 e 752, CPC), sendo que a estrutura básica da petição é a seguinte: endereçamento; qualificação; resumo dos fatos; preliminares; mérito; pedidos.

Depois de verificar com cuidado os autos do processo, com escopo de certificar-se sobre a existência ou não de alguma preliminar (art. 337, CPC), o advogado deve conferir com seu cliente a veracidade dos documentos juntados pelo autor à sua exordial. Lembrando que cabe ao réu suscitar, em preliminar na contestação, eventual falsidade dos documentos juntados pela outra parte (arts. 430 a 433, CPC). O prazo é de natureza preclusiva, ou seja, não arguida a falsidade em tempo próprio, nem impugnada de qualquer forma a autenticidade dos documentos juntados pelo autor na exordial, presume-se que o réu os aceitou como verdadeiros.

Não obstante esse tipo de imputação seja o bastante para tirar do sério qualquer pessoa "normal", é importante que o réu mantenha a tranquilidade, até mesmo para demonstrar ao magistrado que pode lidar com essa situação. Um dos primeiros atos do processo é justamente uma entrevista pessoal com o juiz, com escopo de possibilitar a

---

[94] Para descobrir quando começa e quando termina o prazo para oferecimento da sua contestação, leia com atenção os arts. 219, 224, 231 e 335 do Código de Processo Civil.

este um contato pessoal com o interditando; em termos de defesa, esta entrevista é fundamental, mormente se a pessoa pretende manter sua plena capacidade civil. No mais, a simples negação da imputada incapacidade civil é o bastante. O juiz irá nomear perito de sua confiança para elaboração de laudo técnico, sendo que o interditando pode não só apresentar laudos e pareceres médicos, como solicitar a intervenção de um assistente técnico da sua confiança.

9.50 JUSTIFICATIVAS EM "EXECUÇÃO DE ALIMENTOS" (CUMPRIMENTO DE OBRIGAÇÃO DE PRESTAR ALIMENTOS)

Diante da mora do alimentante (*pessoa obrigada a pagar pensão alimentícia*), o credor, também conhecido como alimentando, pode ajuizar a conhecida "ação de execução de alimentos" ou, como agora prefere o NCPC, "cumprimento de sentença que reconheça a exigibilidade de obrigação de prestar alimentos" ou simplesmente "obrigação de prestar alimentos", buscando a cobrança das prestações regularmente estabelecidas. O que distingue essa execução das demais é principalmente a possibilidade da prisão civil do devedor recalcitrante.

Como ocorre com as execuções em geral, o que dá arrimo à execução de alimentos é a existência de título com força executiva (arts. 515 e 784, CPC). No mais, registre-se que o cumprimento de obrigação de prestar alimentos encontra-se disciplinada nos arts. 528 a 533 do CPC, quando o título é judicial, e arts. 911 a 913 do mesmo diploma legal, quando o título é extrajudicial.

Ao requerer execução de alimentos, o credor pode escolher entre dois ritos distintos. O primeiro e mais comum é aquele que prevê a possibilidade de prisão do devedor inadimplente, previsto nos arts. 528 a 533 do CPC; o segundo, autorizado pelo art. 528, § 8º, remete o exequente ao procedimento denominado "cumprimento definitivo da sentença que reconhece a exigibilidade de obrigação de pagar quantia certa" (arts. 523 a 527, CPC), em que o devedor é citado para pagar sob pena de penhora de seus bens.

Tratando-se de título judicial, a execução, segundo o art. 516, II, do CPC, deve efetuar-se perante o juízo que decidiu a causa no primeiro grau de jurisdição; contudo, o art. 528, § 9º, do referido diploma legal, informa que "o exequente pode promover o cumprimento da sentença ou decisão que condena ao pagamento de prestação alimentícia no juízo de seu domicílio".

No caso de a execução de alimentos ser tratada como incidente dentro dos mesmos autos, na mesma ação, como sugere o CPC, a petição que a requer nada mais é do que uma petição comum, ou seja, uma simples "petição intermediária"; nesse caso, não há que se falar em citação, em valor da causa ou mesmo em nova qualificação do executado, afinal a medida está sendo requerida nos mesmos autos (não se trata de nova ação, nem mesmo de um incidente). Todavia, naqueles casos em que a execução de alimentos, ou, como agora se prefere, cumprimento de obrigação de prestar alimentos, seja tratada ao menos como um "incidente autônomo", como acontece por ora no Estado de São Paulo, entendo que se devem qualificar as partes, assim como apontar o valor da causa. Nesses casos, o valor da causa deve ser equivalente ao valor total da dívida executada (art. 292, I, CPC). Não se deve olvidar, no entanto, das normas previstas nos §§ 1º e 2º do mesmo artigo citado; ou seja, quando se pedirem prestações vencidas e vincendas, devem-se considerar as duas, sendo que o valor das prestações vincendas será igual a uma prestação anual.

Considerando que o pressuposto da "execução de alimentos" é a existência de um título com força executiva (judicial ou extrajudicial), não há que se falar em "contestação", contudo o executado não fica totalmente sem defesa. No caso de o exequente ter optado pelo rito da penhora, o executado pode oferecer impugnação (art. 525, CPC) ou, conforme o caso, embargos (art. 914, CPC). Entretanto, quando o exequente optar pelo rito do art. 528 do CPC, que possibilita a prisão civil do devedor, este pode se defender oferecendo, no prazo de 3 (três) dias úteis, as suas "justificativas".

Ao iniciar o diálogo com o seu cliente, o advogado deve esclarecer de forma muito direta que "somente" o pagamento total do débito tem a força de evitar por completo a sua prisão civil, sendo que os juízes são, de forma geral, extremamente rigorosos com os termos das justificativas. Na verdade, em mais de três décadas de prática forense constatei que apenas a prova cabal de impossibilidade para o trabalho, por meio de atestado ou laudo médico, foi capaz de evitar a prisão civil do devedor. Claro que isso não desvaloriza a importância da apresentação das "justificativas", mas demonstra que sua utilidade é muito mais no sentido de preparar o caminho para um acordo do que efetivamente evitar a prisão civil do devedor, como parece acreditar boa parte dos colegas advogados.

O devedor pode começar as suas "justificativas" expondo em detalhes a sua situação financeira, de preferência acompanhada de documentos. Tal atitude é importante para mostrar ao credor e ao juiz que a inadimplência não é fruto de falta de caráter ou de falta de interesse pela prole, mas advinda de circunstâncias alheias à vontade do devedor. Contudo, apenas demonstrar sua incapacidade para o pagamento não é bastante para afastar o pedido de prisão civil, visto que normalmente essas dificuldades são de exclusiva responsabilidade do devedor, que, num momento ou outro, tomou decisões erradas. Veja, segundo a jurisprudência, nem mesmo o desemprego involuntário é suficiente para afastar o pedido de prisão civil. Entretanto, a clara e evidente franqueza do executado sobre sua situação pode, direta ou indiretamente, constranger o juiz e o credor, que assim podem ficar mais receptíveis ao que vem a seguir, qual seja uma proposta séria que leve à quitação do débito.

Veja, mais do que reclamar de forma geral do mundo e dos seus erros, o que pode efetivamente evitar a prisão civil do executado é convencer a parte e o juiz que pretende, sob certas circunstâncias, quitar todas as suas obrigações (passadas e futuras). Nesse campo, lembro que a jurisprudência tem aceitado liberar o saldo das contas do FGTS do devedor para quitar, total ou parcialmente, o débito alimentar. Quando o executado se encontrar trabalhando com vínculo, não se deve olvidar da possibilidade oferecida pelo § 3º do art. 529 do CPC (aumento do valor do desconto da pensão até o limite de 50% dos rendimentos líquidos).

Lembro ainda que um pagamento parcial costuma evitar que a prisão civil seja decretada de imediato, bem como facilita uma futura composição.

É contraproducente o executado levantar em suas justificativas questões estranhas ao feito, como, por exemplo, a ocorrência de alteração em suas possibilidades financeiras, ou ainda o nascimento de outro filho. Essa matéria deve ser levada ao juízo por meio de ação revisional de alimentos; na execução, a colocação dessas questões não só é imprópria, não evitando eventual decretação da prisão civil, como acaba irritando a parte credora, fato que constantemente dificulta uma composição quanto ao débito.

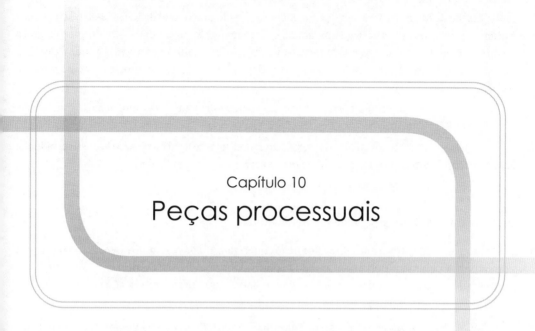

Capítulo 10
Peças processuais

10.1 CONTESTAÇÃO DE AÇÃO DE ADJUDICAÇÃO COMPULSÓRIA COM PRELIMINAR DE "CARÊNCIA DE AÇÃO"

Excelentíssimo Senhor Doutor Juiz de Direito da 3ª Vara Cível do Foro de Mogi das Cruzes, São Paulo.

Processo nº 00000-00.0000.0.00.0000
Ação de Adjudicação Compulsória

IMOBILIÁRIA C. A. S/C LTDA., representada por seu diretor presidente, por seu advogado, que esta subscreve (mandato incluso), com escritório na Rua Francisco Martins, nº 00, Jardim Armênia, cidade de Mogi das Cruzes-SP, *onde recebe intimações* (e-mail: gediel@gsa.com.br), nos autos do processo que lhe movem **V. R. W. e outro**, vem à presença de Vossa Excelência oferecer **contestação**, pelos motivos de fato e de direito que a seguir expõe:

Dos Fatos:

Os autores ajuizaram o presente feito asseverando que firmaram com a ré compromisso de compra e venda do imóvel situado na Rua Ricardo Amaral, nº 00, Jardim Imperador, cidade de Mogi das Cruzes-SP, CEP 00000-000, pelo preço total de R$ 385.000,00 (trezentos e oitenta e cinco mil reais). Alegaram, ainda, que efetuaram o pagamento total do preço e que a compromitente vendedora estaria se recusando a passar a escritura definitiva. Pediram, por fim, fosse o referido imóvel adjudicado ao seu patrimônio, expedindo-se o competente mandado para o Cartório de Registro de Imóveis.

Recebida a petição inicial, designou este douto Juízo audiência de conciliação, determinando a intimação dos autores e a citação da ré.

Não obstante os esforços do representante legal da ré, não foi possível obter-se acordo para pôr fim ao litígio, abrindo-se prazo para apresentação de defesa.

Em apertada síntese, os fatos.

Preliminarmente/Impugnação da Justiça Gratuita:

Na exordial, os autores requereram a concessão dos benefícios da justiça gratuita, vez que seriam pobres no sentido jurídico do termo, fls. 00; ele declarou que estaria desempregado enquanto a mulher informou que trabalha como professora estadual.

Faltam com a verdade os autores, visto que eles não são pobres.

Ao contrário do que alegou, o autor "V" não está desempregado, mas é empresário autônomo no ramo da representação comercial (venda de tecidos), conforme comprovam documentos anexos que foram fornecidos pelo próprio à ré quando da lavratura do compromisso de compra e venda. Há ainda que se observar que o imóvel objeto do presente feito é de alta renda, estando localizado num dos melhores bairros da cidade.

Além do referido imóvel, cada um dos autores possui carro próprio.

A renda real do autor "V" pode ser facilmente conferida por este douto Juízo, acessando os dados da Receita Federal ou do Banco Central.

Sendo assim, considerando as fortes evidências de que os autores não são pobres, REQUER-SE revogue este douto Juízo os benefícios da justiça gratuita conferida aos autores, fls. 00, determinando que procedam com o recolhimento das custas e despesas processuais que deixaram de recolher, sob pena de extinção do feito sem resolução de mérito (arts. 102, parágrafo único, 485, X, CPC).

Considerando, ademais, a evidente má-fé dos autores, REQUER-SE sejam condenados a pagar multa no valor do décuplo do valor das despesas que deixaram de recolher (art. 100, parágrafo único CPC).

Preliminarmente/Impugnação do Valor da Causa:

Segundo o art. 292 do CPC, inciso II, o valor da causa será "na ação que tiver por objeto a existência, a validade, o cumprimento, a modificação, a resolução, a resilição ou a rescisão de ato jurídico, o valor do ato ou o de sua parte controvertida". Considerando que no presente caso os autores requerem o cumprimento do contrato, cujo valor total é de R$ 385.000,00 (trezentos e oitenta e cinco mil reais), deveriam, segundo a citada norma, ter indicado o referido valor como valor da causa, não o fizeram.

Na verdade, os autores indicaram como valor da causa o valo venal do imóvel, segundo lançamento do IPTU para o ano de 0000, fls. 00.

Destarte, considerando o claro erro na atribuição do valor da causa, REQUER-SE proceda este douto Juízo com a retificação do valor da causa, determinando, nos termos do art. 293 do CPC, a complementação das custas (neste caso, o recolhimento integral).

Preliminarmente/Da Carência de Ação (Falta de Interesse):

O art. 1.418, do Código Civil, concede ao promitente comprador, com direito real (título registrado no CRI), o direito de requerer judicialmente a adjudicação do imóvel desde que o promitente vendedor tenha se recusado a outorgar a escritura definitiva. Para melhor caracterização da questão, pede-se vênia para transcrever o referido artigo, *in verbis*:

> **"Art. 1.418. O promitente comprador, titular de direito real, pode exigir do promitente vendedor, ou de terceiros, a quem os direitos deste forem cedidos, a outorga da escritura definitiva de compra e venda, conforme o disposto no instrumento preliminar; e, se houver recusa, requerer ao juiz a adjudicação do imóvel."**

Como se vê, pressuposto fundamental do presente feito é que haja recusa do promitente vendedor. Todavia, a ré nunca se recusou a outorgar a escritura definitiva, muito ao contrário, tão logo os autores quitaram o preço, foi lhes enviado correspondência requerendo seu comparecimento na sede da ré a fim de tratar dos trâmites necessários para a transferência definitiva da propriedade (documentos anexos), porém estes nunca compareceram. Razão pela qual, grande foi a surpresa dos representantes da ré quando receberam citação para o presente feito, vez que desconheciam a vontade dos autores, que nunca os procuraram para regularizar a situação do imóvel.

Não tendo havido recusa por parte da ré em outorgar aos autores a competente escritura pública, estes devem ser declarados carecedores de ação (falta de interesse de agir), extinguindo-se o feito sem julgamento de mérito (art. 485, VI, CPC).

Do Mérito:

Pelas razões expostas na preliminar, este douto Juízo dificilmente chegará a apreciar o mérito do pedido dos autos, contudo, em respeito ao princípio da eventualidade e considerando que a preliminar pode se confundir com o próprio mérito da causa, a ré reitera que nunca se negou a outorgar a escritura de compra e venda, estando à disposição dos autores, na sua sede, para providenciar os trâmites necessários, observando-se que nos termos do contrato firmado pelas partes cabe aos compradores arcar com os custos da escritura pública assim como o pagamento do imposto de transmissão.

Dos Pedidos:

Ante o exposto, considerando que falta aos autores interesse de agir, requer-se a extinção da presente ação sem julgamento do mérito (art. 485, VI, CPC); no mérito, se a tanto se chegar, a pretensão do autores deve ser indeferida, visto que nunca houve por parte da ré recusa na concessão da escritura pública, conforme provam documentos anexos, bastando que eles se apresentem na sede da empresa para providenciar os documentos necessários.

Provará o que for necessário, usando de todos os meios permitidos em direito, em especial pela juntada de documentos (anexos), perícia contábil, oitiva de testemunhas (rol anexo) e depoimento pessoal dos autores.

Termos em que
p. deferimento.

Mogi das Cruzes, 00 de maio de 0000.

Gediel Claudino de Araujo Júnior
OAB/SP 000.000

10.2 CONTESTAÇÃO DE "AÇÃO DE ALIMENTOS GRAVÍDICOS", COM PEDIDO DE REVISÃO DOS ALIMENTOS PROVISÓRIOS, PRELIMINAR DE INÉPCIA DA EXORDIAL E PEDIDO DE SUSPENSÃO DO FEITO PARA REALIZAÇÃO DE EXAME E DNA

Excelentíssimo Senhor Doutor Juiz de Direito da 3ª Vara Cível do Foro de Mogi das Cruzes – SP.

Processo nº 0000000-00.0000.0.00.0000
Ação de Alimentos Gravídicos

T. A. V. R., brasileiro, solteiro, desempregado, sem endereço eletrônico, portador do RG 0.000.000-SSP/SP e do CPF 000.000.000-00, residente e domiciliado na Rua Benedita Berne da Silva, nº 00, Mogi Moderno, cidade de Mogi das Cruzes-SP, CEP 00000-000, por seu Advogado, que esta subscreve (mandato incluso), com escritório na Rua Francisco Martins, no 00, Centro, cidade de Mogi das Cruzes-SP, *onde recebe intimações* (e-mail: gediel@gsa.com.br), nos autos do processo que lhe move **J. de O. P.**, vem à presença de Vossa Excelência oferecer **contestação**, nos termos a seguir articulados:

Dos Fatos:

A autora ajuizou o presente feito asseverando, em apertada síntese, que se encontra grávida e que o réu, seu ex-companheiro (união estável), seria o pai da criança por nascer. Declarou, ademais, que em razão do seu estado não estaria conseguindo emprego, encontrando-se em dificuldades financeiras. Por fim, requereu fosse o réu condenado a lhe pagar alimentos gravídicos no valor de 1/3 (um terço) de seus rendimentos, quando empregado, e 2/3 (dois terços) de um salário quando desempregado.

Recebida a exordial, o pedido de tutela provisória de urgência foi deferido, fixando-se os alimentos provisórios em ½ (meio) salário mínimo, determinando-se, em seguida, a citação/intimação do réu.

Em síntese, os fatos.

Preliminarmente:

"Da revisão do valor dos alimentos provisórios".

Douto Magistrado, a respeitável decisão de fls. 00, que em liminar, fixou os alimentos provisórios em ½ (meio) salário mínimo, há que ser revista visto que o alimentante não possui condições financeiras de arcar com valor tão alto.

Desempregado há mais de 01 (um) ano, o réu sobrevive de pequenos bicos como ajudante de pedreiro, trabalho que lhe rende, num mês bom, valor aproximado de R$ 600,00 (seiscentos reais), contudo o aprofundamento da crise econômica pela qual o país passa tem diminuído em muito as oportunidades de emprego, mesmo desta natureza; por exemplo, hoje faz duas semanas que não encontra trabalho.

Não fosse bastante a precariedade da situação financeira do réu a demandar a revisão do valor dos alimentos provisórios, há que se observar que ele ainda paga pensão alimentícia no valor de 30% (trinta por cento) do salário mínimo para dois filhos (J. M. de P. e R. A. P.), conforme provam documentos anexos.

A existência de mais dois filhos e o próprio valor fixado a título de alimentos em seu favor indica a precariedade da situação financeira do réu, fato que demanda, como se disse, a revisão do valor dos alimentos provisórios.

Sendo assim, REQUER-SE a revisão da liminar, com escopo de fixar os alimentos provisórios no valor de 15% (quinze por cento) de um salário mínimo, com vencimento para todo dia 10 (dez).

"Da inépcia da petição inicial".

Como se sabe, a ação de alimentos gravídicos tem como objetivo possibilitar à mulher gestante requerer ajuda ao suposto pai para cobrir as despesas adicionais do período de gestação. Neste sentido o art. 2º da Lei nº 11.804/08: *"os alimentos de que trata esta Lei compreenderão os valores suficientes para cobrir as despesas adicionais do período de gravidez e que sejam dela decorrentes, da concepção ao parto, inclusive as referentes a alimentação especial, assistência médica e psicológica, exames complementares, internações, parto, medicamentos e demais prescrições preventivas e terapêuticas indispensáveis, a juízo do médico, além de outras que o juiz considere pertinentes".*

Como se vê esta é uma ação de alimentos diferente, com um foco específico nas despesas adicionais do período de gravidez; tal fato exige que a interessada demonstre, indique, especifique na exordial estas despesas extras, que "não podem ser presumidas".

Assim não agiu a autora; veja-se que na sua petição inicial ela se limitou a indicar despesas gerais (alimentos, moradia, assistência médica, transporte etc.), sem, contudo, quantificar ou "especificar" qualquer destas despesas como seria de rigor em razão da natureza do feito.

Veja-se, a ação de alimentos gravídicos não se confunde com "ação de alimentos"; o réu não é parente da autora e não está obrigado a sustentá-la de forma geral; ou seja, a ação de alimentos gravídicos tem um foco específico, qual seja: atender despesas extraordinárias no período de gravidez. Neste particular, não basta o protesto genérico, sendo necessária a indicação específica para que, então, o "suposto pai" possa então contribuir.

Não houve indicação na exordial destas despesas "específicas" porque efetivamente elas não existem; a autora vive com os pais, está fazendo o pré-natal num posto de saúde que fica a duas quadras de onde reside; ao que se sabe, a gestação corre sem riscos e sem despesas extras, sendo que a autora ainda trabalha informalmente vendendo produtos de beleza (fato omitido na exordial).

Informa o art. 330 do CPC que a petição inicial deve ser indeferida quando for inepta; no presente caso, a inicial deve ser declarada inepta porque lhe falta causa de pedir (art. 330, § 1º, I, CPC), extinguindo-se o feito sem julgamento de mérito.

Do Mérito:

   Douto Magistrado, o pedido de alimentos gravídicos deve ser julgado improcedente.

   De fato, o réu manteve relacionamento amoroso com a autora; o casal se conheceu em uma balada e começaram a namorar.

   Quando ficou sabendo da gravidez, o réu convidou a autora para morar com ele na casa de seus pais, onde o casal ficou junto por aproximadamente um mês até que o réu descobriu que a autora tinha outro relacionamento com um rapaz de nome "V".

   Confrontada pelo réu, ela acabou admitindo que manteve encontros amorosos com o referido homem (ex-colega de trabalho), mas que tinha certeza que o filho seria do réu.

   Diante destas circunstâncias como poderia, ou pode, o réu assumir a sua responsabilidade pela gravidez? Se a própria autora admite a sua infidelidade (a confissão foi presenciada pela mãe e irmãos do réu), como pode o réu sacrificar o pouco que tem para pagar por despesas que não são suas?

   "Do valor dos alimentos gravídicos".

   Na eventualidade deste douto Juízo vier a afastar os argumentos do réu, fato que se aceita apenas pelo princípio da eventualidade, julgando procedente o pedido da autora deve, ao menos, considerar na fixação dos alimentos a precária situação financeira dele, conforme já exposto nesta petição, assim como a existência de mais dois filhos, a quem ele paga pensão.

   "Da suspensão do feito e sua eventual conversão em ação de investigação de paternidade".

   A lei que instituiu a possibilidade dos alimentos gravídicos colocou o homem, no caso, o réu, em uma situação de grave desvantagem, visto que possibilitou seja ele condenado a pagar pensão alimentícia mediante simples indícios, ou seja, sem que haja qualquer prova real de paternidade quanto à criança por nascer.

   Pior ainda, quando se percebe que a lei estabelece que os alimentos gravídicos, que têm como objetivo ajudar a mulher no período de gestação, se convertem automaticamente em pensão alimentícia para a criança por nascer, sem que se produza qualquer prova de paternidade, como se disse.

   Tal situação é evidentemente injusta e contraria o princípio constitucional da ampla defesa (art. 5º, LV, CF); veja-se, neste feito as provas eventualmente produzidas dizem respeito unicamente a existência, ou não, de relacionamento amoroso entre as partes, fato que, inclusive, não é contestado pelo réu, contudo, nenhuma prova deve ser produzida quanto a real paternidade do feto por nascer; ou seja, o réu pode se ver condenado a pagar pensão alimentícia para uma criança sem que se prove ser efetivamente ele o seu genitor, fato que, inclusive, ele nega, em razão da confessada infidelidade da autora. Em resumo, o parágrafo único do art. 6º da Lei nº 11.804/08 é claramente inconstitucional, visto que impõe obrigação financeira a um homem, cujo não pagamento pode levar à prisão, sem que lhe seja garantido o amplo direito de defesa.

   Com escopo de se evitar graves prejuízos ao réu, assim como em obediência ao princípio da economia processual, REQUER-SE que no caso deste douto Juízo convencer-se, contrariando as razões do réu, por tornar definitivos os alimentos provisórios fixados nestes autos, determine, em seguida, a suspensão do feito até que o ocorra o nascimento da criança, com escopo de se fazer exame de DNA, que irá, com certeza, provar que o filho que espera a autora não é do réu.

Dos Pedidos:

Ante o exposto, requer a "improcedência do pedido", sendo que no caso de procedência, fato que se aceita apenas para contra-argumentar, sejam os alimentos fixados em 11% (onze por cento) de seus rendimentos líquidos, incluindo-se férias e indenização de férias, 13º salário, excluindo-se horas extras, verbas rescisórias e FGTS e sua multa, quando empregado, e 15% (quinze por cento) de 01 (um) salário mínimo quando desempregado ou trabalhando sem vínculo, com vencimento para todo dia 10 (dez) de cada mês, devidos APENAS até o nascimento da criança, visto que o réu não pode ser obrigado a pagar pensão alimentícia para quem não é o seu filho, não há exame de DNA, e também não é parte neste processo; ou, alternativamente, se suspenda o feito até que a criança nasça e se possa realizar exame de DNA que irá provar que o réu não é o seu pai.

Provará o que for necessário, usando de todos os meios permitidos em direito, em especial pela juntada de documentos (anexos), oitiva de testemunhas (rol anexo), perícia social e técnica, exame de DNA, e depoimento pessoal da autora.

Requer, outrossim, os benefícios da justiça gratuita, vez que se declara pobre no sentido jurídico do termo, conforme declaração anexa.

Termos em que,
p. deferimento.

Mogi das Cruzes-SP, 00 de maio de 0000.

Gediel Claudino de Araujo Junior
OAB/SP 000.000

10.3 CONTESTAÇÃO DE AÇÃO DE ALIMENTOS MOVIDA PELA FILHA CONTRA O GENITOR COM CONCORDÂNCIA PARCIAL

Excelentíssimo Senhor Doutor Juiz de Direito da Vara Única da Comarca de Luís Gomes, Rio Grande do Norte.

Processo nº 0000000-00.0000.0.00.0000
Ação de Alimentos

J. U. da S., brasileiro, casado, ajudante de cozinha, sem endereço eletrônico, portador do RG 0.000.000-SSP/RN e do CPF 000.000.000-00, residente e domiciliado na Rua Doutor Rômulo Pasqualini, nº 00, fundos, Jardim São Pedro, cidade de Mogi das Cruzes-SP, CEP 00000-000, por seu Advogado, que esta subscreve (mandato incluso), com escritório na Rua Francisco Martins, nº 00, Centro, cidade de Mogi das Cruzes-SP, *onde recebe intimações* (e-mail: gediel@gsa.com.br), nos autos do processo que lhe move **M. N. F. da S.**, vem à presença de Vossa Excelência oferecer **contestação**, nos termos a seguir articulados:

Dos Fatos:

A autora ajuizou o presente feito asseverando, em apertada síntese, que é filha do réu e que este estaria faltando com suas obrigações alimentícias em face dela. Pediu, por fim, fixasse este douto Juízo pensão alimentícia mensal no valor de 50% (cinquenta por cento) de um salário mínimo.

Recebida a exordial, fixou este ilustre Juízo os provisórios em 30% (trinta por cento) de 01 (um) salário mínimo e determinou a citação do alimentante.

Em síntese, os fatos.

Do Mérito:

Douto Magistrado, o réu CONCORDA PARCIALMENTE com o pedido da autora.

Ab initio, pede vênia para informar que se encontra empregado, com registro em carteira, junto à empresa MOGI P. S. L. LTDA., situada na Avenida Francisco Rodrigues Filho, nº 00, Vila Mogilar, cidade de Mogi das Cruzes-SP, CEP 00000-000, onde aufere renda mensal de aproximadamente R$ 1.000,00 (um mil reais), conforme demonstra holerite anexo.

O § 1º do art. 1.694 do Código Civil declara que "*os alimentos devem ser fixados na proporção das necessidades do reclamante e dos recursos da pessoa obrigada*"; diante da referida norma e considerando o alto custo de vida na cidade de Mogi das Cruzes-SP (aluguel, alimentação, vestuário, transporte etc.), propõe-se a contribuir para o sustento da sua filha com pensão alimentícia mensal no valor de 20% (vinte por cento) de seus rendimentos líquidos, incluindo-se férias e indenização de férias, 13º salário, excluindo-se horas extras, verbas rescisórias e FGTS e sua multa, quando empregado, e 20% (vinte por cento) de 01 (um) salário mínimo quando desempregado ou trabalhando sem vínculo, com vencimento para todo dia 10 (dez) de cada mês.

Esta proposta representa o máximo que o réu pode fazer por sua filha no momento. Não se deve, ademais, deixar de observar que a obrigação de sustentar os filhos não é do pai, mas dos "pais", ou seja, a mãe está igualmente obrigada em face da autora, considerando que a alimentanda não valorou suas necessidades na exordial, nem apresentou qualquer situação especial que impeça a mãe de trabalhar ou que demande valor excepcional na manutenção da autora; há que se considerar que a contribuição oferecida, mais a participação da mãe, é mais que suficiente para arcar com os custos de subsistência da infante.

Dos Pedidos:

Ante o exposto, requer a "procedência parcial da ação", a fim de fixar a pensão devida pelo réu à sua filha no valor de 20% (vinte por cento) de seus rendimentos líquidos, incluindo-se férias e indenização de férias, 13º salário, excluindo-se horas extras, verbas rescisórias e FGTS e sua multa, quando empregado, e 20% (vinte por cento) de 01 (um) salário mínimo quando desempregado ou trabalhando sem vínculo, com vencimento para todo dia 10 (dez) de cada mês.

Provará o que for necessário, usando de todos os meios permitidos em direito, em especial pela juntada de documentos (anexos), oitiva de testemunhas (rol anexo), perícia social e depoimento pessoal da representante da autora.

Requer, outrossim, os benefícios da justiça gratuita, vez que se declara pobre no sentido jurídico do termo, conforme declaração anexa.

Em razão da impossibilidade do comparecimento pessoal do alimentante, requer determine este douto juízo a remessa a ele, via correio, de cópia da sentença que venha a ser proferida nestes autos, assim como seja informada conta bancária para crédito da pensão, oficiando-se diretamente ao empregador para desconto da pensão imposta em folha de pagamento.

Termos em que
p. deferimento.

M. Cruzes-SP/Luís Gomes-RN, 00 de maio de 0000.

Gediel Claudino de Araujo Junior
OAB/SP 000.000

10.4 CONTESTAÇÃO DE AÇÃO DE ALIMENTOS MOVIDA PELA NETA EM FACE DOS AVÓS PATERNOS, COM PRELIMINAR DE CHAMAMENTO AO PROCESSO DE CARÊNCIA DE AÇÃO E INÉPCIA DA PETIÇÃO INICIAL

Excelentíssimo Senhor Doutor Juiz de Direito da 3ª Vara Cível do Foro de Mogi das Cruzes, São Paulo.

Processo nº 0000000-00.0000.0.00.0000
Ação de Alimentos

J. C. G. de S., já qualificado, por seu Advogado, que esta subscreve (mandato incluso), com escritório na Rua Francisco Martins, nº 00, Centro, cidade de Mogi das Cruzes-SP, *onde recebe intimações* (e-mail: gediel@gsa.com.br), nos autos do processo que lhe move M. L. D. S. de S., vem à presença de Vossa Excelência oferecer ***contestação***, nos termos a seguir articulados:

Dos Fatos:

A autora ajuizou o presente feito asseverando, em apertada síntese, que é filha de "M. S. de S.", que por sua vez é filho do réu, e que este estaria descurando do seu dever de contribuir para seu sustento, conforme obrigação que advém do poder familiar. Declarou, ainda, de forma genérica as suas necessidades. Informou que "não pediu" alimentos ao pai da criança, vez que teria notícias de que este está desempregado. Por fim, requereu a fixação dos alimentos provisórios e definitivos no valor de 2 (dois) salários mínimos.

Recebida a exordial, este douto Juízo indeferiu o pedido de alimentos provisórios, fls. 00, designando audiência de conciliação, em que, não obstante os esforços dos conciliadores, as partes não chegaram a um acordo, iniciando-se, então, o prazo para apresentação de defesa.

Em síntese, os fatos.

Preliminarmente/Do Chamamento ao Processo:

Com arrimo no art. 130, inciso III, do CPC, requer-se determine este douto Juízo sejam chamados a integrar o polo passivo todos os avós da menor, fls. 00, quais sejam, Sr. A. A. D. e a Sra. I. R. D., de qualificação ignorada, com residência e domicílio na Rua Aristides Germano Montagnini, nº 00, Jardim Ivete, cidade de Mogi das Cruzes-SP, CEP 00000-000.

Tal medida é obrigatória e encontra fundamento expresso no artigo 1.698 do Código Civil, *in verbis*:

"**Art. 1.698.** Se o parente, que deve alimentos em primeiro lugar, não estiver em condições de suportar totalmente o encargo, serão chamados a concorrer os de grau imediato; sendo várias as pessoas obrigadas a prestar alimentos, todas devem concorrer na proporção dos respectivos recursos, e, intentada ação contra uma delas, poderão as demais ser chamadas a integrar a lide." (grifo nosso)

Neste sentido, recente jurisprudência do Superior Tribunal de Justiça, *in verbis*:

"**A responsabilidade dos avós quanto aos alimentos é complementar e deve ser diluída entre todos eles (paternos e maternos).**" (REsp 401484-PB, Ministro Fernando Gonçalves, Quarta Turma, *DJ* 20.10.2003, p. 278)

Destarte, requer-se sejam as pessoas supraindicadas chamadas ao processo, devendo-se, para tanto, determinar sua citação, fazendo-se juntar cópia da petição inicial e desta contestação, oficiando-se ao Cartório Distribuidor para que sejam feitas as devidas anotações e retificações.

Preliminarmente/Da Carência de Ação (Falta de Legitimidade Passiva):

Douto Magistrado, não se vislumbra nos fatos informados na exordial qualquer razão que justifique o feito. A autora não é órfã, possui mãe e pai a quem, segundo a lei (art. 1.634, CC), cabem a obrigação e o direito de cuidar dela.

Se a genitora da autora não possui condições de lhe prover o sustento sozinha, como alega sem provas, deveria primeiramente buscar ajuda do genitor. O que não pode fazer é simplesmente transferir tal responsabilidade para os avós, buscando o caminho que lhe pareceu mais fácil.

Primeiro, a representante da menor deve buscar um emprego e meios próprios para atender as necessidades de sua filha, "*que ela pôs no mundo sem consulta ou interferência do réu*"; agora, se ela precisa de ajuda para prover o subsistência da sua filha, deve, como se disse, primeiro tomar as providências judiciais necessárias para obrigar o pai da criança a cumprir com o dever que advém do poder familiar.

Veja-se: não pode a menor autora simplesmente qualificar os seus pais de inúteis e processar os avós. A fim de justificar ação de alimentos contra os avós, a autora deveria demonstrar, provar, na exordial que sua mãe encontra-se totalmente impossibilitada para tanto e que já esgotou todos os meios judiciais para cobrar pensão de seu pai.

Neste caso, *não se admitem atalhos*. Neste sentido a jurisprudência, *in verbis*:

"**A responsabilidade de os avós pagarem pensão alimentícia aos netos decorre da incapacidade de o pai cumprir com sua obrigação. Assim, é inviável a ação de alimentos ajuizada diretamente contra os avós paternos, sem comprovação de que o devedor originário esteja impossibilitado de cumprir com o seu dever. Por isso, a constrição imposta aos pacientes, no caso, se mostra ilegal. Ordem de *habeas corpus* concedida.**" (STJ, HC 38314-MS, Ministro Antônio de Pádua Ribeiro, Terceira Turma, *DJ* 04.04.2005, p. 297)

"**ALIMENTOS – Obrigação alimentar – Pedido de complementação de verba oferecida pelo pai formulado por netos em face do avô paterno – Não** comprovação do inadimplemento do genitor – Estudo social, ademais, a revelar que os autores vêm sendo adequadamente assistidos, no plano material – Obrigação a vincular, preferencialmente, os ascendentes mais próximos, e apenas supletivamente os mais remotos – Artigos 1696 e 1698, primeira parte, do novo Código Civil – Recurso improvido (TJSP, Apel. Cível n. 401.259-4/0-00, Rio Claro, 1ª Câmara, Relator Erbetta Filho, j. 28.03.06)

"ALIMENTOS – Ação intentada contra avô paterno – Inadmissibilidade, quando ainda não esgotados os procedimentos necessários ao acionamento de quem é o primeiro colocado na ordem de cumprimento da obrigação alimentar." (TJMG, RT 773/333)

Como se vê, a autora não apresentou na sua exordial qualquer razão a justificar a legitimidade passiva do réu, como seria de rigor, razão pela qual deve ser julgada carecedora de ação, extinguindo-se o processo sem julgamento do mérito (art. 485, VI, CPC).

Preliminarmente/Da Inépcia da Petição Inicial:

Douto Magistrado, percuciente análise da petição inicial demonstra que a autora não tomou o cuidado, como seria de rigor, de especificar detalhadamente as suas necessidades, se limitando a genericamente mencionar que possui necessidades não atendidas.

No caso presente, onde se busca alimentos em face dos avós, e não dos pais, deveria ter a autora indicado de forma clara e precisa as suas necessidades, mencionando expressamente o valor destas necessidades (art. 2º, L. 5.478/68-LA); "e mais", deveria ter indicado quais os rendimentos de sua mãe e de seu pai, a fim de que se pudesse mensurar realmente com quanto eventualmente os avós deveriam contribuir.

Lamentavelmente, a autora se limitou a "chutar" um número, pediu pensão de DOIS SALÁRIOS MÍNIMOS (número mágico), sem qualquer base, sem qualquer fundamento, seja quanto a suas "desconhecidas" necessidades, sejam quanto às possibilidades dos avós.

Destarte, "requer-se" seja reconhecida e declarada a inépcia da petição inicial (art. 330, § 1º, I, CPC), extinguindo-se o feito sem julgamento de mérito (art. 485, I, CPC).

Do Mérito:

Pelas razões expostas nas preliminares, improvável venha este douto Juízo a conhecer do pedido formulado na exordial; contudo, *ad cautelam*, passa a se manifestar sobre o mesmo, onde melhor sorte não aguarda à autora.

Como se sabe, a obrigação alimentícia entre os parentes se assenta no binômio "necessidade × possibilidade", ou seja, é necessário que aquele que pede alimentos prove que realmente precisa deles e que o demandado possua condições de provê-los. No presente caso, cabe ainda àquele que pede alimentos provar que os parentes de primeiro grau (pai e mãe), não possuem condições de suprir todas as suas necessidades.

Na verdade, com escopo de legitimar o seu pedido, deveria ter a autora descrito minuciosamente na própria petição inicial os motivos por que seus pais naturais não podem suprir suas necessidades. Não o fez, o que levou o réu, como se viu, a pedir fosse declarada carecedora de ação. Todavia, se eventualmente for ultrapassada a preliminar, há que se questionar sobre as necessidades da menor e as possibilidades dos avós.

Nada sabe o réu sobre as necessidades da autora, nem das possibilidades dos outros avós, mas pode afirmar que sua situação financeira não poderia ser mais precária. Com quase 67 (sessenta e sete) anos, aposentado, o réu viu nos últimos anos todas as suas economias serem consumidas numa série de tristes eventos. Primeiro, foi a morte de sua adorada mulher, depois foi a sua saúde que acabou com todas as suas economias e o levou à situação de absoluta miséria.

A renda do réu está muito longe daquilo declarado na exordial, como se vê de documentos anexos, sua pequena renda se encontra toda comprometida com dívidas e despesas ligadas ao caro e complicado tratamento de saúde a que é obrigado a se submeter.

Em dezembro próximo passado, o réu se viu obrigado a fazer um transplante de fígado. Como facilmente se pode imaginar, este fato mudou muito a sua vida, visto que agora ele precisa tomar uma serie de remédios, assim como responde por dívidas que foram contraídas quando do tratamento que o levou à cirurgia. Não bastasse tal fato para justificar a sua impossibilidade em pagar alimentos para a sua neta, o réu ainda é portador do vírus da Hepatite C e no momento encontra-se vítima de fortes dores na coluna (laudo médico anexo).

Além de tentar responder pelas suas próprias despesas (alimentação, moradia, alimentos, assistência médica, remédios etc.), o réu ainda se vê obrigado a dividir o pouco que tem com uma filha e dois netos, que moram com ele.

Infelizmente, por mais que seja desagradável admitir, o réu se vê forçado a declarar que "*não possui condições financeiras para ajudar sua neta*", sem que para isso tenha que deixar de pagar pelas próprias despesas básicas (remédios e alimentação).

Dos Pedidos:

Ante o exposto, considerando que a autora não justificou a legitimidade passiva do réu, REQUER-SE seja declarada carecedora de ação, extinguindo-se o feito sem o julgamento do mérito (art. 485, VI, CPC), ou, seja reconhecida a inépcia da petição inicial, extinguindo-se o feito sem julgamento do mérito (art. 485, I, CPC), ou, se eventualmente superadas as preliminares, o que se aceita somente para contra-argumentar, REQUER-SE seja o pedido julgado improcedente, vez que o réu não possui condições financeiras para contribuir para o sustento da autora, sem prejuízo de seu próprio sustento.

Requer-se, outrossim, os benefícios da justiça gratuita, vez que se declara pobre no sentido jurídico do termo, conforme declaração de pobreza já juntada aos autos.

Provará o que for necessário, usando de todos os meios permitidos em direito, em especial pela juntada de documentos (anexos), perícia social e médica, oitiva de testemunhas (rol anexo), e depoimento pessoal da representante da autora.

Termos em que
p. deferimento.

Mogi das Cruzes, 00 de outubro de 0000.

Gediel Claudino de Araujo Júnior
OAB/SP 000.000

10.5 CONTESTAÇÃO DE AÇÃO DE ALIMENTOS MOVIDA PELOS FILHOS EM FACE DO PAI, COM PRELIMINAR E CONCORDÂNCIA PARCIAL COM O PEDIDO

Excelentíssimo Senhor Doutor Juiz de Direito da 3ª Vara de Família e Sucessões do Foro de São José dos Campos, São Paulo.

Processo nº 0000000-00.0000.0.00.0000
Ação de Alimentos

E. D. dos S., brasileiro, solteiro, desempregado, portador do RG 00.000.000-SSP/SP e do CPF 000.000.000-00, titular do e-mail eds@gsa.com.br, residente e domiciliada na Rua Joia, nº 00, Jardim Modelo, cidade de Mogi das Cruzes-SP, CEP 00000-000, por seu Advogado, que esta subscreve (mandato incluso), com escritório na Rua Francisco Martins, nº 00, Centro, cidade de Mogi das Cruzes-SP, *onde recebe intimações* (e-mail: gediel@gsa.com.br), nos autos do processo que lhe movem **G. R. dos S. e outros**, vem à presença de Vossa Excelência oferecer *contestação*, nos termos a seguir articulados:

Preliminarmente/Da Necessidade de Redesignação da Audiência:

O réu recebeu, por meio de terceiros, a citação para responder aos termos do presente feito em 00 de abril de 0000; considerando que se aplicam, por analogia, ao procedimento da ação de alimentos as regras do rito comum (art. 334, CPC), necessário a redesignação da audiência de conciliação, instrução e julgamento marcada para o dia 00.00.0000.

A redesignação da audiência visa garantir ao réu o exercício pleno do seu direito de defesa.

Dos Fatos:

Os autores ajuizaram a presente ação em face do réu asseverando, em apertada síntese, que são filhos naturais dele e que tem este descuidado da sua obrigação de contribuir para o seu sustento. Requereram, por fim, fosse o réu condenado a pagamento de pensão alimentícia no valor de 30% (trinta por cento) de seus rendimentos líquidos, quando empregado, 01 (um) salário mínimo, quando desempregado.

Recebida a inicial, fixou este douto Juízo o valor dos alimentos provisórios em ½ (meio) salário mínimo, designando audiência de conciliação para o dia 00 de abril de 0000 às 13h45.

Em síntese, os fatos.

Do Mérito:

Douto Magistrado, o réu CONCORDA PARCIALMENTE com a pretensão dos autores.

Embora ciente de suas obrigações em face dos filhos, o alimentante não tem condições de arcar com pensão alimentícia no valor pleiteado na petição inicial, mormente quanto à situação de desemprego (atual condição do réu – "desempregado").

No momento, o alimentante vem sobrevivendo de pequenos e esporádicos "bicos"; estes trabalhos, quando aparecem, lhe rendem algo em torno de R$ 700,00 (setecentos reais).

Na verdade, a situação financeira atual do réu não é boa, razão pela qual se propõe a pagar pensão alimentícia mensal aos autores no valor de 30% (trinta por cento) de seus rendimentos líquidos, incluindo-se 13º salário, férias e verbas rescisórias, quando empregado (excluindo-se o FGTS), e 25% (vinte e cinco por cento) do salário mínimo nacional, com vencimento para todo dia 10 (dez), quando desempregado ou trabalhando sem vínculo. Neste último caso, requer-se seja intimado pessoalmente quanto ao número da conta corrente da Sra. K., guardiã dos menores, onde deve passar a fazer os depósitos.

Dos Pedidos:

Ante o exposto, "requer-se a procedência parcial do pedido da autora", a fim de fixar a pensão devida pelo pai aos requerentes em 30% (trinta por cento) de seus rendimentos líquidos, incluindo-se 13º salário, férias e verbas rescisórias, quando empregado (excluindo-se o FGTS), e 25% (vinte e cinco por cento) do salário mínimo nacional, com vencimento para todo dia 10 (dez), quando desempregado ou trabalhando sem vínculo.

Requer-se, por fim, os benefícios da justiça gratuita, vez que se declara pobre no sentido jurídico do termo, conforme declaração anexa.

Provará o que for necessário, usando de todos os meios permitidos em direito, em especial pela juntada de documentos (anexos), perícia social, oitiva de testemunhas (rol anexo) e depoimento pessoal da representante dos autores.

Termos em que
p. deferimento.

Mogi Cruzes-SP/S. J. Campos-SP, 00 de abril de 0000.

Gediel Claudino de Araujo Júnior
OAB/SP 000.000

10.6 CONTESTAÇÃO DE AÇÃO DE BUSCA E APREENSÃO DE MENORES MOVIDA PELA MÃE EM FACE DO PAI COM "RECONVENÇÃO"

Excelentíssimo Senhor Doutor Juiz de Direito da 3ª Vara Cível do Foro de Mogi das Cruzes, São Paulo.

Processo nº 0000000-00.0000.0.00.0000
Ação de Busca e Apreensão

E. C. dos S., brasileiro, solteiro (convivente), ajudante de pedreiro, portador do RG 00.000.000-SSP/SP e do CPF 000.000.000-00, sem endereço eletrônico, residente e domiciliado na Rua Sofia, n 00, Jardim União, cidade de Mogi das Cruzes-SP, CEP 00000-000, por seu Advogado, que esta subscreve (mandato incluso), com escritório na Rua Francisco Martins, nº 00, Centro, cidade de Mogi das Cruzes-SP, *onde recebe intimações* (e-mail: gediel@gsa.com.br), nos autos do processo que lhe move **D. P. de D.**, já qualificado, vem à presença de Vossa Excelência oferecer **contestação,** nos termos a seguir articulados:

Dos Fatos:

A requerente ajuizou a presente medida asseverando, em apertada síntese, que o genitor de suas filhas após retirá-las para visita regular, recusou-se a devolvê-las com objetivo de evitar cumprir obrigação alimentícia regularmente estabelecida. Por fim, requereu fosse concedida, *inaudita altera parte*, a busca e apreensão das menores.

Recebida a exordial, este douto Juízo designou audiência de justificação, onde o requerido concordou em devolver provisoriamente os menores para sua genitora, abrindo-se prazo para apresentação de defesa.

Em síntese, os fatos.

Do Mérito:

Parcialmente verdadeiros os fatos informados na exordial. Com efeito, o genitor deixou de devolver seus filhos à guardiã, mas fez isso não para fugir às suas responsabilidades financeiras como declarado na exordial, mas seguindo instruções do Conselho Tutelar deste Município.

Durante a última visita, a menor "T", sua filha mais velha, informou ao genitor que não queria voltar para junto de sua mãe em razão dela a ter levado para participar de pequenos furtos em supermercados, o que muito a teria constrangido e assustado. Cônscio da gravidade dos fatos, o genitor procurou a polícia e lavrou boletim de ocorrência e procurou o Conselho Tutelar que o orientou a manter a guarda provisória das menores até que fossem tomadas providências (documentos anexos).

Foi, ainda, orientado a ajuizar ação de modificação de guarda, contudo, antes que tivesse oportunidade de ajuizar a referida ação, foi surpreendido com a citação no presente feito.

Como visto, a atitude do réu foi motivada unicamente pelo bem-estar de suas filhas, tendo ele agido estritamente dentro dos parâmetros legais e de acordo com instruções que recebeu das autoridades, razão pela qual o pedido de busca e apreensão deve ser julgado improcedente.

Da Reconvenção:

Como informado no item anterior, o réu reteve a guarda fática das suas filhas em razão de graves fatos informados pela filha mais velha, "T"; esses fatos foram formalmente comunicados ao Conselho Tutelar, conforme demonstram documentos anexos, que orientou o réu a manter a guarda das menores e a lavrar boletim de ocorrência (cópia anexa).

Antes que o genitor tivesse oportunidade de ajuizar ação de modificação de guarda foi surpreendido com a citação no presente feito.

Considerando que o feito segue o rito comum, não obstante trate de pedido e de busca e apreensão, considerando ademais o princípio da economia processual, o réu REQUER, em reconvenção, a "modificação da guarda" das suas filhas "T. B. dos S.", nascida em 00.00.0000, e "A. L. dos S.", nascida em 00.00.0000.

A gravidade dos fatos e o bem-estar das menores DEMANDA seja concedido, em liminar, a guarda das menores para o genitor, ora réu reconvinte, expedindo-se urgente mandado de busca e apreensão. Registre-se que o réu encontra-se à disposição do juízo para participar das diligências pelo telefone: 00-00000-0000.

Formalizada eventualmente a guarda legal das menores para o genitor, este deve ser exonerado da pensão alimentícia fixada nos autos do Processo nº 0000000-00.0000.0.00.0000, que tramitou na 6ª Vara Cível deste Foro e Comarca, assim como deve ser a autora reconvinda condenada, por sua vez, ao pagamento mensal de pensão alimentícia em favor de suas filhas no valor de 1/2 (meio) salário mínimo por mês, com vencimento para todo dia 10 (dez) de cada mês, por meio de depósito em conta que o genitor mantém no Banco do Brasil S/A., agência 0000, conta 000.000-0.

O direito de visitas da mãe às suas filhas deve ficar, por ora, restritas à casa do genitor e mediante supervisão deste, até que se verifique por meio de estudo social que ela não representa qualquer perigo para suas filhas.

Registre-se que as partes, reconvinte e reconvinda, já se encontram regularmente qualificadas nos autos, dando-se à reconvenção o valor de R$ 6.000,00 (seis mil reais), REQUER-SE determine este douto Juízo a intimação da autora, na pessoa de seu advogado, para, caso queira, apresentar resposta no prazo de 15 (quinze) dias, nos termos do que determina o parágrafo primeiro do art. 343 do CPC.

Dos Pedidos:

Ante o exposto, requer-se que o pedido de busca e apreensão seja julgado improcedente, deferindo-se, em reconvenção, a guarda formal das menores para o genitor, exonerando-o da pensão fixada no Processo nº 0000000-00.0000.0.00.0000, que tramitou na 6ª Vara Cível deste Foro e Comarca, e condenando-se a autora reconvinda ao pagamento de pensão alimentícia mensal no valor de 1/2 (meio) salário mínimo, com vencimento para todo dia 10 (dez) de cada mês, por meio de depósito na conta bancária do guardião; o direito de visitas deverá ficar suspenso ou condicionado à supervisão do genitor.

Requer-se, outrossim, os benefícios da justiça gratuita (ação e reconvenção), vez que se declara pobre no sentido jurídico do termo, conforme declaração anexa.

Provará o que for necessário (ação e reconvenção), usando de todos os meios permitidos em direito, em especial pela juntada de documentos (anexos), estudo social e psicológico e oitiva de testemunhas (rol anexo).

Termos em que
p. deferimento.

Mogi das Cruzes, 00 de setembro de 0000.

Gediel Claudino de Araujo Júnior
OAB/SP 000.000

10.7 CONTESTAÇÃO DE AÇÃO DE BUSCA E APREENSÃO EM ALIENAÇÃO FIDUCIÁRIA, COM PEDIDO DE PURGAÇÃO DA MORA

Excelentíssimo Senhor Doutor Juiz de Direito da 3ª Vara Cível do Foro de Mogi das Cruzes, São Paulo.

Processo nº 0000000-00.0000.0.00.0000
Ação de Busca e Apreensão em Alienação Fiduciária

    F. V., já qualificado, por seu Advogado, que esta subscreve (mandato incluso), com escritório na Rua Francisco Martins, nº 00, Centro, cidade de Mogi das Cruzes-SP, *onde recebe intimações* (e-mail: gediel@gsa.com.br), nos autos do processo que lhe move **Banco F. S.A.**, vem à presença de Vossa Excelência oferecer "*contestação*" nos termos a seguir articulados:

Dos Fatos:

    Em fevereiro de 0000, o autor ajuizou o presente feito asseverando, em apertada síntese, que teria firmado contrato de financiamento com alienação fiduciária com o réu, tendo como arrimo um empréstimo no valor de R$ 3.286,98 e um automóvel FIAT, modelo Uno CS, ano 0000. Declarou, ainda, que o réu ficou em mora com suas obrigações a partir de agosto de 0000.

    Recebida a exordial, este douto Juízo determinou a busca e apreensão do veículo dado em garantia fiduciária.

    Cumprida a liminar, o devedor fiduciante requereu a purgação da mora e a devolução, livre de ônus, do veículo, sendo tal pedido indeferido por este douto Juízo. Contra esta decisão, o réu interpôs agravo de instrumento junto ao Tribunal de Justiça do Estado de São Paulo.

    Em síntese, os fatos.

Do Mérito:

    "*Da impropriedade dos cálculos.*"

    Embora o réu admita que tenha estado em mora com suas obrigações (*hoje se encontra em dia – tendo depositado judicialmente todo o valor do débito*), forçoso admitir que tal fato não autoriza o autor a fazer cobrança abusiva, apresentando cálculos sabidamente indevidos, seja porque incluiu em seus cálculos a cobrança das parcelas vincendas, sem descontar proporcionalmente os juros embutidos nelas, seja porque "cumulou" a cobrança de multa moratória, juros e comissão de permanência.

Neste sentido a conhecida e "majoritária" jurisprudência do Superior Tribunal de Justiça, *in verbis*:

"Com relação à cobrança da comissão de permanência, a Eg. Segunda Seção desta Corte já firmou posicionamento no sentido de ser lícita a sua cobrança após o vencimento da dívida, devendo ser observado a taxa média de juros de mercado, apurada pelo Banco Centro do Brasil, NÃO SENDO ADMISSÍVEL, entretanto, seja cumulada com a correção monetária, com os juros remuneratórios, nem com multa ou juros moratórios. Incidência das Súmulas 30, 294 e 296 do STJ. Procedentes. Face à previsão de multa contratual em caso de atraso no pagamento, correto o afastamento, portanto, da cobrança da comissão de permanência." (STJ, Agrg. REsp 859323-RS, Ministro Jorge Scartezzini, T4, julgamento em 14.11.2006, *DJ* 11.12.2006, pg. 390)

Quanto a ilegalidade da inclusão das parcelas vincendas, cuja faculdade caberia unicamente ao devedor, no caso de que este desejasse quitar antecipadamente suas obrigações, neste sentido a norma do § 2º do art. 52 do CDC que declara que "é assegurada ao consumidor a liquidação antecipada do débito, total ou parcialmente, mediante redução proporcional dos juros e demais acréscimos".

No presente caso, o banco autor não só se apossou de faculdade que cabe unicamente ao consumidor, incluindo em seu contrato cláusula obviamente abusiva, mas fez o que é ainda pior, deixou, como seria de rigor, de descontar proporcionalmente os juros e demais encargos embutidos no valor das parcelas vincendas.

Fica, portanto, evidente não só a ilegalidade da cobrança, mas também a deslealdade com que agiu o credor fiduciário. Tal atitude demanda determine este douto Juízo, também com arrimo do CDC, art. 42, parágrafo único, a DEVOLUÇÃO EM DOBRO do indevidamente cobrado, valor este a ser apurado em liquidação de sentença, a fim de se verificar qual seria de fato o valor real do contrato.

"Da purgação da mora"

Não obstante a nova redação do § 2º do art. 3º do Decreto-lei 911/69, doutrina e jurisprudência são unânimes em afirmar não só a possibilidade de o devedor fiduciário purgar a mora, mas como a absoluta legalidade de tal atitude. Pede-se vênia para citarem-se algumas ementas do Tribunal de Justiça do Estado de São Paulo:

"AGRAVO DE INSTRUMENTO – Alienação fiduciária – Ação de busca e apreensão – Limites de purgação da mora – Inteligência do art. 3º, do Dec. Lei 911/69, sob nova redação, introduzida pela Lei n. 10.931/04 (art. 56) – Tese do credor fiduciário, de que, agora, ao devedor fiduciante, pretendendo convalidar o contrato, imperioso depositar o saldo contratual, por inteiro (parcelas vencidas e vincendas) – Descabimento – Ilegalidade e inconstitucionalidades – Descompasso com o ordenamento jurídico – Direitos do consumidor – fundamento constitucional – Exegese do art. 5º XXXII, LIV e LV, da Constituição Federal; arts. 187, 401 e 421 do Código Civil; art. 51, IV e § 1, I, II e III, do CDC – Recurso do credor fiduciário

– Desprovimento – Nova redação do art. 3º, do Dec. Lei 911/69, modificações introduzidas pelo art. 56, da Lei 10.931/04, concessões arbitrárias ao credor fiduciário, modelo flagrantemente potestativo, inviabilidade do devedor fiduciante buscar a consolidação do contrato, purgando a mora, senão com o depósito do preço contratual, por inteiro e nos limites do apontamento ministrado pelo credor, tais circunstâncias, absoluto descompasso com o sistema jurídico (Constituição Federal, Código Civil e Código de Defesa do Consumidor), descabe recepcionar, mecanismo flagrantemente ilegal e inconstitucional" (Agravo de Instrumento, n. 878.051-0/4 – Piracicaba – 3ª Câmara de Direito Privado – Relator: Carlos Russo – 04.05.05, v. u.).

"BUSCA E APREENSÃO – Alienação fiduciária – Purgação da mora – Admissibilidade – Depósito das parcelas vencidas – Pagamento das prestações vincendas – Impossibilidade – Enriquecimento ilícito do credor – Recurso provido" (Agravo de instrumento n. 883.776-0/5, São José do Rio Preto, 26ª Câmara de Direito Privado – Relator Andreatta Rizzo – 04.04.05, v. u.).

"ALIENAÇÃO FIDUCIÁRIA – Busca e apreensão – Depósito pelo devedor das prestações vencidas – Purgação da mora – Faculdade não excluída pela nova redação dada pela Lei Federal nº 10.931/04 ao art. 3º do Decreto-lei 911/69 – Interpretação que deve harmonizar-se ao disposto no art. 54, § 2º, do Código de Defesa do Consumidor – Purgação que não mais se condiciona ao percentual quitado até aquele momento – Depósito, todavia, incompleto, não abrangente de todas as prestações vencidas – Inaptidão para gerar os efeitos liberatórios pretendidos pela agravada – Recurso provido" (Agravo de instrumento n. 883.833-0/1 – São Roque – 28ª Câmara de Direito Privado – Relator: César Lacerda – 22.03.05 – v. u.).

"BUSCA E APREENSÃO – Alienação fiduciária – Purgação da mora – Admissibilidade, ainda que o devedor não haja quitado 40% do preço da transação – Revogação implícita do art. 3º, § 1º, do Dec. Lei 911/69 pelos arts. 6º, vi, e 53 da L. 8.078/90" (2º TACivSP – RT 756/287).

"ALIENAÇÃO FIDUCIÁRIA – Busca e apreensão – Purgação da mora – Faculdade não excluída pela nova redação dada pela Lei Federal n. 10.931/04 ao art. 3º do Decreto-lei n. 911/69 – Interpretação que deve harmonizar-se ao disposto no art. 54, § 2º, do Código de Defesa do Consumidor – Purgação que não mais se condiciona ao percentual quitado até aquele momento – Recurso não provido" (Agravo de Instrumento n. 891.382-0-8 – Guarulhos – 28ª Câmara de Direito Privado – Relator: César Lacerda – 22.03.05 – v. u.).

Destarte, informa-se que o réu usou deste direito, tendo depositado judicialmente todo o débito vencido, inclusive a ilegal comissão de permanência mais a parcela que venceu no último dia 00.00.0000.

Dos Pedidos:

Diante do exposto, considerando que o réu efetuou o depósito de todo o débito vencido, inclusive os valores indevidos da comissão de permanência, multa e juros, "requer--se", *mais uma vez*, "determine" este douto Juízo a imediata devolução do veículo, livre de ônus; no mérito, restituído ou não o veículo, deve-se reconhecer a ilegalidade dos valores cobrados pelo autor, determinando-se a devolução de todos os valores cobrados indevidamente, e, no caso de entender este douto Juízo que ao devedor cabe UNICAMENTE a faculdade "quitar o contrato", o que se aceita apenas para contra argumentar, seja determinada a elaboração de novos cálculos, afastando-se a comissão de permanência e procedendo-se com o desconto "proporcional" nas parcelas vincendas dos juros e despesas ali incluídas, e abrindo-se, então, oportunidade para que o devedor fiduciante complete o pagamento.

Provará o que for necessário, usando de todos os meios permitidos em direito, em especial pela juntada de documentos (anexos), perícia contábil, oitiva de testemunhas (rol anexo) e depoimento pessoal da representante do autor.

Termos em que
p. deferimento.

Mogi das Cruzes, 00 de abril de 0000.

Gediel Claudino de Araujo Júnior
OAB/SP 000.000

10.8 CONTESTAÇÃO DE AÇÃO DE COBRANÇA ARRIMADA EM CONTRATO DE LOCAÇÃO

Excelentíssimo Senhor Doutor Juiz de Direito da 3ª Vara Cível do Foro Regional de Itaquera, Comarca da Capital, São Paulo.

Processo nº 0000000-00.0000.0.00.0000
Ação de Cobrança

T. C. A. da S., já qualificada, por seu Advogado, que esta subscreve (mandato incluso), com escritório na Rua José Urbano, nº 00, Centro, Mogi das Cruzes-SP, *onde recebe intimações* (e-mail: gediel@gsa.com.br), nos autos do processo que lhe move **E. R. D.**, vem à presença de Vossa Excelência apresentar ***contestação***, conforme as seguintes razões:

Dos Fatos:

A autora ajuizou o presente feito asseverando, em apertada síntese, que manteve contrato de locação com a ré por um período aproximado de nove anos; informou, ainda, que a ré devolveu as chaves do imóvel em 00.00.0000, deixando, no entanto, débito de dois alugueres, assim como danos no imóvel que estimou em R$ 15.000,00 (quinze mil reais). Requereu, por fim, a condenação da ré ao pagamento da importância total de R$ 18.845,22 (dezoito mil, oitocentos e quarenta e cinco reais, vinte e dois centavos), mais o pagamento de multa no valor de três alugueres por descumprimento do contrato, além da condenação nos ônus da sucumbência.

Recebida a exordial, este douto Juízo designou audiência de conciliação, em que, não obstante os esforços da ré e dos conciliadores, não foi possível obter-se a conciliação, iniciando-se o prazo para apresentação da defesa.

Em síntese, o necessário.

Do Mérito:

Douto Magistrado, a ré **NADA DEVE À AUTORA**.
"Dos supostos alugueres em atraso."

Em março de 0000 não mais tendo interesse em manter o contrato de locação, que à época vigia por prazo indeterminado, a ré informou formalmente a administradora do imóvel, C. IMÓVEIS, que iria deixar o imóvel. Conversou, ainda, com o preposto da empresa que, conforme acordo feito quando da assinatura do contrato de locação, não pagaria os últimos dois meses de alugueres, visto que tinha pagado, a título de caução, dois meses de alugueres; o combinado era justamente no sentido de que ela ficaria no final do contrato sem pagar dois meses de alugueres ou receberia o dinheiro de volta, devidamente acrescido de juros e correção monetária.

Embora o pagamento da caução não esteja expressamente previsto no contrato de locação, por razões que a ré desconhece, visto que fez efetivamente o pagamento (*como a maioria das pessoas, ela firmou o contrato sem lê-lo*), fato que pode ser provado por testemunhas (rol anexo), há expressa menção a ela no recibo de entrega de chaves ("depósito caução", fls. 00).

Por que outra razão a ré, inquilina fiel por quase 10 (dez) anos, deixaria de quitar com suas "duas últimas" obrigações? Nenhuma razão, ela não deixaria e "não deixou".

Como se disse, a ré **"nada deve a título de aluguel atrasado"**. Registre-se, por cautela, que ao contrário do declarado na exordial, o valor mensal do aluguel era de apenas R$ 723,50.

Nada deve também a título de obrigações em aberto referente à conta de luz e água, conforme documentos que junta.

"Da suposta reparação de danos."

Quando da devolução das chaves, os representantes da imobiliária visitaram o imóvel e não apontaram no "recibo de chaves" nenhum fato relevante. De fato, a ré sempre cuidou do imóvel locado como se fosse seu; ou seja, com atenção e carinho, como demonstram algumas fotos que tirou ao deixar o imóvel (anexas).

É compreensível que a autora quisesse pintar o imóvel e fazer pequenos reparos após a saída da inquilina, afinal foram quase dez anos de locação; o que não é compreensível, ou mesmo razoável, é que queira cobrar os custos desta reforma da ré; afinal a proprietária do imóvel é a autora, responsável, portanto, pela conservação do bem.

Em outras palavras: é totalmente desarrazoado que queira imputar a responsabilidade pela conservação do bem para a ex-inquilina.

Ora, se de fato entendesse a autora que a ré provocou danos graves no seu imóvel, deveria não só fazer constar tal fato num laudo de vistoria, *para a qual a inquilina deveria ser chamada a participar*, como deveria manter o imóvel no estado para possível perícia, com escopo de adequadamente apurar-se o dano e a responsabilidade por ele. Claro que assim não agiu a autora; na verdade, o imóvel já está alugado para terceira pessoa.

Veja-se o absurdo: a própria autora constata os supostos danos e, sem dar qualquer chance de defesa para a ré, manda que os consertos sejam feitos por pessoa de sua confiança, depois simplesmente apresenta a conta para a ex-inquilina.

Como se disse, a ré devolveu o imóvel em bom estado de conservação, considerando que nele ficou, pagando aluguel, por quase dez anos, não tendo qualquer responsabilidade quanto ao custo de nova pintura ou mesmo de obras de recuperação; neste particular, registre-se que a locatária sempre fez uso regular do bem, nunca tendo recebido qualquer advertência da locadora ou de seus prepostos.

"Da impropriedade da cobrança de multa compensatória."

Além da condenação da ré em valores a título de alugueres em atraso e reparação de danos, a autora também pediu a sua condenação ao pagamento de multa compensatória no valor de 03 (três) alugueres.

Sem qualquer sentido a cobrança de "multa compensatória" visto que o contrato de locação estava vigendo por prazo indeterminado há longa data; nestes casos, é perfeitamente lícito ao inquilino devolver o imóvel mediante prévia notificação de 30 (trinta) dias (art. 46, § 2º, Lei 8.245/91), exatamente o que foi feito no presente caso.

Não tendo havido quebra de contrato por prazo certo, indevida a multa compensatória.

Dos Pedidos:

Ante o exposto, requer-se sejam os pedidos julgados improcedentes, condenando-se a autora nos ônus da sucumbência.

Requer, outrossim, os benefícios da justiça gratuita, vez que se declara pobre no sentido jurídico do termo, conforme declaração anexa.

Provará o que for necessário, usando de todos os meios admitidos em direito, em especial pela juntada de documentos (anexos), oitiva de testemunhas (rol anexo), perícia no imóvel e depoimento pessoal da autora.

Termos em que
p. deferimento.

Mogi das Cruzes / São Paulo, 00 de abril de 0000.

Gediel Claudino de Araujo Júnior
OAB/SP 000.000

10.9 CONTESTAÇÃO DE AÇÃO DE CONSIGNAÇÃO EM PAGAMENTO COM RECONVENÇÃO

Excelentíssimo Senhor Doutor Juiz de Direito da 3ª Vara Cível do Foro Regional de Itaquera, Comarca da Capital, São Paulo.

Processo nº 0000000-00.0000.0.00.0000
Ação de Consignação em Pagamento

Fio Vermelho S. C. Ltda., inscrita no CNPJ sob o nº 00.000.000/0000-00, neste ato representado por seu diretor jurídico, Sr. *D. C. de A.*, brasileiro, casado, titular do e-mail dca@fiovermelho.com.br, portador do RG 0.000.000-SSP/SP e do CPF 000.000.000-00, residente e domiciliado na Rua Benedita Berne da Silva, nº 00, Mogi Moderno, cidade de Mogi das Cruzes-SP, CEP 00000-000, por seu Advogado, que esta subscreve (mandato incluso), com escritório na Rua Francisco Martins, nº 00, Centro, cidade de Mogi das Cruzes-SP, *onde recebe intimações* (e-mail: gediel@gsa.com.br), nos autos do processo que lhe move **E. E. V. de R.**, vem à presença de Vossa Excelência oferecer **contestação**, nos termos a seguir articulados:

Dos Fatos:

O autor ajuizou o presente feito asseverando, em apertada síntese, que mantém com a empresa ré contrato de locação de uma máquina de tirar cópias pelo período de 36 (trinta e seis) meses; declarou, ainda, que, em novembro passado, a ré promoveu reajuste unilateral do contrato, passando a exigir o pagamento de aluguel mensal no valor de R$ 592,11 (quinhentos e noventa e dois reais, onze centavos), recusando-se a receber o valor contratual. Por fim, requereu a consignação da parcela vencida e das vincendas, assim como determinasse este douto Juízo a expedição de boletos com o valor correto do aluguel.

Recebida a exordial, este douto Juízo autorizou o depósito judicial dos valores oferecidos, fls. 00/00.

Feito o respectivo depósito, determinou-se então a citação da empresa ré.

Em síntese, os fatos.

Do Mérito:

Douto Magistrado, os pedidos do autor devem ser julgados improcedentes visto que nunca houve por parte da empresa ré recusa em receber os valores contratados.

Na verdade, o autor contou apenas parte dos fatos.

De fato, a ré firmou contrato de locação envolvendo máquina de fazer cópias (modelo EVW-227), tendo sido acordado o aluguel inicial de R$ 450,00 (quatrocentos e cinquenta reais), valor este reajustável anualmente pelo IGP-M (todo mês de maio).

Conforme pactuado, o valor do aluguel foi reajustado em maio de 0000, passando então o valor do aluguel para R$ 477,90 (quatrocentos e setenta e sete reais, noventa centavos).

O contrato firmado entre as partes prevê não só o fornecimento da referida máquina, mas também a obrigação da empresa ré de cuidar da sua manutenção, respondendo o locatário apenas pela troca de peças quebradas em razão do uso indevido do equipamento.

Em outubro próximo passado, o autor abriu chamado alegando que o equipamento apresentava problemas técnicos na qualidade das cópias (protocolo 000000000-0).

Um técnico compareceu no escritório do autor no dia 00.00.0000 e constatou que o equipamento não poderia ser consertado. Diante deste fato, foi oferecido ao cliente a possibilidade de rescindir o contrato sem custos ou optar pela troca do equipamento mais novo (nova linha), mantendo-se os termos contratados, como prazo, por exemplo, mediante um pequeno reajuste.

O autor optou pela troca do equipamento (veja-se sua firma lançada no formulário apresentado pelo técnico); feita a troca, passou-se então a emitir o boleto de cobrança segundo os novos parâmetros.

Registre-se que o cliente recebeu um equipamento novo e muito mais moderno, sendo que o acréscimo no aluguel foi mínimo, tendo ele expressamente concordado com a troca.

Da Reconvenção:

Conforme se constata nos presentes autos, o autor reconvindo deixou de cumprir com o contrato firmado com a ré reconvinte; isso porque não só deixou de pagar o aluguel pactuado, como de má-fé informou apenas parcialmente os fatos para este douto Juízo.

Caracterizada a inadimplência do contratante (não houve o pagamento do valor devido do aluguel, qual seja R$ 592,11), de rigor a rescisão do contrato com o pagamento da multa prevista da cláusula 38, ou seja, 20% (vinte por cento) do valor em aberto do contrato, equivalente, neste caso, a R$ 1.657,90 (um mil, seiscentos e cinquenta e sete reais, noventa centavos), acrescido das obrigações em aberto até a efetiva retirada do equipamento.

Registre-se que as partes, reconvinte e reconvinda, já se encontram regularmente qualificadas nos autos, dando-se à reconvenção o valor de R$ 4.026,34 (quatro mil e vinte e seis reais, trinta e quatro centavos), REQUERENDO-SE a intimação do autor, na pessoa de seu advogado, para, caso queira, apresentar resposta no prazo de 15 (quinze) dias, nos termos do que determina o § 1º do art. 343 do CPC.

Dos Pedidos:

Ante o exposto, requer a "improcedência dos pedidos", deferindo-se o pedido feito em reconvenção, com escopo de declarar rescindido o contrato firmado pelas partes (em razão de inadimplência), condenando-se o autor reconvindo a pagar à ré reconvinte o valor total de R$ 4.026,34 (quatro mil e vinte e seis reais, trinta e quatro centavos), referente à multa prevista no contrato assim como as parcelas em aberto do aluguel, devendo-se acrescentar as vincendas. Fica desde já requerido que os valores dos depósitos sejam liberados para a empresa ré como indenização parcial do débito.

Provará o que for necessário, usando de todos os meios permitidos em direito, em especial pela juntada de documentos (anexos), oitiva de testemunhas (rol anexo), perícia técnica e depoimento pessoal do autor.

Termos em que
p. deferimento.

Mogi das Cruzes-SP, 00 de março de 0000.

Gediel Claudino de Araujo Junior
OAB/SP 000.000

10.10 CONTESTAÇÃO DE AÇÃO DE CONVERSÃO DE SEPARAÇÃO EM DIVÓRCIO

Excelentíssimo Senhor Doutor Juiz de Direito da 3ª Vara Cível do Foro de Mogi das Cruzes-SP.

Processo nº 0000000-00.0000.0.00.0000
Ação de Conversão de Separação em Divórcio

M. L. de P., brasileira, separada, aposentada, portadora do RG 00.000.000-0-SSP/SP e CPF 000.000.000-00, titular do *e-mail* mlp@gsa.com, residente e domiciliada na Rua Paulo Leite de Siqueira, nº 00, Vila Nova Cintra, cidade de Mogi das Cruzes-SP, CEP 00000-000, por seu Advogado, que esta subscreve (mandato incluso), com escritório na Rua Francisco Martins, nº 00, Centro, cidade de Mogi das Cruzes-SP, *onde recebe intimações* (*e-mail*: gediel@gsa.com.br), nos autos do processo que lhe move **A. G. L.**, já qualificado, vem à presença de Vossa Excelência oferecer **contestação**, nos termos a seguir articulados:

Dos Fatos:

O autor ajuizou o presente feito asseverando, em apertada síntese, que se encontra judicialmente separado da ré há mais de um ano, conforme prova certidão de casamento devidamente averbada que juntou à exordial. Declarou, ainda, que não há pendências entre o casal. Por fim, requereu a conversão da separação em divórcio, com escopo de pôr fim ao casamento.

Recebida a inicial, determinou este douto Juízo a citação da ré para responder, fls. 00.

Em resumo, os fatos.

Do Mérito:

Entende a ré que pouco pode fazer quanto ao mérito da presente ação, assim como não lhe foi possível evitar fosse decretada a separação judicial do casal por sentença deste douto juízo. Entretanto se vê compelida a "resistir" à pretensão do autor em razão de convicção pessoal.

Católica, a ré acredita que o casamento é eterno, ou seja, um vínculo espiritual firmado para toda a eternidade; ele não pode ser dissolvido ou terminado pelos contraentes. Veja, o autor, que aqui busca o fim do casamento, tinha pleno conhecimento da fé da ré, tendo lhe prometido, de forma solene e perante testemunhas (mais de 300 pessoas compareceram ao evento), manter o vínculo matrimonial até a morte.

Em outras palavras, o autor firmou, perante Deus e a sociedade, um compromisso eterno com a ré; este pacto não pode ser quebrado sem eventual autorização da própria Igreja. Ao rejeitar unilateralmente a mulher, o autor comete pecado, se afastando de Deus e se condenando à perdição eterna.

A ré não pode pactuar com esses fatos; ou seja, não concorda e nunca irá concordar com o fim do seu casamento.

Dos Pedidos:

Ante o exposto, REQUER-SE:

a) a concessão dos benefícios da justiça gratuita, vez que se declara pobre no sentido jurídico do termo, conforme declaração anexa;

b) seja o pedido de conversão de separação em divórcio julgado improcedente, mantendo-se o vínculo matrimonial existente entre as partes, visto que o acordo firmado por estas não comporta ruptura.

Provará o que for necessário, usando de todos os meios permitidos em direito, em especial pela juntada de documentos (anexos), perícia social e oitiva de testemunhas (rol anexo).

Termos em que, p. deferimento.

Mogi das Cruzes-SP, 00 de agosto de 0000.

Gediel Claudino de Araujo Junior
OAB/SP 000.000

10.11 CONTESTAÇÃO DE AÇÃO DE DANO INFECTO

Excelentíssimo Senhor Doutor Juiz de Direito da 3ª Vara Cível do Foro de Mogi das Cruzes-SP.

Processo nº 0000000-00.0000.0.00.0000
Ação de Dano Infecto

C. A. M. E., brasileira, casada, fisioterapeuta, portadora do RG 00.000.000-0-SSP/SP e CPF 000.000.000-00, titular do *e-mail* came@gsa.com, residente e domiciliada na Rua Navajas, nº 00, Shangai, cidade de Mogi das Cruzes-SP, CEP 00000-000, por seu Advogado, que esta subscreve (mandato incluso), com escritório na Rua Francisco Martins, n**o** 00, Centro, cidade de Mogi das Cruzes-SP, *onde recebe intimações (e-mail*: gediel@gsa.com.br), nos autos do processo que lhe move **M. A.**, já qualificado, vem à presença de Vossa Excelência oferecer **contestação**, nos termos a seguir articulados:

Dos Fatos:

O autor ajuizou o presente feito asseverando, em apertada síntese, que é vizinho da ré e não tem conseguido dormir adequadamente em razão de barulho provocado por cachorro de propriedade da ré. Requereu seja a ré obrigada a mudar o local do canil, assim como garantam que o animal não faça barulho excessivo no horário noturno, tudo sob pena de multa diária no valor de 1/2 (meio) salário mínimo nacional. Terminou ainda por pedir danos morais no valor de R$ 30.000,00 (trinta mil reais), assim como a condenação da ré nos ônus da sucumbência.

Recebida a inicial, determinou este douto Juízo a citação da ré para responder, fls. 00.

Em resumo, os fatos.

Do Mérito:

Parcialmente verdadeiros os fatos informados pelo autor. Com efeito, a ré é proprietária do imóvel vizinho do autor e, de fato, mantém no referido imóvel, que no momento se encontra desocupado, um cachorro de nome "Apolo" da raça "pastor alemão".

O animal sempre foi dócil e silencioso, daí a surpresa da ré com as queixas do autor.

Ao contrário do informado, o animal não fica sozinho durante dias; a autora, ou alguém, da sua família, diariamente vai até o local não só para cuidar dele, mas também para lhe dar alguma atenção. Nos finais de semana, o animal normalmente é levado para um sítio de propriedade da família (fotos do local e do animal, anexas).

Informada do que supostamente estaria acontecendo, a ré mudou o canil de lugar com escopo de evitarem-se problemas, mas o animal, que cuida do local, fica a maior parte do tempo solto e talvez o barulho de atividades na casa do autor à noite chame a sua atenção, levando-o a ficar mais tempo perto do local e, consequentemente, latir para chamar a atenção; ou seja, os latidos do animal, se de fato ocorrem, são na verdade uma resposta natural do animal às atividades na casa vizinha.

Há que se "ressaltar" que o animal não sofre maus-tratos e não se encontra abandonado; sua posse e propriedade estão totalmente legitimadas pelos órgãos municipais como demonstram documentos anexos; eventuais latidos noturnos são reações naturais a barulhos na casa do autor e/ou em outras propriedades vizinhas, não cabendo à ré qualquer responsabilidade pelos eventos.

Como já disse, a requerida, em sinal de boa vontade, já mudou o local do canil (vejam-se fotos anexas), que agora fica localizado do lado oposto à casa do autor. No mais, a ré lamenta profundamente qualquer problema que o animal tenha causado, mas não lhe cabe qualquer responsabilidade pelos eventos, visto que sempre agiu dentro dos limites legais.

"Do valor dos danos morais."

Como explicado no item anterior, a requerida não tem qualquer responsabilidade nos eventos narrados pelo autor, visto que sempre manejou e maneja o animal de sua propriedade dentro dos limites legais. Há que se observar ainda que informada dos supostos problemas do autor, voluntariamente procurou amenizar o problema mudando o local do canil. Entretanto, em atenção ao princípio da eventualidade, impugna o valor pedido a título de danos morais.

Na eventualidade de este douto juízo entender que o autor faz jus ao pagamento de danos morais, fato que se aceita apenas para contra-argumentar, há que fixar o valor da indenização dentro de parâmetros do razoável, considerando todas as circunstâncias do caso, principalmente as rápidas atitudes da ré quanto aos fatos.

Com efeito, o valor requerido pelo autor a título de danos morais é totalmente descabido. Nada nos fatos narrados pode justificar o pagamento de uma indenização no valor de R$ 30.000,00 (trinta mil reais).

A ré em nenhum momento atacou a honra do autor e da sua família; também não lhe dirigiu qualquer ofensa de qualquer natureza, seja verbal ou por escrito. Na verdade, mesmo estando totalmente amparada pela legislação e tendo a convicção pessoal de sempre ter agido de forma correta, a ré, quando informada dos supostos problemas, procurou conversar com o vizinho e resolver o problema; claro, sem abrir mão de seus próprios direitos.

Em outras palavras, mesmo que este douto juízo encontre razões para condenar a ré por danos morais, nada no caso justifica o valor requerido pelo autor, que se mostra claramente em confronto com os princípios da proporcionalidade e da razoabilidade.

Dos Pedidos:

Ante o exposto, REQUER-SE sejam os pedidos do autor julgados totalmente improcedentes, condenando-o nos ônus da sucumbência.

Provará o que for necessário, usando de todos os meios permitidos em direito, em especial pela juntada de documentos (anexos) e oitiva de testemunhas (rol anexo).

Termos em que,
p. deferimento.

Mogi das Cruzes-SP, 00 de julho de 0000.

Gediel Claudino de Araujo Junior
OAB/SP 000.000

10.12 CONTESTAÇÃO DE AÇÃO DE DESPEJO POR DENÚNCIA VAZIA COM PRELIMINAR DE CARÊNCIA DE AÇÃO

Excelentíssimo Senhor Doutor Juiz de Direito da 3ª Vara Cível do Foro de Mogi das Cruzes, São Paulo.

Processo nº 0000000-00.0000.0.00.0000
Ação de Despejo por Denúncia Vazia

J. B. B., já qualificado, por seu Advogado, que esta subscreve (mandato incluso), com escritório na Rua Francisco Martins, nº 00, Centro, cidade de Mogi das Cruzes-SP, *onde recebe intimações* (e-mail: gediel@gsa.com.br), nos autos do processo que lhe move L. F. L., vem à presença de Vossa Excelência oferecer **contestação**, nos termos a seguir articulados:

Dos Fatos:

A autora ajuizou a presente ação de despejo por denúncia vazia em face do réu, asseverando, em apertada síntese, que vencido o prazo do contrato de locação solicitou a desocupação do imóvel, no que não teria sido atendida pelo locatário. Requereu, por fim, a rescisão do contrato de locação, determinando-se o despejo do inquilino.

Recebida a exordial, este douto Juízo designou audiência de conciliação, em que, não obstante os esforços do réu e dos conciliadores, não foi possível obter-se a conciliação, iniciando-se o prazo para apresentação da defesa.

Em síntese, os fatos.

Preliminarmente/Da Falta de Pressuposto Legal:

O presente feito deve ser extinto sem julgamento do mérito, vez que a autora deixou de atender ao requisito do § 2º do art. 46 da Lei 8.245/91 (LI), *in verbis:*

"Art. 46. ...

§ 2º Ocorrendo a prorrogação, o locador poderá denunciar o contrato a qualquer tempo, concedido o prazo de trinta dias para desocupação."

Douto Magistrado, a autora por duas vezes denunciou o contrato de locação firmado com o réu, porém nenhuma destas denúncias podem efetivamente dar arrimo ao presente pedido. Com efeito, segundo se vê dos documentos juntados aos autos, fls. 18, a locatária fez a primeira denúncia em 00.00.0000; ou seja, antes mesmo do vencimento do contrato. Não obstante tenha feito a denúncia, como se disse, a autora, diante da inércia do inquilino, não ajuizou a competente ação de despejo no prazo de 30 (trinta) dias posteriores como seria de rigor.

Passados vários meses, a autora resolveu novamente "denunciar" o contrato de locação, fls. 00, que agora, segundo a já citada norma da Lei do Inquilinato, vigorava por prazo indeterminado. Contudo, também neste caso a locatária, diante de nova inércia do inquilino, "deixou" de ajuizar a ação de despejo no prazo legal, provocando, mais uma vez, a prorrogação do contrato de locação por prazo indeterminado.

Desta feita, passados quase um ano após a última notificação, a autora resolveu ajuizar o presente feito, pedindo a desocupação do bem, contudo deve ser julgada carecedora de ação, vez que deixou de atentar para a norma legal já citada.

Ora, não tendo, como da primeira vez, ajuizado a competente ação de despejo no prazo legal, MAIS UMA VEZ o contrato de locação prorrogou-se por prazo indeterminado. Impossível qualquer interpretação em contrário; fosse assim, todos os locatários fariam, logo após o término do prazo do contrato de locação, a sua denúncia, "deixando" para ajuizar a ação de despejo quando bem quisessem, mantendo os inquilinos em constante estado de inquietação.

As reiteradas "inércias" da locatária provocaram repetidamente a prorrogação do contrato. Neste diapasão, nenhuma culpa ou conduta inconveniente pode ser atribuída ao locatário, que deseja e sempre desejou permanecer no imóvel. Desejasse a autora realmente a desocupação do imóvel locado, deveria MAIS UMA VEZ atender a norma legal "e" ajuizar a competente ação de despejo no tempo próprio.

Destarte, considerando que a autora deixou de atender norma legal que constitui "pressuposto" da presente ação, deve, como já disse, ser ela declarada carecedora de ação, extinguindo-se o feito sem julgamento de mérito.

Do Mérito:

Pelas razões expostas na preliminar, que, com certeza, levarão a extinção do processo, este douto Juízo dificilmente chegará a apreciar o pedido da autora (rescisão do contrato de locação e despejo); contudo, **ad cautelam**, observa que se a tanto chegar-se, o que, repita-se, se aceita tão somente para contra argumentar, "requer-se" seja concedido, por analogia, ao locatário o benefício do art. 61 da Lei do Inquilinato.

Com efeito, considerando que neste caso a lei tira do inquilino qualquer forma de defesa, mesmo que tenha este sempre cumprido regularmente com suas obrigações contratuais, informa-se a este douto Juízo que, no mérito, o réu CONCORDA COM O PEDIDO, requerendo tão somente o prazo de 6 (seis) meses para desocupar o imóvel, conforme permissivo do art. 61 da Lei nº 8.245/91-LI.

Dos Pedidos:

Ante o exposto, considerando que o autor deixou de atender aos requisitos legais (*falta de notificação denunciando a locação*), "requer-se a extinção do presente feito sem julgamento de mérito", vez que lhe faltam os pressupostos de constituição e de desenvolvimento válido e regular, condenando-se, ademais, a autora nos honorários advocatícios e demais cominações legais; ou, no mérito, se a tanto chegar-se, seja lhe concedido o prazo de 6 (seis) meses para desocupar o imóvel.

Provará o que for necessário, usando de todos os meios permitidos em direito, em especial pela juntada de documentos (anexos), perícia contábil, oitiva de testemunhas (rol anexo) e depoimento pessoal da autora.

Termos em que
p. deferimento.

Mogi das Cruzes, 00 de dezembro de 0000.

Gediel Claudino de Araujo Júnior
OAB/SP 000.000

10.13 CONTESTAÇÃO DE AÇÃO DE DESPEJO POR FALTA DE PAGAMENTO COM PRELIMINAR DE CARÊNCIA DE AÇÃO E INÉPCIA DA EXORDIAL (RÉU ASSISTIDO POR CURADOR ESPECIAL)

Excelentíssimo Senhor Doutor Juiz de Direito da 3ª Vara Cível do Foro de Mogi das Cruzes, São Paulo.

Processo nº 0000000-00.0000.0.00.0000
Ação de Despejo por Falta de Pagamento cc Cobrança

C. de M., já qualificado, por seu Advogado, que esta subscreve (mandato incluso), com escritório na Rua Francisco Martins, nº 00, Centro, cidade de Mogi das Cruzes-SP, *onde recebe intimações* (e-mail: gediel@gsa.com.br), "atuando na qualidade de curador especial", nos autos do processo que lhe move **M. I. da C.**, vem à presença de Vossa Excelência oferecer ***contestação***, nos termos a seguir articulados:

Dos Fatos:

A autora ajuizou a presente ação de despejo por falta de pagamento cumulada com cobrança em face do réu asseverando, em apertada síntese, que ele estaria em atraso com suas obrigações locatícias desde outubro de 0000. Na inicial informou os cálculos de débito, fls. 00. Requereu, por fim, a rescisão do contrato de locação, determinando-se o despejo do inquilino e sua condenação ao pagamento do débito total de R$ 2.065,04 (dois mil, sessenta e cinco reais, quatro centavos), mais os encargos que se vencerem durante o processo.

Recebida a inicial, este douto Juízo determinou a citação do réu para responder, contudo o Sr. Oficial de Justiça constatou que o réu não mais morava no imóvel, fls. 00. A autora, então, pediu a citação por hora certa, que ocorreu na pessoa da companheira do réu, fls. 00.

Em síntese, os fatos.

Preliminarmente/Ilegitimidade de Parte:

Informa o art. 12 da Lei nº 8.245/91 que *"em casos de separação de fato, separação judicial, divórcio ou dissolução da união estável, a locação residencial prosseguirá automaticamente com o cônjuge ou companheiro que permanecer no imóvel"*. Ora, nos autos encontra-se estabelecido por meio de certidão do Sr. Oficial de Justiça, fls. 00, que o réu C. não mais reside no imóvel, que, segundo consta, estaria agora sendo ocupado por sua companheira, Sra. A. R. G.

Provada a separação do casal (certificado nos autos pelo próprio Oficial de Justiça), fica evidente, diante do texto legal, a ilegitimidade do curatelado para constar no polo passivo da presente demanda, que, portanto, deve ser extinta sem julgamento de mérito (art. 485, VI, CPC).

Preliminarmente/Da Falta de Pressuposto Legal:

O presente feito deve ser extinto sem julgamento do mérito, vez que a autora deixou de cumprir o que determina o artigo 62, inciso I, da Lei 8.245/91 (LI), *in verbis*:

> "**I – o pedido de rescisão da locação poderá ser cumulado com o pedido de cobrança dos aluguéis e acessórios da locação; nesta hipótese, citar-se-á o locatário para responder ao pedido de rescisão e o locatário e os fiadores para responderem ao pedido de cobrança, devendo ser apresentado, com a inicial, cálculo discriminado do valor do débito;**" (Redação dada pela Lei nº 12.112, de 2009).

Em outros termos, junto com a inicial a locadora deve apresentar cálculo discriminando o "correto" valor do débito, *id est*, os cálculos devem espelhar "exatamente" o que é devido, possibilitando, desta forma, que o locatário exerce o seu direito de purgar a mora. *In casu*, a autora não agiu como determina a lei, ao contrário, de maneira desarrazoada apresentou na petição inicial cálculos claramente indevidos, colimando, com certeza, inviabilizar o direito do réu de purgar a mora, quitando suas obrigações.

Os cálculos, fls. 00, se apresentam indevidos vez que: I – não discriminam corretamente os valores devidos (aluguel, multa etc.); II – incluem a cobrança indevida do IPTU; III – incluem a cobrança indevida de conta de água; IV – incluem a cobrança indevida de conta de energia elétrica; V – incluem a cobrança indevida de custas processuais e honorários advocatícios.

De início, veja-se que a locadora incluiu nos cálculos, de forma absolutamente açodada, valor a título de honorários advocatícios. Sua atitude é condenável porque caberia tão somente ao Juízo a fixação destes honorários, após analisar se seriam cabíveis (réu beneficiário da justiça gratuita).

A mesma lógica se aplica aos valores cobrados a título de "custas processuais", que neste caso também não são devidos.

Já a multa moratória no importe de 10% (dez por cento), embora expressamente prevista no contrato de locação, é abusiva e, portanto, ilegal, vez que imposta de forma unilateral, não tendo o inquilino expressamente concordado com ela, opondo seu visto ao lado da cláusula, como seria de absoluto rigor. Além de ilegal, vez que estabelecida de forma unilateral, a multa moratória no montante de 10% é imoral, atentatória contra a dignidade do cidadão, que, mais uma vez, se vê explorado pela pessoa que se encontra em posição mais forte.

Com o advento do novo Código Civil, o Juiz, que já tinha o dever moral de atuar, passou a ter autorização legal para reduzir equitativamente a cláusula penal, *in verbis*:

> "**Art. 413. A penalidade deve ser reduzida equitativamente pelo juiz se a obrigação principal tiver sido cumprida em parte, ou se o montante da**

penalidade for manifestamente excessivo, tendo-se em vista a natureza e a finalidade do negócio." (grifo nosso)

Neste caso, o excesso se mostra evidente, mormente se considerarmos que os índices oficiais de inflação apontam para uma "inflação anual" próxima de 5% (cinco por cento).

Não satisfeita em cobrar açodadamente honorários advocatícios, custas processuais e incluir no contrato multa moratória frontalmente injusta e ilegal, a locadora ainda acrescentou nos cálculos cobrança de valores a título de IPTU, água e luz, deixando, no entanto, de apresentar qualquer documento que legitime sua cobrança. Com feito, ao que se sabe, o IPTU é devido à Prefeitura Municipal de Mogi das Cruzes, a conta de água à SEMAE, e a conta de luz à Bandeirantes Energia. A locadora só teria legitimidade para fazer as referidas cobranças se tivesse ela quitado as referidas contas, visto que neste caso ocorreria a "sub-rogação legal".

Entretanto, não só não apresentou qualquer comprovante de que quitou os referidos valores, como, o que é ainda mais grave, não apresentou qualquer documento que demonstre que os referidos valores são de fato devidos, o que demonstra a ilegalidade da cobrança, e inclusão nos cálculos do suposto débito do réu.

Como demonstrado, a autora deixou de cumprir as determinações legais, seja porque não apresentou cálculos claros e corretos, seja porque incluiu nos cálculos valores claramente indevidos. Não resta dúvida que seu desiderato era inviabilizar o direito do locatário de purgar a mora, razão pela qual procurou acrescentar valores indevidos, que, como se vê, mais do que dobram o valor do débito cobrado.

Como é cediço, eventual mora do locatário não pode servir de fonte de riqueza para a locadora, não pode amparar pretensões ilegais. A jurisprudência, à unanimidade, determina, nestes casos, seja a ação declarada improcedente, *in verbis*:

"A menção, na inicial, de quantia superior a devida acarreta improcedência da ação de despejo. (*RT 712/191, 714/169, JTAERGS 91/331*)."

Do Mérito:

Pelas razões expostas nas preliminares, que, com certeza, levarão à extinção do processo, este douto Juízo dificilmente chegará a apreciar os pedidos da autora (*rescisão do contrato, despejo e cobrança*); contudo, *ad cautelam*, observa que se a tanto chegar-se, o que, repita-se, se aceita tão somente para contra-argumentar, deve este douto Juízo primeiramente determinar a realização de novos cálculos quanto ao débito realmente devido pelo réu, afastando-se os valores indevidos incluídos pelo locador; estabelecido o valor correto do débito, deve-se abrir nova possibilidade do inquilino purgar eventual mora (a ser apurada).

Dos Pedidos:

Ante o exposto, considerando que o réu não é parte legítima e que a autora deixou de atender aos requisitos legais, "requer-se a extinção do presente feito sem julgamento de mérito", vez que lhe falta os pressupostos de constituição e de desenvolvimento válido e regular, condenando-se, ademais, a autora nos honorários advocatícios e demais cominações legais.

Provará o que for necessário, usando de todos os meios permitidos em direito, em especial pela juntada de documentos (anexos), perícia contábil, oitiva de testemunhas (rol anexo) e depoimento pessoal da autora.

Termos em que
p. deferimento.

Mogi das Cruzes, 00 de junho de 0000.

Gediel Claudino de Araujo Júnior
OAB/SP 000.000

10.14 CONTESTAÇÃO DE AÇÃO DE DESPEJO POR FALTA DE PAGAMENTO COM PRELIMINAR DE NULIDADE DE CLÁUSULA CONTRATUAL, NOTIFICAÇÃO PRÉVIA E INÉPCIA DA EXORDIAL

Excelentíssimo Senhor Doutor Juiz de Direito da 3ª Vara Cível do Foro de Mogi das Cruzes, São Paulo.

Processo nº 0000000-00.0000.0.00.0000
Ação de Despejo por Falta de Pagamento

J. F. M., já qualificada, por seu Advogado, que esta subscreve (mandato incluso), com escritório na Rua Francisco Martins, nº 00, Centro, cidade de Mogi das Cruzes-SP, *onde recebe intimações* (e-mail: gediel@gsa.com.br), nos autos do processo que lhe move **N. M. M.**, vem à presença de Vossa Excelência oferecer *contestação*, nos termos a seguir articulados:

Dos Fatos:

A autora ajuizou a presente ação de despejo por falta de pagamento em face da ré, asseverando, em apertada síntese, que a inquilina estaria em mora com o pagamento do aluguel desde janeiro de 0000. Requereu, por fim, a rescisão do contrato de locação e o despejo da inquilina.

Recebida a exordial, este douto Juízo designou audiência de conciliação, em que, não obstante os esforços da ré e dos conciliadores, não foi possível obter-se a conciliação, iniciando-se o prazo para apresentação da defesa.

Em síntese, os fatos.

Preliminarmente/Da Nulidade de Cláusula Contratual:

A cláusula "XV – prazo para os pagamentos" do contrato de locação que arrima a cobrança de correção monetária e juros quanto à obrigação firmada entre as partes é nula e sem nenhum valor. Com efeito, veja-se que ela não foi corretamente preenchida, ficando espaços em branco. Tal fato indica claramente que as partes não chegaram a discutir a questão; ou seja, não houve acordo, não houve contrato.

A referida cláusula não só deveria ter sido corretamente formulada, mas como também deveria ter, a seu lado, o visto da locatária, vez que envolve encargo extra à obrigação principal.

Tais cuidados não podem ser ignorados, mormente em contratos de adesão, como ocorreu no presente caso.

Destarte, de rigor que se reconheça a nulidade das referidas obrigações acessórias (multa moratória, correção monetária e juros).

Preliminarmente/Da Nulidade da Notificação Moratória:

Em janeiro de 0000, a autora, por meio de seu procurador, tentou constituir em mora a inquilina por meio de notificação extrajudicial, fls. 00/00.

Necessário que este douto Juízo reconheça a nulidade da referida notificação por duas razões: *primeiro*, esta não se fez acompanhar dos cálculos do débito. A fim de alcançar o seu objetivo, qual seja, constituir em mora o devedor, o credor deveria necessariamente fornecer cálculo completo e correto do valor do débito, com escopo de realmente permitir ao devedor purgar a sua mora ou fazer proposta efetiva de parcelamento.

A *segunda* razão é pelo simples fato de que a notificação não se completou; ou seja, não foi a ré que a recebeu.

Tendo falhado em constituir validamente em mora a ré, falta à autora pressuposto processual para o ajuizamento da presente demanda, que assim deve ser extinta sem julgamento de mérito.

Preliminarmente/Da Falta de Pressuposto Legal:

O presente feito deve ser extinto sem julgamento do mérito, vez que a autora deixou de cumprir o que determina o artigo 62, inciso I, da Lei 8.245/91 (LI), *in verbis*:

> "I – o pedido de rescisão da locação poderá ser cumulado com o pedido de cobrança dos aluguéis e acessórios da locação; nesta hipótese, citar-se-á o locatário para responder ao pedido de rescisão e o locatário e os fiadores para responderem ao pedido de cobrança, devendo ser apresentado, com a inicial, cálculo discriminado do valor do débito;" (Redação dada pela Lei nº 12.112, de 2009)

Em outros termos, junto com a inicial o locador deve apresentar cálculo discriminando o "correto" valor do débito; *id est*, os cálculos devem espelhar "exatamente" o que é devido, possibilitando, desta forma, que a locatária exercite o seu direito de purgar a mora. *In casu*, a autora não agiu como determina a lei, ao contrário, de maneira desarrazoada apresentou na petição inicial cálculos claramente indevidos, colimando, com certeza, inviabilizar o direito da ré de purgar a mora, quitando suas obrigações.

Os cálculos, fls. 00, se apresentam indevidos, vez que incluem a cobrança de correção monetária e juros não pactuados; ou melhor dizendo, estabelecidos em cláusula não válida, vez que, como já se demonstrou, constituem obrigação acessória não expressamente acordada pelas partes.

A jurisprudência, à unanimidade, determina, nestes casos, seja a ação declarada improcedente, *in verbis*:

> "A menção, na inicial, de quantia superior a devida acarreta improcedência da ação de despejo. (RT 712/191, 714/169, JTAERGS 91/331)."

Do Mérito:

Pelas razões expostas nas preliminares, que, com certeza, levarão à extinção do processo sem julgamento do mérito, este douto Juízo dificilmente chegará a apreciar os pedidos da autora (rescisão do contrato de locação e despejo); contudo, *ad cautelam*, observa-se que se a tanto chegar-se, o que, repita-se, se aceita tão somente para contra argumentar, no mérito, os pedidos devem ser julgados improcedentes, vez que entre as partes foi firmado acordo verbal quanto ao pagamento das obrigações contratuais.

Com efeito, sabedora das dificuldades da inquilina, a autora concordou em suspender temporariamente a cobrança dos alugueres, e o contrato de locação se transformou em contrato de comodato gratuito; esta, inclusive, a razão da frustrada tentativa de notificação extrajudicial para constituição em mora.

Como se vê, não há débito em aberto pelo simples fato de que o contrato de locação deixou de existir.

Dos Pedidos:

Ante o exposto, considerando que os fatos indicam a evidente falta de interesse e de pressuposto legal para a constituição e desenvolvimento válido do presente processo, "requer-se a extinção do presente feito sem julgamento de mérito". Se, afastadas as questões preliminares, este douto Juízo chegar a apreciar o mérito do pedido, deve fazê-lo apenas para julgar improcedente o pedido, vez que não há débito em aberto, condenando-se, ademais, a autora nos honorários advocatícios e demais cominações legais.

Requer-se, outrossim, os benefícios da justiça gratuita, vez que se declara pobre no sentido jurídico do termos, conforme declaração anexa.

Provará o que for necessário, usando de todos os meios permitidos em direito, em especial pela juntada de documentos (anexos), perícia contábil, oitiva de testemunhas (rol anexo) e depoimento pessoal da autora.

Termos em que
p. deferimento.

Mogi das Cruzes, 00 de julho de 0000.

Gediel Claudino de Araujo Júnior
OAB/SP 000.000

10.15 CONTESTAÇÃO DE AÇÃO DE DESPEJO POR FALTA DE PAGAMENTO CUMULADA COM COBRANÇA, COM PRELIMINAR DE ARGUIÇÃO DE FALSIDADE

Excelentíssimo Senhor Doutor Juiz de Direito da 3ª Vara Cível da Comarca de Mogi das Cruzes, São Paulo.

Processo nº 0000000-00.0000.0.00.0000
Ação de Despejo por Falta de Pagamento
Cc Cobrança de Aluguéis e Encargos

L. G., já qualificada, por seu Advogado, que esta subscreve (mandato incluso), com escritório na Rua Ricardo Vilela, nº 00, Centro, cidade de Mogi das Cruzes-SP, CEP 00000-000, onde recebe intimações (*e-mail*: gediel@gsa.com.br), nos autos do processo que lhe move **N. G. A.**, vem à presença de Vossa Excelência oferecer *contestação*, nos termos a seguir articulados:

Dos Fatos:

A autora ajuizou a presente ação de despejo por falta de pagamento cumulada com cobrança em face da locadora, Sra. S. L., e dos fiadores, no caso a contestante e seu marido, Sr. B. R. G., asseverando, em apertada síntese, que fora firmado contrato de locação entre ela e a Sra. S. L. em 00 janeiro de 0000, tendo como objeto o imóvel situado na Rua Maestro Augusto Conti, nº 00, Vila Mariana, cidade de Mogi das Cruzes-SP, com aluguel mensal atual de R$ 800,00 (oitocentos e cinquenta reais). Declarou, ainda, que a locatária estaria em atraso com o pagamento dos últimos três meses de aluguel, indicando que o débito total era de R$ 2.735,21 (dois mil, setecentos e trinta e cinco reais, vinte e um centavos). Por fim, requereu a rescisão do contrato de locação por falta de pagamento, com o consequente despejo da inquilina, e a condenação solidária dos réus ao pagamento do débito, assim como nos ônus da sucumbência.

Recebida a inicial, fls. 20, este douto juízo determinou a citação dos réus para responderem.

Em síntese, os fatos.

Do Mérito:

Douto Magistrado, os pedidos devem ser julgados improcedentes, ao menos no que tange à responsabilidade da contestante.

"Da Arguição de Falsidade."

A ré só tomou conhecimento da existência do referido contrato de locação quando foi citada neste feito, ou seja, NÃO É DELA A ASSINATURA constante no documento de fls. 00.

A ré, neste caso, indicada como fiadora do contrato de locação juntamente com o seu marido, Sr. B. R. G., não foi informada e/ou consultada sobre o referido contrato por qualquer das partes envolvidas, nem mesmo pelo seu ex-marido (o casal encontra-se separado de fato há aproximadamente seis meses). Talvez pelo simples fato de que eles sabem que ela "nunca" teria concordado.

Em outras palavras, nenhuma responsabilidade lhe cabe quanto aos ônus do indicado contrato de locação, visto que dele não participa; como se disse, não é dela a assinatura lançada no documento de fls. 00. Na verdade, a firma ali lançada é bem diferente da sua, como se pode verificar dos documentos que junta para comparação.

Sendo assim, requer-se seja, seja após perícia grafotécnica, declarada a falsidade da assinatura supostamente da contestante lançada no contrato de locação de fls. 00/00, determinando-se ainda seja oficiado à polícia judiciária determinando a abertura de inquérito para apuração de eventuais responsabilidades.

"Da Nulidade da Fiança."

No caso de pessoas casadas, há que se registrar que a fiança firmada tão somente por um dos cônjuges, neste caso pelo marido, é inválida, conforme jurisprudência do Superior Tribunal de Justiça, in verbis:

> **"É firme o entendimento desta Corte Superior de Justiça em que a fiança prestada por marido sem a outorga uxória invalida o ato por inteiro, não se podendo limitar o efeito da invalidação apenas à meação da mulher". (STJ, AgRg no REsp 631450-RJ, Min. Hamilton Carvalhido, 6ª Turma, DJ 09.03.2006)**

Além de afastar qualquer responsabilidade da contestante, visto que esta não participou do contrato firmado entre as partes (no caso, a assinatura a ela atribuída é falsa), este douto juízo deve ainda reconhecer e declarar a nulidade do pacto acessório de fiança, conforme indica a jurisprudência do STJ.

Dos Pedidos:

Ante o exposto, considerando que a contestante não participou de qualquer forma do contrato de locação, requer-se seja o feito, em relação a ela, julgado totalmente improcedente, declarando-se ainda a "nulidade" do pacto acessório de fiança visto que feito à sua revelia e mediante conduta criminosa, cujas responsabilidades deverão ser apuradas pela autoridade própria a mando deste douto juízo.

Provará o que for necessário, usando de todos os meios permitidos em direito, em especial pela juntada de documentos (anexos) e perícia grafotécnica.

Termos em que
p. deferimento.

Mogi das Cruzes, 00 de novembro de 0000.

Gediel Claudino de Araujo Júnior
OAB/SP 000.000

10.16 CONTESTAÇÃO DE AÇÃO DE DESTITUIÇÃO DE PODER FAMILIAR CUMULADA COM ADOÇÃO MOVIDA EM FACE DA MÃE

Excelentíssimo Doutor Juiz de Direito da Vara da Infância e Juventude do Foro de Mogi das Cruzes, São Paulo.

Processo nº 0000000-00.0000.0.00.0000
Ação de Destituição de Poder Familiar cc Adoção

D. V. de A., brasileira, solteira, ajudante geral, portadora do RG 00.000.000-SSP/SP e do CPF 000.000.000-00, titular do e-mail dva@gsa.com.br, residente e domiciliada na Rua Primeiro de Maio, nº 00, Calmon Viana, cidade de Poá-SP, CEP 00000-000, por seu Advogado, que esta subscreve (mandato incluso), com escritório na Rua Francisco Martins, nº 00, Centro, cidade de Mogi das Cruzes-SP, *onde recebe intimações* (e-mail: gediel@gsa.com.br), nos autos do processo que lhe movem **W. S. de O. e outros**, vem à presença de Vossa Excelência oferecer **contestação**, nos termos a seguir articulados:

Dos Fatos:

Os autores ajuizaram o presente feito asseverando, em apertada síntese, que conheceram a menor "E. S. de A." numa casa abrigo e após alguns encontros no local e, posteriormente, na casa da avó paterna da menor, obtiveram a sua guarda legal. Alegaram ainda que a convivência com a menor despertou neles amor pela criança. Concluíram, então, pedindo que os pais naturais fossem destituídos do seu poder familiar, concedendo-se a eles a adoção da menor "E".

Recebida a exordial, este douto Juízo determinou a citação dos réus, pais naturais da menor.

Em síntese, os fatos.

Do Mérito:

Os pedidos devem ser julgamentos improcedentes.

Douto Magistrado, os fatos não ocorreram como narrados na exordial. A ré, mãe da menor, nunca a abandonou.

Quando a menor tinha aproximadamente 2 (dois) anos de idade, a ré e o Sr. "W" resolveram morar juntos, alugando uma casa. Num primeiro momento, a menor foi deixada aos cuidados da avó "Z", vez que o casal dispunha de poucos recursos. Entretanto é bom registrar-se que a casa onde o casal foi viver era bem perto da casa da avó paterna, sendo que a ré e ela passaram a alternar-se na guarda fática da menor, a fim de possibilitar que a ré trabalhasse.

Por esta época houve uma denúncia junto ao Conselho Tutelar de Maus--Tratos, sendo então deferida a guarda da menor para a avó "Z" que, por sua vez também acabou sendo denunciada por maus-tratos, sendo que a menor "E" foi então recolhida num abrigo.

A ré ficou muito abalada com o ocorrido. Afirma que as denúncias não tinham qualquer fundamento, sendo certo que visitou constantemente a filha no abrigo.

Passados alguns meses, a menor "E" voltou para a casa da avó "Z", sendo que nesta época também a ré voltou a viver na casa de sua mãe (onde está até hoje).

Após a volta da menor "E" para o lar, os autores começaram a frequentar a sua casa, onde sempre foram recebidos com carinho. Neste período, a menor chegou a passar alguns dias com os autores.

A ré, mãe da menor, nunca se opôs à aproximação dos autores, visto que estes sempre foram muito educados e passaram a ajudar a menor "E", CONTUDO isso não quer dizer que a ré, ou a sua avó, estava disposta a entregar a guarda da menor para os autores, muito menos ainda lhes entregar a menor em adoção.

Embora pessoa pobre e de pouco instrução, a ré AMA A SUA FILHA e não concorda em hipótese algum em "abrir mão dela", desejando o seu retorno para o lar conjugal. A ré no momento está trabalhando como ajudante geral num restaurante e, juntamente com a avó da criança, possui condições de cuidar da menor "E", que é a sua filha mais velha.

Dos Pedidos:

Ante o exposto, requer sejam os pedidos dos autores julgados improcedentes, devolvendo-se a guarda da menor "E" para a sua genitora.

Requer, outrossim, os benefícios da justiça gratuita, vez que se declara pobre no sentido jurídico do termo, conforme declaração anexa.

Provará o que for necessário, usando de todos os meios permitidos em direito, em especial pela juntada de documentos (anexos), estudo social e psicológico, oitiva de testemunhas (rol anexo) e depoimento pessoal dos autores.

Termos em que
p. deferimento.

Mogi das Cruzes, 00 de julho de 0000.

Gediel Claudino de Araujo Júnior
OAB/SP 000.000

10.17 CONTESTAÇÃO DE AÇÃO DE DIVÓRCIO COM PRELIMINARES E RECONVENÇÃO – MULHER VÍTIMA DE VIOLÊNCIA DOMÉSTICA RESPONDE AÇÃO MOVIDA PELO MARIDO

Excelentíssimo Senhor Doutor Juiz de Direito da 3ª Vara da Família e das Sucessões do Foro de Mogi das Cruzes, SP.

Processo nº 0000000-00.0000.0.00.0000
Ação de Divórcio Litigioso

    N. R. de L., brasileira, casada, representante comercial, portadora do RG 00.000.00-SSP/SP e do CPF 000.000.000-00, titular do e-mail "nrl@gsa.com.br", residente e domiciliada na Rua General Osório, nº 00, Jardim Marcatto, cidade de Presidente Prudente-SP, CEP 00000-000, por seu Advogado, que esta subscreve (mandato nos autos), com escritório na Rua Francisco Martins, nº 00, Centro, cidade de Presidente Prudente-SP, CEP 00000-000, *onde recebe intimações* (e-mail: gedieljr@gsa.com.br), nos autos do processo que lhe move F. J. de L., vem à presença de Vossa Excelência oferecer **contestação**, pelas razões de fato e de direito que a seguir expõe:

Dos Fatos:

    O autor ajuizou a presente ação em face da ré asseverando, em apertada síntese, que as partes estavam separadas há algumas semanas, não havendo interesse em reconciliação. Indicou, ademais, que o casal teve três filhos, adquiriu um imóvel (terreno e construção), assim como dois carros, que descreveu. Por fim, requereu fosse decretado o divórcio do casal, regulamentando-se a guarda dos filhos menores de forma compartilhada (quinze dias com cada cônjuge), sem fixação de pensão alimentícia; quanto a partilha dos bens, sugeriu que cada um dos cônjuges fique com o carro que está sob sua posse, devendo o imóvel ser vendido e o produto partilhado igualmente.

    Recebida a exordial, este Juízo designou audiência de conciliação e determinou a intimação e citação da ré que, regularmente citada, fls. 00/00, peticionou nos autos informando que não poderia comparecer na referida audiência em razão de estar residindo na cidade de Presidente Prudente-SP, distante mais de 600 (seiscentos) quilômetros da cidade de Mogi das Cruzes-SP.

    Diante da manifestação da ré, este douto Juízo cancelou a audiência de conciliação, abrindo prazo para apresentação da defesa.

    Em breve síntese, os fatos.

Preliminarmente / Da Incompetência do Juízo:

Inicialmente, necessário e oportuno esclarecer este Juízo que, no último dia 00 de abril, a ré, que ainda morava em Mogi das Cruzes-SP, se viu obrigada a "fugir" do lar conjugal após sofrer graves ameaças por parte do autor. Na verdade, o casal já vinha a algum tempo se desentendendo e discutindo os termos de uma quase inevitável separação, contudo na referida data, após uma grave discussão, onde o autor além de ofender a sua mulher com palavras de baixo calão, também a ameaçou fisicamente, tudo, infelizmente, visto e presenciado pelos filhos do casal. Naquela noite, a ré se refugiou no quarto dos filhos e, no dia seguinte, após o autor sair de casa, juntou rapidamente alguns poucos pertences pessoais e se mudou, fugiu, como disse, para a casa dos seus pais em Presidente Prudente, interior de São Paulo, onde se encontra deste então e onde pretende fixar de forma definitiva residência.

Do acontecido foi lavrado boletim de ocorrência (cópia anexa).

Diante destes fatos e considerando que o art. 53, inciso I, letra "a", do Código de Processo Civil informa que é competente para conhecer da ação de divórcio o foro de domicilio do guardião dos filhos incapazes, assim como que na letra "d" da mesma norma consta ainda ser competente para conhecer da mesma ação o foro de domicilio da vítima de violência doméstica e familiar, nos termos da Lei 11.340/2006, a conhecida Lei Maria da Penha. A clareza das referidas disposições deixa evidente a "incompetência" deste Juízo para conhecer e julgar a presente ação de divórcio litigioso.

Destarte, considerando que a ré foi vítima de violência doméstica e que juntamente com seus filhos está domiciliada na cidade de Presidente Prudente-SP, REQUER-SE seja reconhecida a "incompetência deste Juízo" para conhecer e julgar a presente demanda, determinando-se a sua imediata remessa para a Comarca da cidade de Presidente Prudente-SP, onde deverá ser distribuída para uma das Varas da Família e das Sucessões.

Preliminarmente / Da Revogação dos Benefícios da Justiça Gratuita:

Ponto fé na declaração de pobreza juntada pelo autor nos autos, fls. 00, este douto Juízo lhe concedeu os benefícios da justiça gratuita, fls. 00/00.

Douto Magistrado, o autor não é pobre, sendo de rigor a revogação do benefício.

Além do patrimônio apontado na exordial (um imóvel e dois carros), com valor comercial de aproximadamente R$ 800.000,00 (oitocentos mil reais), o casal ainda possui uma empresa comercial, L & L Comércio e Distribuição de Bebidas Ltda., inscrita no CNPJ 00.000.000/0000-00, aplicações financeiras junto ao Banco do "B" no montante de aproximadamente R$ 100.000,00 (cem mil reais) e saldo em conta concorrente.

Embora a renda mensal do autor seja, por natureza, variada (ele é o dono do negócio), ela fica em torno de R$ 20.000,00 (vinte mil reais), como pode facilmente verificar este douto Juízo acessando, via BACEN, a conta corrente pessoal e jurídica do autor, ambas junto ao Banco do "B".

Destarte, considerando, como se disse, que o autor não é pobre, REQUER-SE a revogação do benefício que lhe foi deferido de justiça gratuita, determinando-se que proceda de imediato com o recolhimento das custas e despesas processuais, sob pena de extinção do feito sem julgamento de mérito (art. 485, IV, CPC).

Preliminarmente / Da Incorreção do Valor Atribuído à Causa:

Ensina a doutrina brasileira que o valor da causa deve "expressar o montante financeiro dos pedidos", fato que foi acintosamente ignorado pelo autor, que apesar de requerer a partilha de patrimônio com valor aproximado de R$ 800.000,00 (oitocentos mil reais), atribuiu à causa o valor simbólico de apenas R$ 1.000,00 (mil reais).

Considerando, ademais, a existência de outros bens, como a empresa apontada no item anterior e saldo em contas bancárias e aplicações financeiras diversas, além, é claro, do próprio pedido de divórcio e de regulamentação da guarda dos filhos, REQUER-SE proceda este douto Juízo com a retificação do valor da causa, que deverá passar a ser de no mínimo R$ 1.000.000,00 (um milhão de reais), ou outro valor que se entender adequado ao caso, determinando-se ao autor que, nos termos do art. 293 do CPC, proceda com o necessário recolhimento complementar das custas, sob pena de extinção do feito sem julgamento de mérito (art. 485, IV, CPC).

Do Mérito:

Douto Magistrado, o autor não contou todos os fatos na sua exordial.

"Do Divórcio":

Por razões diferentes do autor, a ré também deseja o divórcio, havendo, portanto, quanto a este pedido, concordância entre as partes.

A união das partes já vinha com sérios problemas e o casal, por vezes, conversava sobre os termos de uma possível separação. Na verdade, foi uma destas "conversas" que acabou em séria agressão do autor contra a ré, sua mulher, fato, infelizmente, presenciado pelos filhos do casal.

Temendo pelo bem estar de seus filhos e pela sua própria integridade física, a mulher deixou às escondidas o lar conjugal, mudando-se com os filhos para a casa de seus pais, na cidade de Presidente Prudente, interior do Estado de São Paulo, onde pretende fixar residência e recomeçar um novo ciclo em sua vida.

De tudo, como já se disse, foi lavrado boletim de ocorrência (cópia anexa).

"Da Guarda e das Visitas aos Filhos Menores":

Infelizmente o evento que acabou sendo o último ato deste casamento, não foi um fato isolado, visto que o autor tem sérios problemas para controlar o seu temperamento, normalmente irascível e beligerante, o que o leva a sistematicamente agredir moralmente a ré e os filhos do casal.

Assim como a mulher, as crianças estão traumatizadas, sendo nesse momento não só totalmente impossível a concessão da guarda compartilhada requerida pelo autor na sua exordial, mas até o simples contato dele com os filhos não é recomendado.

Com o único propósito de proteger os seus filhos, a ré irá requerer em reconvenção, a ser apresentada em seguida, não só a guarda unilateral deles, mas a suspensão do direito de visitas do genitor até que seja expedido laudo psicológico declarando que as crianças estão em condições de confrontar o pai e, claro, desde que este procure, por sua vez, tratamento que o ajude no controle do seu temperamento.

Diante destas considerações, o pedido de guarda compartilhada, em sistema alternado, apresentado pelo autor em sua exordial deve ser necessariamente "indeferido".

"Da Partilha dos Bens":

Em sua inicial, o ator informou que o casal possui um imóvel, onde ele está temporariamente residindo e dois carros, um em seu nome e outro em nome da mulher. Quanto a estes bens, que declarou serem os únicos, ele propôs que o imóvel fosse vendido e o produto partilhado igualmente entre as partes, devendo cada cônjuge ficar com o carro que está em seu nome.

Quanto a estes bens, a proposta do autor é justa e dentro dos parâmetros legais, daí a ré concordar com ela, embora pretenda, como se verá a seguir na reconvenção, o pagamento de aluguel pelo uso provisório da sua parte no imóvel do casal.

Entretanto, muitos bens do casal não foram indicados. Por exemplo, o autor nada falou sobre os bens móveis que guarnecem o lar conjugal, que ficaram sob os seus cuidados (a ré deixou o lar conjugal levando apenas seus pertences pessoais), sobre o saldo nas contas bancárias do casal, as diversas aplicações financeiras e principalmente sobre a empresa de representação comercial (L & L Comércio e Distribuição de Bebidas Ltda.).

Destarte, considerando que a partilha requerida pelo autor engloba apenas "parte dos bens" do casal, deve ser indeferida.

Da Reconvenção:

Não sendo pacífico o entendimento sobre a natureza dúplice ou não da ação de divórcio, considerando, outrossim, que estão presentes os requisitos legais (art. 343, CPC), a ré, com escopo de preservar os seus direitos, apresenta "reconvenção" nos seguintes termos:

"Da Guarda, Das Visitas e Dos Alimentos dos Filhos Menores":

A agressão do autor-reconvindo à mulher e aos filhos, caracterizada, nos termos da Lei 11.340/2006, como violência doméstica e familiar, autoriza exceção à norma esculpida no parágrafo segundo do art. 1.584 do Código Civil, conforme autorizado pelo art. 1.586 do mesmo diploma; ou seja, neste caso em particular a guarda dos três filhos menores do casal, quais sejam, "Ester", com doze anos de idade, "Arthur", com dez anos de idade, e "Bruna", com cinco anos de idade, deve ser concedida de forma UNILATERAL à mãe, que já a detém de fato no momento.

Infelizmente ainda é "necessário" suspender o direito de visitas do genitor, visto que os filhos estão traumatizados e não desejam vê-lo; na verdade, o autor-reconvindo já tentou falar com eles algumas vezes por telefone sem sucesso.

Esta suspensão do direito de visitas deve durar até que duas coisas necessariamente aconteçam: *primeiro*, que o genitor prove nos autos, em cumprimento de sentença, que está fazendo tratamento de controle do seu temperamento, a fim de demonstrar que não representa mais perigo para a segurança da ré-reconvinte e das crianças; *segundo*, que as crianças após tratamento psicológico, a ser custeado pelo genitor, estejam dispostas e "preparadas" para novamente estar frente a frente com ele.

Estabelecida a guarda unilateral a favor da mãe, o autor-reconvindo deve ser condenado ao pagamento de pensão alimentícia mensal.

Considerando que o genitor é empresário de sucesso, com renda mensal aproximada de R$ 20.000,00 (vinte mil reais), considerando, ainda, que os filhos do casal têm necessidades que somam, conforme tabela anexa ("custos dos filhos"), despesas mensais de aproximadamente R$ 7.000,00 (sete mil reais), seja o valor mensal da pensão alimentícia a favor dos filhos menores fixado em 05 (cinco) salários mínimos, com vencimento para todo dia 15 (quinze) de cada mês, por meio de depósito bancário na conta corrente que a mãe mantém junto ao Banco do "B", agência 0000, conta número 00-00000-0.

"Da Partilha dos Bens":

Além dos bens já indicados na exordial pelo autor-reconvindo, o casal possui ainda os seguintes bens: **(I)** diversos bens móveis, descritos e caracterizados na tabela anexa ("bens móveis do casal"), com valor de mercado aproximado de R$ 35.000,00 (trinta e cinco mil reais); **(II)** diversas aplicações financeiras em nome do varão (ações, fundos imobiliários, fundos de renda variável, títulos do tesouro-direto etc.), cujo montante exato a mulher não tem condições de indicar, mas que calcula terem o valor, quando da separação de fato do casal (00 de abril), superior a R$ 100.000,00 (cem mil reais); **(III)** saldo em conta corrente em nome do casal junto aos Bancos ""BB" e "I", com valor aproximado, quando da separação de fato, de R$ 17.000,00 (dezessete mil reais); **(IV)** a propriedade da empresa L & L Comércio e Distribuição de Bebidas Ltda., inscrita no CNPJ 00.000.000/0000-00, titular de vários contratos de distribuição de bebidas na região do Alto Tietê, com valor de mercado aproximado de R$ 500.000,00 (quinhentos mil reais).

A proposta de partilha quanto a todos os bens do casal é a seguinte: **(I)** quanto aos carros, cada um dos cônjuges fica com aquele que já está em sua posse e propriedade, visto que como afirmado pelo autor-reconvindo o preço de mercado deles é semelhante; **(II)** o imóvel do casal, terreno e construção, deverá ser vendido e o produto partilhado igualmente entre as partes, sendo que o autor-reconvindo deverá pagar, durante o processo de venda, que como se sabe pode durar meses ou até anos, aluguel mensal pela parte da ré-reconvinte, no valor de R$ 1.500,00 (mil e quinhentos reais), visto que ficará morando no local enquanto a mulher procura imóvel para alugar; **(III)** os bens móveis que guarnecem a casa deverão ser vendidos ou leiloados e o produto obtido partilhado igualmente entre as partes, registrando-se que a mulher está disposta a vender toda a sua parte nos referidos bens pelo valor total de R$ 15.000,00 (quinze mil reais), caso o varão tenha interesse em manter a sua posse; **(IV)** as aplicações financeiras e o saldo das contas correntes deverão ser apuradas e liquidadas, repartindo-se o produto igualmente entre as partes; **(V)** a empresa do casal também deverá ser liquidada, vendida ou extinta, estando, no entanto, a mulher disposta a vender a sua parte para o autor-reconvindo pelo valor de R$ 250.000,00 (duzentos e cinquenta mil reais).

"Das Provas, do Valor da Causa e de Outras Providências":

Registre-se que as partes, reconvinte e reconvindo, já se encontram regularmente qualificados nos autos, dando-se à reconvenção o valor de R$ 1.500.000,00 (um milhão e quinhentos mil reais). Requer-se, ademais, a produção das seguintes provas: **(I)** perícia médica e social, a fim de apurar o real estado da saúde mental dos filhos menores do casal, assim como determinar se estes estão prontos ou não para rever o genitor; **(II)** perícia contábil, com escopo de levantar o valor comercial da empresa do casal e seu faturamento deste a separação de fato, assim como o montante real das aplicações financeiras; **(III)** juntada de documentos (anexos); **(IV)** depoimento de testemunhas, cujo rol será oferecido oportunamente.

Requer-se, por fim, a concessão da tutela de urgência a fim de estabelecer a "guarda provisória" dos filhos para a mulher, assim como para fixar os "alimentos provisórios" devidos pelo pai aos filhos no valor de 04 (quatro) salários mínimos, com vencimento para todo dia 15 (quinze) de cada mês, pagáveis por meio de depósito bancário na conta corrente da mulher, já informada nos autos, INTIMANDO-SE o autor-reconvindo, na pessoa de seu Advogado, para, caso queira, apresentar resposta no prazo legal.

Dos Pedidos:

Ante o exposto, **REQUER-SE:**

a) a intimação do ilustre representante do Ministério Público para que se manifeste no feito;

b) na "reconvenção", a concessão da tutela provisória de urgência, com escopo de: **(I)** estabelecer a "guarda provisória" dos filhos para a mãe, suspendendo-se o direito de visitas do genitor, assim como para fixar os "alimentos provisórios" devidos pelo pai aos filhos no valor de 04 (quatro) salários mínimos, com vencimento para todo dia 15 (quinze) de cada mês, pagáveis por meio de depósito bancário na conta corrente da mulher, já informada nos autos; **(II)** estabelecer que o autor-reconvindo deve pagar a ré-reconvinte aluguel mensal no valor de R$ 1.500,00 (mil e quinhentos reais), a título de indenização pelo uso exclusivo do imóvel do casal até que este seja regularmente vendido e desocupado;

c) na "ação principal": **(I)** seja reconhecida a "incompetência" do juízo do Foro de Mogi das Cruzes-SP para conhecer e julgar a presente ação, remetendo-se os autos para uma das Varas da Família e Sucessões do Foro da cidade de Presidente Prudente-SP, onde residem a mulher e os filhos; **(II)** a revogação dos benefícios da justiça gratuita concedida ao autor, determinando-se que proceda com o recolhimento das custas e despesas processuais, sob pena de extinção do feito sem julgamento de mérito (art. 485, IV, CPC); **(III)** a retificação do valor da causa, com escopo de adequá-lo ao valor monetário dos pedidos; **(IV)** seja decretado o divórcio do casal, constando que a mulher voltará a usar o nome de solteira ("**N. R. de O.**"), indeferindo-se todos os demais pedidos, seja quanto a pretensão de guarda compartilhado dos filhos, seja quanto à partilha de bens do casal, expedindo-se o competente mandado para o Cartório de Registro Civil;

d) na "reconvenção": **(I)** a intimação do autor-reconvindo, na pessoa de seu Advogado, para, caso queira, apresentar resposta no prazo legal; **(II)** seja concedida a guarda unilateral dos filhos a favor da mãe, suspendendo-se o direito de visitas do genitor por prazo indeterminado até que este demonstre que se encontra em tratamento para controle de raiva, assim como seja realizado perícia psicossocial com as crianças, cujo laudo demonstre estarem elas preparadas, em condições, de novamente ter contato com o genitor; **(III)** seja o genitor condenado a pagar pensão alimentícia mensal para os filhos no valor de 05 (cinco) salários mínimos, com vencimento para todo dia 15 (quinze), pagáveis por meio de depósito bancário na conta corrente da mulher, já informada nos autos; **(IV)** seja o autor-reconvindo condenado a pagar à mulher aluguel mensal no valor de R$ 1.500,00 (mil e quinhentos reais), a título de indenização, pelo uso da sua parte no imóvel do casal, até que este seja finalmente vendido e desocupado; **(V)** sejam todos os bens do casal partilhados na forma sugerida no item "da partilha dos bens", expedindo-se o necessário para tanto.

Das Provas e do Encerramento:

   Provará o que for necessário, usando de todos os meios permitidos em direito, em especial pela juntada de documentos (anexos), perícia psicossocial e contábil, oitiva de testemunhas e depoimento pessoal do autor.

   Termos em que,[1]
   p. deferimento.

   Presidente Prudente, 00 de maio de 0000.

   Gediel Claudino de Araujo Júnior
   OAB/SP 000.000

10.18 CONTESTAÇÃO DE AÇÃO DE DIVÓRCIO MOVIDA PELA MULHER EM FACE DO MARIDO, COM CONCORDÂNCIA PARCIAL COM O PEDIDO

Excelentíssimo Senhor Doutor Juiz de Direito da 3ª Vara Cível do Foro e Comarca de Mucuri, Bahia.

Processo nº 0000000-00.0000.0.00.0000
Ação de Divórcio Litigioso

F. P. do N., brasileiro, casado, pedreiro, portador do RG 00.000.000-SSP/SP e do CPF 000.000.000-00, titular do e-mail fpn@gsa.com.br, residente e domiciliado na Rua Onze, nº 00, Conjunto Residencial Jefferson, cidade de Mogi das Cruzes-SP, CEP 00000-000, por seu Advogado, que esta subscreve (mandato incluso), com escritório na Rua Francisco Martins, nº 00, Centro, cidade de Mogi das Cruzes-SP, *onde recebe intimações* (e-mail: gediel@gsa.com.br), nos autos do processo que lhe move E. dos A. J. N., vem à presença de Vossa Excelência oferecer *contestação*, nos termos a seguir articulados:

Dos Fatos:

A autora ajuizou o presente feito asseverando, em apertada síntese, que encontra-se separada do réu desde 0000, pedindo seja decretado o divórcio do casal, partilhando-se os bens e fixando-se pensão alimentícia devida pelo réu a ela.

Recebida a exordial, este ilustre Juízo designou audiência de conciliação, determinando a citação e intimação do réu. Infelizmente o réu não possui condições financeiras de comparecer à audiência de conciliação (ele reside no Estado de São Paulo), razão pela qual apresenta de pronto as suas razões.

Em síntese, os fatos.

Do Mérito:

Douto Magistrado, o réu não se opõe ao pedido de divórcio. De fato, o casal encontra-se separado de fato desde início do ano de 0000.

Entretanto não pode concordar com os demais pedidos da autora.

O bem imóvel do casal deverá ser partilhado na proporção de 50% (cinquenta por cento) para cada cônjuge, conforme legislação.

Já o pedido de alimentos deve ser INDEFERIDO. Com efeito, não obstante os seus alegados problemas de saúde, a autora sempre se mostrou capaz de cuidar da sua própria subsistência, tendo tido vários empregos enquanto morou com o réu na cidade de Mogi das Cruzes-SP, conforme se vê dos documentos anexos.

Ressalte-se ademais, que a autora é "técnica em contabilidade"; ou seja, profissional plenamente habilitada a prover o seu próprio sustento. Eventuais dificuldades que encontra para trabalhar na Comarca de Mucuri não podem servir de arrimo para pedido de alimentos, vez que a escolha do local de moradia da autora é de sua exclusiva responsabilidade.

Não se pode olvidar, outrossim, que sabe o réu que os medicamentos que toma a autora são fornecidos gratuitamente pelo governo.

De qualquer forma, o réu registra, POR CAUTELA, que o valor pedido de alimentos pela mulher é absurdo, totalmente fora de sua capacidade financeira. O réu trabalha como pedreiro e tem renda mensal aproximada de R$ 800,00 (oitocentos reais), conforme demonstram documentos anexos.

Além disso, o réu tem um filho, "F. S. do N.", nascido em 00.00.0000 (documento anexo).

Dos Pedidos:

Ante o exposto, requer a procedência da ação, decretando-se o divórcio do casal e declarando que o imóvel será partilhado na proporção de 50% (cinquenta por cento) para cada parte (REGIME DA COMUNHÃO PARCIAL DE BENS) e que os cônjuges possuem condições de cuidar do seu próprio sustento, INDEFERINDO o pedido de alimentos da mulher.

Requer, outrossim, os benefícios da justiça gratuita, vez que se declara pobre no sentido jurídico do termo, conforme declaração anexa.

Provará o que for necessário, usando de todos os meios permitidos em direito, em especial pela juntada de documentos (anexos),, oitiva de testemunhas (rol anexo) e depoimento pessoal da autora.

Termos em que
p. deferimento.

Mogi das Cruzes-SP, 00 de outubro de 0000.

Gediel Claudino de Araujo Júnior
OAB/SP 000.000

10.19 CONTESTAÇÃO DE AÇÃO DE DIVÓRCIO MOVIDA PELO MARIDO EM FACE DA MULHER COM "PRELIMINAR DE CONEXÃO E IMPUGNAÇÃO DO VALOR DA CAUSA"

Excelentíssimo Senhor Doutor Juiz de Direito da 3ª Vara Cível do Foro de Mogi das Cruzes, São Paulo.

Processo nº 0000000-00.0000.0.00.0000
Ação de Divórcio Litigioso

N. R. de L., já qualificada, por seu Advogado, que esta subscreve (mandato incluso), com escritório na Rua Francisco Martins, no 00, Centro, cidade de Mogi das Cruzes-SP, *onde recebe intimações* (e-mail: gediel@gsa.com.br), nos autos do processo que lhe move F. J. de L., vem à presença de Vossa Excelência oferecer **contestação**, nos termos a seguir articulados:

Dos Fatos:

O autor ajuizou a presente ação em face da ré asseverando, em apertada síntese, que as partes estavam separadas há aproximadamente 05 (cinco) meses, não havendo interesse em reconciliação. Requereu, por fim, fosse decretado o divórcio do casal, regulamentando-se a guarda dos filhos para ele, fixando-se a pensão alimentícia a favor dos filhos menores.

Recebida a exordial, este douto Juízo designou audiência de conciliação, em que, não obstante os esforços da ré e dos conciliadores, não foi possível obter-se a conciliação, iniciando-se o prazo para apresentação da defesa.

Em síntese, os fatos.

Preliminarmente/Da Conexão:

Após ter deixado o lar conjugal em razão de "grave" agressão física imposta pelo marido, a mulher contratou advogado e ajuizou **"ação de divórcio litigioso"**, conforme fazem prova documentos anexos. O feito foi distribuído para a 1a Vara Cível desta Comarca, tendo o processo recebido o no 0000000-00.0000.0.00.0000, para onde devem os presentes autos ser encaminhados em razão da ocorrência de "conexão".

Com efeito, normatiza o art. 58 do Código de Processo Civil que *"a reunião das ações propostas em separado far-se-á no juízo prevento, onde serão decididas simultaneamente"*; já o artigo 59 do mesmo diploma legal declara que "o registro ou a distribuição da petição inicial torna prevento o juízo".

A ação proposta pela mulher foi distribuída em 00.00.0000, enquanto o presente feito foi distribuído apenas em 00.00.000; ou seja, segundo a norma legal supracitada, o juízo da Primeira Vara Cível deste Foro é prevento, portanto o competente para conhecer e julgar o presente feito.

Sendo assim, **requer-se** a redistribuição deste feito para a 1a Vara Cível desta Comarca, com instrução de que seja autuado em apenso ao Processo nº 0000000-00.0000.0.00.0000, com escopo de evitarem-se decisões conflitantes sobre o mesmo pedido (*divórcio e guarda dos filhos comuns*).

Preliminarmente/Impugnação do Valor da Causa:

O autor atribuiu à causa o valor simbólico de apenas R$ 1.000,00 (um mil reais).

Data venia, o valor deve ser alterado com escopo de expressar o valor econômico discutido na causa. Com efeito, o autor deixou de indicar na exordial o valor dos bens móveis do casal, que, como se demonstra a seguir, estão avaliados em aproximadamente R$ 8.000,00 (oito mil reais); não fosse tal fato suficiente para a revisão do valor da causa, há ainda que se considerar que o presente feito envolve também a discussão da guarda e dos alimentos devidos aos filhos menores do casal. A ré, que detém a guarda legal das crianças, pleiteia alimentos mensais no valor de 1/2 (meio) salário mínimo.

Em resumo, a presente ação de divórcio envolve a partilha de bens móveis e a fixação de alimentos para os filhos, sendo que o valor da causa deve expressar, ao menos, estes pedidos, avaliados em R$ 13.280,00 (treze mil, duzentos e oitenta reais).

Destarte, considerando o claro erro na atribuição do valor da causa, REQUER--SE proceda este douto Juízo com a retificação do valor da causa, determinando, nos termos do art. 293 do CPC, a complementação das custas.

Do Mérito:

Douto Magistrado, o autor não contou todos os fatos na sua exordial.

Na verdade, o autor agrediu física e moralmente a sua mulher por mais de 10 (dez) anos. Em agosto de 0000, o varão, em mais uma crise de ciúmes, jogou água quente na mulher; não satisfeito, ainda lhe deu um soco direto no rosto. Este último soco deixou sequelas permanentes (perda de visão e um derrame no olho).

Subjugada, dominada, humilhada, ela não tinha mais forças nem mesmo para reagir, procurar ajuda; contudo, nesta última ocorrência, foi conduzida por uma de suas patroas à delegacia para lavratura do boletim de ocorrência. Os policiais aconselharam a autora a não voltar para sua casa, sendo então esta acolhida por um irmão.

Algum tempo depois, a polícia acompanhou a ré até a sua casa para buscar os seus filhos, porém o autor se recusou a entregá-los.

Desesperada para ver seus filhos, a mulher ajuizou ação de divórcio litigioso com pedido liminar de busca e apreensão; o feito foi distribuído para o douto Juízo da 1a Vara Cível, que, diante da gravidade dos fatos, concedeu a limitar. Desde então os filhos estão sob os cuidados da mãe.

Como se percebe, o autor não possui condições morais de ter a guarda dos filhos; na verdade, por ora ele não merece nem mesmo visitá-los, visto que agrediu impiedosamente a mãe deles (na frente das crianças).

Ao contrário do declarado na exordial, o casal possui bens a partilhar, justamente os móveis que guarnecem o lar conjugal, são eles: um jogo de quarto completo (cama, guarda-roupa, dois criados-mudos); sofá de duas peças; um *rack*; dois televisores, sendo um de 42 polegadas e outro menor de 32 polegadas; uma mesa com seis cadeiras; armários de cozinha; geladeira; fogão; máquina de lavar roupas. Todos os bens são usados e têm valor total de aproximadamente R$ 8.000,00 (oito mil reais).

Registre-se, por fim, que o réu trabalha como pedreiro autônomo, auferindo boa renda mensal, embora a mulher não saiba indicar o seu montante total.

Dos Pedidos:

Ante o exposto, requer-se a procedência do pedido de divórcio, fixando-se, no entanto, a guarda dos filhos menores do casal para a mulher, "suspendendo-se" por prazo indeterminado o direito de visitas do genitor e condenando-o a pagar pensão alimentícia para os filhos no valor de 1/3 (um terço) de seus rendimentos líquidos, incluindo-se férias, 13º salário, horas extras e FGTS, quando empregado, e ½ (meio) salário mínimo, com vencimento para todo dia 10 (dez), no caso de desemprego ou emprego sem vínculo.

Reitera-se, outrossim, o pedido da concessão dos benefícios da justiça gratuita, vez que se declara pobre no sentido jurídico do termo, conforme declaração de necessidade já juntada aos autos, fls. 00.

Provará o que for necessário, usando de todos os meios permitidos em direito, em especial pela juntada de documentos (anexos), perícia psicossocial, oitiva de testemunhas (rol anexo) e depoimento pessoal do autor.

Termos em que
p. deferimento.

Mogi das Cruzes, 00 de abril de 0000.

Gediel Claudino de Araujo Júnior
OAB/SP 000.000

10.20 CONTESTAÇÃO DE AÇÃO DE EXONERAÇÃO DE ALIMENTO MOVIDA PELO MARIDO EM FACE DA EX-MULHER, COM IMPUGNAÇÃO DA COMPETÊNCIA E PEDIDO DE RECONVENÇÃO

Excelentíssimo Senhor Doutor Juiz de Direito da 3ª Vara Cível do Foro Distrital de Brás Cubas, Comarca de Mogi das Cruzes, São Paulo.

Processo nº 0000000-00.0000.0.00.0000
Ação de Exoneração de Alimentos

E. M. de O., brasileira, divorciada, desempregada, portadora do RG 00.000.000-SSP/SP e do CPF 000.000.000-00, sem endereço eletrônico, residente e domiciliada na Rua Paulino Aires de Barros, n. 00, Jardim Marcatto, cidade de Suzano-SP, CEP 00000-000, por seu Advogado, que esta subscreve (mandato incluso), com escritório na Rua Francisco Martins, nº 00, Centro, cidade de Mogi das Cruzes-SP, *onde recebe intimações* (e-mail: gediel@gsa.com.br), nos autos do processo que lhe move **A. R. da S.**, vem à presença de Vossa Excelência oferecer *contestação*, nos termos a seguir articulados:

Dos Fatos:

O autor ajuizou o presente feito asseverando, em apertada síntese, que deseja exonerar-se de sua obrigação de pagar alimento à ex-mulher em razão, principalmente, desta estar, segundo ele, vivendo em união estável com outro homem. Destarte, requereu a exoneração da pensão alimentícia que está obrigado a lhe pagar, conforme acordo firmado nos autos do Processo nº 0000000-00.0000.0.00.0000, da 3ª Vara Distrital de Brás Cubas, Comarca de Mogi das Cruzes.

Recebida a exordial, este douto Juízo indeferiu o pedido de antecipação de tutela e determinou a citação da ré para responder (não se designou audiência de conciliação em razão da mulher residir em outra comarca).

Em síntese, os fatos.

Preliminarmente/Da Incompetência Relativa:

O autor optou por ajuizar o presente feito no local onde foi homologado o divórcio consensual do casal, que também é o local onde tem o seu domicílio.

Embora a mulher não tenha mais foro privilegiado, isso não autoriza o autor a ajuizar a ação no foro de sua maior conveniência. Com efeito, informa o art. 46 do CPC que "a ação fundada em direito pessoal ou em direito real sobre bens móveis será proposta, em regra, no foro de domicílio do réu"; não fosse essa regra suficiente para afastar a competência deste juízo, há ainda que se citar a norma do art. 53, II, do mesmo diploma legal, que informa ser competente o foro "de domicílio ou residência do alimentando, para a ação em que se pedem alimentos"; se a ação de alimentos deve ser ajuizada no foro do domicílio do alimentando, também o deve ser a ação em que se pede a "exoneração" dos alimentos, como no presente caso.

Qualquer que seja o fundamento, o certo é que o foro competente para conhecer e julgar o presente feito é o do domicílio da mulher (alimentanda). Como bem declarou o autor na sua exordial, ela reside na cidade de Suzano-SP.

Destarte, requer-se seja reconhecida a incompetência deste douto Juízo para conhecer e julgar o presente feito, remetendo-se os autos para o Foro de Suzano-SP, de onde deverão ser distribuídos para um dos juízes cíveis, visto que no local não há organizadas varas da família.

Do Mérito:

Douto Magistrado, não merece acolhida o pedido do autor.

Ab initio, há que se ressalvar que o fato do alimentante ter contraído novo casamento não o exonera das suas obrigações em face da ré, sua ex-mulher. Neste sentido a norma do art. 1.709 do CC: "*o novo casamento do cônjuge devedor não extingue a obrigação constante da sentença de divórcio*".

Comentando este artigo, o mestre Milton Paulo de Carvalho Filho, no livro "Código Civil Comentado", coordenado pelo Ministro Cezar Peluso, da Editora Manole, observa que "*não estivessem impedidos pela lei da desobrigação que lhes foi imposta, buscariam os divorciados, pelo menos em sua maioria, contrair novo casamento para livrar-se do encargo assumido*".

Embora seja direito do autor refazer a sua vida, este não pode olvidar dos encargos que já possui. Neste sentido a jurisprudência do Egrégio Tribunal de Justiça do Estado de São Paulo:

> "ALIMENTOS – Pretensão exoneratória – Ex-mulher – Constituição de nova família – Circunstância que, por si só, não enseja a exoneração pretendida – Situação das partes inalterada – Sentença mantida – Recurso improvido" (Ap. Cível 532.393.4/1-00 – MOGI DAS CRUZES, Rel. Des. Munhoz Soares).

Na verdade, o raciocínio é justamente no sentido contrário, como bem observa o ilustre Des. Paulo Eduardo Razuki no julgamento da apelação cível com revisão nº 521.830-4/0-00, da Comarca de Matão: "*a constituição de nova família não autoriza, por si só, a exoneração de alimentos. Ao contrário, se o fez o apelante é porque tinha condições econômico-financeiras para tanto*".

No mais, não é verdade que a ré esteja vivendo em união estável com outro homem.

A ré, diferente do autor, que declara ter constituído nova família, continua sozinha, embora confesse que já teve um namorado, fato bem diferente daquele afirmado na exordial (relação passageira e sem vínculo).

A jurisprudência é firme no sentido que simples namoro não é bastante para arrimar pedido de exoneração de alimentos, *in verbis*:

"**Exoneração de alimentos. Ex-cônjuge. Alegação de que a ex-mulher seria convivente de outrem não está demonstrada. Relacionamento por pequeno período não configura união estável, que tem requisitos próprios. Fator de exclusão da pensão alimentícia não se faz presente. Obrigação alimentar apta a permanecer. Apelo desprovido. TJSP, Apelação cível n° 553.571-4/8-00: SANTOS Voto n° 7.983."**

"**Alimentos – Ação de exoneração de pensão alimentar – Suposta união estável estabelecida entre a alimentanda e terceiro – Comprovação, todavia, apenas de existência de um namoro entre eles – Circunstância insuficiente para a extinção da obrigação alimentar**" (Apelação Cível n. 124.087-4 – Piracicaba – 6ª Câmara de Direito Privado – Relator: Antônio Carlos Marcato – 10.02.00 – v.u.).

"**Alimentos – Pensão alimentícia – Exoneração – Pretensão fundada no fato de a ex-mulher manter relacionamento afetivo com outro homem – Inadmissibilidade – Inexistência do estabelecimento de união estável**" (STJ, Apelação Cível n° 553.571 – 4/8-00 3 – RT 797/200).

Há que se registrar que durante os muitos anos em que esteve casada com o autor, a ré foi mantida por ele na qualidade exclusiva de "dona de casa", fato que a impossibilitou de se preparar para o mercado de trabalho. Hoje, encontra-se impedida de assim proceder em razão dos muitos problemas de saúde que possui (coluna, hérnia, vesícula, pressão alta), conforme demonstram documentos anexos.

Em outras palavras, não só a obrigação do autor permanece, mas também as necessidades da mulher.

Reconvenção:

Quando aceitou pensão alimentícia no valor de vinte e dois por cento dos rendimentos líquidos do alimentante, a mulher considerou não só as suas necessidades, mas também o fato de que ele pagava pensão alimentícia para um filho que tivera fora do casamento.

Hoje a situação é diferente sob vários aspectos. Primeiro, o autor reconvindo não mais paga pensão para o seu filho, que não só é maior de idade, como também é casado já há alguns anos. Segundo, a situação da alimentanda só fez piorar. Com efeito, com a idade vieram os inevitáveis problemas de saúde, a mulher está em tratamento para problemas na coluna e ainda toma remédios diários para o colesterol e pressão alta (vejam-se documentos anexos).

Os recursos que recebe do ex-marido não são suficientes para custear todas as despesas (veja-se documentos anexos), sendo que a ré reconvinte depende de ajuda de terceiros, mormente pessoas da igreja que frequenta e da própria assistência social do Município.

Como se vê, houve evidente alteração nas condições pessoais das partes; enquanto o autor reconvindo teve aumento em sua renda, a mulher, ao contrário, teve aumento nas suas despesas, fatos que demandam a "revisão" do valor mensal da pensão alimentícia.

Sendo assim, REQUER-SE, em reconvenção, a revisão do valor mensal devido pelo autor reconvindo para sua mulher, ré reconvinte, a fim de fixar a pensão em 1/3 (um terço) de seus rendimentos líquidos mensais, oficiando-se o INSS com escopo de que esse órgão proceda a alteração do valor descontado no benefício.

Registre-se que as partes, reconvinte e reconvindo, já se encontram regularmente qualificadas nos autos, dando-se à reconvenção o valor de R$ 2.000,00 (dois mil reais); REQUER-SE determine este douto Juízo a intimação do autor, na pessoa de seu advogado, para, caso queira, apresentar resposta no prazo de 15 (quinze) dias, nos termos do que determina o parágrafo primeiro do art. 343 do CPC.

Dos Pedidos:

Ante o exposto, considerando que não houve mudança nas condições que deram arrimo à pensão fixada em favor da ré, *requer-se a improcedência do pedido*, mantendo-se a obrigação alimentícia do autor; no mais, *requer-se seja julgado procedente o pedido reconvencional*, com escopo de alterar o valor mensal da pensão para 1/3 (um terço) dos rendimentos líquidos do alimentante.

Requer, outrossim, os benefícios da justiça gratuita (ação e reconvenção), vez que se declara pobre no sentido jurídico do termo, conforme declaração anexa.

Provará o que for necessário (ação e reconvenção), usando de todos os meios permitidos em direito, em especial pela juntada de documentos (anexos), perícia social, oitiva de testemunhas (rol anexo) e depoimento pessoal do autor.

Termos em que
p. deferimento.

Suzano/Mogi das Cruzes, 00 de julho de 0000.

Gediel Claudino de Araujo Júnior
OAB/SP 000.000

10.21 CONTESTAÇÃO DE AÇÃO DE EXONERAÇÃO DE ALIMENTO MOVIDA PELO PAI EM FACE DA FILHA MAIOR COM PRELIMINAR DE EMENDA DA EXORDIAL

Excelentíssimo Senhor Doutor Juiz de Direito da 3ª Vara Cível do Foro de Mogi das Cruzes, São Paulo.

Processo nº 0000000-00.0000.0.00.0000
Ação de Exoneração de Alimentos

A. H. da S., já qualificada, por seu Advogado, que esta subscreve (mandato incluso), com escritório na Rua Francisco Martins, nº 00, Centro, cidade de Mogi das Cruzes-SP, *onde recebe intimações* (e-mail: gediel@gsa.com.br), nos autos do processo que lhe move N. A. da S., vem à presença de Vossa Excelência oferecer ***contestação***, nos termos a seguir articulados:

Dos Fatos:

O autor ajuizou o presente feito asseverando, em apertada síntese, que a sua filha "A" completou a maioridade civil, não estando, portanto, mais sujeita ao poder familiar. Destarte, requereu a exoneração da pensão alimentícia que está obrigado a lhe pagar, conforme acordo firmado nos autos do Processo nº 0000000-00.0000.0.00.0000, da 2ª Vara Cível desta Comarca.

Recebida a exordial, este douto Juízo designou audiência de conciliação, em que, não obstante os esforços da ré e dos conciliadores, não foi possível obter-se a conciliação, iniciando-se o prazo para apresentação da defesa.

Em síntese, os fatos.

Preliminarmente/Emenda da Exordial (Inclusão da Outra Filha):

Quando de seu divórcio judicial, Processo nº 0000000-00.0000. 0.00.0000, que tramitou junto à 2ª Vara Cível desta Comarca, o autor concordou em pagar para suas filhas 1/3 (um terço) de seus rendimentos líquidos, fls. 00, não tendo sido especificado o quanto seria para cada uma, o que autoriza a presunção de que o referido valor será devido, ao menos, até que ambas as filhas completem a maioridade civil e/ou seus estudos.

Desejando o alimentante a exoneração em face de uma das filhas e a diminuição do valor da pensão, imprescindível que ajuíze ação de exoneração cumulada com revisional de alimentos, incluindo no polo passivo da ação ambas as filhas, visto que igualmente titulares do direito primário.

Destarte, requer-se seja o autor intimado a emendar a exordial, com escopo de adequar o seu pedido e incluir no polo passivo sua filha D. H. da S., igualmente titular do direito em discussão, providenciando no prazo legal a sua citação, sob pena de extinção do feito sem julgamento do mérito (art. 485, VI, CPC).

Do Mérito:

Douto Magistrado, não merece acolhida o pedido do autor. De fato, doutrina e jurisprudência têm se firmado no sentido de que o simples fato do alimentando ter atingido a maioridade civil não é bastante para afastar a obrigação alimentícia, sendo necessária a demonstração de que já não estão presentes os pressupostos que deram arrimo à concessão da pensão, frutos do binômio "necessidade × possibilidade".

No caso *sub judice*, há ainda que se considerar que a alimentanda está frequentando a faculdade (veja-se documento anexo), o que demanda muitas e conhecidas despesas. Fato que com muito mais razão demanda continue o genitor a contribuir para sua educação, mesmo que a ré esteja trabalhando; mesmo porque o valor da pensão não é bastante para cobrir todos os gastos.

Neste sentido a jurisprudência, *in verbis*:

"O fato de a alimentanda ter atingido a maioridade não tem o condão, por si só, de exonerar o alimentante da obrigação de prestar alimentos para sua filha, devendo ser comprovada alteração no binômio necessidade/possibilidade. Apesar de a apelante contar com 26 anos de idade, não trabalha e frequenta curso superior" (TJRS, Apelação nº 70007887409, Rel. Ataídes Siqueira Trindade, Oitava Câmara Cível, *DJ* 23.03.04).

"Maioridade não é, por si só, corolário para liberar o alimentante da obrigação alimentar. Indemonstrada modificação da situação econômica, improcedente a pretensão. Alimentado que não trabalha e está cursando faculdade – imprescindível a manutenção da obrigação alimentar, pois inalterado o binômio possibilidade/necessidade. Inexistência de previsão legal para que a mãe supra integralmente as necessidades do filho" (TJRD, Apelação nº 70008019572, Rel. Walda Maria Melo Pierrô, Sétima Câmara Cível, *DJ* 31.03.04).

EMENTA: EXONERAÇÃO DE PENSÃO ALIMENTÍCIA – SUPERVENIÊNCIA DA MAIORIDADE CIVIL NÃO EXTINGUE A OBRIGAÇÃO ALIMENTAR NA HIPÓTESE DE QUE A ALIMENTANDA AINDA SEJA ESTUDANTE. PROVIMENTO DO RECURSO (TJMG, Apelação nº 1.0000.00.342803-4/000, Rel. Roney Oliveira, DP 20.02.04).

Não fossem bastantes os argumentos apresentados, há que se observar que a pensão alimentícia é também destinada a outra filha do autor, que, impossibilitada de se defender neste feito, vez que não incluída no polo passivo da ação, tem com certeza muitas e crescentes despesas, que demandam não a diminuição do valor da pensão, mas o seu aumento.

Dos Pedidos:

Ante o exposto, considerando que não houve mudança nas possibilidades do alimentante e que as necessidades da alimentanda não se alteraram, muito ao contrário, até aumentaram com sua entrada na faculdade, requer-se a improcedência do pedido, mantendo-se a obrigação alimentícia do autor absolutamente inalterada.

Reitera-se, outrossim, o pedido da concessão dos benefícios da justiça gratuita, vez que se declara pobre no sentido jurídico do termo, conforme declaração de necessidade já juntada aos autos, fls. 00.

Provará o que for necessário, usando de todos os meios permitidos em direito, em especial pela juntada de documentos (anexos), perícia social, oitiva de testemunhas (rol anexo) e depoimento pessoal do autor.

Termos em que
p. deferimento.

Mogi das Cruzes, 00 de abril de 0000.

Gediel Claudino de Araujo Júnior
OAB/SP 000.000

10.22 CONTESTAÇÃO DE AÇÃO DE INDENIZAÇÃO POR SINISTRO EM VEÍCULO FEITA POR TERCEIRO (EX-PROPRIETÁRIO)

Excelentíssimo Senhor Doutor Juiz de Direito da 3ª Vara Cível do Foro e Comarca de Alfenas, Minas Gerais.

Processo nº 0000000-00.0000.0.00.0000
Ação de Indenização (rito ordinário)

B. J. A., brasileiro, solteiro, ajudante geral, portador do RG 00.000.000-0-SSP/SP e do CPF 000.000.000-00, titular do e-mail bja@gsa.com.br, residente e domiciliado na Rodovia Engenheiro Cândido do Rego Chaves, nº 00, Pindorama, cidade de Mogi das Cruzes-SP, CEP 00000-000, por seu Advogado, que esta subscreve (mandato incluso), com escritório na Rua José Urbano, nº 00, Centro, Mogi das Cruzes-SP, *onde recebe intimações* (e-mail: gediel@gsa.com. br), nos autos do processo que lhe move **F. S. O.**, vem à presença de Vossa Excelência oferecer ***contestação***, conforme as seguintes razões:

Dos Fatos:

O autor ajuizou o presente feito asseverando que o veículo de propriedade do réu "B", conduzido pela ré "R", seria o responsável por sinistro que causou danos em seu veículo. Por fim, requereu a condenação da primeira requerida a pagar indenização no valor de R$ 2.401,00 (dois mil, quatrocentos e um reais), e a citação dos "requeridos" para responder.

Em síntese, o necessário.

Preliminarmente: Da Carência de Ação ("Falta de Legitimidade"):

Segundo a melhor doutrina, os pressupostos da responsabilidade civil são: (I) ação ou omissão do agente; (II) culpa do agente; (III) relação de causalidade; (IV) dano experimentado pela vítima.

A simples leitura da petição inicial é suficiente para afastar qualquer responsabilidade do réu "B" pelo "suposto" evento que causou danos ao veículo do autor. A ele não se pode imputar qualquer ação ou omissão que tenha causado direta, ou mesmo indiretamente, o evento que, segundo o autor, veio a lhe causar danos materiais.

O réu "B" não estava dirigindo o veículo "supostamente" responsável pelo sinistro; ele também não emprestou o referido veículo para a ré "R"; na verdade, o réu "B" não tem a menor ideia de quem seja a referida senhora, nem mesmo sabe informar como ela veio a ter a posse do veículo que indevidamente ainda se encontra em seu nome.

Em junho de 0000, o réu "B" vendeu o referido bem para o *Sr. A. F. L.*, brasileiro, portador do CPF 000.000.000-00 (demais qualificações e endereço desconhecidos); tendo, inclusive, reconhecido firma na autorização de transferência, conforme prova certidão expedida pelo Oficial do Tabelião de Notas do Cartório de Registro Civil de Jundiapeba (cópia anexa).

Desde então nunca mais soube do veículo ou do referido senhor, que levou, como se disse, o documento de transferência devidamente preenchido e com firma reconhecida (pronto, portanto, para transferência). Mesmo que o Sr. "A" não tenha efetivado a transferência formal junto ao registro do DETRAN, a transferência da propriedade se concretizou com a tradição do bem, visto se tratar de coisa móvel (art. 1.267, CC).

Neste sentido a jurisprudência do Egrégio Tribunal de Justiça do Estado de Minas Gerais, *in verbis*:

EMENTA: APELAÇÃO CÍVEL. ACIDENTE DE TRÂNSITO. AÇÃO DE RESPONSABILIDADE CIVIL. PROPRIETÁRIO VEÍCULO. ALIENAÇÃO. TRADIÇÃO. ILEGITIMIDADE PASSIVA. I – A legitimidade ad causam deve ser analisada com base nos elementos da lide, à luz da situação afirmada da demanda, relacionando-se com o próprio direito de ação, autônomo e abstrato. II – A transferência da propriedade sobre bens móveis, como os veículos automotores, se dá pela tradição e não pelo registro no DETRAN. III – Comprovado por prova documental que o veículo, à época do acidente, já havia sido alienado para outrem, deve ser acolhida a preliminar de ilegitimidade do antigo proprietário para figurar no polo passivo da ação de reparação civil (TJMG, Apelação Cível n. 1.0180.10.003918-9/001, Relator Des. Leite Praça, DJ 26.09.2013).

Como se observa dos fatos e da jurisprudência, falta ao autor os pressupostos necessários para processar o réu "B" pelos seus danos; na verdade, o requerido "B" é claramente "parte ilegítima" neste feito, devendo o requerente ser declarado, em relação a ele, carecedor de ação, extinguindo-se o feito sem julgamento de mérito (art. 485, VI, CPC).

Do Mérito:

Pelas razões expostas em preliminar, dificilmente este douto Juízo chegará a apreciar, em relação ao réu "B", o pedido de indenização. Na verdade, não tendo havido emenda da petição (*lembre-se que o réu "B" não conseguiu acesso aos autos, visto que não possui meios financeiros de se locomover até a Comarca de Alfenas*), nem mesmo foi feito pedido em face dele. Em sua petição inicial o autor se limita a pedir a condenação da "requerida" a lhe pagar indenização no valor de R$ 2.401,00.

De qualquer forma, o réu "B" nega, por cautela, que tenha qualquer responsabilidade, direta ou indireta, nos eventos que "supostamente" causaram danos materiais no veículo do autor.

Como já informado, o requerido "B" desconhece a ré "R", nunca lhe vendeu ou emprestou o veículo registrado em seu nome.

No mais, nada sabe sobre os eventos narrados na exordial, visto que reside na cidade de Mogi das Cruzes-SP.

Dos Pedidos:

Ante o exposto, requer-se reconheça este douto Juízo que o réu "B" não é parte legítima para constar no polo passivo da presente demanda, declarando então o autor carecedor de ação em face dele; superada a preliminar, fato que se aceita apenas em respeito ao princípio da eventualidade, requer-se que, em relação ao réu "B", o pedido de indenização seja julgado improcedente, condenando-se o autor nos ônus da sucumbência.

Requer, outrossim, os benefícios da justiça gratuita, vez que se declara pobre no sentido jurídico do termo, conforme declaração anexa.

Provará o que for necessário, usando de todos os meios admitidos em direito, em especial pela juntada de documentos (anexos), oitiva de testemunhas (rol anexos) e depoimento pessoal do autor.

Termos em que
p. deferimento.

Mogi das Cruzes-SP/Alfenas-MG, 00 de outubro de 0000.

Gediel Claudino de Araujo Júnior
OAB/SP 000.000

10.23 CONTESTAÇÃO DE AÇÃO DE INVESTIGAÇÃO DE PATERNIDADE CUMULADA COM ALIMENTOS

Excelentíssimo Senhor Doutor Juiz de Direito da 3ª Vara Cível do Foro de Mogi das Cruzes, São Paulo.

Processo nº 0000000-00.0000.0.00.0000
Ação de Investigação de Paternidade cc Alimentos

S. A. E., brasileiro, solteiro, meio oficial armador, portador do RG 00.000.000-SSP/SP e do CPF 000.000.000-00, titular do e-mail sae@gsa.com.br, residente e domiciliado na Avenida Nilo Marcatto, nº 00, Jardim São Pedro, cidade de Mogi das Cruzes-SP, CEP 00000-000, por seu Advogado, que esta subscreve (mandato incluso), com escritório na Rua Francisco Martins, nº 00, Centro, cidade de Mogi das Cruzes-SP, *onde recebe intimações* (e-mail: gediel@gsa.com.br), nos autos do processo que lhe move **L. H. S. de O.**, vem à presença de Vossa Excelência oferecer *contestação*, nos termos a seguir articulados:

Dos Fatos:

O autor ajuizou o presente feito asseverando, em apertada síntese, que sua genitora manteve relacionamento amoroso, que incluía relações sexuais, com o réu, e que seria fruto deste relacionamento. Declarou, ainda, que sua genitora não possui condições de cuidar sozinha do seu sustento. Diante destes fatos, requereu fosse reconhecida a paternidade do réu em face dele, bem como sua condenação ao pagamento de pensão alimentícia mensal no valor de 1 (um) salário mínimo por mês.

Recebida a exordial, este douto Juízo designou audiência de conciliação, em que, não obstante os esforços do réu e dos conciliadores, não foi possível obter-se a conciliação, iniciando-se o prazo para apresentação da defesa.

Em síntese, os fatos.

Do Mérito:

Parcialmente verdadeiros os fatos informados na exordial. De fato, o réu manteve relacionamento amoroso com a genitora do autor, que incluía relações sexuais, contudo não no período declinado na exordial. Com efeito, quando a representante da mesma apareceu grávida, a relação amorosa deles já tinha terminado há algum tempo, razão pela qual entende não ser o pai natural do autor.

De qualquer forma, não pode o réu deixar de, *ad cautelam*, se manifestar sobre o pedido de alimentos, com escopo de evitar que sobre o assunto ocorram os efeitos da revelia. De início, informa-se que o réu tem mais 2 (dois) filhos, quais sejam: L. W. A. E., nascido em 00.00.0000; A. W. E., nascida em 00.00.0000 (vejam documentos anexos).

No momento, o réu desenvolve atividade autônoma, sem registro, na qualidade de "meio oficial armador", tendo renda mensal aproximada de um salário mínimo.

Como facilmente se percebe, estes fatos tornam absolutamente impossível para o réu o pagamento de pensão alimentícia para o autor no valor pleiteado na exordial.

Ademais, há que se observar que o autor deixou de indicar expressamente qual seria o montante mensal de seus gastos, o que impossibilita uma correta avaliação do binômio "necessidade e possibilidade", conforme previsto no artigo 1.694 do Código Civil.

Dos Pedidos:

Ante o exposto, requer-se sejam os pedidos do autor julgados improcedentes, devendo ele arcar com os ônus da sucumbência, ou, no caso de eventual procedência, *o que se aceita apenas para contra argumentar*, sejam os alimentos fixados em 10% (dez por cento) dos rendimentos líquidos do réu, incluindo-se 13º salário e férias, quando este estiver empregado, ou 10% (dez por cento) de 1 (um) salário mínimo, quando desempregado ou trabalhando sem vínculo.

Reitera-se, outrossim, o pedido da concessão dos benefícios da justiça gratuita, vez que se declara pobre no sentido jurídico do termo, conforme declaração de necessidade já juntada aos autos, fls. 00.

Provará o que for necessário, usando de todos os meios permitidos em direito, em especial pela juntada de documentos (anexos), oitiva de testemunhas (rol anexo), depoimento pessoal da representante do autor e perícia técnica (DNA), requerendo-se, quanto a esta, determine imediatamente este douto Juízo expedição de ofício ao IMESC, requerendo data para a realização do exame, com escopo de se evitarem maiores prejuízos para as partes.

Termos em que
p. deferimento.

Mogi das Cruzes, 00 de agosto de 0000.

Gediel Claudino de Araujo Júnior
OAB/SP 000.000

10.24 CONTESTAÇÃO DE AÇÃO DE INVESTIGAÇÃO DE PATERNIDADE CUMULADA COM ALIMENTOS JÁ COM EXAME DE DNA NOS AUTOS

Excelentíssimo Senhor Doutor Juiz de Direito da 3ª Vara Judicial, Família e Infância e Juventude do Foro e Comarca de Capanema, Paraná.

Processo nº 0000-00.0000.0.00.0000
Ação de Investigação de Paternidade

M. S. de O. C., brasileiro, solteiro, churrasqueiro, portador do RG 00.000.000-SSP/SP e do CPF 000.000.000-00, titular do e-mail msoc@gsa.com.br, residente e domiciliado na Rua Jorge Assis, nº 00, Jardim Helena, cidade de Mogi das Cruzes-SP, CEP 00000-000, por seu Advogado, que esta subscreve (mandato incluso), com escritório na Rua José Urbano, nº 00, Centro, Mogi das Cruzes-SP, *onde recebe intimações* (e-mail: gediel@gsa.com.br), nos autos do processo que lhe move **P. V. G.**, vem à presença de Vossa Excelência oferecer *contestação*, nos termos a seguir articulados:

Dos Fatos:

O autor ajuizou a presente ação em face do réu asseverando, em apertada síntese, que ele e sua mãe mantiveram relacionamento amoroso do qual seria fruto. Requereu, por fim, fosse reconhecida a paternidade do réu em face dele, assim como fosse ele condenado ao pagamento de pensão alimentícia.

Recebida a inicial, este douto Juízo fixou alimentos provisórios no valor de 33% (trinta e três por cento) do salário mínimo e determinou a citação do réu para responder (não foi designada audiência de conciliação pelo fato do réu morar no Estado de São Paulo).

Em síntese, os fatos.

Preliminarmente/Revisão do Valor dos Alimentos Provisórios:

Antes de apreciar o mérito, requer-se a "reconsideração" da decisão que fixou os alimentos provisórios em 33% do salário mínimo nacional, a fim de fixá-lo em 16,5% (dezesseis e meio por cento) dos rendimentos líquidos do alimentante, oficiando-se ao empregador informado no item abaixo para desconto diretamente em folha de pagamento.

O pedido se justifica na medida em que o alimentante possui outra filha e encontra-se trabalhando com registro em carteira (com vínculo), conforme documentos anexos.

Do Mérito:

Douto Magistrado, os pedidos do autor merecem PARCIAL PROCEDÊNCIA.

Ab initio, o réu "reconhece" a sua paternidade em face do autor, não se opondo a expedição do necessário para regularização do seu assento de nascimento. Não se opõe, igualmente, seja a guarda legal da criança fixada em favor da mãe, disciplinando-se o direito de visitas do genitor de forma livre, mediante prévia consulta, visto que o réu reside no Estado de São Paulo.

Não pode, contudo, concordar com o pedido de alimentos no valor de 1/3 (um terço) de seus rendimentos líquidos, quando empregado, e 33% (trinta e três por cento) do salário mínimo quando desempregado ou trabalhando sem vínculo, visto que estes valores estão além de sua capacidade de pagamento.

Justifica. Além do autor, o réu é pai de mais uma criança, a menor **A. L. C.**, nascida em 00.00.0000 (veja-se certidão de nascimento anexa); embora a menor "A", fruto do atual relacionamento do réu, resida com ele, a sua existência deve ser considerada quando da fixação da pensão alimentícia, visto as muitas obrigações que o réu possui em face dela (alimentação, moradia, educação, assistência médica etc.).

No momento, o réu encontra-se empregado junto à empresa S. DA C. CHURRASCARIA LTDA., situada na Avenida Prefeito Carlos Ferreira Lopes, nº 00, Vila Mogilar, cidade de Mogi das Cruzes-SP, CEP 00000-000, onde recebe salário aproximado de R$ 1.200,00 (um mil, duzentos reais).

Dos Pedidos:

Ante o exposto, "requer-se a improcedência parcial dos pedidos do autor", com escopo de reconhecer-se a paternidade do réu em face do autor, fixando-se os alimentos devidos pelo pai ao seu filho no valor de 16,5% (dezesseis e meio por cento) de seus rendimentos líquidos, incluindo-se férias, décimo terceiro salário, horas extras, verbas rescisórias, excluindo-se apenas o FGTS e sua multa, quando empregado; no caso de desemprego ou trabalho sem vínculo empregatício a pensão deve ser fixada em 20% (vinte por cento) do salário mínimo nacional, com vencimento para todo dia 10 (dez) de cada mês. Não se opõe, ainda, que a guarda do menor seja estabelecida em favor da mãe com direito de visitas livres, mediante prévia consulta.

Requer-se, outrossim, os benefícios da justiça gratuita, vez que se declara pobre no sentido jurídico do termos, conforme declaração anexa.

Provará o que for necessário, usando de todos os meios permitidos em direito, em especial pela juntada de documentos, perícia social, oitiva de testemunhas (rol anexo) e depoimento pessoal da representante do autor.

Termos em que
p. deferimento.

Mogi das Cruzes-SP/Capanema-PR, 00 de maio de 0000.

Gediel Claudino de Araujo Júnior
OAB/SP 000.000

10.25 CONTESTAÇÃO DE AÇÃO DE INVESTIGAÇÃO DE PATERNIDADE CUMULADA COM ALIMENTOS, ONDE O RÉU CONFESSA A PATERNIDADE E FAZ PROPOSTA DE ALIMENTOS

Excelentíssimo Senhor Doutor Juiz de Direito da 3ª Vara Cível do Foro Distrital de Brás Cubas, Comarca de Mogi das Cruzes, São Paulo.

Processo nº 0000000-00.0000.0.00.0000
Ação de Investigação de Paternidade cc Alimentos

E. do A. G., brasileiro, solteiro, ajudante geral, portador do RG 00.000.000-SSP/SP e do CPF 000.000.000-00, titular do e-mail eag@gsa.com.br, residente e domiciliado na Rua Venezuela, nº 00, Distrito de Jundiapeba, cidade de Mogi das Cruzes-SP, CEP 00000-000, por seu Advogado, que esta subscreve (mandato incluso), com escritório na Rua Francisco Martins, nº 00, Centro, cidade de Mogi das Cruzes-SP, *onde recebe intimações* (e-mail: gediel@gsa.com.br), nos autos do processo que lhe move I. A. da S., vem à presença de Vossa Excelência oferecer **contestação**, nos termos a seguir articulados:

Dos Fatos:

O autor ajuizou o presente feito asseverando, em apertada síntese, que sua genitora manteve relacionamento amoroso, que incluía relações sexuais, com o réu, e que seria fruto deste relacionamento. Declarou, ainda, que sua genitora não possui condições de cuidar sozinha do seu sustento. Diante destes fatos, requereu fosse reconhecida a paternidade do réu em face dele, bem como sua condenação ao pagamento de pensão alimentícia mensal no valor de 30% (trinta por cento) de seus rendimentos brutos.

Recebida a exordial, este douto Juízo designou audiência de conciliação, em que, não obstante os esforços do réu e dos conciliadores, não foi possível obter-se a conciliação, iniciando-se o prazo para apresentação da defesa.

Em síntese, os fatos.

Do Mérito:

O réu "reconhece" a sua paternidade em face do autor, conforme declaração anexa.

Já quanto aos alimentos, o réu gostaria, considerando que ele e a Sra. "R" (mãe do autor), possuem mais 3 (três) filhos (C. E. da S. G., E. E. da S. G., M. E. da S. G.), que a pensão fosse fixada para todos os quatro (4) filhos do casal, sabendo-se que a representante dos menores ainda não ajuizou ação neste sentido.

A proposta de alimentos para TODOS OS FILHOS DO CASAL é 30% (trinta por cento) de seus rendimentos líquidos, incluindo-se férias, 13º salário e verbas rescisórias, excluindo-se o FGTS, quando empregado, mediante desconto em folha de pagamento. No caso de desemprego, ou trabalho sem vínculo, a proposta é de que a pensão seja fixada em 1/3 (um terço) do salário mínimo nacional, com vencimento para todo dia 10 (dez) de cada mês.

Dos Pedidos:

Ante o exposto, requer-se seja o pedido de investigação de paternidade julgado procedente, passando o menor a chamar-se "I. A. da S. G.", fixando-se a pensão devida pelo réu aos seus QUATRO FILHOS em 30% (trinta por cento) dos rendimentos líquidos do réu, incluindo-se 13º salário e férias, quando este estiver empregado, e em 1/3 (um terço) do salário mínimo nacional, com vencimento para todo dia 10 (dez) de cada mês, quando desempregado ou trabalhando sem vínculo.

Requer, outrossim, lhe sejam concedidos os benefícios da justiça gratuita, vez que se declara pobre no sentido jurídico do termo, conforme declaração anexa.

Provará o que for necessário, usando de todos os meios permitidos em direito, em especial pela juntada de documentos (anexos), oitiva de testemunhas (rol anexo), depoimento pessoal da representante do autor.

Termos em que
p. deferimento.

Mogi das Cruzes, 00 de julho de 0000.

Gediel Claudino de Araujo Júnior
OAB/SP 000.000

10.26 CONTESTAÇÃO DE AÇÃO DE OBRIGAÇÃO DE FAZER CUMULADA COM INDENIZAÇÃO POR DANOS MORAIS, COM DENUNCIAÇÃO DA LIDE

Excelentíssimo Senhor Doutor Juiz de Direito da 3ª Vara Cível do Foro de Mogi das Cruzes-SP.

Processo nº 0000000-00.0000.0.00.0000
Ação de Obrigação de Fazer cc Indenização por Danos Morais

F. C. de O., brasileira, divorciada, aposentada, portadora do RG 00.000.000-0-SSP/SP e CPF 000.000.000-00, titular do e-mail fco@gsa.com, residente e domiciliado na Rua Joaquim de Mello Freire, nº 00, Vila Oliveira, cidade de Mogi das Cruzes-SP, CEP 00000-000, por seu Advogado, que esta subscreve (mandato incluso), com escritório na Rua Francisco Martins, no 00, Centro, cidade de Mogi das Cruzes-SP, *onde recebe intimações* (e-mail: gediel@gsa.com.br), nos autos do processo que lhe move L. A. da S., já qualificada, vem à presença de Vossa Excelência oferecer *contestação*, nos termos a seguir articulados:

Dos Fatos:

A autora ajuizou o presente feito asseverando, em apertada síntese, que fora inquilina da ré no período entre maio de 0000 a novembro de 0000, tendo como objeto o imóvel situado na Rua Cruzeiro do Sul, nº 00, Vila Oliveira, Mogi das Cruzes-SP, CEP 00000-000; declarou ainda que o distrato foi amigável, tendo constado expressamente a inexistência de qualquer pendência entre as partes, ou seja, todas as contas estavam em ordem e devidamente quitadas; no entanto, para sua total surpresa, recebeu notificação do SCPC dando conta de que seu nome fora negativado em razão de débitos advindos do não pagamento da conta de luz. Por fim, requereu seja a ré condenada em obrigação de fazer, qual seja, retirar o nome dela das contas de luz, assim como ao pagamento de danos morais estimados em R$ 25.000,00 (vinte e cinco mil reais).

Recebida a inicial, entendeu este douto Juízo por conceder, de forma unilateral, a tutela antecipada, com o fim suspender a negativação do nome da autora junto ao SCPC, determinando, em seguida, a citação da ré para responder.

Em resumo, os fatos.

Do Mérito:

Douto Magistrado, os pedidos da autora devem ser julgados improcedentes, conforme razões que se apresentam em seguida:

"Da Inexistência de Obrigação de Fazer":

Os pedidos da autora partem da presunção de que seria obrigação da locadora "retirar" o nome dela de eventuais serviços contratados, em especial, neste caso, dos serviços de fornecimento de energia elétrica, contudo tal obrigação não consta do contrato de locação nem do distrato amigável.

Na verdade, a contratação, ou não, de serviços é de inteira discricionariedade e responsabilidade do morador, visto que de natureza pessoal (ligados ao seu nome e ao seu CPF). Entram nesta categoria não só os serviços de fornecimento de energia, mas também de água, de tv a cabo, de internet e de telefone.

Mesmo que quisesse, a ré não teria como "cancelar" os referidos serviços, que são, como se disse, de natureza pessoal e de total responsabilidade do contratante.

No contrato de locação firmado pelas partes, consta apenas, em sua sétima cláusula, a obrigação da locatária de provar a quitação das contas de luz e água quando for deixar o imóvel, o que de fato ocorreu.

Enfim, da mesma forma que providenciou a mudança para o se nome, caberia à própria autora providenciar, quando deixou o imóvel, a retirada do seu nome da conta de luz, usando, para tanto, de cópia do distrato amigável firmado entre as partes; ou seja, ela estava de posse dos meios para providenciar o necessário. Não o fez por sua conta e risco.

Como se vê, não cabe à ré qualquer responsabilidade por eventuais danos que tenham advindo à autora, visto que não é, e não era, sua obrigação "cancelar", ou alterar, os contratos de fornecimentos de serviços feito por ela, daí que os seus pedidos devem ser julgados improcedentes.

"Da Indenização por Danos Morais":

Como se demonstrou no item retro, não cabe à ré qualquer responsabilidade pela negativação do nome da autora junto ao SCPC, ou seja, não foi ela quem usou e não pagou a energia elétrica, o imóvel encontra-se alugado, assim como não lhe cabia por ou retirar, cancelar, o nome da autora junto à fornecedora do referido serviço; no entanto, se este douto Juízo entender de forma diferente, fato que se aceita apenas para contra-argumentar, há que se limitar o valor da indenização dentro do limite do razoável, conforme jurisprudência do Egrégio Tribunal de Justiça do Estado de São Paulo.

Atendesse este douto Juízo o pedido da autora nos termos formulados, imporia à ré encargo superior ao que ela ganhou com todo o contrato de locação, cujo aluguel mensal estava fixado em R$ 700,00 (setecentos reais), fato que afrontaria o princípio da razoabilidade e da proporcionalidade, provocando o enriquecimento ilícito da autora, que teria morado de graça por quase dois anos.

Destarte, na hipótese deste douto Juízo entender que a negativação do nome da autora é, de alguma forma, responsabilidade da ré, fato que se aceita, como se disse, apenas em obediência ao princípio da eventualidade, requer-se que o valor da indenização por danos morais seja fixado em R$ 3.000,00 (três mil reais), a fim de atender os parâmetros da razoabilidade e da proporcionalidade, registrando-se que os débitos junto à concessionária dos serviços de energia elétrica já foram quitados pelo real devedor (documentos anexos).

"Da Denunciação da Lide."

Nos termos do art. 125, inciso II, do Código de Processo Civil, a ré deseja proceder com a denunciação da lide em face do atual ocupante do imóvel que deu causa à inadimplência que levou o nome da autora a ser negativado junto ao SCPC, quem seja, o Sr. **C. T.**, brasileiro, solteiro (convivente), portador do RG 00.000.000-SSP/SP e do CPF 000.000.000-00, sem endereço eletrônico, residente e domiciliado na Rua Cruzeiro do Sul, nº 00, Vila Oliveira, Mogi das Cruzes-SP, CEP 00000-000.

Com efeito, algumas semanas após a autora ter deixado o imóvel de propriedade da ré, esta novamente o alugou, agora para o Sr. "C", conforme provam documentos anexos.

Entre as obrigações do inquilino, previstas no contrato de locação, consta a de pagar pontualmente as contas de luz e água, lhe cabendo, ainda, providenciar a transferência das referidas contas para o seu nome (cláusula oitava). Não tendo cumprido com as obrigações livremente pactuadas, lhe cabe responder por eventuais danos que sua omissão tenha causado; ou seja, o atual inquilino é a pessoa que usou, e não pagou pontualmente, a conta de energia elétrica; é ele, ainda, que descumpriu obrigação contratual expressa, no sentido de transferir as referidas contas para o seu nome.

Sendo assim, requer-se seja recebida a presente denunciação, determinando-se a citação do denunciado para responder por eventuais danos que venham a ser impostas à denunciante.

Dos Pedidos e das Provas:

Ante o exposto, REQUER-SE:

a) sejam os pedidos da autora julgados totalmente improcedentes, devendo arcar com os ônus da sucumbência;

b) seja deferida a denunciação da lide ao Sr. **C. T.**, brasileiro, solteiro (convivente), portador do RG 00.000.000-SSP/SP e do CPF 000.000.000-00, sem endereço eletrônico, residente e domiciliado na Rua Cruzeiro do Sul, nº 00, Vila Oliveira, Mogi das Cruzes-SP, CEP 00000-000, a quem caberá, em ação regressiva, responder por eventual condenação que venha a ser imposta a ré denunciante em razão dos fatos narrados na exordial.

Provará o que for necessário, usando de todos os meios permitidos em direito, em especial pela juntada de documentos (anexos), oitiva de testemunhas (rol anexo) e depoimento pessoal da autora.

Termos em que,
p. deferimento.

Mogi das Cruzes-SP, 00 de julho de 0000.

Gediel Claudino de Araujo Junior
OAB/SP 000.000

10.27 CONTESTAÇÃO DE AÇÃO DE OBRIGAÇÃO DE FAZER ENVOLVENDO TRANSFERÊNCIA DE VEÍCULO

Excelentíssimo Senhor Doutor Juiz de Direito da 3ª Vara Cível do Foro de Mogi das Cruzes, São Paulo.

Processo nº 0000000-00.0000.0.00.0000
Ação de Obrigação de Fazer

F. V. R., brasileiro, solteiro, segurança, portador do RG 00.000.000-SSP/SP e do CPF 000.000.000-00, titular do e-mail fvr@gsa.com.br, residente e domiciliado na Rua Lara, nº 00, Centro, cidade de Mogi das Cruzes-SP, CEP 00000-000, por seu Advogado, que esta subscreve (mandato incluso), com escritório na Rua Francisco Martins, nº 00, Centro, cidade de Mogi das Cruzes-SP, *onde recebe intimações* (e-mail: gediel@gsa.com.br), nos autos do processo que lhe move E. I. dos S., vem à presença de Vossa Excelência oferecer **contestação**, nos termos a seguir articulados:

Dos Fatos:

Em janeiro de 0000, o autor ajuizou o presente feito asseverando, em apertada síntese, que, em 00.00.0000, havia adquirido um veículo marca "fusca", placa CWX 0000, do réu e que este lhe entregou, no momento da compra, apenas o CRLV, prometendo para os próximos dias o "recibo de compra e venda." Narrou, ainda, que não obstante suas muitas tentativas amigáveis para haver o referido documento, não obteve êxito. Requereu, por fim, fosse imposta pena pecuniária ao réu até que efetivasse a entrega do referido documento.

Recebida a exordial, concedeu este douto Juízo a liminar, determinando ao réu que entregasse ao autor, no prazo de 48 horas, todos os documentos relativos ao automóvel mencionado na inicial, inclusive o CRLV, sob pena de multa diária no valor de R$ 500,00 (quinhentos reais). Designou-se, ainda, audiência de conciliação, quando, não obstante os esforços dos conciliadores e do réu, não foi obtido acordo, iniciando-se então o prazo para apresentação de defesa.

Em síntese, os fatos.

Do Recibo de Compra e Venda:

Inicialmente, em atenção à decisão deste douto Juízo, fls. 00/00, requer-se a juntada do original do "recibo de compra e venda" do veículo VW Fusca 1200, placa CWX 0000, devidamente firmado e preenchido, já, inclusive, com firma reconhecida do proprietário, possibilitando a imediata transferência do registro do veículo para o autor.

Observa, ademais, que este era o único documento que estava na posse do Sr. "A", sendo o próprio autor quem reconhece na sua exordial que no ato da compra recebeu o CRLV (certificado de registro e licenciamento do veículo).

Do Mérito:

Data venia, não agiu bem este douto Juízo ao conceder a liminar arrimada unicamente nas mendazes afirmações do autor, que declarou em sua inicial apenas os fatos que lhe interessavam, procurando, com certeza, levar este douto Juízo a erro.

De fato, quando o réu vendeu o "fusca" para o autor lhe entregou o documento de circulação (CRLV), onde consta o nome do Sr. A. de S., de quem o réu, por sua vez havia comprado o carro. No entanto, o negócio envolvia a quitação de uma dívida junto à Prefeitura Municipal de Mogi das Cruzes (documentos anexos), assumida pelo Sr. "A", quando este, por sua vez, havia adquirido o veículo.

O autor não só foi informado da referida dívida, como foi levado até o Sr. "A", detentor do recibo de compra e venda; acertando as partes que o referido recibo seria entregue ao autor quando da quitação final da referida dívida junto à PMMC.

Tudo certo, negócio fechado.

Nessa altura dos fatos, o réu havia feito a sua parte. Apresentou ao autor o detentor do documento de transferência, tendo ele assumido o compromisso de quitar a dívida junto à PMMC. Todavia, algum tempo depois, o réu foi procurado por um desesperado Sr. "A", que recebeu em sua casa notificação de multa por infração de trânsito praticada pelo autor, que, como se viu, estava na posse do veículo (veja-se documento anexo).

Juntos procuraram o autor querendo apressar a transferência do registro do veículo. Para tanto requereram ao mesmo que fornecesse cópia de carteira de habilitação, RG e CPF, a fim de preencher o recibo e também para possibilitar ao Sr. "A" livrar-se da multa e da pontuação.

O autor foi evasivo e disse que não poderia fornecer os referidos documentos naquele momento, pedindo que lhe fosse entregue o recibo em branco. Com isso não concordou o Sr. "A", acertando-se então que o autor iria depois à casa do Sr." A" levar os documentos e acertar a transferência.

Claro que assim não procedeu, muito ao contrário, continuou usando de forma inadequada o carro, tomando outras multas, inclusive uma de natureza gravíssima, que tem como consequência a apreensão da carteira de habilitação (veja-se documento anexo).

O réu e o Sr. "A" continuaram procurando o autor para proceder com a transferência, mas este continuou fugindo, negando-se a fornecer cópia dos documentos e insistindo que o documento de transferência lhe fosse entregue em branco.

Finalmente com a citação neste feito, o réu e o Sr. "A" conseguiram o número do RG e do CPF do autor, que constam dos autos, possibilitando o preenchimento do recibo de compra e venda, cuja cópia vai ajudar o Sr. "A" a se livrar da responsabilidade pelas muitas infrações perpetradas pelo autor.

Registre-se, por fim, que o autor não honrou o seu compromisso de pagar a dívida no PMMC, sendo que tal encargo foi assumido pelo réu, que era corresponsável junto ao Sr. "A".

Da Entrega do Recibo de Compra e Venda:

        Como pode facilmente perceber este douto Juízo, o autor não é pessoa de confiança e, considerando o valor das multas que tomou, pode facilmente retirar o original do "recibo de compra e venda", anexado a esta petição, e deixar de providenciar a transferência do registro, mantendo em suspense o bom nome do Sr. "A" e a corresponsabilidade do réu. Destarte, requer-se a este ilustre Juízo que, ao liberar o documento, fixe prazo para que o autor comprove nos autos a regularização da transferência do registro, sob pena de pagamento de multa diária no valor de 1/2 (meio) salário mínimo.

Dos Pedidos:

        Ante o exposto, considerando que o autor não cumpriu integralmente o negócio com o réu (deixou de quitar a dívida no PMMC, documentos anexos), e, portanto, não tinha o direito de exigir a entrega do recibo de compra e venda (exceção do contrato não cumprido), mormente em branco, <u>requer-se seja seu pedido julgado improcedente</u>, condenando-o nos ônus da sucumbência.

        Requer, outrossim, os benefícios da justiça gratuita, vez que se declara pobre no sentido jurídico do termo, conforme declaração anexa.

        Provará o que for necessário, usando de todos os meios permitidos em direito, em especial pela juntada de documentos (anexos), perícia técnica, oitiva de testemunhas (rol anexo) e depoimento pessoal do autor.

        Termos em que
        p. deferimento.

        Mogi das Cruzes, 00 de fevereiro de 0000.

        Gediel Claudino de Araujo Júnior
        OAB/SP 000.000

10.28 CONTESTAÇÃO DE AÇÃO DE OBRIGAÇÃO DE FAZER MOVIDA PELO FILHO EM FACE DO PAI, BUSCANDO COMPELI-LO A CONTRATAR PLANO DE SAÚDE

Excelentíssimo Doutor Juiz de Direito da 3ª Vara do Foro Distrital de Brás Cubas, Comarca de Mogi das Cruzes, São Paulo.

Processo nº 0000000-00.0000.0.00.0000
Ação de Obrigação de Fazer

G. P. P., já qualificado, por seu Advogado, que esta subscreve (mandato incluso), com escritório na Rua Francisco Martins, nº 00, Centro, cidade de Mogi das Cruzes-SP, CEP 00000-000, *onde recebe intimações* (e-mail: gediel@gsa.com.br), nos autos do processo que lhe move R. L. de M., vem à presença de Vossa Excelência oferecer *contestação*, nos termos a seguir articulados:

Dos Fatos:

A autora ajuizou o presente feito asseverando, em apertada síntese, que quando da sua separação judicial o réu havia assumido obrigação de manter convênio médico para ela e para os filhos do casal; informou, ainda, que o réu deixou de assim proceder, pedindo, então, fosse ele compelido a tanto, mediante imposição de multa diária.

Recebida a exordial, este douto Juízo deferiu o pedido liminar determinando que o réu tomasse as providências para manter o referido convênio médico, sob pena de multa diária de ½ (meio) salário mínimo. No mais, este douto Juízo designou audiência de conciliação, na qual, não obstante os esforços do réu e dos conciliadores, não foi possível obter-se a conciliação, iniciando-se o prazo para apresentação da defesa.

Citado e intimado, o réu agravou de instrumento, obtendo liminar que suspendeu a decisão deste douto Juízo.

Em síntese, os fatos.

Do Mérito:

Douto Magistrado, não merece acolhida o pedido da autora.

Na verdade, a autora, ao ajuizar o presente feito, age com absoluta má-fé. Sabe ela que o réu não tinha e não tem condições de manter convênio médico para ela e para os filhos do casal.

Quando da separação do casal, o réu, não obstante já se encontrasse aposentado, estava trabalhando na empresa de Transporte Eroles que oferecia a seus funcionários, e dependentes, convênio médico com a empresa "B". O compromisso do réu, naquela oportunidade, era manter a autora e os filhos do casal naquele convênio que era subsidiado pelo empregador (note-se que no acordo de separação menciona-se o nome do convênio).

Nem agora nem antes o réu, INFELIZMENTE, tem ou tinha condições financeiras para manter qualquer tipo de convênio médico, seja para si, seja para sua ex-mulher e filhos.

Quando foi demitido da referida empresa, que, como é notório na Comarca, foi à falência, o convênio obviamente acabou-se, seja para o próprio réu, seja para os seus dependentes.

Pai zeloso, o réu paga para seus filhos 1/3 (um terço) da sua aposentadoria, mesmo sendo pessoa idosa, sem convênio e com sérios problemas de saúde; isso sem mencionar que continua muito próximo da mulher e dos filhos, pagando, não raras vezes, contas da mulher e dos filhos com sacrifício de suas próprias.

Este, douto Magistrado, é o seu limite. Como se disse, nunca prometeu pagar convênio médico para a mulher e os filhos, não que estes não mereçam, registre-se, mas porque simplesmente não tem condições financeiras para tanto. Prometeu e cumpriu manter o convênio médico que a empresa oferecia a seus funcionários e dependentes (note-se que o convênio não era gratuito, mas subsidiado pela empresa).

Dos Pedidos:

Ante o exposto, considerando que o réu nunca assumiu, como quer fazer crer a autora, obrigação de manter convênio médico para ela e os filhos além daquele oferecido pelo antigo empregador, *requer-se a improcedência do pedido*.

Requer, outrossim, os benefícios da justiça gratuita, vez que se declara pobre no sentido jurídico do termo, conforme declaração anexa.

Provará o que for necessário, usando de todos os meios permitidos em direito, em especial pela juntada de documentos (anexos), perícia social, oitiva de testemunhas (rol anexo) e depoimento pessoal da autora.

Termos em que
p. deferimento.

Mogi das Cruzes, 00 de julho de 0000.

Gediel Claudino de Araujo Júnior
OAB/SP 000.000

10.29 CONTESTAÇÃO DE AÇÃO DE RECONHECIMENTO E DISSOLUÇÃO DE UNIÃO ESTÁVEL, COM PRELIMINAR E RECONVENÇÃO

Excelentíssimo Senhor Doutor Juiz de Direito da 3ª Vara Cível do Foro de Mogi das Cruzes-SP.

Processo nº 0000000-00.0000.0.00.0000
Ação de Reconhecimento e Dissolução de União Estável

C. J. R. P., brasileiro, solteiro, funcionário público, portador do RG 00.000.000-0-SSP/SP e CPF 000.000.000-00, titular do e-mail cjrp@gsa.com, residente e domiciliado na Rua Paulo Leite de Siqueira, nº 00, Vila Nova Cintra, cidade de Mogi das Cruzes-SP, CEP 00000-000, por seu Advogado, que esta subscreve (mandato incluso), com escritório na Rua Francisco Martins, no 00, Centro, cidade de Mogi das Cruzes-SP, *onde recebe intimações* (e-mail: gediel@gsa.com.br), nos autos do processo que lhe move **S. C. G, L.**, já qualificada, vem à presença de Vossa Excelência oferecer *contestação*, nos termos a seguir articulados:

Dos Fatos:

A autora ajuizou o presente feito asseverando, em apertada síntese, que manteve com o réu "união estável" pelo período aproximado de 08 (oito) anos, sendo que desta união advieram ao casal dois filhos e a aquisição dos direitos possessórios sobre um terreno, que indicou. Por fim, requereu o reconhecimento e dissolução da união estável, com escopo de estabelecer que a guarda unilateral dos filhos do casal seria da mulher, devendo o genitor pagar pensão alimentícia no valor de 1/3 (um terço) de seus rendimentos líquidos, descontados em folha, quando empregado, e ½ (meio) salário mínimo, com vencimento para todo dia 10 (dez), quando desempregado ou trabalhando sem vínculo em carteira, assim como a partilha dos direitos sobre o imóvel na proporção de 50% (cinquenta por cento) para cada parte.

Recebida a inicial, entendeu este douto Juízo por conceder, de forma unilateral, a tutela antecipada, com o fim de conceder a guarda provisória dos menores para a mãe, assim como fixar a pensão alimentícia devida a eles no valor de 30% (trinta por cento) dos rendimentos líquidos do alimentante, determinando, em seguida, a intimação e citação do réu, assim como a expedição de ofício ao empregador.

Em audiência de conciliação, não foi possível, infelizmente, obter-se acordo.

Em resumo, os fatos.

Preliminarmente:

"Da reconsideração da tutela provisória que fixou a guarda e os alimentos provisórios."

Embora as diferenças pessoais entre o réu e a autora tenham levado, como informado na exordial, ao fim da união estável que se estabeleceu entre eles, isso em absoluto não quer dizer que ele se afastou dos filhos ou que está disposto a abrir mão dos direitos que lhe garante o Código Civil, mais especificamente no que diz respeito à guarda dos filhos menores.

Com efeito, o réu é muito apegado às crianças e deseja manter a sua guarda ou ao menos compartilhá-la com a autora, como lhe garante o art. 1.584, § 2º, do Código Civil.

Veja-se, mesmo após separação de fato do casal, é o réu quem cuida das principais necessidades dos menores; é ele, por exemplo, quem deixa as crianças na escola; é com ele que elas passam todos os finais de semana (elas vão para a casa do pai na sexta-feira).

Daí a injustiça da "guarda unilateral", mesmo que provisória, assim como dos "alimentos provisórios", visto que o genitor era, e continua sendo, o principal responsável pelas crianças e isso lhe obriga a muitas despesas, seja com alimentos, com vestuário, com moradia, com educação e com lazer.

Diante desta realidade, urgente a revisão da decisão que concedeu, em tutela provisória, a guarda unilateral provisória dos filhos para a mãe, assim como fixou pensão alimentícia provisória no importe de 30% (trinta por cento) de seus rendimentos líquidos, seja porque a guarda compartilhada é a regra geral do Código Civil, seja pelo simples fato de que o genitor, na prática, tem assumido iguais e/ou até superiores obrigações em relação aos filhos. A manutenção da r. decisão, mesmo que apenas durante o processo, tem potencial de trazer enormes prejuízos aos menores, seja em razão das grandes limitações do direito de visitas fixados, seja pela indevida transferência de renda para a mulher, sem que esta assuma efetivamente o pagamento das custas das crianças (em última instância, o prejuízo será todo das crianças).

Sendo assim, REQUER-SE reconsidere este douto Juízo a r. decisão de fls. 00/00, com escopo de estabelecer a "guarda provisória compartilhada" dos filhos do casal, assim como "suspender" o pagamento de pensão alimentícia até que se fixe de forma definitiva quais as obrigações dos pais em relação aos filhos.

Do Mérito:

"Da união estável":

Verdadeiros os fatos informados na petição inicial quanto ao tempo e natureza do relacionamento entre a autora e o réu, assim como o fato de que deste relacionamento adveio ao casal o nascimento de dois filhos, quais sejam: **C. E. L. R.**, nascido em 00.00.0000; **G. R. L. R.**, nascido em 00.00.0000.

"Da guarda e alimentos dos filhos":

Como já informado em preliminar, o réu NÃO CONCORDA com o pedido de guarda unilateral dos filhos feito pela autora, visto que entende ter iguais condições de cuidar dos filhos.

Assim como a mulher, o réu encontra-se bem empregado, com disponibilidade de horário para cuidar dos filhos, sendo que estes, como já informado, ficam mais tempo sob os seus cuidados do que sob os cuidados da mulher (ela tem menos tempo disponível).

Como já informado pessoalmente à autora, o réu está disposto a assumir a guarda unilateral dos filhos menores, mas se a mulher, por razões desconhecidas, não concorda com tal disposição, pleiteando para si tal situação, apesar das suas limitações, há que se registrar que o réu, nos termos da lei (art. 1.584, § 2º, CC), não abre mão, ao menos, da "guarda compartilhada".

Na verdade, o réu não abre mão dos seus filhos; não abre mão de estar com eles, de cuidar deles, de partilhar do seu dia a dia; não abre mão de estar presente nas suas vidas.

Isto é inegociável, como deixou claro na audiência de conciliação.

Quanto aos alimentos, entende o réu que no caso de "guarda compartilhada", deve cada um dos pais assumir as despesas dos menores enquanto estes estiverem sob seus cuidados, observando que a autora e o réu possuem rendas mensais parecidas; ou seja, nenhum deles tem renda extra que justifique arcar com custos maiores do que o outro em relação aos filhos.

"Da partilha dos bens":

Quanto aos bens, a autora informou apenas parte dos fatos.

De fato, o casal adquiriu os direitos possessórios sobre o terreno situado na Rua Aratimbó, lote 00-0, Jardim Lair, nesta Cidade, pelo valor total de R$ 60.000,00 (sessenta mil reais), dando entrada de R$ 10.000,00 (dez mil reais) e parcelando o restante, diretamente com o possuidor-vendedor do bem, Sr. "G", em 100 (cem) parcelas no valor de R$ 500,00 (quinhentos reais), com reajustes anuais pela inflação, conforme provam documentos anexos.

No momento da separação, o casal já tinha pago 18 (dezoito) parcelas, ou seja, R$ 9.124,20 (nove mil, cento e vinte e quatro reais, vinte centavos).

Após a separação, o réu já arcou "sozinho" com 4 (quatro) prestações mensais no valor de R$ 520,70; além disso, pagou, também sozinho, duas parcelas do IPTU no valor de R$ 72,50; ou seja, até o momento a autora já deve ao autor, quanto às despesas do imóvel, o valor de R$ 1.113,90 (hum mil, cento e treze reais, noventa centavos).

Deixou ainda de mencionar a autora o passivo do casal quando da separação (documentos anexos), qual seja: (I) cartão D'Avó, débito no valor de R$ 1.254,00; (II) cartão de crédito Santander com débito de R$ 3.678,21; (III) empréstimo pessoal descontado em folha de pagamento do réu, dinheiro usado pelo casal para pagar contas da casa em momento de aperto, no valor de R$ 1.745,95 (saldo em aberto).

No total, o passivo do casal, no momento da separação, era de R$ 6.678,16 (seis mil, seiscentos e setenta e oito reais, dezesseis centavos), sendo a mulher responsável, devedora solidária, da metade.

Como dito na audiência de conciliação, o réu está disposto a comprar a parte da mulher, ou mesmo vender a sua parte a ela, quanto ao terreno; está, inclusive, disposto a envolver no negócio as obrigações em aberto do casal, contudo como isso não parece possível (não houve acordo), eventual sentença que ponha fim à união estável do casal, deve partilhar, meio a meio, o ativo e o passivo do casal.

Da Reconvenção:

Como não é pacífico o entendimento sobre a natureza dúplice deste tipo de ação, o réu, com escopo de preservar os seus direitos, apresenta "reconvenção", com escopo de REQUERER também o reconhecimento da união estável existente entre ele e a autora-reconvinda pelo período aproximado de 8 (oito) anos, isto é, entre início do ano de 0000 até meados do ano 0000, para em seguida decretar-se a sua dissolução nos seguintes termos: (I) a guarda dos filhos menores será compartilhada pelos pais, sendo que as crianças deverão ficar com o pai das 7h00 da sexta-feira até 19h00 da segunda-feira (todas as semanas), sendo que nos feriados de final de ano, as crianças ficarão de forma alternada com os pais; nas férias escolares de janeiro e julho, os pais dividirão o período; (II) que nenhum dos pais deverá pagar pensão alimentícia, sendo que cada qual arcará com as despesas no período em que as crianças estiverem sob os seus cuidados: as despesas da escola deverão ser divididas igualmente entre os pais; (III) tanto o ativo quanto o passivo do casal deverá ser dividido igualmente, na proporção de 50% (cinquenta por cento) para cada um, constituindo a sentença título executivo para cobrança das parcelas não pagas pela mulher.

Registre-se que as partes, reconvinte e reconvinda, já se encontram regularmente qualificados nos autos, dando-se à reconvenção o valor de R$ 66.678,16 (sessenta e seis mil, seiscentos e setenta e oito reais, dezesseis centavos), REQUER-SE determine este douto Juízo a intimação da reconvinda, na pessoa de seu advogado, para, caso queira, apresentar resposta no prazo de 15 (quinze) dias, nos termos do que determina o parágrafo primeiro do art. 343 do CPC.

Dos Pedidos:

Ante o exposto, REQUER-SE:

a) a concessão dos benefícios da justiça gratuita, vez que se declara pobre no sentido jurídico do termo, conforme declaração anexa;

b) sejam julgados parcialmente procedentes os pedidos da autora, tão somente para reconhecer a existência de união estável entre as partes pelo período informado, indeferindo, no entanto, o pedido de guarda unilateral dos filhos, condenação do réu ao pagamento de pensão alimentícia e partilha, nos termos pleiteados, do único bem do casal;

c) sejam julgados totalmente procedentes os pedidos do réu-reconvinte, com escopo de se declarar a existência de união estável entre as partes, dissolvendo-a nos seguintes termos: (I) a guarda dos filhos menores será compartilhada pelos pais, sendo que as crianças deverão ficar com o pai das 7h00 da sexta-feira até 19h00 da segunda-feira (todas as semanas), sendo que nos feriados de final de ano, as crianças ficarão de forma alternada com os pais; nas férias escolares de janeiro e julho, os pais dividirão o período; (II) que nenhum dos pais deverá pagar pensão alimentícia, sendo que cada qual arcará com as despesas no período em que as crianças estiverem sob os seus cuidados: as despesas da escola deverão ser divididas igualmente entre os pais; (III) tanto o ativo quanto o passivo do casal deverá ser dividido igualmente, na proporção de 50% (cinquenta por cento) para cada um, constituindo a sentença título executivo para cobrança das parcelas não pagas pela mulher.

Provará o que for necessário, usando de todos os meios permitidos em direito, em especial pela juntada de documentos (anexos), perícia social e oitiva de testemunhas (rol anexo).

Termos em que,
p. deferimento.

Mogi das Cruzes-SP, 00 de agosto de 0000.

Gediel Claudino de Araujo Junior
OAB/SP 000.000

10.30 CONTESTAÇÃO DE AÇÃO DE REGULAMENTAÇÃO DE GUARDA MOVIDA PELA AVÓ EM FACE DA MÃE

Excelentíssimo Senhor Doutor Juiz de Direito da 3ª Vara Cível do Foro de Mogi das Cruzes, São Paulo.

Processo nº 0000000-00.0000.0.00.0000
Ação de Regulamentação de Guarda

C. C. N. dos S., brasileira, solteira, trabalhadora rural, portadora do RG 00.000.000-SSP/SP e do CPF 000.000.000-00, sem endereço eletrônico, residente e domiciliada na Estrada Mogi-Salesópolis, km 00 (próximo ao sítio Meu Recanto), Yrohy, cidade de Biritiba-Mirim-SP, CEP 00000-000, por seu Advogado, que esta subscreve (mandato incluso), com escritório na Rua Francisco Martins, nº 00, Centro, cidade de Mogi das Cruzes-SP, CEP 00000-000, *onde recebe intimações* (e-mail: gediel@gsa.com.br), nos autos do processo que lhe move **M. F. da S.**, vem à presença de Vossa Excelência oferecer ***contestação***, nos termos a seguir articulados:

Dos Fatos:

A autora ajuizou o presente feito asseverando, em apertada síntese, que tem a guarda dos filhos menores da ré (P., F. e T.), desde seu nascimento; afirmou, ainda, que cuida adequadamente dos menores, que se encontram matriculados na rede estadual de ensino. Diante de tal fato, pediu lhe fosse concedida a guarda legal dos menores.

Recebida a exordial, determinou este douto Juízo a expedição de mandado de constatação, deferindo, em seguida, a guarda provisória dos menores à autora; designou, ainda, audiência de conciliação, na qual, não obstante os esforços da ré e dos conciliadores, não foi possível obter-se a conciliação, iniciando-se o prazo para apresentação da defesa.

Em síntese, os fatos.

Do Mérito:

Parcialmente verdadeiros os fatos informados pela autora.

Embora reconheça que a autora lhe vem prestando uma inestimável ajuda, ajudando a cuidar de seus filhos, a ré não pode concordar lhe seja concedida a guarda legal deles.

Não obstante toda a boa vontade da autora, na verdade esta já não se encontra em condições de cuidar das crianças que se aproximam da adolescência. Com efeito, teme a ré que seus filhos venham a ter sérios prejuízos na sua educação no caso de continuarem a residir com a avó, razão pela qual entende que já é hora deles voltarem a residir com ela.

Neste particular, a ré já se acha em condições de receber seus filhos, vez que se encontra regularmente empregada e conta ainda com a ajuda dos filhos maiores. Se necessário, a ré procurará uma casa maior a fim de abrigar a família toda.

Dos Pedidos:

Ante o exposto, requer-se que seja o pedido da autora julgado improcedente, "deferindo-se a guarda dos menores à genitora", determinando-se à autora que entregue os menores para a ré.

Requer-se, ademais, os benefícios da justiça gratuita, vez que se declara pobre no sentido jurídico do termo, conforme declaração anexa.

Provará o que for necessário, usando de todos os meios permitidos em direito, em especial pela juntada de documentos (anexos), estudo social e psicológico, oitiva de testemunhas (rol anexo) e depoimento pessoal da autora.

Termos em que
p. deferimento.

Mogi das Cruzes, 00 de agosto de 0000.

Gediel Claudino de Araujo Júnior
OAB/SP 000.000

10.31 CONTESTAÇÃO DE AÇÃO DE REGULAMENTAÇÃO DE GUARDA MOVIDA PELA MÃE EM FACE DA AVÓ PATERNA COM PRELIMINAR DE INCOMPETÊNCIA RELATIVA E CONEXÃO

Excelentíssimo Senhor Doutor Juiz de Direito da 3ª Vara do Foro de Jales, São Paulo.

Processo nº 0000000-00.0000.0.00.0000
Ação de Regulamentação de Guarda

L. J., brasileira, viúva, desempregada, sem endereço eletrônico, portadora do RG 00.000.000-0-SSP/SP e do CPF 000.000.000-00, residente e domiciliada na Rua Elza Mathias, nº 00, Vila Mathias, cidade de Mogi das Cruzes-SP, CEP 00000-000, por seu Advogado, que esta subscreve (mandato incluso), com escritório na Rua Francisco Martins, nº 00, Centro, cidade de Mogi das Cruzes-SP, *onde recebe intimações* (e-mail: gediel@gsa.com.br), nos autos do processo que lhe move M. C. V. de O., vem à presença de Vossa Excelência oferecer ***contestação***, nos termos a seguir articulados:

Dos Fatos:

A autora ajuizou a presente ação em face da ré asseverando, em apertada síntese, que seria mãe dos menores *"J"* e *"S"* e que a guarda deles lhe teria sido tirada de forma ilegal no natal do ano de 0000. Como não tinha condições de cuidar deles naquele momento, deixou a situação ficar como estava. Alega, ainda, que agora teria constituído nova família e teria condições de reassumir suas responsabilidades, razão pela qual pede lhe seja devolvida a guarda dos filhos menores.

Recebida a exordial, foi indeferido o pedido liminar, fls. 46/47, determinando-se a citação da ré (réus).

Em síntese, os fatos.

Preliminarmente:

"Da incompetência Relativa do Juízo"

Quando a autora, mãe dos menores os abandonou (sim, este é o caso, "abandono"), a ré constituiu advogado, o mesmo que firma a presente, e ajuizou ação de regulamentação de guarda, que recebeu o nº 0000000-00.0000.0.00.0000 e tramita junto à Primeira Vara Cível do Foro de Mogi das Cruzes-SP, onde obteve a GUARDA PROVISÓRIA dos menores (documentos anexos).

Informa a Súmula 383 do Superior Tribunal de Justiça que "*a competência para processar e julgar as ações conexas de interesse de menor é, em princípio, do foro do domicílio do detentor de sua guarda*", mesmo que a referida guarda seja apenas fática. Nesse sentido a jurisprudência do TJSP:

> **"Conflito de Competência – Ação de guarda de menor – Prevalência do foro de domicílio do avô que exerce a guarda provisória da criança, sendo, assim, seu 'responsável', sobre o foro de residência da mãe – Aplicação da regra do art. 147 – I do ECA – Recurso provido/Agravo de Instrumento nº 622.570-4/0-00, da Comarca de Franca, São Paulo, 11 de agosto de 2009, Des. Morato de Andrade".**

Demonstrado documentalmente que a guarda legal dos menores é exercida pela ré há longa data, havendo processo em andamento onde a ré ainda não foi citada porque estava em lugar incerto ou não sabido (ela abandonou os filhos e só agora, com a citação neste feito, se teve notícia do seu paradeiro), de rigor o reconhecimento deste douto Juízo para conhecer e processar o presente processo.

Destarte, *requer-se seja reconhecida a incompetência deste douto Juízo para conhecer e julgar o presente feito*, remetendo-se os autos para a Comarca de Mogi das Cruzes-SP, onde reside a guardiã legal dos menores.

"Da Conexão"

Como demonstrado no item anterior, o foro competente para conhecer e julgar o presente é o da cidade de Mogi das Cruzes-SP, onde tem domicílio a detentora da guarda legal dos menores. Além deste aspecto, há ainda a necessidade da reunião dos processos que tratam do mesmo tema (guarda dos menores *"J"* e *"S"*).

Com efeito, após a mãe ter abandonado seus filhos com a avó paterna, ela, com escopo de poder cuidar adequadamente de seus interesses, buscou a justiça para obter a sua guarda legal, que acabou sendo concedida no bojo do processo 0000000-00.0000.0.00.0000, com trâmite junto à Primeira Vara Cível do Foro de Mogi das Cruzes-SP (documentos anexos).

Informa o *caput* do art. 55 do CPC que *"reputam-se conexas 02 (duas) ou mais ações quando lhes for comum o pedido ou a causa de pedir"*, justamente, como se disse, o caso dos presentes autos. Declara, ademais, o parágrafo primeiro do referido artigo que *"os processos de ações conexas serão reunidos para decisão conjunta, salvo se um deles já houver sido sentenciado"*.

Neste caso, as ações devem ser reunidas junto ao juízo da Primeira Vara Cível de Mogi Das Cruzes-SP, que, segundo os termos do art. 59 do CPC, é "prevento". Nesse particular, registre-se que ação proposta pela ré, guardiã legal das crianças, foi distribuída no dia 00.00.0000 enquanto aquela ajuizada pela autora foi distribuída no dia 00.00.0000.

Destarte, requer-se DETERMINE este douto Juízo a reunião dos processos, remetendo-se os presentes autos para a Comarca de Mogi das Cruzes-SP, onde deverão ser distribuídos "por dependência" ao douto Juízo da Primeira Vara Cível do Foro de Mogi das Cruzes-SP, onde deverá ser apensado aos autos do citado Processo nº 0000000-00.0000.0.00.0000 (juízo prevento).

Do Mérito:

Douto Magistrado, o pedido de guarda da autora quanto aos menores *"J"* e *"S"* deve ser indeferido, visto que o melhor interesse deles demanda que continuem sob os cuidados da avó paterna, com quem se encontram há muitos anos.

Ao contrário do declarado pela autora, a ré exerce a guarda fática dos menores desde os dois meses de vida, fato que hoje pode ser confirmado pelas próprias crianças em estudo social. A autora nunca teve tempo ou paciência para os seus filhos, os entregando aos cuidados da avó paterna pouco mais de dois meses após o nascimento deles e "sumindo" no mundo (disse na época que iria voltar para a casa de seus pais).

Neste longo tempo, nunca mostrou qualquer interesse nas crianças; nunca entrou em contato para saber da saúde deles ou tentar ajudar nas despesas da sua manutenção; ela nem mesmo sabia que o avô paterno, Sr. J. L. da S., tinha falecido, caindo no ridículo de processar e acusar uma pessoa morta (veja-se a que ponto chegam as mentiras contadas na exordial).

O descaso da mãe em relação aos seus filhos mostra à evidência que ela não reúne condições para assumir sua guarda; agora ela diz que tem uma vida "organizada" e por isso mostra interesse em ter os filhos, mas o que acontecerá se for abandonada por seu atual companheiro? Os pais não podem se dar ao direito de escolher quando e como cuidarão de seus filhos, como fez e tenta fazer de novo a autora.

Além de as atitudes da autora não recomendarem a entrega a ela da guarda dos menores *"J"* e *"S"*, o melhor interesse deles demanda que permaneçam onde estão. A única figura materna que as crianças conhecem é a ré, e qualquer mudança nesta ordem traria prejuízos à saúde física e mental das crianças.

Registre-se que mesmo sem contar com qualquer ajuda da mãe, genitora dos menores, a ré cuida com esmero e carinho das crianças, provendo suas necessidades materiais e pessoais, razão pela qual deve ser concedida a ela a guarda definitiva unilateral deles.

Dos Pedidos:

Ante o exposto, requer-se a improcedência do pedido da autora, fixando-se a guarda legal unilateral dos menores *"J"* e *"S"* para a ré, avó paterna. Registre-se que a guardiã não se opõe à disciplina do direito de visitas da mãe aos filhos, desde que as visitas ocorram na casa dela, sob a sua supervisão.

Requer, outrossim, os benefícios da justiça gratuita, vez que se declara pobre no sentido jurídico do termo, conforme declaração anexa.

Provará o que for necessário, usando de todos os meios permitidos em direito, em especial pela juntada de documentos (anexos), perícia psicossocial, oitiva de testemunhas e depoimento pessoal da autora.

Termos em que
p. deferimento.

Mogi das Cruzes, 00 de maio de 0000.

Gediel Claudino de Araujo Junior
OAB/SP 000.000

10.32 CONTESTAÇÃO DE AÇÃO DE REGULAMENTAÇÃO DE GUARDA MOVIDA PELA MÃE EM FACE DO PAI COM PRELIMINAR DE CONEXÃO

Excelentíssimo Senhor Doutor Juiz de Direito da 3ª Vara Cível do Foro de Mogi das Cruzes, São Paulo.

Processo nº 0000000-00.0000.0.00.0000
Ação de Regulamentação de Guarda

G. A. G., já qualificado, por seu Advogado, que esta subscreve (mandato incluso), com escritório na Rua Francisco Martins, nº 00, Centro, cidade de Mogi das Cruzes-SP, *onde recebe intimações* (e-mail: gediel@gsa.com.br), nos autos do processo que lhe move **S. G. S.**, vem à presença de Vossa Excelência oferecer ***contestação***, nos termos a seguir articulados:

Dos Fatos:

A autora ajuizou a presente ação em face do réu, asseverando, em apertada síntese, que viveu em união estável com ele por aproximadamente 16 (dezesseis) anos, que após ameaças "fugiu de casa", deixando os filhos do casal com o companheiro. Requereu, por fim, a regulamentação da guarda dos filhos menores do casal em seu favor.

Recebida a inicial, fls. 00/00, o douto Juízo da 1ª Vara do Foro Distrital de Brás Cubas deu-se por incompetente, determinando a remessa dos autos ao Foro Central para nova distribuição.

Recebida a exordial, este douto Juízo indeferiu o pedido de guarda provisória feito pela autora, fls. 00, designando audiência de conciliação, na qual, não obstante os esforços dos conciliadores, as partes não chegaram a um acordo, iniciando-se, então, o prazo para apresentação de defesa.

Em síntese, os fatos.

Preliminarmente /Da Conexão:

Após a autora ter deixado o lar conjugal, abandonando não só o réu mas também os "muitos" filhos do casal, este procurou um advogado e ajuizou "**ação de regulamentação de guarda, visitas e alimentos cumulada com reconhecimento de paternidade**", conforme fazem prova documentos anexos. O feito foi distribuído para a 2ª Vara Cível desta Comarca, tendo recebido o nº 0000000-00.0000.0.00.0000, para onde devem os presentes autos ser encaminhados em razão da ocorrência de "conexão".

Com efeito, normatiza o art. 58 do Código de Processo Civil que "*a reunião das ações propostas em separado far-se-á no juízo prevento, onde serão decididas simultaneamente*"; já o artigo 59 do mesmo diploma legal declara que "o registro ou a distribuição da petição inicial torna prevento o juízo".

A ação proposta pelo réu foi distribuída em 00.00.0000, enquanto o presente feito foi distribuído apenas em 00.00.000; ou seja, segundo a norma legal supracitada, o juízo da Segunda Vara Cível deste Foro é prevento, portanto o competente para conhecer e julgar o presente feito.

Sendo assim, *requer-se* a redistribuição deste feito para a 2ª Vara Cível desta Comarca, com instrução de que seja autuado em apenso ao Processo nº 0000000-00.0000.0.00.0000, com escopo de evitarem-se decisões conflitantes sobre o mesmo pedido.

Do Mérito:

Douto Magistrado, não são verdades os fatos informados na exordial.

É certo que o casal tinha problemas no seu relacionamento, mas o réu nunca agrediu a autora, nem faltou com os seus deveres em face dos filhos.

Após a autora ter abandonado o lar conjugal, o réu obviamente teve dificuldades para cuidar sozinho dos filhos do casal, mas nunca os abandonou; tanto isso é verdade, que imediatamente procurou ajuda jurídica para o ajuizamento de ação tendente não só a regulamentar a guarda das crianças, mas também regularizar a situação da paternidade em relação a alguns deles.

O Juízo da 2ª Vara Cível desta Comarca determinou, inclusive, a expedição de mandado de constatação (cópia anexa), que acabou por confirmar que os menores estavam sob a guarda fática do genitor (*hoje há mais de um ano*). Na verdade, hoje a autora já está, inclusive, com a guarda de um dos filhos do casal, o menor "P", que voluntariamente quis ir morar com a mãe.

Passadas as primeiras dificuldades, o genitor hoje encontra-se em perfeito controle da situação, sendo que os menores estão bem cuidados e felizes sob a guarda legal do pai, onde devem e querem ficar.

Cabe registrar ainda que a autora foi regularmente citada no processo que o réu move em face dela e "não ofereceu contestação", concordando implicitamente com todos os pedidos dele feitos naqueles autos (guarda, visitas, alimentos e reconhecimento de paternidade).

Dos Pedidos:

Ex positis, "requer-se a improcedência do pedido da autora", concedendo-se a guarda dos filhos menores do casal ao genitor, disciplinando-se o direito de visitas da mãe de forma livre, mediante prévia consulta ao guardião.

Reitera-se, outrossim, o pedido da concessão dos benefícios da justiça gratuita, vez que se declara pobre no sentido jurídico do termo, conforme declaração de necessidade já juntada aos autos, fls. 00.

Provará o que for necessário, usando de todos os meios permitidos em direito, em especial pela juntada de documentos (anexos), perícia psicossocial, oitiva de testemunhas (rol anexo) e depoimento pessoal da autora.

Termos em que
p. deferimento.

Mogi das Cruzes, 00 de junho de 0000.

Gediel Claudino de Araujo Júnior
OAB/SP 000.000

10.33 CONTESTAÇÃO DE AÇÃO DE REGULAMENTAÇÃO DE GUARDA MOVIDA PELO PAI EM FACE DA MÃE COM RECONVENÇÃO PEDINDO GUARDA COMPARTILHADA

Excelentíssimo Senhor Doutor Juiz de Direito da Vara de Família e Sucessões de Apucarana, Paraná.

Processo nº 0000000-00.0000.0.00.0000
Ação de Regulamentação de Guarda

C. L. V. L., brasileira, solteira (vive em união estável), desempregada, sem endereço eletrônico, portadora do RG 00.000.000-0-SSP/SP e do CPF 000.000.000-00, residente e domiciliada na Rua José Rodrigues, nº 00, Jardim Universo, cidade de Mogi das Cruzes – SP, CEP 00000-000, pelo Defensor Público do Estado firmado *in fine*, da Defensoria Pública do Estado de São Paulo, Unidade de Mogi das Cruzes-SP, *onde recebe intimações* (art. 128, I, LC nº 80/94), nos autos do processo que lhe move **M. G.**, vem à presença de Vossa Excelência oferecer *contestação*, nos termos a seguir articulados:

Dos Fatos:

O autor ajuizou o presente feito requerendo para si a guarda unilateral de seu filho, alegando que a assistida não possui condições mentais de zelar pela vida do menor, pois é alcoólatra e tem problemas mentais.

O autor aduziu ter convivido com a ré por aproximadamente oito anos, tendo, desta união, resultado o nascimento do menor, "J".

Após a separação fática do casal, o menor ficou sob os cuidados do genitor, sem contato com a ré.

Mediante termo de compromisso, elaborado perante o Conselho Tutelar, regularizou a guarda do filho para si, pretendendo-a judicialmente.

Recebida a inicial, o magistrado determinou a guarda unilateral provisória para o autor.

Eis apertada síntese fática.

Do Mérito:

Dentre os tortuosos argumentos apresentados pela parte autora encontram-se as alegações de que a ré teria problemas mentais e também seria alcoólatra, além de ausentar-se por meses sem dar notícias. Contudo, a ré sempre foi uma mãe presente, cuidando e provendo as necessidades básicas de seu filho.

Em resumo, o autor falta com a verdade em sua exordial, visto que a ré não tem nem nunca teve problemas mentais ou com álcool; tem problemas de saúde, como qualquer pessoa, mas nada que a desqualifique como mãe e/ou como guardiã.

O autor acabou com a guarda fática do filho menor do casal em razão, principalmente, da ingenuidade da ré, que acreditou em suas falsas promessas.

Nestes novos tempos de repartição das responsabilidades na criação da prole, a ré, que viveu com o autor, entende que reúne melhores condições de cuidar do seu filho, "J"; ou seja, ela entende que a criança estará mais bem assistida e cuidada se estiver sob os seus cuidados, razão pela qual não pode concordar com a pretensão do autor de ter a guarda unilateral.

Reforça a sua pretensão as palavras da douta desembargadora Cleonice Silva Freire, proferidas quando do julgamento de apelação: "*A mãe, em geral, tem preferência da guarda dos filhos menores, devendo ser destituída da incumbência somente em casos extremos, quando, comprovadamente, esta não tiver capacidade de prover um desenvolvimento psicologicamente equilibrado e saudável à criança. Quando pai e mãe disponham das mesmas condições morais e materiais, esta, por razões biológicas, oferece maiores condições de ter a guarda da menor*" (TJSP, Apelação Civil nº 50.912.006/MA, Rel. Cleonice Silva Freire, 22.08.2007).

Pois bem, a ré tem plena capacidade de cuidar de seu filho menor e lhe promover um bom futuro. O laço amoroso criado entre a ré e o menor é grande e o pai quer lhes privar de ter essa relação afetuosa, fazendo acusações infundadas e mentirosas.

Da Reconvenção:

Não obstante parte da doutrina reconheça na ação de guarda natureza dúplice, forçoso reconhecer que o novo Código de Processo Civil não o diz de forma expressa. Sendo assim, a ré reconvinte apresenta, por cautela, a presente reconvenção.

Como já explanado, a Sra. "C" entende que possui melhores condições de cuidar do seu filho, "J", pleiteando assim lhe seja concedida a guarda unilateral dele.

Não sendo possível atender ao seu pedido, este douto Juízo deve ao menos implementar a "guarda compartilhada", conforme determina a norma do art. 1.584, § 2º, do Código Civil, *in verbis*:

> "Art. 1.584. A guarda, unilateral ou compartilhada, poderá ser:
>
> I – requerida, por consenso, pelo pai e pela mãe, ou por qualquer deles, em ação autônoma de separação, de divórcio, de dissolução de união estável ou em medida cautelar;
>
> II – decretada pelo juiz, em atenção a necessidades específicas do filho, ou em razão da distribuição de tempo necessário ao convívio deste com o pai e com a mãe.
>
> § 1º Na audiência de conciliação, o juiz informará ao pai e à mãe o significado da guarda compartilhada, a sua importância, a similitude de deveres

e direitos atribuídos aos genitores e as sanções pelo descumprimento de suas cláusulas.

§ 2º Quando não houver acordo entre a mãe e o pai quanto à guarda do filho, encontrando-se ambos os genitores aptos a exercer o poder familiar, será aplicada a guarda compartilhada, salvo se um dos genitores declarar ao magistrado que não deseja a guarda do menor".

Sobre a natureza da referida norma, pede-se vênia para citarem-se as palavras da Ministra Nancy Andrighi, proferidas no julgamento de recente Recurso Especial, *in verbis*:

"o texto legal irradia, com força vinculante, a peremptoriedade da guarda compartilhada" (STJ, Recurso Especial 1.626.495-SP, *DJ* 15.09.2016).

No mesmo acórdão, a Ministra Nancy deixa expressa recomendação aos Magistrados de primeiro grau, *in verbis*:

"Vale aqui o alerta, de que, nessa definição, não devem os julgadores privilegiar o detentor de uma prévia guarda unilateral (provisória ou não) que se bate, sistematicamente, contra a concretização da guarda compartilhada. Ao revés, deve se valer da possibilidade de reduzir as prerrogativas atribuídas ao detentor da guarda, em verdadeiro processo educativo, até que se amaine a irrazoável oposição, momento em que a relação (guarda compartilhada) poderá novamente ser equilibrada, sempre zelando pelo, e visando o bem-estar do menor".

Zelar pelos efetivos interesses do menor, "J", é antes de tudo garantir, mesmo que seja de difícil execução, que se cumpra a lei; ou seja, se este douto Juízo não concluir pela concessão da guarda unilateral dele para sua mãe, como melhor solução, deve, mesmo diante de inegáveis dificuldades, aplicar a lei, ou seja, aplicar ao caso a "guarda compartilhada".

Registre-se que as partes, reconvinte e reconvindo, já se encontram regularmente qualificados nos autos, dando-se à reconvenção o valor de R$ 1.000,00 (um mil reais), REQUER-SE determine este douto Juízo a intimação do autor, na pessoa de seu advogado, para, caso queira, apresentar resposta no prazo legal, nos termos do que determina o § 1º do art. 343 do CPC.

Dos Pedidos e das Provas:

Ante o exposto, requer-se:

a) a concessão dos benefícios da justiça gratuita, vez que se declara pobre no sentido jurídico do termo, conforme declaração anexa;

b) a improcedência do pedido de concessão de guarda unilateral do menor "J" ao autor, deferindo-se, em reconvenção, a guarda unilateral formal do menor para a ré, sua genitora ou, como pedido alternativo, a aplicação ao caso da "guarda compartilhada", devendo este douto Juízo, valendo-se da sua equipe multidisciplinar, estabelecer os limites e condições que melhor se aplicam ao caso.

Provará o que for necessário (contestação e reconvenção), usando de todos os meios permitidos em direito, em especial pela juntada de documentos, perícia médica, social e psicossocial, assim como a oitiva de testemunhas.

Termos em que
p. deferimento.

M. Cruzes-SP/Apucarana-PR, 00 de novembro de 0000.

Gediel Claudino de Araújo Junior
OAB/SP 000.000

10.34 CONTESTAÇÃO DE AÇÃO DE REGULAMENTAÇÃO DE GUARDA MOVIDA POR TIA EM FACE DA MÃE

Excelentíssimo Senhor Doutor Juiz de Direito da 3ª Vara Cível do Foro e Comarca de Caraguatatuba, São Paulo.

Processo nº 0000000-00.0000.0.00.0000
Ação de Regulamentação de Guarda

M. P. F., brasileira, solteira, diarista, portadora do RG 00.000.000-SSP/SP e do CPF 000.000.000-00, sem endereço eletrônico, residente e domiciliada na Rua Augusto Regueiro, 00, Jundiapeba, cidade de Mogi das Cruzes-SP, CEP 00000-000, por seu Advogado, que esta subscreve (mandato incluso), com escritório na Rua Francisco Martins, nº 00, Centro, cidade de Mogi das Cruzes-SP, *onde recebe intimações* (e-mail: gediel@gsa.com.br), nos autos do processo que lhe move A. P., vem à presença de Vossa Excelência oferecer *contestação*, nos termos a seguir articulados:

Dos Fatos:

A autora ajuizou a presente ação em face da ré, asseverando, em apertada síntese, que se encontra com a guarda fática do menor "L. F. F. I." desde a morte do pai. Requereu, por fim, fosse lhe concedida a guarda do menor, mediante compromisso.

Recebida a exordial, este douto Juízo indeferiu o pedido de guarda provisória feito pela autora, fls. 00, designando audiência de conciliação, na qual, não obstante os esforços dos conciliadores, as partes não chegaram a um acordo, iniciando-se, então, o prazo para apresentação de defesa.

Em síntese, os fatos.

Do Mérito:

Douto Magistrado, a ré NÃO CONCORDA com o pedido de guarda feito pela autora.

Passando por graves dificuldades financeiras, a ré relutantemente entregou "provisoriamente" a guarda fática do menor L. F. para o genitor, a fim de que este dele cuidasse durante alguns meses, até que a mãe pudesse oferecer os cuidados adequados ao seu filho.

Neste período, infelizmente o genitor veio a falecer, tendo a autora assumido a guarda fática do menor. Por esta atitude, a ré tem com a autora uma dívida de gratidão; reconhece o amor e carinho que esta tem dispensado ao seu filho, **contudo não pode concordar com o pedido exordial.**

Hodiernamente, a ré felizmente possui condições de assumir as "suas responsabilidades" diante do seu filho, visto que ela e seu companheiro estão empregados e possuem condições de cuidar adequadamente dele.

Registre-se que em nenhum momento a ré pretendeu abrir mão da guarda legal de seu filho; o acordo feito com o genitor era claro no sentido de que a criança voltaria a ficar sob os cuidados da mãe tão logo esta conseguisse atividade remunerada. Durante o período de afastamento, a mãe vem mantendo contato com o menor via fone.

Não se deve ainda olvidar ser um dos direitos básicos da criança a convivência com a sua "família natural". Neste sentido, o Estatuto da Criança e do Adolescente, *in verbis*:

> **"Art. 19. É direito da criança e do adolescente ser criado e educado no seio de sua família e, excepcionalmente, em família substituta, assegurada a convivência familiar e comunitária, em ambiente que garanta seu desenvolvimento integral."**
>
> **Art. 25. Entende-se por família natural a comunidade formada pelos pais ou qualquer deles e seus descendentes."**

A norma legal deixa claro que o afastamento do menor da sua "família natural" só é possível em situações EXCEPCIONAIS, mormente quando o Juiz verificar que os genitores, neste caso a mãe, não possui condições morais para cuidar da sua prole. Como já se disse, este claramente não é o caso da ré; pessoa simples, mas amorosa, carinhosa e dedicada ao filho.

Dos Pedidos:

Ante o exposto, "requer-se a improcedência do pedido da autora", concedendo-se a guarda legal do menor L. F. para a sua genitora, marcando-se data e horário para que esta compareça em Juízo para retirá-lo.

Provará o que for necessário, usando de todos os meios permitidos em direito, em especial pela juntada de documentos (anexos), perícia psicossocial, oitiva de testemunhas (rol anexo) e depoimento pessoal da autora.

Termos em que
p. deferimento.

M. Cruzes/Caraguatatuba-SP, 00 de novembro de 0000.

Gediel Claudino de Araujo Júnior
OAB/SP 000.000

10.35 CONTESTAÇÃO DE AÇÃO DE REGULAMENTAÇÃO DE VISITAS MOVIDA PELA MÃE EM FACE DO PAI, QUE CONCORDA COM O PEDIDO

Excelentíssimo Senhor Doutor Juiz de Direito da 3ª Vara Cível do Foro de Mogi das Cruzes, São Paulo.

Processo nº 0000000-00.0000.0.00.0000
Ação de Regulamentação de Visitas

A. F. R. J., já qualificada, por seu Advogado, que esta subscreve (mandato incluso), com escritório na Rua Francisco Martins, nº 00, Centro, cidade de Mogi das Cruzes-SP, *onde recebe intimações* (e-mail: gediel@gsa.com.br), nos autos do processo que lhe move **J. F. de A.**, vem à presença de Vossa Excelência oferecer ***contestação***, nos termos a seguir articulados:

Dos Fatos:

A autora ajuizou o presente feito asseverando, em apertada síntese, que manteve união estável com o réu por aproximadamente 6 (seis) anos, advindo ao casal uma filha de nome "V", a quem, segundo a inicial, o genitor não estaria visitando. Por fim, requereu a autora a regulamentação do direito de visitas.

Recebida a exordial, este douto Juízo regulamentou, em antecipação de tutela, o direito de visitas do réu à sua filha, fls. 00, designando audiência de conciliação, na qual, não obstante os esforços dos conciliadores, as partes não chegaram a um acordo, iniciando-se, então, o prazo para apresentação de defesa.

Em síntese, os fatos.

Do Mérito:

Douto Magistrado, parcialmente verdadeiros os fatos informados na exordial.

Com efeito, as partes mantiveram união estável da qual resultou o nascimento da filha "V", contudo não é verdade que o genitor, após a separação do casal, não esteja visitando a sua filha ou contribuindo para o seu sustento.

Na verdade, o casal se separou de fato apenas alguns dias antes do ajuizamento do presente feito, sendo que nem mesmo a guarda legal do menor ainda foi estabelecida.

Registre-se, ainda, que a autora também ajuizou ação de alimentos, onde se aguarda, no momento, a realização da audiência de conciliação, instrução e julgamento, designada para o dia 00.00.0000.

De qualquer forma, não obstante o açodamento da presente medida, que provavelmente ficará prejudica após a audiência na ação de alimentos, o réu REGISTRA que concorda com que a guarda legal da menor fique com a mãe, "discordando", no entanto, da proposta de regulamentação do direito de visitas feita na exordial.

Com efeito, <u>embora a autora observe sobre a importância da convivência entre pai e filha</u>, apresenta na inicial proposta bastante restritiva quanto ao direito de visitas do pai, que deseja sejam as visitas regulamentadas, ao menos, da seguinte forma: finais de semanas alternados, podendo o pai retirá-la no sábado às 9h00 e devendo devolvê-la no domingo às 18h00; nas festas de final de ano, a menor deverá ficar de forma alternada com os pais, sendo este ano Natal com o pai e Ano Novo com a mãe; dia dos pais com o genitor e dia das mães com a genitora; nas férias escolares de janeiro e julho, a menor deverá ficar os primeiros 15 (quinze) dias com o pai.

Dos Pedidos:

Ante o exposto, requer-se a procedência parcial do pedido, a fim de, concedendo-se a "guarda legal" da filha para a mãe, fixar-se o direito de visitas do pai a ela da seguinte forma: *"finais de semanas alternados, podendo o pai retirá-la no sábado às 9h00 e devendo devolvê-la no domingo às 18h00; nas Festas de final de ano, a menor deverá ficar de forma alternada com os pais, sendo este ano Natal com o pai e Ano Novo com a mãe; dia dos pais com o genitor e dia das mães com a genitora; nas férias escolares de janeiro e julho, a menor deverá ficar os primeiros 15 (quinze) dias com o pai".*

Requer-se, outrossim, os benefícios da justiça gratuita, vez que se declara pobre no sentido jurídico do termo, conforme declaração de pobreza já juntada aos autos.

Provará o que for necessário, usando de todos os meios permitidos em direito, em especial pela juntada de documentos, estudo social e psicológico, oitiva de testemunhas (art. 407, CPC) e depoimento pessoal da autora.

Termos em que
p. deferimento.

Mogi das Cruzes, 00 de setembro de 0000.

Gediel Claudino de Araujo Júnior
OAB/SP 000.000

10.36 CONTESTAÇÃO DE AÇÃO DE REGULAMENTAÇÃO DE VISITAS MOVIDA PELO PAI EM FACE DA MÃE COM PRELIMINAR DE INÉPCIA DA PETIÇÃO INICIAL

Excelentíssimo Senhor Doutor Juiz de Direito da 3ª Vara Cível do Foro Distrital de Brás Cubas, Comarca de Mogi das Cruzes, São Paulo.

Processo nº 0000000-00.0000.0.00.0000
Ação de Regulamentação de Visitas

G. M. de S., já qualificada, por seu Advogado, que esta subscreve (mandato incluso), com escritório na Rua Francisco Martins, nº 00, Centro, cidade de Mogi das Cruzes-SP, *onde recebe intimações* (e-mail: gediel@gsa.com.br), nos autos do processo que lhe move J. M. G., vem à presença de Vossa Excelência oferecer ***contestação***, nos termos a seguir articulados:

Dos Fatos:

O autor ajuizou o presente feito asseverando, em apertada síntese, que a guardiã de seus filhos estaria tolhendo o seu direito de visitas a eles, pedindo então fosse fixado judicialmente dia, lugar e hora para tanto.

Citada, a ré ofertou exceção de incompetência, que foi acolhida, modificando-se a competência para conhecimento do feito para o presente Juízo.

Em síntese, os fatos.

Preliminarmente/Da inépcia da petição inicial:

A petição inicial é inepta porque lhe falta o pedido. Com efeito, o autor se limita a requerer que o Juízo modifique o seu direito de visitas; porém o faz de forma apenas genérica. A fim de possibilitar uma correta cognição da causa, o autor deveria indicar de forma precisa "como" e "quando" deseja visitar seus filhos.

Não delimitando o seu pedido, o autor prejudica a defesa e não fornece parâmetros para a correta discussão da causa. Destarte, considerando-se a evidente inépcia da exordial, requer-se a extinção do feito sem julgamento de mérito (art. 485, I, CPC).

Do Mérito:

Não são verdades os fatos informados na exordial. A mãe dos menores nunca impediu que o autor visitasse as crianças, muito ao contrário, sempre procurou facilitar tal fato.

O réu reclama mais pelo fato da ré ter se mudado para Mogi das Cruzes após a separação, contudo tal fato não é de responsabilidade da ré, mas fruto, ônus, da própria separação do casal.

Inegável que a distância cria dificuldades, porém se o autor deseja ver seus filhos basta que entre em contado com a ré a fim de acertar os detalhes. Respeitando-se os interesses dos menores, como, por exemplo, a frequência escolar e a vontade dos infantes, a ré não pretende, como se disse, colocar empecilhos.

Dos Pedidos:

Ante o exposto, requer-se a extinção do feito sem julgamento do mérito em razão da inépcia da petição inicial, ou, se ao mérito chegar-se, a improcedência do pedido, vez que a ré nunca proibiu as visitas do pai.

Requer-se, outrossim, os benefícios da justiça gratuita, vez que se declara pobre no sentido jurídico do termo, conforme declaração de pobreza já juntada aos autos.

Provará o que for necessário, usando de todos os meios permitidos em direito, em especial pela juntada de documentos, estudo social e psicológico, oitiva de testemunhas (art. 407, CPC) e depoimento pessoal da autora.

Termos em que
p. deferimento.

Mogi das Cruzes, 00 de setembro de 0000.

Gediel Claudino de Araujo Júnior
OAB/SP 000.000

10.37 CONTESTAÇÃO DE AÇÃO DE REINTEGRAÇÃO DE POSSE COM PRELIMINARES DE INCOMPETÊNCIA ABSOLUTA, CARÊNCIA DE AÇÃO E INÉPCIA DA PETIÇÃO INICIAL

Excelentíssimo Senhor Doutor Juiz de Direito da 3ª Vara Cível do Foro de Mogi das Cruzes, São Paulo.

Processo nº 0000000-00.0000.0.00.0000
Ação de Reintegração de Posse

N. A. C., já qualificado, por seu Advogado, que esta subscreve (mandato incluso), com escritório na Rua Francisco Martins, nº 00, Centro, cidade de Mogi das Cruzes-SP, *onde recebe intimações* (e-mail: gediel@gsa.com.br), nos autos do processo que lhe move **M. & C. Ltda.**, vem à presença de Vossa Excelência oferecer *contestação*, nos termos a seguir articulados:

Dos Fatos:

A empresa autora ajuizou o presente feito asseverando, em apertada síntese, que em outubro de 0000 teria cedido de "forma verbal" a posse do imóvel situado na Avenida Ricieri José Marcatto, nº 00, fundos, ao réu, SEU EMPREGADO. Declara, ademais, que pretendendo retomar a posse do imóvel encontrou a resistência do réu, razão pelo qual ajuizou a presente ação. Por fim, requereu fosse concedida a reintegração liminar na posse do imóvel e, no mérito, a reintegração definitiva da posse.

Recebida a exordial, este douto Juízo indeferiu o pedido liminar, fls. 00, designando audiência de conciliação, na qual, não obstante os esforços dos conciliadores, as partes não chegaram a um acordo, iniciando-se, então, o prazo para apresentação de defesa.

Em síntese, os fatos.

Preliminarmente/Da incompetência Absoluta da Justiça Estadual:

Na exordial o autor "informa" que o réu é seu empregado e que o referido imóvel lhe teria sido entregue justamente em razão do contrato de trabalho, fazendo parte, como informa majoritária e conhecida jurisprudência, da sua remuneração. É consabido que qualquer controvérsia envolvendo, direta ou indiretamente, o contrato de trabalho é de competência da Justiça do Trabalho, conforme norma expressa na própria Constituição Federal, *in verbis*:

"Art. 114. Compete à Justiça do Trabalho processar e julgar:

I – as ações oriundas da relação de trabalho, abrangidos os entes de direito público externo e da administração pública direta e indireta da União, dos Estados, do Distrito Federal e dos Municípios;

IX – outras controvérsias decorrentes da relação do trabalho, na forma da lei."

Destarte, requer-se que, regularizada a representação processual da autora, reconheça este douto Juízo a incompetência da Justiça Estadual de São Paulo para conhecer o feito, encaminhando-se os autos para a Justiça do Trabalho.

Preliminarmente/Da Falta de Constituição em Mora:

Entre outras coisas, a autora parece querer fazer crer ao Juízo que fez um contrato de "comodato" verbal com o réu, seu empregado, *por prazo indeterminado*. Fosse realmente assim, deveria antes de ajuizar esta ou qualquer outra ação "constituí-lo" em mora, conforme norma do parágrafo único do art. 397 do Código Civil. Veja-se bem, o réu não invadiu o imóvel, muito ao contrário, foram os próprios representantes da autora que lhe entregaram a chave, a fim de tornarem mais atraente o contrato de trabalho.

Ora, se eventualmente afastada a competência da justiça do trabalho, fato que se aceita apenas para contra-argumentar, desejando a retomada do bem, a autora deveria, em primeiro lugar, notificar "formalmente" seu empregado quanto ao fim do contrato de comodato, dando prazo para que o desocupasse.

Não tendo a autora "regularmente" constituído em mora o réu, lhe falta pressuposto básico para o ajuizamento do presente feito, que deverá ser extinto sem julgamento de mérito (art. 485, IV, CPC).

Preliminarmente/Da Ausência de Pressuposto Processual:

Pressuposto natural da ação de reintegração de posse é a posse prévia do autor (art. 561, CPC), neste caso autora; a fim de caracterizá-la deve descrever em detalhes na exordial quando e como efetivamente a exerceu.

A fim de induzir este douto Juízo em erro, a autora propositadamente foi extremamente vaga quanto à sua posse, deixando de mencionar, como seria de rigor, o "como" e o "quando", ou o "até quando" exerceu a posse do imóvel descrito na exordial.

Como se sabe, não basta que o interessado se declare "proprietário" do bem, como fez por diversas vezes a autora (*mesmo porque a ação que protege a propriedade é a reivindicatória*); é necessário que prove, que indique a qualidade de sua posse e por quanto tempo a teria exercido até finalmente perdê-la.

Destarte, considerando que a autora não atendeu ao pressuposto específico da ação de reintegração de posse (posse prévia), requer-se a extinção do presente feito sem julgamento de mérito (art. 485, IV, CPC).

Preliminarmente/Da Carência de Ação ("Ilegitimidade de Parte"):

No início deste ano, o réu foi procurado por duas pessoas, Sr. N. L. L. e Sr. A. B., que se declararam proprietários da área ocupada pelo réu, mostrando inclusive documentos de propriedade. Nesta qualidade, firmaram com o réu um contrato de arrendamento rural (cópia anexa).

Ora, se a área onde está o réu não pertence efetivamente à autora, falta a esta legitimidade para o presente feito, o que demanda seja declarada carecedora de ação, extinguindo-se o feito sem julgamento de mérito (art. 485, VI, CPC).

Do Mérito:

Pelas razões expostas nas diversas preliminares, dificilmente este douto Juízo chegará a apreciar o mérito do pedido da autora, contudo, se a tanto chegar-se, fato que se aceita apenas para contra-argumentar, deve julgá-lo improcedente.

Parcialmente verdadeiros os fatos informados pela autora. *Primeiro*, o réu nunca se recusou a deixar o imóvel, o que acontece na verdade é que nunca foi ele formalmente notificado da pretensão da autora; mesmo porque se isso ocorresse, e não ocorreu, teria então que discutir o "necessário" ressarcimento quanto à diminuição de seus ganhos. *Segundo*, ao contrário daquilo que é afirmado pela autora na exordial, o réu é quem "cuida" do imóvel, tendo feito diversas benfeitorias necessárias nele, por exemplo: reformou o telhado, pintou, limpou o terreno etc. Tal fato, considerando-se que a posse do réu é de boa-fé, demanda seja ele cabalmente indenizado.

"Do direito de retenção."

Na remota possibilidade de serem superadas as preliminares, fato que se aceita apenas para contra argumentar, e este Juízo, no mérito, vier a decretar a procedência do pedido exordial, contrariando os fatos e o direito, determinando seja a autora reintegrada na posse do imóvel, não pode furtar ao réu o direito de reter o imóvel até ser justa e devidamente indenizado pelas benfeitorias e acessões efetuadas no imóvel.

O mestre Orlando Gomes, na sua obra *Direitos Reais*, da Editora Forense, observa:

> **"Não podendo conservar a coisa acessória, quando absorvida pela principal, o possuidor fará jus ao equivalente em dinheiro" (pág. 68)**

Quanto ao notório direito à retenção, temos do mesmo autor e obra:

> **"[...] mas o possuidor de boa-fé desfruta de garantia especial para cobrar a indenização, <u>pois se lhe assegura o direito de retenção da coisa principal, até que a verifique o ressarcimento</u>" (pág. 69, grifo nosso)**

O valor da indenização deverá ser apurado, após perícia no imóvel, em liquidação de sentença, se necessário.

Dos Pedidos:

Ante todo o exposto, requer-se, em preliminar, seja reconhecida a incompetência do Juízo para conhecer do feito, remetendo-se o feito para o juiz competente (juiz do trabalho);

se eventualmente a questão da competência for superada, o feito deve ser extinto sem julgamento de mérito, seja pela não constituição em mora do réu, seja pela ilegitimidade da autora, seja pela falta de pressuposto processual específico; no caso eventual das preliminares serem superadas, o pedido deve ser julgado improcedente, sendo que na eventualidade de sua procedência, o que se aceita apenas para contra argumentar, deve ser a autora condenada a indenizar as benfeitorias feitas no imóvel pelo réu, a quem deverá ser garantido o direito de reter a posse do bem até ser final e cabalmente indenizado.

Requer-se, outrossim, os benefícios da justiça gratuita, vez que se declara pobre no sentido jurídico do termo, conforme declaração de pobreza anexa.

Provará o que for necessário, usando de todos os meios permitidos em direito, em especial pela juntada de documentos (anexos), perícia técnica, oitiva de testemunhas (rol anexo) e depoimento pessoal do representante legal da autora.

Termos em que
p. deferimento.

Mogi das Cruzes, 00 de abril de 0000.

Gediel Claudino de Araujo Júnior
OAB/SP 000.000

10.38 CONTESTAÇÃO DE AÇÃO DE REINTEGRAÇÃO DE POSSE COM PRELIMINARES E EXCEÇÃO DE USUCAPIÃO

Excelentíssimo Senhor Doutor Juiz de Direito da 3ª Vara Cível do Foro de Suzano, São Paulo.

Processo nº 0000000-00.0000.0.00.0000
Ação de Reintegração de Posse

V. A. dos S., *brasileiro, casado, pensionista (bombeiro afastado), portador do RG 00.000.000-SSP/SP e do CPF 000.000.000-00, sem endereço eletrônico, residente e domiciliado na Rua Bandeirantes, nº 00, Jardim Rodeio, cidade de Suzano-SP, CEP 00000-000, por seu Advogado, que esta subscreve (mandato incluso), com escritório na Rua Francisco Martins, nº 00, Centro, cidade de Mogi das Cruzes-SP, onde recebe intimações (e-mail: gediel@gsa.com.br), nos autos do processo que lhe move* **L. da S. S.** *e/o, vem à presença de Vossa Excelência oferecer* **contestação**, *nos termos a seguir articulados:*

Dos Fatos:

Os autores ajuizaram o presente feito asseverando, em apertada síntese, que são proprietários do imóvel onde reside o réu; que nesta qualidade firmaram com ele e com sua falecida mãe "de criação" contrato verbal de comodato. Declararam, ainda, que após o falecimento da Sra. O. C., o réu permaneceu no imóvel, deixando, no entanto, de cumprir com certas obrigações. Descontentes, resolveram então pôr fim ao contrato de comodato; para tanto, o notificaram no sentido de que deixasse o imóvel no prazo de trinta dias. Decorrido o prazo, ajuizaram então o presente feito, requerendo liminar de desocupação e, no mérito, a confirmação da liminar, no sentido de reintegrar os autores na posse no imóvel.

Recebida a exordial, designou este douto Juízo audiência de conciliação, determinando a citação e intimação do réu. Na referida audiência não houve acordo, tendo o pedido liminar sido indeferido.

Em síntese, os fatos.

Preliminarmente/Da Regularização do Polo Passivo:

Registre-se que o imóvel objeto desta também é ocupado pela Sra. *V. S. G. de S.*; a referida senhora é companheira de longa data do réu "V". Observe-se, no mais, que o réu "V" é pessoa "muito doente" (documentos anexos), tanto que se encontra afastado pelo INSS, estando totalmente dependente dos cuidados prestados pela Sra. "V", que é quem, de fato, exerce a posse do imóvel a muitos e muitos anos.

O parágrafo primeiro, inciso II, do art. 73 do CPC declara que *"ambos os cônjuges serão necessariamente citados para a ação: II – resultante de fato que diga respeito a ambos os cônjuges ou de ato praticado por eles".*

Inegável que a pretensão dos autores interessa não só ao réu, mas também e principalmente à sua companheira.

Sendo assim, considerando que na qualidade de compossuidora deve necessariamente integrar o polo passivo da presente demanda, devem os autores providenciar a sua citação, sob pena de extinção do feito sem julgamento do mérito.

Preliminarmente/Da Falta de Pressuposto Processual:

Pressuposto natural da ação de reintegração de posse é a posse prévia do autor, que, a fim de caracterizá-la, deve descrever em detalhes na exordial quando e como efetivamente a exerceu. No presente caso, os autores NUNCA TIVERAM a posse do imóvel onde reside o réu; ora, mesmo que fossem verdades os fatos apontados na exordial, fato que se aceita apenas para contra argumentar, deveriam então ajuizar ação de imissão de posse e não de reintegração, visto que não podem ser reintegrados naquilo que NUNCA TIVERAM.

Como se sabe, não basta que o interessado se declare possuidor do bem, é necessário que prove, que indique a qualidade de sua posse e por quanto tempo a teria exercido até finalmente perdê-la, ou cedê-la, como no caso.

Destarte, considerando que a petição inicial se apresenta claramente inepta, requer-se seja tal fato reconhecido por sentença, extinguindo-se o feito sem julgamento de mérito (art. 485, IV, CPC).

Preliminarmente/Da Carência de Ação ("Falta de Legitimidade"):

Os autores são carecedores de ação visto que NUNCA houve qualquer tipo de contrato entre as partes, muito menos de comodato. Ora, se não houve contrato de comodato entre as partes, ou mesmo entre as partes e a "mãe de criação" do réu, Sra. O. C., não tem os autores legitimidade para o presente feito, devendo ser tal fato reconhecido pelo Juízo. Neste particular, note-se que não só não há qualquer prova neste sentido, como os indícios são justamente no sentido contrário.

Sendo assim, reconhecida a carência de ação, o feito deve ser extinto sem julgamento de mérito.

Do Mérito:

O pedido dos autores deve ser julgado improcedente, como se demonstrará a seguir:

Da nulidade do "suposto" contrato de compra e venda.

A casa onde o réu reside era o único bem que possuía sua falecida "mãe de criação"; ela NUNCA o venderia por valor nenhum, muito menos pela irrisória quantia apontada no referido contrato de compra e venda, fls. 00/00.

Em abril de 0000, a Sra. O. C. já contava com MAIS DE OITENTA ANOS DE IDADE; naquela época, já fazia vários anos que a autora "L" cuidava dos negócios dela (tinha, inclusive, procuração para tanto); ou seja, a Sra. "O" não mais ostentava condições de entender os seus atos. Em face dessa realidade, os autores se aproveitaram das circunstâncias para fazê-la firmar o documento de fls. 00/00, isso, é claro, supondo que a assinatura ali lançada seja efetivamente da Sra. "O".

É importante registrar que o referido negócio NUNCA CHEGOU ao conhecimento do réu ou da sua companheira, que, registre-se, moravam com a falecida. Não só nunca ouviram do referido negócio, como nunca viram ou ouviram falar do valor supostamente pago pelo imóvel.

Fica mais do que evidente que a autora "L" se aproveitou da idade da Sra. "O", da sua proximidade e da confiança de que desfrutava no seio da família, para tirar proveito próprio, simulando um contrato de compra e venda que nunca de fato aconteceu.

Da mesma forma como nunca souberam deste suposto negócio (contrato de compra e venda), o réu, e sua companheira, NUNCA firmaram contrato de comodato com os autores; repita-se: o réu NUNCA firmou contrato de qualquer tipo, muito menos de comodato, com os autores.

"Da prescrição aquisitiva."

Como já se disse, nunca houve contrato de comodato entre as partes, ou de qualquer outro tipo. Na verdade, o réu sempre manteve a posse do imóvel na qualidade de possuidor com *animus domini*; em vida sua mãe, Sra. O. C., entregou a posse do imóvel para ele e sua companheira há longa data, bem mais de quinze anos; ou seja, bem antes de que ela ficasse doente. Em outras palavras, muito antes do seu falecimento em 00.00.0000, a posse efetiva já era do réu e de sua companheira.

Diante deste fato, posse com *animus domini* há mais de 15 (quinze) anos, este douto Juízo deve reconhecer a ocorrência da prescrição aquisitiva em favor do réu.

O art. 183 da CF declara que *"aquele que possuir como sua área urbana de até duzentos e cinquenta metros quadrados, por cinco anos, ininterruptamente e sem oposição, utilizando-a para sua moradia ou de sua família, adquirir-lhe-á o domínio, desde que não seja proprietário de outro imóvel urbano ou rural".* Já o art. 1.238 do CC declara que: *"aquele que, por quinze anos, sem interrupção, nem oposição, possuir como seu um imóvel, adquire-lhe a propriedade, independentemente de título e boa-fé; podendo requerer ao juiz que assim o declare por sentença, a qual servirá de título para o registro no Cartório de Registro de Imóveis."* Completa o parágrafo único: *"O prazo estabelecido neste artigo reduzir-se-á a dez anos se o possuidor houver estabelecido no imóvel a sua moradia habitual, ou nele realizado obras ou serviços de caráter produtivo".*

Considerando, ademais, a possibilidade aberta pelo art. 13 da Lei nº 10.257, de 10 de julho de 2001, **requer-se** que este douto Juízo além de reconhecer a ocorrência da prescrição aquisitiva, declare, por sentença, a propriedade individual do réu, e de sua companheira, sobre o imóvel objeto deste feito, expedindo-se o competente mandado para o Cartório de Registro de Imóveis a fim de se efetivar a averbação da propriedade.

Dos Pedidos:

Ante o exposto, requer:

a) os benefícios da Justiça gratuita, vez que se declara pobre no sentido jurídico do termo, conforme declaração anexa;

b) reconhecida a inépcia da exordial e/ou a carência de ação dos autores (falta de interesse e/ou legitimidade), seja extinto o presente feito sem julgamento de mérito; ou, se este douto Juízo chegar a apreciar o mérito, sejam os pedidos dos autores julgados improcedentes.

Provará o que for necessário, usando de todos os meios admitidos em direito, em especial pela juntada de documentos, oitiva de testemunhas, perícia social e psicossocial e depoimento pessoal dos autores.

Termos em que
p. deferimento.

Suzano, 00 de março de 0000.

**Gediel Claudino de Araujo Júnior
OAB/SP 000.000**

10.39 CONTESTAÇÃO DE AÇÃO DE REINTEGRAÇÃO DE POSSE DE APARTAMENTO DA CDHU, COM PRELIMINARES DE CARÊNCIA DE AÇÃO E INÉPCIA DA PETIÇÃO INICIAL

Excelentíssimo Senhor Doutor Juiz de Direito da 3ª Vara Cível do Foro de Mogi das Cruzes, São Paulo.

Processo nº 0000000-00.0000.0.00.0000
Ação de Reintegração de Posse

E. A. L. da S., brasileira, solteira, diarista, portadora do RG 00.000.000-SSP/SP e do CPF 000.000.000-00, sem endereço eletrônico, residente e domiciliada na Rua Thomaz Domingues, bloco 00-B, apartamento 00, Conjunto Habitacional Mogi das Cruzes, Vila Cléo, cidade de Mogi das Cruzes-SP, CEP 00000-000, por seu Advogado, que esta subscreve (mandato incluso), com escritório na Rua Francisco Martins, nº 00, Centro, cidade de Mogi das Cruzes-SP, *onde recebe intimações* (e-mail: gediel@gsa.com.br), nos autos do processo que lhe move **N. C. da S.**, vem à presença de Vossa Excelência oferecer *contestação*, nos termos a seguir articulados:

Dos Fatos:

A autora ajuizou o presente feito asseverando, em apertada síntese, que em outubro de 0000 a ré teria invadido imóvel de sua propriedade situado no Conjunto Habitacional Mogi das Cruzes, e que vinha se recusando a desocupá-lo amigavelmente, o que justificaria a presente demanda. Por fim, requereu fosse concedida a reintegração liminar na posse do imóvel e, no mérito, a reintegração definitiva da posse.

Recebida a exordial, este douto Juízo indeferiu o pedido liminar, fls. 00, designando audiência de conciliação, na qual, não obstante os esforços dos conciliadores, as partes não chegaram a um acordo, iniciando-se, então, o prazo para apresentação de defesa.

Em síntese, os fatos.

Preliminarmente/Da Falta de Pressuposto Processual:

Pressuposto natural da ação de reintegração de posse é a posse prévia do autor, que a fim de caracterizá-la deve descrever em detalhes na exordial quando e como efetivamente a exerceu.

A fim de induzir este douto Juízo em erro, a autora propositadamente foi extremamente vaga quanto à sua posse, deixando de mencionar, como seria de rigor, o "como" e o "quando", ou o "até quando", exerceu a posse do imóvel descrito na exordial.

Como se sabe, não basta que o interessado se declare possuidor do bem, é necessário que prove, demonstre, que indique a qualidade de sua posse e por quanto tempo a teria exercido até finalmente perdê-la.

Destarte, considerando que a autora não provou sua posse prévia, como seria de rigor, requer-se a extinção do feito sem julgamento de mérito (art. 485, IV, CPC).

Preliminarmente/Da Carência de Ação ("Falta de Legitimidade"):

A autora é carecedora de ação, vez que ela nunca teve efetivamente a posse direta do bem; ou seja, não tem legitimidade para estar no polo ativo desse feito.

É comum, como se sabe, que pessoas que não têm qualquer interesse efetivo nos conjuntos habitacionais construídos pelo Governo se inscrevam no programa apenas para tentar a sorte e, eventualmente, sorteados, repassam o imóvel para terceiros, contrariando norma expressa do contrato de compromisso de compra e venda, fls. 15/16, *in verbis*:

> **"– se o(s) promitente(s) comprador(es), sem prévio e expresso consentimento da promitente vendedora, ceder(em) ou transferir(em) a terceiros seus direitos e obrigações relativos ao imóvel prometido à venda, bem como alugar(em) ou emprestar(em) a qualquer título, oneroso ou gratuito, o referido imóvel, no todo ou em parte."**

Na verdade, a autora firmou o compromisso de compra e venda com a CDHU, porém nunca teve efetivamente a posse do imóvel, razão pela qual não tem legitimidade para constar no polo ativo de ação de reintegração de posse, vez que não pode ser reintegrada naquilo que nunca teve.

Mesmo que se aceitasse, hipoteticamente, que a autora teve, há muito tempo atrás, por pequeno espaço de tempo a posse do imóvel, nem assim teria legitimidade para constar no polo ativo do presente feito, vez que confessa que infringiu norma expressa do contrato de compra e venda, repassando a posse a terceiro, a quem eventualmente caberia a legitimidade para ajuizar o presente feito.

Qualquer que seja a situação, os fatos indicam ser a autora carecedora de ação, vez que lhe falta legitimidade para o presente, requerendo-se, portanto, a extinção deste processo sem julgamento de mérito.

Do Mérito:

Não são verdadeiros os fatos declarados pela autora na petição inicial. Na verdade, a ré e sua família encontram-se estabelecidos no imóvel objeto desta desde meados do ano de 0000, sendo esta posse, com *animus domini*, ininterrupta, mansa e pacífica até a citação no presente feito.

Diante da atual crise econômica e social existente em nosso país, que é responsável em grande parte pela situação de penúria imposta à classe pobre da população brasileira, que se vê obrigada a conviver com falta de moradia, saúde, segurança e educação, à ré não restou outra saída, nos idos de 0000, a não ser a de invadir o imóvel buscado pela autora, fazendo dele seu lar, vez que teve notícias de que o mesmo estaria abandonado.

Passados mais de 5 (cinco) anos, já ocorreu a favor da ré a chamada "prescrição aquisitiva", conforme norma do artigo 183 da Constituição Federal, *in verbis*:

> **"Art. 183. Aquele que possuir como sua área urbana de até duzentos e cinquenta metros quadrados, por cinco anos, ininterruptamente e sem oposição, utilizando-a para sua moradia ou de sua família, adquirir-lhe--á o domínio, desde que não seja proprietário de outro imóvel urbano ou rural."**

Disposição repetida no artigo 1.240 do Código Civil e no artigo 9º da Lei nº 10.257, de 10.07.2001 (Estatuto da Cidade).

De fato, no presente caso encontram-se preenchidas todas as exigências da norma legal, ou seja: *animus domini*; posse mansa e pacífica por 5 (cinco) anos; residência no imóvel urbano; área menor do que 250 m²; não sendo a possuidora proprietária de outro imóvel urbano ou rural.

A presença evidente dos requisitos legais, bem como a ocorrência da prescrição aquisitiva é o bastante para garantir à ré o direito de permanecer no imóvel. Neste sentido a lição do mestre Nelson Nery Junior, *in verbis*:

> **"Para invocar-se a exceção de usucapião, não é de rigor empregar-se palavras sacramentais, mas tão só articular-se na defesa os requisitos necessários ao reconhecimento da posse *ad usucapionem*."** (*Código de Processo Civil Comentado e legislação processual civil extravagante em vigor*, 6ª ed., RT, pág. 1136)

Dos Pedidos:

Ante o exposto, considerando que falta à autora pressuposto processual fundamental, assim como legitimidade para o presente feito (ninguém pode ser reintegrado na posse que nunca teve), requer-se a extinção do feito sem julgamento do mérito; na eventualidade de serem superadas as preliminares, fato que se aceita apenas para contra argumentar, no mérito, considerando a ocorrência da prescrição aquisitiva em favor da ré, seja o pedido da autora julgado improcedente, condenando-a nos ônus da sucumbência.

Provará o que for necessário, usando de todos os meios permitidos em direito, em especial pela juntada de documentos (anexos), perícia técnica, oitiva de testemunhas (rol anexo) e depoimento pessoal da autora.

Considerando que a ré é beneficiária da justiça gratuita, requer-se a expedição de ofício ao Cartório Distribuidor deste Fórum determinando que remeta a este douto Juízo certidão quanto à distribuição de ações possessórias em nome da ré, bem como expedição de ofício aos Cartórios de Registros de Imóveis desta Comarca determinando que certifiquem a existência, ou não, de imóveis em nome da ré, com base no indicador pessoal.

Termos em que
p. deferimento.

Mogi das Cruzes, 00 de setembro de 0000.

**Gediel Claudino de Araujo Júnior
OAB/SP 000.000**

10.40 CONTESTAÇÃO DE AÇÃO DE REINTEGRAÇÃO DE POSSE DE ÁREA DE SERVIDÃO MOVIDA PELA CTEEP EM FACE DE UMA COMUNIDADE, COM VÁRIAS PRELIMINARES

Excelentíssimo Senhor Doutor Juiz de Direito da 3ª Vara Cível do Foro de Mogi das Cruzes, São Paulo.

Processo nº 0000000-00.0000.0.00.0000
Ação de Reintegração de Posse

C. J. C. e Outros, já qualificados, todos por seu Advogado, que esta subscreve (mandato incluso), com escritório na Rua Francisco Martins, nº 00, Centro, cidade de Mogi das Cruzes-SP, *onde recebe intimações* (e-mail: gediel@gsa.com.br), nos autos do processo que lhes move **CTEEP – Companhia de Transmissão de Energia Elétrica Paulista**, vêm à presença de Vossa Excelência oferecer *contestação,* nos termos a seguir articulados:

Dos Fatos:

Em 00 de agosto de 0000, a autora ajuizou ação de reintegração de posse com pedido liminar asseverando, em apertada síntese, que os réus teriam invadido área de servidão da Linha de Transmissão denominada LT 000 Kv São José dos Campos/Mogi das Cruzes. Argumentando, de forma mentirosa, que o esbulho aconteceu a menos de um ano e um dia, a recorrida pediu, em liminar, fosse expedido imediato mandado de reintegração de posse; no mérito, requereu que sentença confirmasse a reintegração de posse da área supostamente esbulhada.

Recebida a exordial, fls. 00/00, o douto Magistrado de primeiro grau deferiu, *inaudita altera parte*, a medida liminar, que aguarda cumprimento. Contra esta decisão, os réus interpuseram agravo de instrumento, que aguarda julgamento.

Em síntese, os fatos.

Preliminarmente/Da regularização do Polo Passivo:

Requer-se determine este douto Juízo a regularização do polo passivo da demanda, com escopo de fazer-se constar o nome de todos os identificados nesta petição, oficiando-se ao cartório distribuidor e alterando-se a capa do feito.

Registre-se, ademais, que outras pessoas residem no local, devendo este douto Juízo determinar que o Senhor Oficial de Justiça percorra a área a fim de identificá-las e citá-las para os termos desta ação, sob pena de nulidade.

Preliminarmente/Da Incompetência Absoluta:

Empresa estatal responsável pelo sistema de transmissão de energia elétrica em São Paulo, a autora foi parcialmente privatizada em 0000 (vendeu-se o seu controle), contudo manteve a qualidade de "concessionária de serviço público", fato que demanda o deslocamento da competência para conhecer e julgar o presente feito para a vara especializada da Fazenda Pública desta Comarca, conforme norma prevista no artigo 35 do Decreto-Lei Complementar n. 03, de 27 de agosto de 1969 (Código Judiciário do Estado de São Paulo).

No mais, há que se considerar que o conflito existente entre as partes é anterior à venda do controle acionário (*há moradores que residem no local há mais de vinte anos*), ou seja, quando a autora ainda era exclusivamente "empresa estatal"; no mais, é a própria autora quem assevera na petição inicial que "*servidão administrativa é ônus real que recai sobre a propriedade, ônus este estabelecido em favor da Administração Pública direta, indireta ou de seus delegados e, ainda, que se trata de interesse da Administração Pública que não deve jamais ser subtraído pelo interesse do particular*" (fls. 07).

Em outras palavras, é <u>a autora quem se coloca no mesmo patamar que a Administração Pública.</u>

Também este douto Juízo tratou a área objeto deste feito, ao fundamentar a r. decisão de fls. 00/00, como "bem de domínio público" (segundo parágrafo de fls. 00). Ora, se o bem é público, se a autora é concessionária do serviço público, se colocando, na verdade, como Administração Pública, fls. 00, inarredável a aplicação a este processo da norma prevista no artigo 35 do Decreto-Lei Complementar n. 03, de 27 de agosto de 1969.

Destarte, *requer-se*, caracterizada a "incompetência absoluta" deste Juízo para conhecer e julgar o presente feito, sejam os autos imediatamente redistribuídos para a Vara da Fazenda Pública deste Foro.

Preliminarmente/Da inexistência de Posse da Autora ("Falta de Legitimidade"):

Mesmo que eventualmente se venha provar que os réus ocupam total ou parcialmente a área da servidão da Linha de Transmissão denominada LT 000 Kv São José dos Campos/Mogi das Cruzes, *fato que se aceita apenas para contra argumentar*, há que se registrar que a autora nunca teve efetivamente a posse do imóvel objeto desta ação, visto que jamais praticou quaisquer atos de exteriorização do domínio.

Com efeito, não basta, para a caracterização da posse, como exercício de fato de um dos poderes do domínio, e, por conseguinte, exteriorização da propriedade, a tão só presença das torres de transmissão de energia elétrica no imóvel.

Quando muito, se poderia reconhecer, em favor da autora, a posse das próprias torres de transmissão, mas não do solo onde elas estão instaladas. Com efeito, as torres de transmissão, como construções incorporadas artificialmente ao solo, são, em relação a este, bens acessórios (art. 92, CC). Presumir-se a posse do solo pela posse das construções incorporadas a ele seria inverter-se o princípio geral do direito, de que o acessório segue o principal, e, portanto, desafiar uma regra de experiência comum (art. 375, CPC).

De fato, nunca houve nenhuma sinalização por parte da autora de que seria proprietária do imóvel, ou melhor, do solo onde se encontravam instaladas as torres de transmissão. E, como já se disse, o tão só fato da instalação das torres não é indicativo do exercício de fato do domínio do solo, pois este não é usado, ou quando menos, sinalizado o seu uso potencial: ele apenas servia como base de sustentação das torres.

Ou seja, a interação entre a torre de transmissão, como construção, e o solo ao qual resta incorporada, é insuficiente para se tomar como possuído o solo a partir do uso das torres de transmissão. Com efeito, apenas uma pequena fração do solo, justamente aquele que serve de base às torres, é usada: em todo o resto não há nenhuma aparência de domínio, nenhum exercício dos poderes inerentes à propriedade.

De modo que, como já se disse, se a autora teve a posse do imóvel, não procurou conservá-la, praticando atos de exteriorização do domínio, e assim dela se demitiu, perdendo-a. O abandono, diga-se, se caracteriza pela tão só ausência de poder sobre o bem (art. 1.223, CC). Decerto, a voluntariedade da renúncia não deve ser pesquisada na consciência do agente, tal como funciona em relação à aquisição da posse: neste, como naquele, o que importa não é exatamente a vontade, mas a sua manifestação, ainda que inconsciente.

Ora, na medida em que o imóvel jamais teve qualquer sinalização de domínio, pelo contrário, tendo sido descuidado a ponto de ter sido alvo de intensa ocupação (*aceitando-se, por hipótese, que a área ocupada é de fato a área da servidão*), sem que a autora opusesse qualquer resistência, o imóvel passou, a toda e maior evidência, a ser considerado como coisa sem dono.

Informa o art. 561 do CPC que incumbe ao autor, entre outras coisas, "provar a sua posse"; ora, percuciente análise dos autos demonstra, à evidência, que a autora nunca teve efetivamente a posse do imóvel "supostamente" ocupado pelos réus.

Comentando o referido artigo, o eminente Desembargador Federal do Tribunal Regional Federal da 3ª Região, Dr. Nelton Agnaldo Moraes dos Santos, no livro *Código de Processo Civil Interpretado*, assevera que "*as demandas de reintegração e de manutenção não prescindem da alegação de que o autor a exerceu ou ainda a exerce; aquele que nunca exerceu a posse não dispõe de interditos possessórios; poderá, sim, ajuizar demanda reivindicatória, v.g., desde que seja titular do domínio*" (página 2.415, Editora Atlas: 2004).

Como demonstrado, **A AUTORA, E SEUS ANTECESSORES, NUNCA EXERCERAM A POSSE DA ÁREA DE SERVIDÃO OBJETO DESTA DEMANDA**, que instituída formalmente nunca foi realmente efetivada; sendo assim, falta, como se disse, à autora legitimidade para o presente feito.

Preliminarmente/Da Falta de Pressuposto Processual:

Superada a preliminar de carência de ação, *fato que se aceita penas para contra argumentar*, forçoso reconheça este douto Juízo que a petição inicial da autora é inepta.

De forma muito clara, o artigo 561 do CPC enumera os requisitos para a obtenção da proteção possessória, quais sejam: (I) a posse (prévia); (II) a turbação ou esbulho praticado pelo réu; (III) a data da turbação ou do esbulho; (IV) a perda da posse na ação de reintegração.

A autora alega posse prévia, embora não indique como vem exercendo a sua posse, fala ainda que os réus teriam esbulhado a sua posse, porém deixa claramente de especificar a data do suposto esbulho. Nesse aspecto em particular, há que se registrar que a longeva posse dos réus não foi fruto de esbulho, mas de pacífica e pública ocupação.

A autora não informou a "data do esbulho", tendo se limitado a afirmar que a posse dos réus seria nova, isto é, menor que ano e dia. Na verdade, o que é recente nesta questão é o interesse da autora em tirar os réus do local que ocupam; para tanto, mandou alguns de seus prepostos ao local a fim de notificá-los de que as suas construções estariam irregulares em razão da já citada servidão.

De qualquer forma, lendo-se a petição inicial, de forma estritamente objetiva, fica evidente o não atendimento dos requisitos indicados no artigo 561 do CPC, mormente aquele que fala sobre a data do suposto esbulho, razão pela qual deve este douto Juízo extinguir o feito sem julgamento de mérito (art. 485, IV, CPC).

Do Mérito:

Douto Magistrado, o pedido de reintegração de posse deve ser julgado improcedente, expedindo-se em favor dos réus, considerando-se a natureza dúplice das ações possessórias (art. 556, CPC), mandado de manutenção de posse, conforme se demonstrará a seguir:

"*Da localização da área ocupada.*"

A área ocupada pelos réus não está localizada dentro da servidão da Linha de Transmissão denominada LT 000 Kv São José dos Campos/Mogi das Cruzes; na verdade, as áreas são contíguas, limítrofes, mas totalmente distintas.

Tratando-se de áreas distintas, como se provará por meio de perícia técnica, o pedido de reintegração de posse deve ser julgado improcedente, expedindo-se, em atenção à natureza dúplice das ações possessórias, mandado de manutenção de posse em favor dos réus.

"*Da posse dos réus.*"

Como se disse anteriormente, mesmo que eventualmente se venha provar que os réus ocupam total ou parcialmente a área da servidão da Linha de Transmissão denominada LT 000 Kv São José dos Campos/Mogi das Cruzes, *fato que se aceita apenas para contra argumentar*, há que se registrar que os réus exercem verdadeira "posse", como reconhecido pela autora em sua petição inicial (veja-se que ela sempre se refere à "posse" dos réus).

Na qualidade de posseiros antigos, os réus já adquiriram o direito de requerer que a área que ocupam lhes seja cedida por meio da "concessão de uso especial", conforme norma prevista no art. 4º, inciso V, alínea "h" da Lei nº 10.257/2001 (Estatuto da Cidade), regulado pela Medida Provisória 2.220/2001.

A constituição deste direito envolve a "posse de imóvel público" e a vontade de ter a coisa como sua (art. 1º da MP 2.220/01); ambos os requisitos estão presentes neste caso (*considerando a hipótese, não provada, de que a área ocupada é pública*).

Inegável que o legislador buscou por meio do Estatuto da Cidade estabelecer instrumentos jurídicos fundamentais de política urbana, voltados à regularização fundiária e urbanística; esses instrumentos devem ser tomados como ferramentas de uma reengenharia social arrimada em valores jurídicos fundamentais, voltados para a realização dos princípios fundamentais da cidadania e da dignidade da pessoa humana (art. 1º, inc. II e III, CF), na perspectiva da construção de uma sociedade mais justa e solidária.

Com efeito, a Constituição Federal declara, ao tratar da ordem econômica (art. 170), que ao Estado cabe "**assegurar a todos existência digna**", observando o princípio da função social da propriedade.

Comentando sobre o tema, o mestre José Afonso da Silva, na sua obra *Curso de Direito Constitucional Positivo*, Editora Malheiros, 1991, página 239, declara, *in verbis*:

> "**O regime jurídico da propriedade tem seu fundamento na Constituição. Esta garante o direito de propriedade, desde que esta atenda sua função social. Se diz: é garantido o direito de propriedade (art. 5º, XXII), a propriedade atenderá à sua função social (art. 5º, XXIII), não há como escapar do sentido de que só se garante o direito de propriedade que atenda sua função social.**"

No mesmo sentido a lição abalizada dos doutos Gustavo Tepedino e Anderson Schreiber, expressa no artigo "Função Social da Propriedade e Legalidade Constitucional", publicado na *Revista de Direito, Estado e Sociedade da PUC-RJ*, volume 17, agosto de 2000, página 49, *in verbis*:

> "**Disso decorre que se uma determinada propriedade não cumpre com sua função social perde seu título justificativo. De fato, se a função social é noção que exsurge exatamente da busca de uma legitimidade da propriedade privada, não seria excessivo afirmar que, em sua ausência, seja retirada a tutela jurídica dominical, em situações concretas de conflito, para privilegiar a situação do bem, que justamente do título de propriedade, condiciona-se e atende ao interesse social.**"

Merece ainda menção expressa a lição do eminente Ministro do Colendo Supremo Tribunal Federal Eros Roberto Grau, na sua obra *A ordem econômica na Constituição de 1988 – Interpretação e Crítica*, 2ª Edição, RT, 1991, páginas 244, 249, 251 e 361, *in verbis*:

> "**O primeiro ponto a salientar no tratamento da matéria, respeita ao fato de que, embora isso passe despercebido da generalidade dos que cogitam da função social da propriedade, é ser pressuposto necessário à propriedade privada.**
>
> **Já a propriedade dotada de função social é justificada pelos seus fins, seus serviços, sua função.**
>
> **Em razão disso – pontualizo – é que justamente se justifica e legitima essa propriedade.**
>
> **Assim, se a partir deste ponto deixarmos fluir coerentemente o raciocínio, forçosamente concluiremos que a propriedade não dotada de função social, que não esteja a cumpri-la, já não será mais objeto de proteção jurídica. Ou seja, não haverá mais fundamento jurídico a atribuir direito de propriedade ao titular do bem (propriedade) que não está a cumprir**

sua função social. Em outros termos, já não há mais, no caso, bem que possa juridicamente ser objeto de propriedade."

Constatado conflito de interesses nas dimensões que o presente caso apresenta, o Magistrado deve considerar, quando da sua decisão, os princípios constitucionais que regem o nascedouro da sociedade. Neste sentido, a lição dos mestres Cristiano Chaves de Farias e Nelson Rosenvald que afirmam, no livro *Curso de Direito Civil – Direitos Reais*, da Editora JusPodivm, 9ª edição, página 109, que "**o magistrado deverá incorporar os direitos fundamentais como fundamento hábil a legitimar qualquer decisão, mesmo que o princípio não se encontre positivado em qualquer norma processual**". Dizem, ainda, que "**em qualquer litígio envolvendo situações proprietárias e possessórias em antagonismo, perscrutará o magistrado se há ou não o exercício da função social, em uma dimensão de proporcionalidade**".

No presente caso, e seguindo a lição dos renomados doutrinadores citados, conclui-se que a posse dos réus é a mais pura expressão de direitos garantidos na própria Constituição; ou seja, mesmo que autora consiga provar que os réus estão ocupando área de servidão, a posse deles não é ilegal e deve ser protegida.

"*Indenização pelas acessões feitas no imóvel.*"

Na remota hipótese de ficar estabelecido que de fato os réus ocupam a área de servidão e, ainda, decida este douto Juízo pela impossibilidade de aplicar ao caso a norma que possibilita a "concessão de uso especial" previsto do Estatuto da Cidade, *fato que se aceita apenas para contra argumentar*, deve, ao menos, condenar a autora ao pagamento de indenização das muitas acessões feitas no imóvel, após realização de perícia técnica para apuração do seu valor de mercado.

A perícia se faz necessária, vez que as acessões foram feitas por etapas, muitas vezes pelos próprios moradores com a ajuda de vizinhos e amigos; os materiais foram comprados em parcelas, ao longo do tempo, sendo impossível a apresentação dos recibos e das notas fiscais.

A construção das casas representou o ápice da realização pessoal dos réus, que nelas investiram não só todo o seu dinheiro, mas dezenas e dezenas de horas de trabalho, com escopo de buscar a realização de um sonho básico de todo ser humano, qual seja, a aquisição da casa própria.

Não envolvem, portanto, as referidas acessões apenas um monte de pedras e madeiras, mas a realização de uma vida; na verdade, de muitas vidas.

Feitas as acessões com o consentimento da autora (*que acintosamente ignorou a ocupação da área, deixando que esta se perpetuasse no tempo*), é de rigor que seja obrigada, no caso eventual de obter mandado de reintegração de posse, a indenizá-las em valor a ser apurado em liquidação de sentença, mediante realização de perícia técnica que considere não só o custo da construção, mas também o necessário para se conseguir outro imóvel semelhante.

"*Do direito de retenção/Do plano de desocupação.*"

Pessoas pobres e de poucos recursos, os réus investiram tudo o que possuíam no imóvel em que ocupam há tantos anos. <u>Fizeram isso à luz do dia durante anos</u>, alguns por décadas, sem que a autora, ou seus antecessores, tomassem qualquer atitude para detê-los; a área não estava murada, não estava cuidada, não demonstrava qualquer sinal de posse, muito ao contrário.

Destarte, *requer-se* a este douto Juízo que no caso eventual de vir a determinar a desocupação da área, *fato que se aceita apenas para contra argumentar*, garanta aos réus, na qualidade de possuidores de boa-fé, o direito de RETER, permanecer, no imóvel até serem final e cabalmente indenizados pelas acessões feitas no bem (*conforme item retro*).

Considerando, ademais, que no local formou-se uma pequena comunidade, que envolve muitas crianças e idosos, pessoas "especialmente protegidas" pela lei (art. 18, ECA/ art. 10, Estatuto do Idoso), considerando ainda que a autora é "concessionária de serviço público", requer-se que eventual reintegração de posse seja condicionada à apresentação de "plano de desocupação"; tal plano deve envolver a remoção responsável dos moradores e seus bens, bem como a sua instalação em outro local, mesmo que provisório, ou o pagamento de "aluguel social".

Oportuno, neste momento, a citação das palavras do Ilustre **Desembargador Luiz Sergio Fernandes de Souza**, proferidas no julgamento de caso semelhante (ação de reintegração de posse de área de servidão movida também pela CTEEP – Agravo de Instrumento nº 0287059-62.2011.8.26.0000), *in verbis*: "**necessário lembrar que existem dezenas de famílias instaladas no local, o que demanda cautela na estratégia de desocupação, sob pena de se investir contra direitos e garantias individuais**".

Disse mais: "**necessário, pois, que a concessionária apresente um plano para a desocupação, o que envolve o transporte, esclarecendo acerca da possibilidade de garantir aos ocupantes, que não podem ficar ao desabrigo, uma espécie de aluguel social**".

Dos Pedidos:

Ante todo o exposto, e mais pelas razões que este douto Juízo saberá lançar sobre o tema, *requerem* seja a autora declarada carecedora de ação e/ou indeferida a petição inicial por falta de pressuposto processual específico, extinguindo-se o feito sem julgamento de mérito, ou superadas as preliminares, *fato que se aceita apenas para contra-argumentar*, seja o pedido julgado improcedente, seja porque os réus não ocupam a área de servidão, ou, no caso de se provar estarem os réus ocupando a área de servidão, por ser regular a posse, concedendo-se a eles a chamada "concessão de uso especial"; na hipótese de eventual procedência do pedido, *o que se aceita apenas para contra argumentar*, garanta-se aos réus o direito de retenção até que sejam indenizadas todas as acessões feitas no imóvel, assim como se "condicione" a reintegração de posse à apresentação de "plano de desocupação" que garanta aos moradores, entre eles crianças e idosos, os meios para deixarem o local com seus bens, bem como a sua instalação em outro local, mesmo que provisório, ou o pagamento de "aluguel social".

Requerem, ainda, os benefícios da justiça gratuita, vez que se declaram pobres no sentido jurídico do termo, conforme declarações anexas.

Provarão o que for necessário, usando todos os meios de provas admitidos em direito, em especial pela juntada de documentos (anexos), oitiva de testemunhas (rol anexo), perícia social, perícia técnica e depoimento pessoal do representante da autora.

Termos em que
p. deferimento.

Mogi das Cruzes, 00 de abril de 0000.

**Gediel Claudino de Araujo Júnior
OAB/SP 000.000**

10.41 CONTESTAÇÃO DE AÇÃO DE RESCISÃO DE CONTRATO CUMULADA COM REINTEGRAÇÃO DE POSSE ENVOLVENDO BEM IMÓVEL, COM PRELIMINAR DE NULIDADE DA NOTIFICAÇÃO PRÉVIA DE CONSTITUIÇÃO EM MORA

Excelentíssimo Senhor Doutor Juiz de Direito da 3ª Vara Cível do Foro de Mogi das Cruzes, São Paulo.

Processo nº 0000000-00.0000.0.00.0000
Ação de Rescisão de Contrato
cc Reintegração de Posse

M. do C. do N., já qualificada, por seu Advogado, que esta subscreve (mandato incluso), com escritório na Rua Francisco Martins, nº 00, Centro, cidade de Mogi das Cruzes-SP, *onde recebe intimações* (e-mail: gediel@gsa.com.br), nos autos do processo que lhe move **BCD Empreendimentos e Participações Ltda.**, vem à presença de Vossa Excelência oferecer *contestação*, nos termos a seguir articulados:

Dos Fatos:

A empresa autora ajuizou o presente feito asseverando, em apertada síntese, que em julho de 0000 firmou com a ré contrato particular de promessa de compra e venda do lote 00 da quadra 00, do loteamento denominado Conjunto Residencial São João, Jardim Camila (Rua Carlos Rissoni, nº 00), cidade de Mogi das Cruzes-SP. O preço deveria ser quitado parte à vista e parte em parcelas. Declarou, ainda, que a ré ficou inadimplente a partir da prestação vencida em junho de 0000, mesmo após regular notificação para purgação da mora. Por fim, pediu a rescisão do contrato, a reintegração da posse no imóvel e, genericamente, fosse a ré condenada ao pagamento de perdas e danos, que não especificou.

Recebida a exordial, fls. 00, este douto Juízo indeferiu o pedido de tutela antecipada e determinou a citação da ré para responder.

Em síntese, os fatos.

Preliminarmente/Da Inexistência de Notificação Prévia ("Constituição em Mora"):

Segundo o art. 32 da Lei nº 6.766, de 19 de dezembro de 1979, é pressuposto inarredável da presente ação a constituição em mora do compromissário comprador. Para tanto, o vendedor deve promover a sua "regular" notificação.

Assim não procedeu a autora.

Com efeito, tendo constatado "suposta" mora da compromissária compradora, a autora promoveu, em 00 de agosto de 0000, a sua notificação, fls. 00/00; fato que levou a ré a procurar os representantes da autora iniciando-se negociação para quitação do débito. Neste período, após a notificação, foram feitos vários pagamentos, inclusive DIRETAMENTE no escritório da autora em 00.00.0000, conforme comprovam documentos anexos.

Tendo iniciado negociação, tendo aceitado purgação parcial da mora, a autora, caso desejasse ajuizar ação de rescisão do contrato, deveria então promover "nova notificação" da compromissária compradora.

Sabedora disso, a autora tentou fazê-lo, conforme se vê dos documentos juntados aos autos, fls. 00/00; contudo, tendo indicado o endereço errado na notificação (é lamentável que a autora desconheça a "localização" do imóvel que vendeu, onde a ré reside e sempre residiu), não obteve êxito, conforme certidão negativa emitida no 2º Cartório de Registro de Imóveis de Mogi das Cruzes, fls. 00.

Mesmo sem ter cumprido a norma legal (constituição em mora do devedor), a autora surpreendentemente optou por ajuizar o presente feito.

Destarte, considerando a falta de regular constituição em mora da compromissária compradora, pressuposto indispensável da presente ação, "requer-se" a imediata extinção do presente feito sem julgamento de mérito (art. 485, IV, CPC).

Preliminarmente/Da Nulidade da Notificação:

Apesar da fracassada e abandonada tentativa da autora de notificar a ré, fls. 00/00, fato que demonstra e confirma a imprestabilidade da notificação feita anteriormente de fls. 00/00, é "prudente" se registrar que também aquela notificação era, e é, sem nenhum valor, porque não informa de forma correta e adequada o valor do débito.

Com efeito, na notificação feita em agosto de 0000, a autora informa ERRONEAMENTE que estariam em atraso as parcelas de nos 55/110 a 61/110 (fato confessado pela própria às fls. 00). Note-se que no período mencionado, a ré fez vários pagamentos, sendo que o último ocorreu efetivamente em 00.00.0000, conforme se vê dos documentos anexos.

Além de cobrar parcelas quitadas, aquela notificação era imprestável porque não indicava o valor total do débito (*valor original, multa, juros e correção monetária*) como seria de absoluto rigor a fim de atender à norma legal e possibilitar à devedora eventual purgação da mora. Somente a notificação regular e completa possibilita ao devedor entender, discutir e até purgar o seu débito; muito mais no presente caso, onde a ré é pessoa extremamente simples, semianalfabeta.

Doutrina e jurisprudência são unânimes em declarar que, sendo ato formal, a "notificação premonitória" não aceita irregularidades. Sobre o tema, veja-se a lição do Desembargador Carlos Ortiz, no seu livro *Compromisso de Compra e Venda*, 3ª edição, Editora Malheiros, página 148, *in verbis*:

> **"Para que produza o grave efeito de constituir em mora o compromissário comprador e de rescindir o contrato de promessa de venda é mister que a notificação seja completa, precisa e clara."**

Sendo a notificação premonitória ato formal e imprescindível para a caracterização da mora do devedor adquirente (art. 32, Lei nº 6.766/79), não pode ser imperfeita, como no caso, desatendendo a norma legal sobre o tema e atacando os direitos da ré.

Destarte, mesmo que se ignore os muitos meses que se passaram, os pagamentos efetuados, a negociação que estava ocorrendo entre as partes, a notificação de fls. 00/00 não pode dar arrimo ao presente feito, vez que incompleta, irregular e imprestável, fato que demanda seja, também por esta razão, decretada a extinção do presente feito sem julgamento de mérito (art. 485, IV, CPC).

Do Mérito:

Pelas razões expressas nas preliminares, improvável venha este douto Juízo emitir Juízo de mérito no presente feito. Todavia, em atenção ao princípio da eventualidade, passa a se manifestar sobre os pedidos da autora.

O pedido de rescisão do contrato deve ser julgado improcedente. Com efeito, a ré nunca deixou de cumprir com suas obrigações em face da autora, sendo que eventual mora estava sendo objeto de negociação entre as partes, tendo a compromissária compradora, inclusive, feito alguns pagamentos.

Estando as partes em negociação, a ré foi surpreendida com a atitude da autora, que deixou de lhe enviar os boletos de pagamento, informando que a questão deveria ser resolvida oportunamente na justiça.

Se há débito (*a falta de constituição em mora da devedora não possibilita uma conclusão quanto ao tema*), a ré tem todo o interesse em purgá-lo.

Por estas razões o pedido de rescisão, e os demais pedidos acessórios (reintegração e indenização), devem ser julgados IMPROCEDENTES, condenando-se a autora nos ônus da sucumbência.

Entretanto, se este não for o entendimento deste douto Juízo, fato que se aceita apenas para contra argumentar, deve ser garantido à ré, na hipótese eventual de rescisão do contrato de compra e venda, a devolução de todos os valores pagos, indenização pelas acessões feitas no imóvel e o direito de retenção do bem até final e cabal pagamento das verbas referidas.

"Devolução das parcelas pagas."

Como se disse, no caso eventual deste douto Juízo afastar as preliminares apontadas e, no mérito, vier a decretar a rescisão do contrato de compromisso de compra e venda, deve determinar à autora que proceda com a devolução, devidamente corrigidos e acrescidos dos juros legais, de todos os valores efetivamente pagos pela ré.

Sobre o tema, oportuno citar-se o Código de Defesa do Consumidor, Lei 8.078/90, que é claro e expresso sobre o tema, *in verbis*:

"**Art. 51.** São nulas de pleno direito, entre outras, as cláusulas contratuais relativas ao **fornecimento de produtos e serviços que:**

II – subtraiam ao consumidor a opção de reembolso da quantia já paga, nos casos previstos neste Código;

IV – estabeleçam obrigações consideradas iníquas, abusivas, que coloquem o consumidor em desvantagem exagerada, ou sejam incompatíveis com a boa-fé ou a equidade;"

A Portaria nº 3º, de 15 de março de 2001, do Secretário de Direito Econômico do Ministério da Justiça, Dr. Paulo de Tarso Ramos Ribeiro, que disciplina o inciso IV do artigo 51 do CDC, supratranscrito, é mais explícita sobre o tema, *in verbis*:

"3. Imponha a perda de parte significativa das prestações já quitadas em situações de venda a crédito, em caso de desistência por justa causa ou impossibilidade de cumprimento da obrigação pelo consumidor."

Como se vê das disposições legais, a pretensão da ré encontra arrimo seguro na Lei.

"Indenização pelas acessões feitas no imóvel."

Além da devolução de tudo o que foi pago pela ré (a ser apurado em liquidação de sentença), a autora deve ainda ser condenada ao pagamento do valor das "acessões" feitas de boa-fé no imóvel. Com efeito, à custa de muito sacrifício pessoal, a ré construiu no imóvel duas casas (na frente e nos fundos), onde reside com seus familiares.

A construção das casas, que representou o ápice da realização pessoal da ré, que nela investiu não só todo o seu dinheiro (veja-se em anexo algumas das notas fiscais das compras realizadas para a construção), mas dezenas e dezenas de horas de trabalho, com escopo de buscar a realização de um sonho básico de todo ser humano, qual seja, a aquisição da casa própria.

Não envolve, portanto, a dita casa apenas um monte de pedras e cimento juntos, mas a realização de uma vida.

Feitas as acessões com o consentimento da autora, é de rigor que seja obrigada, no caso eventual de rescisão do contrato de compra e venda, a indenizá-las em valor a ser apurado em liquidação de sentença, mediante realização de perícia técnica que considere não só o custo da construção, mas também a valorização do bem no mercado imobiliário.

"Do direito de retenção."

Pessoa pobre e de poucos recursos, a ré investiu a poupança feita durante toda a sua vida no pagamento das parcelas do financiamento do imóvel objeto desta e nas acessões feitas, de boa-fé, nele.

Destarte, requer a este douto Juízo que no caso eventual de vir a rescindir o contrato firmado entre as partes, fato que se aceita apenas para contra argumentar, lhe seja garantido, na qualidade de possuidora de boa-fé, o direito de reter, permanecer, no imóvel até ser final e cabalmente paga, seja quanto à devolução dos valores que pagou por muitos e muitos anos, seja quanto às acessões que fez no imóvel.

"Dos pedidos de indenização por perdas e danos, despesas e outros prejuízos."

Como já se disse, mesmo que este ilustre Juízo venha a acolher o pedido de rescisão do contrato firmado entre as partes, fato que se aceita apenas para contra argumentar, deve indeferir os demais pedidos da autora.

Vindo eventualmente a retomar o imóvel objeto de contrato entre as partes, a autora ao contrário de ter prejuízo terá considerável lucro, vez que irá receber imóvel valorizado pela passagem do tempo e pelas acessões feitas pela ré.

Impróprio ainda o pedido de indenização por "despesas", não só porque foi feito de forma genérica e indeterminada, mas também pelo simples fato de que a ré não pode responder "individualmente" pelos custos administrativos de uma empresa.

Por fim, indevido ainda o pedido de fixação de aluguel, vez que a ré ocupa o imóvel na qualidade de "compromissária compradora" e tal fato permanece até que haja sentença que eventualmente ponha fim ao contrato existente entre as partes. No caso eventual disto vir a ocorrer, a ré ficará no imóvel somente até ser indenizada pelos pagamentos e acessões feitas no imóvel, conforme pretende lhe seja garantido pela decisão judicial.

Garantido judicialmente o direito de retenção, em razão, registre-se, dos muitos pagamentos efetuados e pelas acessões feitas no imóvel, absurdo falar-se em cobrança de aluguel.

Dos Pedidos:

Ante todo o exposto, considerando que a ré não foi formalmente constituída em mora, ou mesmo a imprestabilidade da notificação juntada aos autos, "requer-se" a extinção sem julgamento de mérito (art. 485, IV, CPC). No mérito, se tanto chegar-se, os pedidos da autora devem ser julgados improcedentes ou, não sendo este o entendimento deste douto Juízo, e no caso improvável de que venha a rescindir o contrato de compromisso de compra e venda, determinando a reintegração da autora na posse do imóvel, "*o que se aceita apenas para contra argumentar*", deve ser a autora condenada a devolver integralmente os valores pagos pela ré, devidamente corrigidos pela tabela do Tribunal de Justiça e acrescidos de juros legais (taxa SELIC), e, ademais, pagar indenização pelas acessões feitas no imóvel, valores estes a serem apurados em liquidação de sentença mediante perícia técnica, garantindo-se à ré, qualquer que seja o caso, o direito de reter o imóvel até final e cabal pagamento.

Reitera-se, outrossim, os benefícios da justiça gratuita, vez que se declara pobre no sentido jurídico do termo, conforme declaração de pobreza já juntada aos autos.

Provará o que for necessário, usando de todos os meios permitidos em direito, em especial pela juntada de documentos (anexos), perícia técnica (avaliação do imóvel), perícia contábil, oitiva de testemunhas (rol anexo) e depoimento pessoal do representante da autora.

Termos em que
p. deferimento.

Mogi das Cruzes, 00 de dezembro de 0000.

Gediel Claudino de Araujo Júnior
OAB/SP 000.000

10.42 CONTESTAÇÃO DE AÇÃO DE RESCISÃO DE CONTRATO CUMULADA COM REINTEGRAÇÃO DE POSSE ENVOLVENDO BEM IMÓVEL DA CDHU, COM PRELIMINAR DE CARÊNCIA DE AÇÃO

Excelentíssimo Senhor Doutor Juiz de Direito da 3a Vara Cível do Foro de Mogi das Cruzes, São Paulo.

Processo nº 0000000-00.0000.0.00.0000
Ação de Rescisão de Contrato cc Reintegração de Posse

R. do P. de O. e/outra, já qualificados, por seu Advogado, que esta subscreve (mandato incluso), com escritório na Rua Francisco Martins, no 00, Centro, cidade de Mogi das Cruzes-SP, CEP 00000-000, *onde recebe intimações* (e-mail: gediel@gsa.com.br; fone: 00-00000-0000), nos autos do processo que lhes move **Companhia de Desenvolvimento Habitacional e Urbano do Estado de São Paulo – CDHU**, vêm à presença de Vossa Excelência oferecer contestação, nos termos a seguir articulados:

Dos Fatos:

A autora ajuizou o presente feito asseverando, em apertada síntese, que firmou com os réus contrato particular de promessa de compra e venda de imóvel situado na Avenida Engenheiro Miguel Gemma, s/nº, Bloco 00, apartamento 00-A, na cidade de Mogi das Cruzes-SP. Declarou, ainda, que os réus não estariam ocupando o imóvel, fato que contrariaria os termos de ocupação do contrato original firmado pelas partes. Por fim, requereu a rescisão do contrato e a reintegração da posse do imóvel.

Recebida a exordial, fls. 00, este douto Juízo determinou a citação dos réus para responder. Desentranhado o mandado, o Oficial de Justiça esteve no imóvel, mas não localizou os réus; que, não obstante, ficaram sabendo da ação e compareceram voluntariamente no fórum, dando-se por citados, fls. 00.

Em síntese, os fatos.

Preliminarmente/Da Falta de Notificação:

Nos termos do art. 32 da Lei nº 6.766/79, que dispõe sobre o parcelamento do solo urbano, a autora deveria, com escopo de constituir em mora os réus, notificá-los "pessoalmente" por meio do Oficial do Registro de Imóveis. Infelizmente assim não procedeu. Neste sentido a doutrina do mestre José Osório de Azevedo Jr., no seu livro *Compromisso de Compra e Venda*, 3ª edição, Editora Malheiros, página 131, *in verbis*:

"Considerando o compromisso como uma forma de alienação de imóvel, há que se exigir a interpelação de ambos os cônjuges, para respeito das normas que regem a proteção do patrimônio imobiliário do casal. É indiferente que o compromisso tenha sido firmado apenas por um dos cônjuges pois, se o regime for o da comunhão universal, a aquisição por um deles reflete-se no patrimônio comum; e, mesmo sendo outro o regime de bens, há sempre a necessidade de outorga do outro cônjuge, conforme estabelece o art. 235, I, do Código Civil. A dispensa da notificação será 'admitir a alheação de bens do casal por via indireta' (RT 470/180)."

Com escopo de constituir em mora o devedor, não basta que o credor "tente" notificá-lo; é necessário que, por um meio ou por outro, obtenha efetivamente a notificação dele. Sobre o tema, veja-se a lição do Desembargador Carlos Ortiz, citado na obra suprarreferida, *in verbis*:

"Para que produza o grave efeito de constituir em mora o compromissário comprador e de rescindir o contrato de promessa de venda é mister que a notificação seja completa, precisa e clara, especialmente com relação ao prazo deferido para solução das prestações atrasadas, como é remansoso na jurisprudência." (pág. 148)

Tratando-se de assunto de tamanha importância, a autora, após simples tentativa feita por terceiros, se achou no direito de ignorar a lei e ajuizar o presente feito sem ter regularmente constituído os réus em mora. Considerando que o apartamento nunca esteve de fato vazio, poderia ao menos ter enviado correspondência àquele endereço, vez que a ré "R" periodicamente lá estava para cuidar do seu patrimônio.

Douto Magistrado, o descaso da autora com procedimento de tamanha importância foi tanto que nem ao menos tentou a notificação dos réus nos seus endereços comerciais, que constam do contrato firmado entre as partes (neste particular, veja-se o documento de fls. 00); poderiam, ainda, ter enviado mensagem direta no e-mail dos compromissários compradores.

Sendo a notificação premonitória ato formal e imprescindível para a caracterização da mora do devedor adquirente (art. 32, Lei nº 6.766/79), não pode deixar de ser realizada, ou ser imperfeita, quaisquer que sejam as circunstâncias do caso.

Destarte, NÃO TENDO SIDO OS RÉUS CONSTITUÍDOS EM MORA, fato que caracteriza ausência de pressuposto essencial, requer-se a extinção do feito sem julgamento de mérito (art. 485, IV, CPC), condenando-se a autora nos ônus da sucumbência.

Do Mérito:

Pelas razões expressas na preliminar, improvável venha este douto Magistrado a emitir juízo de mérito no presente feito; contudo, se tal vier a acontecer, fato que se aceita apenas em atenção ao princípio da eventualidade, a "improcedência dos pedidos" é medida que se impõe, como se demonstrará a seguir.

"Da justa causa da ausência".

A autora pede a rescisão do contrato e a reintegração de posse do imóvel sob o argumento de que os compromissários compradores não estariam residindo, ocupando, o imóvel, fato que, segundo os termos do contrato, seria obrigação básica dos requeridos.

Douto Magistrado, tivesse a autora cumprido a lei, providenciando a efetiva notificação dos réus quanto à sua pretensão, o presente processo certamente teria sido evitado.

Na verdade, os réus mantêm efetivamente a posse do imóvel objeto do contrato firmado entre as partes desde que foram imitidas nela. O imóvel encontra-se "ocupado", sendo que os réus lá mantêm parte de seus bens (móveis); contudo também é verdade que os compromissários compradores no momento não residem no local. Explica-se: alguns meses atrás se descobriu que infelizmente o réu "C" tinha duas hérnias de disco na cervical, fato que demandou a colocação de 4 (quatro) pinos na sua coluna lombar. Além de muita dor e sofrimento, afinal diz a sabedoria popular que a dor nas costas é a pior que existe, o réu "C" se viu, por ordens do seu médico, totalmente impossibilitado de subir escada (documentos anexos).

Não obstante sejam pessoas com parcos recursos financeiros, os réus se viram obrigados a alugar temporariamente um imóvel térreo até que os problemas de saúde do Senhor "C" sejam superados e o casal possa voltar a viver no imóvel que lutaram tanto para conseguir.

Ressalte-se que embora tenham, a contragosto, mudado "temporariamente" de sua residência, por razões de ordens médicas, como se disse, o casal manteve a ocupação regular do apartamento adquirido junto à autora, fazendo constantes visitas ao mesmo para evitar invasões, que são notoriamente tão comuns. Nem mesmo ventilaram a possibilidade de alugá-lo, embora necessitassem tanto do dinheiro – que poderia ajudar a pagar o aluguel da casa onde se encontram – porque sabiam da proibição contratual e não queriam arriscar a perder o bem duramente conquistado.

Como se vê, os réus mantêm a ocupação do imóvel e sua momentânea ausência encontra-se arrimada em JUSTA CAUSA, fato que demanda sejam os pedidos da autora julgados improcedentes.

"***Devolução de todas as parcelas pagas.***"

Mesmo que a preliminar fosse superada e, no mérito, este douto Juízo não reconhecesse a "justa causa" para o afastamento "temporário" dos réus do imóvel compromissado, fatos que se aceita apenas em razão do princípio da eventualidade, há que se garantir aos réus no caso de efetiva rescisão do compromisso de compra e venda o direito de ter a "devolução" de todos os pagamentos feitos.

Ressalte-se que eventual cláusula contratual em contrário não tem qualquer valor legal. Neste sentido, as normas do CDC, *in verbis*:

> "**Art. 51. São nulas de pleno direito, entre outras, as cláusulas contratuais relativas ao fornecimento de produtos e serviços que:**
>
> **II – subtraiam ao consumidor a opção de reembolso da quantia já paga, nos casos previstos neste Código;**
>
> **IV – estabeleçam obrigações consideradas iníquas, abusivas, que coloquem o consumidor em desvantagem exagerada, ou sejam incompatíveis com a boa-fé ou a equidade;**"

Também a Portaria n**o** 3, de 15 de março de 2001, do Secretário de Direito Econômico do Ministério da Justiça, Dr. Paulo de Tarso Ramos Ribeiro, que disciplina o inciso IV do artigo 51 do CDC, supratranscrito, é explícita sobre o tema, *in verbis*:

"3. Imponha a perda de parte significativa das prestações já quitadas em situações de venda a crédito, em caso de desistência por justa causa ou impossibilidade de cumprimento da obrigação pelo consumidor."

A pretensão da autora de perda total dos valores pagos é flagrantemente contrária à legislação, que de forma pedagógica indica o que pode ser descontado dos valores a serem devolvidos. Para maior clareza pede-se vênia para expressamente reproduzir a norma legal sobre o tema, qual seja, o art. 32-A da Lei nº 6.766/79:

> Art. 32-A. Em caso de resolução contratual por fato imputado ao adquirente, respeitado o disposto no § 2º deste artigo, deverão ser restituídos os valores pagos por ele, atualizados com base no índice contratualmente estabelecido para a correção monetária das parcelas do preço do imóvel, podendo ser descontados dos valores pagos os seguintes itens:
>
> I – os valores correspondentes à eventual fruição do imóvel, até o equivalente a 0,75% (setenta e cinco centésimos por cento) sobre o valor atualizado do contrato, cujo prazo será contado a partir da data da transmissão da posse do imóvel ao adquirente até sua restituição ao loteador;
>
> II – o montante devido por cláusula penal e despesas administrativas, inclusive arras ou sinal, limitado a um desconto de 10% (dez por cento) do valor atualizado do contrato;
>
> III – os encargos moratórios relativos às prestações pagas em atraso pelo adquirente;
>
> IV – os débitos de impostos sobre a propriedade predial e territorial urbana, contribuições condominiais, associativas ou outras de igual natureza que sejam a estas equiparadas e tarifas vinculadas ao lote, bem como tributos, custas e emolumentos incidentes sobre a restituição e/ou rescisão;
>
> V – a comissão de corretagem, desde que integrada ao preço do lote.
>
> § 1º O pagamento da restituição ocorrerá em até 12 (doze) parcelas mensais, com início após o seguinte prazo de carência:
>
> I – em loteamentos com obras em andamento: no prazo máximo de 180 (cento e oitenta) dias após o prazo previsto em contrato para conclusão das obras;
>
> II – em loteamentos com obras concluídas: no prazo máximo de 12 (doze) meses após a formalização da rescisão contratual.
>
> § 2º Somente será efetuado registro do contrato de nova venda se for comprovado o início da restituição do valor pago pelo vendedor ao titular do registro cancelado na forma e condições pactuadas no distrato, dispensada essa comprovação nos casos em que o adquirente não for localizado ou não tiver se manifestado, nos termos do art. 32 desta Lei.
>
> § 3º O procedimento previsto neste artigo não se aplica aos contratos e escrituras de compra e venda de lote sob a modalidade de alienação fiduciária nos termos da Lei nº 9.514, de 20 de novembro de 1997.

O referido artigo foi incluído pela Lei 13.786/2018, confirmando a jurisprudência sobre o tema, conforme se vê das seguintes ementas:

"AÇÃO DE RESCISÃO DE CONTRATO. INSTRUMENTO PARTICULAR DE COMPROMISSO DE COMPRA E VENDA DE IMÓVEL. MULTA CONTRATUAL. RESTITUIÇÃO DOS VALORES. CORREÇÃO MONETÁRIA. JUROS. PREQUESTIONAMENTO. SUCUMBÊNCIA. 1. Redução da cláusula penal para o percentual de 10% sobre os valores pagos. Posicionamento da Câmara e do STJ. 2. A restituição dos valores recebidos pela ré deve ser feita em uma única parcela. 3. Correção pelo IGP-M, índice adotado para atualizar débitos judiciais, a contar do efetivo desembolso das parcelas. 4. Juros de mora fixados de acordo com o limite legal, a incidir da citação. 5. Para fins de pré-questionamento, exige-se, apenas, que a parte tenha, em algum momento do processo, suscitado o dispositivo de lei (constitucional ou infraconstitucional) amparador de sua tese. 6. Ônus sucumbenciais condizentes com a causa. NEGARAM PROVIMENTO À APELAÇÃO" (TJRS, Ap. Cível 70019547074, Rel. Des. José Francisco Pellegrini, julgado em 26-08-2008, 19ª Câmara Cível).

"APELAÇÃO CÍVEL. PROMESSA DE COMPRA E VENDA. AÇÃO DE RESCISÃO CONTRATUAL CUMULADA COM RESTITUIÇÃO DE VALORES PAGOS. CLÁUSULA PENAL. É abusiva a perda de 10% sobre o valor contratado, ainda que prevista contratualmente pelas partes. Fixação em 10% das parcelas pagas a título indenizatório, para retenção pela promitente vendedora, é admissível na ausência de comprovação material específica. Precedentes deste Tribunal e do STJ. Sucumbência mantida. APELAÇÃO PARCIALMENTE PROVIDA." (TJRS, Ap. Cível 70008619454, Rel. Des. André Luiz Planella Villarinho, julgado em 16-06-2005, 18ª Câmara Cível).

"APELAÇÃO CÍVEL. PROMESSA DE COMPRA E VENDA DE IMÓVEL LOTEADO. CLÁUSULA PENAL. DEVOLUÇÃO IMEDIATA. CRITÉRIO DE CORREÇÃO. SUCUMBÊNCIA. Em contratos de promessa de compra e venda de bem imóvel, a jurisprudência tem admitido apenas a retenção de 10% dos valores pagos, a título de cláusula penal, que compensa a promitente-vendedora pelos prejuízos sofridos. Ademais, a cláusula penal cuja incidência pretende a apelante destina-se apenas à hipótese de resolução por inadimplemento do promitente-comprador, depois de constituído em mora, do que não se cogita no caso dos autos. Devolução parcelada inviável, ainda mais em vista do tempo de tramitação da lide, suficiente para a apelante suportar a restituição de valor ínfimo, diga-se de passagem, em uma só oportunidade. Correção das parcelas pelo CUB, índice eleito pelas partes no contrato. Sucumbência redimensionada, ante o decaimento recíproco das partes, não ocorrente a hipótese do art. 21, § único, do CPC. RECURSO PARCIALMENTE PROVIDO. UNÂNIME" (TJRS, Ap. Cível 70010804177, Rel. Des. Pedro Luiz Pozza, julgado em 07-04-2005, 18ª Câmara Cível).

"*Do direito de retenção.*"

Pessoas pobres e de poucos recursos, os réus investiram a poupança feita durante toda a sua vida no pagamento das parcelas do financiamento do imóvel objeto desta.

Destarte, requerem a este douto Juízo que no caso eventual de vir a rescindir o contrato firmado entre as partes, fato que se aceita apenas para contra argumentar, seja lhes garantido, na qualidade de possuidores de boa-fé, o direito de RETER, permanecer, no imóvel até serem final e cabalmente ressarcidos quanto aos valores que pagaram durante tantos anos.

Registre-se que os réus estão "totalmente" em dia com o pagamento das parcelas do seu financiamento.

Dos Pedidos e das Provas:

Ante todo o exposto, considerando que os réus não foram regularmente constituídos em mora, "requer-se" a extinção do feito sem julgamento de mérito (art. 485, IV, CPC). No mérito, se a tanto chegarem-se, os pedidos da autora devem ser julgados improcedentes, vez que a ausência momentânea dos réus no imóvel está arrimada em justa causa; não sendo este o entendimento deste douto Juízo, e no caso improvável de que venha a rescindir o contrato de compromisso de compra e venda, determinando a reintegração da autora na posse do imóvel, "*o que se aceita apenas para contra argumentar*", deve ser a autora condenada a devolver integralmente os valores pagos pelos réus, devidamente corrigidos pela tabela do Tribunal de Justiça e acrescidos de juros legais, valores estes a serem apurados em liquidação de sentença mediante perícia técnica, garantindo-se aos réus, qualquer que seja o caso, o direito de reter o imóvel até final e cabal pagamento.

Reiteram, outrossim, os benefícios da justiça gratuita, vez que se declaram pobres no sentido jurídico do termo, conforme declaração de pobreza já juntada aos autos.

Provarão o que for necessário, usando de todos os meios permitidos em direito, em especial pela juntada de documentos (anexos), perícia médica (avaliação da condição de saúde do réu "C"), perícia contábil e oitiva de testemunhas (rol anexo).

Termos em que
p. deferimento.

Mogi das Cruzes, 00 de março de 0000.

Gediel Claudino de Araujo Júnior
OAB/SP 000.000

10.43 CONTESTAÇÃO DE AÇÃO DE RESCISÃO DE CONTRATO DE PARCERIA AGRÍCOLA CUMULADA COM INDENIZAÇÃO POR PERDAS E DANOS, COM PRELIMINAR DE CARÊNCIA DE AÇÃO

Excelentíssimo Senhor Doutor Juiz de Direito da 3ª Vara Cível do Foro de Mogi das Cruzes, São Paulo.

Processo nº 0000000-00.0000.0.00.0000
Ação de Rescisão de Contrato
cc Indenização por Perdas e Danos

B. F. dos S., já qualificado, por seu Advogado, que esta subscreve (mandato incluso), com escritório na Rua Francisco Martins, nº 00, Centro, cidade de Mogi das Cruzes-SP, *onde recebe intimações* (e-mail: gediel@gsa.com.br), nos autos do processo que lhe move **P. C. T.**, vem à presença de Vossa Excelência oferecer **contestação**, nos termos a seguir articulados:

Dos Fatos:

O autor ajuizou o presente feito asseverando, em apertada síntese, que em maio de 0000 firmou com o réu contrato particular de parceria para produção agrícola de cogumelos. Declarou, ainda, que alguns meses depois o réu teria abandonado o negócio, causando-lhe prejuízos estimados em R$ 60.500,00 (sessenta mil, quinhentos reais). Por fim, pediu a rescisão do contrato firmado entre as partes e a condenação do réu ao pagamento de indenização no valor de seus prejuízos.

Recebida a exordial, este douto Juízo designou audiência de conciliação, na qual, não obstante os esforços dos conciliadores, as partes não chegaram a um acordo, iniciando-se, então, o prazo para apresentação de defesa.

Em síntese, os fatos.

Preliminarmente/Da Carência de Ação ("Falta de Interesse"):

Falta ao autor interesse de agir, vez que o contrato apontado na petição inicial já foi rescindido amigavelmente, conforme se vê do "termo de rescisão de contrato de parceria e quitação" e "confissão de dívida" anexos. De fato, três meses após terem firmado contrato de parceria as partes se desentenderam por questões financeiras (divisão dos lucros), aceitando o réu a proposta do autor de rescisão amigável, que previa a saída do réu do negócio mediante o pagamento de uma indenização, que deu origem ao termo de confissão de dívida firmada pelo autor no valor de R$ 2.350,00 (dois mil, trezentos e cinquenta reais).

Registre-se que o original de tais documentos encontra-se juntado em processo de execução que o réu move em face do autor junto ao Juizado Especial Cível desta Comarca,

Processo nº 0000000-00.0000.0.00.0000 (cópia anexa), com escopo de receber o que lhe caberia pelo fim do negócio.

Como se vê, estando o contrato apontado na exordial já rescindido, falta ao autor interesse, necessidade, da presente causa, devendo a presente ação ser extinta sem julgamento do mérito (art. 485, VI, CPC).

Do Mérito:

Pelas razões expressas na preliminar, improvável venha este douto Juízo a apreciar o mérito do pedido do autor. Todavia, se tal vier a acontecer, o que se aceita apenas para contra argumentar, deve julgar improcedente os pedidos do autor, vez que foi ele o principal responsável pelo fim da parceria.

De fato, nos primeiros 40 (quarenta) dias do negócio, as partes apenas investiram dinheiro e trabalho, quando começaram a colher os cogumelos e vendê-los vieram os problemas e desentendimentos, causados unicamente pelo autor, que queria ficar com a maior parte dos lucros, praticamente forçando a saída do parceiro do negócio, que constantemente importunado, acabou concordando em sair praticamente sem nada; firmando, como já se disse, o autor apenas uma confissão de dívida, cujo valor mal cobriu os investimentos feitos pelo réu no negócio e, a bem da verdade, nem este valor recebeu, vez que apesar das muitas cobranças, até o momento o autor se recusou a quitar sua obrigação.

Não se pode, ainda, deixar de impugnar o absurdo valor pretendido a título de indenização, calculado com base unicamente em suposições e esperanças, que, como se sabe, não são indenizáveis.

Dos Pedidos:

Ante o exposto, considerando que o contrato de parceria já foi rescindido, reitera-se o pedido de extinção do presente feito, julgando-se o autor carecedor de ação (art. 485, VI, CPC). Não sendo este o entendimento deste douto Juízo, e no caso improvável de que venha a apreciar o mérito, os pedidos do autor devem ser julgados improcedentes, vez que a culpa pelo fim do negócio foi exclusiva do autor. Qualquer que seja o caso, o autor deverá ainda ser condenado nos ônus da sucumbência e por litigância de má-fé.

Provará o que for necessário, usando de todos os meios permitidos em direito, em especial pela juntada de documentos (anexos), perícia contábil, oitiva de testemunhas (rol de testemunhas) e depoimento pessoal do autor.

Termos em que
p. deferimento.

Mogi das Cruzes, 00 de março de 0000.

Gediel Claudino de Araujo Júnior
OAB/SP 000.000

10.44 CONTESTAÇÃO DE AÇÃO DE USUCAPIÃO COM PRELIMINARES E CONCORDÂNCIA CONDICIONAL DO PEDIDO (CONTESTAÇÃO PELA CONFRONTANTE)

Excelentíssimo Senhor Doutor Juiz de Direito da 3ª Vara Cível do Foro de Mogi das Cruzes, São Paulo.

Processo nº 0000000-00.0000.0.00.0000
Ação de Usucapião Extraordinária

E. P. da M., brasileira, viúva, aposentada, sem endereço eletrônico, portadora do RG 00.000.000-0-SSP/SP e do CPF 000.000.000-00, residente e domiciliada na Avenida Coronel Souza Franco, nº 00, Centro, cidade de Mogi das Cruzes-SP, CEP 00000-000, por seu Advogado, que esta subscreve (mandato incluso), com escritório na Rua Francisco Martins, nº 00, Centro, cidade de Mogi das Cruzes-SP, *onde recebe intimações* (e-mail: gediel@gsa.com.br), nos autos do processo que lhe move **R. A. de J. e outra**, vem à presença de Vossa Excelência oferecer *contestação*, nos termos a seguir articulados:

Dos Fatos:

Os autores ajuizaram o presente feito asseverando que mantêm há mais de 20 (vinte) anos a posse mansa e pacífica do imóvel situado na Avenida Coronel Souza Franco, nº 00, Centro, cidade de Mogi das Cruzes-SP, CEP 00000-000; informaram ainda que adquiriram a posse do referido imóvel do Sr. M. A. J. e da sua mulher, conforme instrumento particular de compra e venda que juntaram com a exordial.

Recebida a exordial, determinou-se a citação das pessoas envolvidas, quais sejam: os proprietários registrários, os compromissários vendedores, dos confrontantes e das Fazendas Públicas (Federal, Estadual e Municipal).

A contestante foi citada na qualidade de confrontante do imóvel, fls. 00.

Em síntese, o necessário.

Preliminarmente:

"Da falta de documentos necessários"

Embora na petição inicial os autores se declarem "casados", estes não juntaram aos autos "certidão de casamento"; no caso de serem realmente "casados" deve atentar-se para a norma do art. 73 do CPC, visto que a presente ação trata de direito real imobiliário. Note-se, ademais, que não juntaram cópia do carnê de IPTU do ano da distribuição (0000), necessário não só para provar-se o *animus domini* (quitação dos tributos), mas também para saber-se da correção do valor da causa.

Devem, ademais: (I) juntar aos autos certidão do cartório distribuidor, em nome de ambos, quanto a distribuição de ações de natureza cível, mormente as possessórias; (II) juntar cópia do RG e CPF, com escopo de possibilitar a efetivação do registro imobiliário, no caso de eventual procedência da ação.

Sem esses documentos a ação não pode ser processada de forma regular, razão pela qual os autores devem ser intimados a apresentá-los no prazo que o juízo fixar, sob pena de extinção do feito sem julgamento de mérito.

Do Mérito:

Quanto ao mérito, a confinante confirma que os autores residem no imóvel usucapiendo há muitos anos (mais de quinze anos), sendo que "não se opõe" ao pedido, desde que se respeitem os exatos limites das propriedades, conforme consta no registro dos imóveis.

Dos Pedidos:

Ante o exposto, REQUER-SE:

a) a concessão dos benefícios da justiça gratuita, vez que se declara pobre no sentido jurídico do termo, conforme declaração anexa;

b) seja determinado aos autores que regularizem o feito, apresentando os documentos necessários, sob pena de extinção do feito sem julgamento de mérito;

c) quanto ao mérito, não se opõe ao pedido, resguardando-se os limites das propriedades, conforme consta no registro de imóveis.

Provará o que for necessário, usando de todos os meios permitidos em direito, em especial pela juntada de documentos (anexos), perícia técnica e oitiva de testemunhas.

Termos em que
p. deferimento.

Mogi das Cruzes-SP, 00 de fevereiro de 0000.

Gediel Claudino de Araujo Junior
OAB/SP 000.000

10.45 CONTESTAÇÃO DE AÇÃO NEGATÓRIA DE PATERNIDADE CUMULADA COM EXONERAÇÃO DE ALIMENTOS MOVIDA PELO PAI CONTRA OS FILHOS, COM IMPUGNAÇÃO DO VALOR DA CAUSA E PRELIMINAR DE CARÊNCIA DE AÇÃO

Excelentíssimo Senhor Doutor Juiz de Direito da 3a Vara Cível do Foro de Mogi das Cruzes, São Paulo.

Processo nº 0000000-00.0000.0.00.0000
Ação Negatória de Paternidade cc Exoneração de Pensão

W. A. da S. e **R. P. da S. S.**, brasileiros, menores impúberes, representados por sua genitora K. A. da S., brasileira, divorciada, desempregada, portadora do RG 00.000.000-SSP/SP e do CPF 000.000.000-00, sem endereço eletrônico, residente e domiciliada na Rua Desidério Jorge, nº 00, Vila Natal, cidade de Mogi das Cruzes-SP, CEP 00000-000, por seu Advogado, que esta subscreve (mandato incluso), com escritório na Rua Francisco Martins, nº 00, Centro, cidade de Mogi das Cruzes-SP, CEP 00000-000, *onde recebe intimações* (e-mail: gediel@gsa.com.br), nos autos do processo que lhes move **G. da S.**, vêm à presença de Vossa Excelência oferecer ***contestação***, nos termos a seguir articulados:

Dos Fatos:

O autor ajuizou o presente feito asseverando, em apertada síntese, que descobriu que sua ex-mulher havia mantido relacionamentos extraconjugais, razão pela qual passou a ter sérias dúvidas quanto a sua paternidade em face dos filhos do casal. Requereu, por fim, fosse declarada a nulidade, quanto a sua paternidade, dos registros de nascimentos dos réus "W" e "R", exonerando-o, ainda, da obrigação alimentícia em face dos menores.

Recebida a exordial, este douto Juízo designou audiência de conciliação, em que, não obstante os esforços da representante dos menores e dos conciliadores, não foi possível obter-se a conciliação, iniciando-se o prazo para apresentação da defesa.

Em síntese, os fatos.

Preliminarmente/Impugnação do Valor da Causa:

Segundo se observa na exordial, o autor atribuiu à causa o valor genérico de R$ 1.000,00 (um mil reais).

A atitude do autor contraria a norma do art. 292, III, do CPC que declara que o valor da causa na ação de alimentos é a soma de 12 (doze) prestações mensais pedidas pelo autor.

No presente feito, o autor não pede alimentos, mas pede a exoneração de prestação alimentícia devida a seus filhos além, é claro, de pedir o cancelamento do reconhecimento que fez da paternidade deles. Ora, se pede a exoneração da obrigação alimentícia, deve necessariamente considerar a norma citada quando da fixação do valor da causa.

Registre-se que o valor mensal da pensão alimentícia devida pelo autor aos seus filhos é de 2/3 (dois termos) de um salário mínimo, fls. 00/00.

Destarte, considerando o claro erro na atribuição do valor da causa, REQUER-SE proceda este douto Juízo com a retificação do valor da causa, que deverá passar a ser de no mínimo R$ 3.600,00 (três mil e seiscentos reais), determinando, nos termos do art. 293 do CPC, a complementação das custas.

Preliminarmente/Da carência de ação (Falta de interesse):

De fato, quando o autor casou-se com a representante dos réus esta já estava grávida de "W" e o cônjuge varão tinha pleno conhecimento de que este não seria seu filho biológico. Aliás, muito apaixonado, foi ele quem muito insistiu no casamento.

Nascido o infante, o autor fez questão de registrá-lo em seu nome, gesto que deveria representar uma prova de seu amor e do carinho que tinha pelo menor.

Como se vê, quanto ao menor "W", o autor nunca foi enganado ou induzido em erro, sendo que o reconhecimento foi feito de forma voluntária e cônscia de quem seria o pai natural. Destarte, considerando que o que justifica o pedido de anulação de registro é suposto erro (vício da vontade) e que "ninguém pode se beneficiar da própria torpeza", falta ao autor interesse de agir, vez que este sempre soube que não era o pai natural do menor "W", devendo, portanto, ser declarado carecedor da ação, extinguindo-se o processo sem julgamento do mérito (art. 485, VI, CPC).

Do Mérito:

Não são verdades os fatos informados pelo autor na sua exordial. A representante do menor nunca foi infiel ao autor, sendo absolutamente despropositada sua afirmação de que o menor R. P. não seria seu filho.

Quando o casal se separou, devido, principalmente, ao incontrolável ciúme do cônjuge varão, a mulher já estava grávida há aproximadamente 3 (três) meses.

Após a separação fática do casal, o varão tentou por diversas vezes retomar a sociedade conjugal, porém quando percebeu que não conseguiria seu intento, passou a ameaçar a genitora dos menores com processo negatório de paternidade, mormente quanto ao menor W. que sabidamente não era seu filho natural. As ameaças se transformaram em ação quando a mulher ajuizou ação de alimentos, com escopo de cobrar pensão alimentícia do autor.

Dos Pedidos:

Ante o exposto, requer-se seja o autor declarado carecedor de ação quanto ao menor "W", visto que neste caso ocorreu a chamada "adoção à brasileira" (adoção informal da criança), extinguindo-se o feito sem julgamento de mérito (art. 485, VI, CPC); se ultrapassada a liminar, fato que se aceita apenas para contra-argumentar, requer-se sejam os pedidos do autor julgados improcedentes, condenando-se, em qualquer dos casos, o autor nos honorários advocatícios e demais cominações legais.

Reiteram, outrossim, o pedido de concessão dos benefícios da justiça gratuita, vez que se declaram pobres no sentido jurídico do termo.

Provarão o que for necessário, usando de todos os meios permitidos em direito, em especial pela juntada de documentos (anexos), oitiva de testemunhas (rol anexo), depoimento pessoal da representante dos autores e perícia técnica (DNA), requerendo-se, quanto a esta, determine imediatamente este douto Juízo expedição de ofício ao IMESC, requerendo data para a realização do exame, com escopo de se evitar maiores prejuízos para as partes.

Termos em que
p. deferimento.

Mogi das Cruzes, 00 de setembro de 0000.

Gediel Claudino de Araujo Júnior
OAB/SP 000.000

10.46 CONTESTAÇÃO DE AÇÃO REIVINDICATÓRIA MOVIDA EM FACE DE UMA COMUNIDADE DE DEZENAS DE PESSOAS, COM VÁRIAS PRELIMINARES

Excelentíssimo Senhor Doutor Juiz de Direito da 1ª Vara Cível do Foro de Poá, São Paulo.

Processo nº 0000000-00.0000.0.00.0000
Ação Reivindicatória

S. S. dos S. e/o, já qualificados, por seu Advogado, que esta subscreve (mandato incluso), com escritório na Rua Francisco Martins, nº 00, Centro, cidade de Mogi das Cruzes-SP, *onde recebe intimações* (e-mail: gediel@gsa.com.br), nos autos do processo que lhes move **L. D. Engenharia Terraplenagem e Construção Ltda.**, vêm à presença de Vossa Excelência oferecer *contestação,* nos termos a seguir articulados:

Dos Fatos:

Em agosto de 0000, a autora ajuizou a presente ação reivindicatória asseverando, em apertada síntese, que adquirira certa área neste Município, que especificou, e que teria sido impedida de tomar posse pelas citadas pessoas, que, segundo narrou, estariam ocupando irregularmente a área. Diante do referido fato, pediu, em antecipação de tutela, que fosse expedido imediato mandado de imissão de posse, e, no mérito, requereu a posse definitiva do bem, determinando-se a desocupação do imóvel.

Recebida a inicial, fls. 00, este douto Juízo determinou a sua emenda, no sentido de que a autora esclarecesse a data em que teria ocorrido o esbulho, assim como se toda a área descrita na exordial teria sido invadida. A autora atendeu a determinação judicial, informando que o esbulho iniciara-se em princípios do ano de 0000, assim como declarou que toda área descrita na exordial estaria ocupada pelos requeridos.

Recebida a emenda, fls. 00, negou este douto Juízo o pedido de antecipação da tutela, determinando a citação e a constatação de todos os "invasores", a fim de que viessem a integrar o polo passivo da demanda.

Em síntese, os fatos.

Preliminarmente/Da regularização do polo passivo:

Requer-se determine este douto Juízo a regularização do polo passivo da demanda, oficiando-se ao cartório distribuidor e alterando-se a capa do feito, com escopo de incluir todas as pessoas identificadas nesta petição.

Preliminarmente/Da Incompetência Absoluta:

Informa o art. 47 do CPC que "para as ações fundadas em direito real sobre imóveis é competente o foro de situação da coisa"; a hipótese, ao contrário do que pode aparecer aos incautos, versa sobre "competência funcional", ou seja, absoluta, que não admite prorrogação nem por vontade das partes, nem por vontade do juiz.

Embora o autor tenha juntado aos autos certidão de propriedade expedida pelo Cartório de Registro de Imóveis de Poá, fls. 00/00, o imóvel efetivamente reivindicado, **onde residem os réus**, está localizado na cidade e comarca de Itaquaquecetuba – SP.

Na verdade, o tema nem mesmo reclama grande indagação deste douto Juízo, vez que é o próprio Oficial de Justiça quem declara em sua certidão, fls. 00, que citou os réus no município de Itaquaquecetuba – SP. Não fosse bastante este fato, há ainda outros documentos como, por exemplo, o comprovante da existência de débito de imposto predial emitido pela Prefeitura do município de Itaquaquecetuba – SP, além de muitas contas de água e de luz que indicam que as residências se localizam na cidade de Itaquaquecetuba. Deve-se considerar, ademais, que a maior parte da área onde residem os réus já é objeto de ação de usucapião que corre no Foro da referida cidade (*veja-se cópia da certidão de objeto e pé anexa*).

Destarte, **requer-se**, caracterizada a "incompetência absoluta" deste Juízo para conhecer e julgar o presente feito, seja os autos imediatamente encaminhados para o Foro da cidade de Itaquaquecetuba – SP, onde deverão ser distribuídos por pendência para o Juízo onde já tramita a referida ação de usucapião.

Preliminarmente/Do Complemento do Polo Passivo:

Segundo o § 1º, inciso I, do art. 73 do Código de Processo Civil, nas ações que versem sobre direitos reais imobiliários, como esta, devem ser necessariamente citados ambos os cônjuges e/ou companheiros (*litisconsórcio necessário*), sob pena de extinção do processo sem julgamento de mérito. Neste sentido o parágrafo único do art. 115 do CPC: "nos casos de litisconsórcio passivo necessário, o juiz determinará ao autor que requeira a citação de todos que devam ser litisconsortes, dentro do prazo que assinar, sob pena de extinção do processo".

Conforme se pode ver das certidões de casamento anexas (e outros documentos), ainda não foram citados: o **Sr. D. M. dos S.**, marido da ré S. S. dos S.; **Sr. G. P. E.**, marido da ré M. do S. M. E.; **Sra. T. F. M.**, mulher do réu C. A. M.; **Sra. F. H. L. do N. A.**, mulher do réu F. M. de A.; **Sra. M. do S. da S. C.**, mulher do réu P. do C.; **Sra. A. do N. P.**, mulher do réu M. V. P.; **Sra. C. C. R. de M.**, companheira do réu J. da C. R.; **Sr. F. B. G.**, marido da ré M. R. dos S. B.; **Sr. M. A. dos S. V.**, marido da ré C. A. C. V.; **Sra. S. C. da C.**, companheira do réu F. M. de A.; **Sr. R. P. B.**, marido da ré R. M. B. B.; **Sr. G. H. M. da S.**, companheiro da ré M. D. M. A.

Destarte, deve este douto Juízo determinar que a autora providencie, sob pena de extinção do feito sem julgamento de mérito, a citação pessoal das referidas pessoas.

Registre-se, outrossim, que residem na área outras pessoas ainda não identificadas nem citadas nestes autos.

Preliminarmente/Da Carência de Ação ("Falta de Legitimidade"):

A autora deve ser declarada carecedora de ação, vez que lhe falta legitimidade para reivindicar a área onde residem os réus.

Como já observado no item que trata sobre a incompetência absoluta do Juízo da Primeira Vara Cível da Comarca de Poá, São Paulo, para conhecer e julgar o presente feito, a área que supostamente pertence a autora fica no município de Poá, enquanto os réus ocupam área localizada no município de Itaquaquecetuba – SP.

Ao que parece, a suposta área da empresa autora é vizinha da área onde residem há longa data os réus (*tal fato foi declarado pelo próprio oficial de justiça*).

Ora, não sendo a autora proprietária da área onde residem os réus, área esta localizada em município diverso, não pode ela reivindicá-la, justamente, como se disse, por lhe faltar legitimidade para tanto. Com efeito, o uso da ação reivindicatória é exclusivo do proprietário, conforme norma do art. 1.228 do CC: "*o proprietário tem a faculdade de usar, gozar e dispor da coisa, e o direito de reavê-la do poder de quem quer que injustamente a possua ou detenha*".

Não sendo proprietária, como demonstrado, da área ocupada pelos réus, a autora deve ser declarada carecedora de ação, extinguindo-se o presente feito sem julgamento de mérito (art. 485, VI, CPC).

Do Mérito:

Superada a preliminar, fato que se aceita apenas em respeito ao princípio da eventualidade, o pedido da autora deve ser julgado improcedente, conforme se demonstrará a seguir:

"Da perda da propriedade por abandono."

Embora a autora "ainda" se declare proprietária da área onde residem os réus (*ressalve-se, obviamente, as já feitas alegações de que se trata na verdade de áreas distintas*), esta não o é, vez que nos termos da lei civil já perdeu a propriedade do bem.

Declara o art. 1.276 do CC:

> "**Art. 1.276. O imóvel urbano que o proprietário abandonar, com a intenção de não mais o conservar em seu patrimônio, e que se não encontrar na posse de outrem, poderá ser arrecadado, como bem vago, e passar, três anos depois, à propriedade do Município ou à do Distrito Federal, se se achar nas respectivas circunscrições.**
>
> **§ 1º O imóvel situado na zona rural, abandonado nas mesmas circunstâncias, poderá ser arrecadado, como bem vago, e passar, três anos depois, à propriedade da União, onde quer que ele se localize.**
>
> **§ 2º Presumir-se-á de modo absoluto a intenção a que se refere este artigo, quando, cessados os atos de posse, deixar o proprietário de satisfazer os ônus fiscais."**

Como se sabe, o "abandono" se caracteriza pela falta de cuidado do proprietário quanto ao seu bem; contudo o que nos interessa no presente caso é a hipótese apontada no § 2º do referido artigo. Com efeito, a mencionada norma declara que o abandono se presume, de forma absoluta, ou seja, que não aceita prova em contrário, quando o proprietário deixa de satisfazer os ônus fiscais, isto é, deixa de quitar, pagar, o imposto predial.

Conforme demonstra documento anexo, expedido pela Prefeitura Municipal de Itaquaquecetuba, o proprietário legal, formal, da área onde residem os réus deve imposto predial desde o ano de 0000; ou seja, o IPTU não é pago há mais de 20 (vinte) anos.

Nos termos da lei civil tal fato caracteriza, como se afirmou retro, "abandono"; não qualquer tipo de abandono, mas um tipo que simplesmente não se aceita prova em contrário (*salvo, é claro, se a autora juntar comprovante de que quitou oportunamente os referidos impostos*).

Destarte, se eventualmente ultrapassada a preliminar, este douto Juízo deve declarar, formalizar, que a autora perdeu a propriedade do imóvel em razão da hipótese indicada no § 2º do art. 1.276 do Código Civil.

"Da exceção quanto à função social da propriedade – inexistência do direito de reivindicar."

Na remota possibilidade deste douto Juízo afastar as questões já levantadas (*carência de ação e abandono*), caracterizando-se assim que a empresa autora é de fato proprietária da área ocupada pelos réus e suas famílias (*ressalte-se, mais uma vez, que efetivamente a autora não o é*), têm-se então **FRENTE** a **FRENTE** o direto da proprietária e o direito dos réus, moradores do local.

Num Brasil ainda não muito distante, o direito colocava a propriedade individual acima dos interesses coletivos, criando situações verdadeiramente absurdas, mormente se considerarmos que o número de miseráveis ultrapassava 40% (quarenta por cento) da população.

A Constituição Federal de 1988 mudou este cenário ao declarar no art. 5º, inciso XXIII, que "*a propriedade atenderá a sua função social*".

A Constituição volta ao tema no capítulo I, do título VII:

> "Art. 170. A ordem econômica, fundada na valorização do trabalho humano e na livre iniciativa, tem por fim assegurar a todos existência digna, conforme os ditames da justiça social, observados os seguintes princípios:
>
> I – soberania nacional;
>
> II – propriedade privada;
>
> III – função social da propriedade;"

Comentando o primeiro dispositivo constitucional, o mestre Afonso da Silva, na sua obra *Curso de Direito Constitucional Positivo*, Editora Malheiros, 1991, página 239, declara, *in verbis*:

> "O regime jurídico da propriedade tem seu fundamento na Constituição. Esta garante o direito de propriedade, desde que esta atenda sua função social. Se diz: é garantido o direito de propriedade (art. 5º, XXII), a propriedade atenderá à sua função social (art. 5º, XXIII), não há como escapar do sentido de que só se garante o direito de propriedade que atenda sua função social."

Como apontou José Afonso, hoje a propriedade individual privada não reina mais suprema, mas está condicionada a primordialmente atender a sua função social.

Nestes autos este douto Juízo tem frente a frente dois direitos: **primeiro**, a autora que, falando por si e pelos seus antecessores, há longa data não tinha qualquer contato com a área (*não há nem houve posse*), nem mesmo se deu ao trabalho de quitar o imposto predial devido, com certeza porque a compra recente da propriedade consistiu na verdade um contrato de risco; a seu favor, para arrimar pedido de "despejo" de mais de 20 (vinte) famílias, que envolvem bem mais de 100 (cem) pessoas, tem apenas o argumento de que é "proprietária formal do bem"; **segundo**, de outro lado tem-se dezenas e dezenas de pessoas (mulheres, homens e muitas crianças), que naquele local construíram muito mais do que casas, construíram uma "comunidade", onde dormem, comem, estudam, brincam, enfim, "vivem como cidadãos".

Douto Magistrado, afinal quem efetivamente está fazendo uso social daquela propriedade?

Com certeza não é autora, que por esta razão deve perder o seu título. Neste sentido, a lição abalizada dos doutos Gustavo Tepedino e Anderson Schreiber, expressa no artigo "Função Social da Propriedade e Legalidade Constitucional", publicado na *Revista de Direito, Estado e Sociedade da PUC-RJ*, volume 17, agosto de 2000, página 49, *in verbis*:

> **"Disso decorre que se uma determinada propriedade não cumpre com sua função social perde seu título justificativo. De fato, se a função social é noção que exsurge exatamente da busca de uma legitimidade da propriedade privada, não seria excessivo afirmar que, em sua ausência, seja retirada a tutela jurídica dominical, em situações concretas de conflito, para privilegiar a situação do bem, que justamente do título de propriedade, condiciona-se e atende ao interesse social."**

Merece ainda menção expressa a lição do eminente Ministro do Colendo Supremo Tribunal Federal Eros Roberto Grau, na sua obra *A ordem econômica na Constituição de 1988 – Interpretação e Crítica*, 2ª Edição, Revista dos Tribunais, 1991, páginas 244, 249, 251 e 361, *in verbis*:

> **"O primeiro ponto a salientar no tratamento da matéria, respeita ao fato de que, embora isso passe despercebido da generalidade dos que cogitam da função social da propriedade, é ser pressuposto necessário à propriedade privada.**
>
> **Já a propriedade dotada de função social é justificada pelos seus fins, seus serviços, sua função.**
>
> **Em razão disso – pontualizo – é que justamente se justifica e legitima essa propriedade.**
>
> **Assim, se a partir deste ponto deixarmos fluir coerentemente o raciocínio, forçosamente concluiremos que a propriedade não dotada de função social, que não esteja a cumpri-la, já não será mais objeto de proteção jurídica. Ou seja, não haverá mais fundamento jurídico a atribuir direito de propriedade ao titular do bem (propriedade) que não está a cumprir sua função social. Em outros termos, já não há mais, no caso, bem que possa juridicamente ser objeto de propriedade."**

No presente caso, e seguindo a lição dos renomados doutrinadores citados, conclui-se que a tutela reivindicatória pleiteada pela autora é afastada pelo encobrimento e pela desconsideração da eficácia do direito de propriedade causada pela posse funcionalizada exercida pelos réus sobre a área ora discutida.

"*Da prescrição aquisitiva.*"

Mesmo que este douto Juízo venha eventualmente afastar os argumentos apresentados no item retro, suficientes por si sós para indeferir o pedido de imissão de posse da autora, deve reconhecer a ocorrência da prescrição aquisitiva em favor dos réus.

O art. 183 da CF declara que "*aquele que possuir como sua área urbana de até duzentos e cinquenta metros quadrados, por cinco anos, ininterruptamente e sem oposição, utilizando-a para sua moradia ou de sua família, adquirir-lhe-á o domínio, desde que não seja proprietário de outro imóvel urbano ou rural*". Já o art. 1.238 do CC declara que: "*aquele que, por quinze anos, sem interrupção, nem oposição, possuir como seu um imóvel, adquire-lhe a propriedade, independentemente de título e boa-fé; podendo requerer ao juiz que assim o declare por sentença, a qual servirá de título para o registro no Cartório de Registro de Imóveis*". Completa o parágrafo único: "*O prazo estabelecido neste artigo reduzir-se-á a dez anos se o possuidor houver estabelecido no imóvel a sua moradia habitual, ou nele realizado obras ou serviços de caráter produtivo.*"

Embora estejam reunidos no polo passivo desta demanda, os réus possuem "imóveis individuais", onde, como já se explicou, residem com suas famílias (*a grande maioria dos imóveis é menor que 250 m²*).

Até a propositura da presente ação, TODOS os réus mantinham a posse mansa e pacífica de seus imóveis há mais de 20 (vinte) anos, somando a sua posse direta com a de seus antecessores. Ressalte-se que há quase 40 (quarenta) anos aquela área vem sendo ocupada, parcelada e vendida pelos antecessores dos réus.

Considerando, ademais, a possibilidade aberta pelo art. 13 da Lei nº 10.257, de 10 de julho de 2001, **requer-se** que este douto Juízo além de reconhecer a ocorrência da prescrição aquisitiva, declare, por sentença, a propriedade individual dos réus sobre os seus imóveis, expedindo-se o competente mandado para o Cartório de Registro de Imóveis a fim de se efetivar a averbação da propriedade.

"*Da desapropriação judicial.*"

O § 4º do art. 1.228 do Código Civil declara expressamente que "*o proprietário também pode ser privado da coisa se o imóvel reivindicado consistir em extensa área, na posse ininterrupta e de boa-fé, por mais de 5 (cinco) anos, de considerável número de pessoas, e estas nela houverem realizado, em conjunto ou separadamente, obras e serviços considerados pelo juiz de interesse social e econômico relevante*".

A hipótese aventada pelo legislador foi chamada pela doutrina de "desapropriação judicial" e veio ao encontro da iniciativa constitucional de valorizar a função social da propriedade; ou seja, eventualmente ultrapassadas outras defesas (*carência de ação, abandono, função social, prescrição aquisitiva etc.*), o juiz pode, se entender presentes os requisitos apontados na norma, privar o proprietário do seu bem, fixando justa indenização.

No presente caso fica fácil ver a presença dos requisitos legais, ou seja: trata-se de área grande, onde vivem mais de vinte famílias (mais de cem pessoas no total), que no local estabeleceram as suas moradias com ânimo definitivo e lá criam os seus filhos e participam da sociedade (cidadania). Ao contrário, tirá-los do local causará problema social grave, mormente quanto às crianças, que seriam afastadas dos amigos, da escola, do bairro, perdendo todas as referências de uma infância feliz.

Neste particular, pede-se vênia para citar-se expressamente a norma do art. 4º do Estatuto da Criança e do Adolescente, Lei nº 8.069/90, que declara ser *"dever da família, da comunidade, da sociedade em geral e do poder público assegurar, com absoluta prioridade, a efetivação dos direitos referentes à vida, à alimentação, à educação, ao esporte, ao lazer,* à profissionalização, à cultura, à dignidade, ao respeito, à liberdade e à *convivência familiar e comunitária".*

Como se vê, afastadas eventualmente as outras defesas e caracterizada a presença dos requisitos da "desapropriação judicial", este douto Juízo deve decidir de forma a garantir o direito das crianças e dos adolescentes que vivem naquela comunidade.

Destarte, na eventualidade de serem superadas todas as demais defesas, o que se aceita apenas em respeito ao princípio da eventualidade, requer-se desaproprie este douto Juízo a referida área, fixando, após perícia técnica, o valor individual que cada família teria que pagar à empresa autora.

"Indenização pelas acessões feitas no imóvel."

Na eventualidade de ficar estabelecido que a área reivindicada é de fato aquela ocupada pelos réus, e este douto Juízo vir a afastar fundamentadamente uma a uma todas as questões levantadas anteriormente, determinando a imissão da autora na posse do imóvel reivindicado, deve, ao menos, condenar a autora ao pagamento de indenização das muitas acessões feitas no imóvel, após realização de perícia técnica para apuração do seu valor de mercado.

A perícia se faz necessária, vez que as acessões foram feitas por etapas, muitas vezes pelos próprios moradores com a ajuda de vizinhos e amigos; os materiais foram comprados em parcelas, ao longo do tempo, sendo impossível a apresentação dos recibos e das notas fiscais.

A construção das casas representou o ápice da realização pessoal dos réus, que nelas investiram não só todo o seu dinheiro, mas dezenas e dezenas de horas de trabalho, com escopo de buscar a realização de um sonho básico de todo ser humano, qual seja, a aquisição da casa própria.

Não envolvem, portanto, as referidas acessões apenas um monte de pedras e cimento juntos, mas a realização de uma vida; na verdade, de muitas vidas.

Feitas as acessões com o consentimento da autora (*que acintosamente ignorou a ocupação da área, deixando que esta se perpetuasse no tempo*), é de rigor que seja obrigada, no caso eventual de obter mandado de imissão de posse, a indenizá-las em valor a ser apurado em liquidação de sentença, mediante realização de perícia técnica que considere não só o custo da construção, mas também a valorização do bem no mercado imobiliário.

"Do direito de retenção."

Pessoas pobres e de poucos recursos, os réus investiram a poupança feita durante toda a sua vida no pagamento da aquisição da posse da área onde residem e na construção de suas moradias. Fizeram isso à luz do dia durante anos, décadas, sem que a autora, ou seus antecessores, tomassem qualquer atitude para detê-los; a área não estava murada, não estava cuidada, não demonstrava qualquer sinal de posse, muito ao contrário.

Destarte, ***requer-se*** a este douto Juízo que no caso eventual de vir a determinar a imissão de posse da autora, fato que se aceita apenas para contra argumentar, seja garantido aos réus, na qualidade de possuidores de boa-fé, o direito de RETER, permanecer, no imóvel até serem final e cabalmente indenizados pelas acessões feitas no bem (*conforme item retro*).

Dos Pedidos:

Ante todo o exposto, e mais pelas razões que este douto Juízo saberá lançar sobre o tema, ***requerem*** seja a autora declarada carecedora de ação, extinguindo-se o feito sem julgamento de mérito, ou superada a preliminar, seja o pedido julgado improcedente, seja porque restou caracterizada a perda da propriedade pelo abandono, ou pela perda do direito de reivindicar em razão da ocupação social da área, ou ainda em razão da ocorrência da prescrição aquisitiva (*neste caso a sentença deverá servir de título para registro no CRI*), ou ainda em razão da decretação da desapropriação judicial; garantindo-se, na hipótese de eventual procedência, o que se aceita apenas para contra argumentar, o direito de retenção até que sejam indenizadas todas as benfeitorias feitas no imóvel.

Requer-se, outrossim, a produção das seguintes provas: juntada de documentos; oitiva de testemunhas; perícia social; perícia técnica; depoimento pessoal do representante da autora.

Termos em que
Pede deferimento.

Mogi da Cruzes / Poá, 00 de novembro de 0000.

Gediel Claudino de Araujo Júnior
OAB/SP 000.000

10.47 CONTESTAÇÃO DE AÇÃO RESCISÓRIA BUSCANDO ANULAÇÃO DE SENTENÇA PROFERIDA EM MANDADO DE SEGURANÇA IMPETRADO PARA SE OBTER MEDICAMENTOS

Egrégio Tribunal de Justiça do Estado de São Paulo – Excelentíssimo Senhor Doutor Desembargador Relator.

Ação Rescisória nº 0000000-00.0000.0.00.0000
Comarca de Itaquaquecetuba/Poá
11ª Câmara – salas 314/316

F. O. V., brasileiro, casado, aposentado, portador do RG 00.000.000-SSP/SP e do CPF 000.000.000-00, sem endereço eletrônico, residente e domiciliado na Rua Luciano Cordeiro, nº 00, Parque Piratininga, cidade de Itaquaquecetuba-SP, CEP 00000-000, por seu Advogado, que esta subscreve (mandato incluso), com escritório na Rua Francisco Martins, nº 00, Centro, cidade de Mogi das Cruzes-SP, *onde recebe intimações* (e-mail: gediel@gsa.com.br), nos autos do processo que lhe move o **Município de Itaquaquecetuba**, vem à presença de Vossa Excelência oferecer *contestação*, nos termos a seguir articulados:

Dos Fatos:

O autor ajuizou o presente feito asseverando, em apertada síntese, que a sentença proferida nos autos do Processo nº 0000000-00.0000.0.00.0000, que tramitou na 1ª Vara Cível do Foro da Comarca de Itaquaquecetuba deveria ser rescindida em razão de violação a literal disposição de lei, consistente nas seguintes nulidades: ilegitimidade do município para fornecer o medicamento cobrado pelo paciente; invalidade da citação; falta de reexame necessário.

Recebida a exordial, este douto Juízo determinou a citação do réu para responder.

Em síntese, os fatos.

Do Mérito:

Ilustres Julgadores, a presente ação deve ser julgada IMPROCEDENTE, mantendo-se a r. sentença proferida em primeiro grau.

Inicialmente há que se registrar que o réu já não necessita mais dos medicamentos Lotar 50/2, 5 mg, e Metformina 850 g, isso porque pouco meses após ter se iniciado efetivamente a sua entrega pela Secretaria Municipal de Saúde sofreu novo infarto, fato que levou o seu médico a mudar os seus medicamentos. Estes novos medicamentos já estão sendo fornecidos pelo autor, em razão de decisão judicial proferida em outro processo que tramita em primeira instância.

Destes fatos, o autor, por meio de seus prepostos da Secretaria de Saúde, está plenamente ciente há longa data.

"Da alegada ilegitimidade da Secretaria do município" e *"nulidade da citação".*

Embora a petição inicial tenha mencionado apenas a Secretaria Municipal de Saúde, quem estava sendo efetivamente processado era o Município de Itaquaquecetuba. Sendo que os atos processuais que se efetivaram trataram o autor como réu naquele feito.

Já eventual nulidade da citação já está há longa data superada, vez que o próprio autor confessa na sua inicial que efetivamente "tomou ciência" do processo em primeiro grau, tanto isso é verdade que passou a fornecer os medicamentos pedidos.

Na verdade, medidas judiciais pedindo o fornecimento de medicamentos não são mais há longa data novidade, NÃO SENDO CRÍVEL a afirmação do autor de que não houve comunicação entre a sua Secretaria Municipal de Saúde e a Assessoria Jurídica do Município. É lógico que houve comunicação, é lógico que o Secretário de Saúde respaldou suas ações em orientações da Procuradoria do Município, até mesmo porque comprou os medicamentos e os forneceu ao paciente.

Ora, se mesmo sabedor da medida judicial, o autor preferiu ignorá-la, talvez contando com o reconhecimento da suposta nulidade, não apresentando contestação e/ou apelação, não pode agora querer obter guarida judicial.

"Da falta do reexame necessário".

Mesmo que os autos não tenham sido remetidos oportunamente ao Egrégio Tribunal de Justiça, tal fato não isenta o Município quanto a sua responsabilidade por não ter apresentado defesa e recurso no tempo próprio.

De qualquer forma, estando agora a questão colocada neste Egrégio Tribunal, nada impede seja a mesma "apreciada" (reapreciando o pedido exordial).

Neste particular, deve-se observar o "direito" do réu de obter, como decidido em primeiro grau, os medicamentos de que necessitava para seu tratamento de saúde, assim como a responsabilidade do autor de fazê-lo.

É entendimento pacífico, seja na doutrina, seja na jurisprudência, que é dever do Estado fornecer gratuitamente medicamento àquele que corre grave risco de saúde. De fato, dispõe a Constituição da República, *in verbis*:

> **"Art. 196. A Saúde é direito de todos e dever do Estado, garantido mediante políticas sociais e econômicas que visem à redução do risco de doença e de outros agravos e ao acesso universal e igualitário às ações e serviços para sua promoção, proteção e recuperação."**

Sobre o tema, declara a Carta Estadual, *in verbis*:

> **"Art. 219. A saúde é direito de todos e dever do Estado.**

Parágrafo único: os Poderes Público Estadual e Municipal garantirão o direito à saúde mediante:

4 – <u>atendimento integral do indivíduo, abrangendo a promoção, preservação e recuperação de sua saúde</u>" (grifo nosso).

Não fosse bastante a clareza dos dispositivos constitucionais suprarreferidos, oportuno lembrar-se do art. 7º da LOS que prescreve alguns dos princípios do Sistema Único de Saúde, que merecem destaque expresso: *(I) a universalidade de acesso aos serviços de saúde em todos os níveis de assistência; (II) a igualdade da assistência à saúde, sem preconceitos ou privilégios de qualquer espécie.*

Dessa forma, apenas considerando os princípios norteadores da assistência à saúde, conclui-se que suas ações e serviços devem ser acessíveis a todos, sem qualquer distinção, respeitadas as peculiaridades e complexidade de cada caso, inclusive no tocante aos medicamentos que se mostrem necessários.

A importância dos princípios em nosso ordenamento pátrio é aqui recordada nas palavras de Celso Antônio Bandeira de Mello, ao ensinar que *"violar um princípio é muito mais grave que transgredir uma norma qualquer. A desatenção ao princípio implica ofensa não apenas a um específico mandamento obrigatório mas a todo o sistema de comandos. É a mais grave forma de ilegalidade ou inconstitucionalidade, conforme o escalão do princípio atingido, porque representa insurgência contra todo o sistema, subversão de seus valores fundamentais, contumélia irremissível a seu arcabouço lógico e corrosão de sua estrutura mestra"* (Curso de Direito Administrativo, 8ª edição, ed. Malheiros, pág. 546).

Mas a Lei nº 8.080/90 vai mais longe e, fazendo jus à denominação Lei Orgânica da Saúde, traz inúmeras outras disposições que efetivamente também asseguram o direito à saúde, e, consequentemente, o acesso aos medicamentos. Novamente acompanhando o texto constitucional, assegura:

"**Art. 2º A saúde é um direito fundamental do ser humano devendo o Estado prover as condições indispensáveis ao seu pleno exercício.**

Parágrafo 1º O dever do Estado de garantir a saúde consiste na reformulação e execução de políticas econômicas e sociais que visem à redução de riscos de doenças e de outros agravos e no estabelecimento de condições que assegurem acesso universal e igualitário às ações e aos serviços para a sua promoção, proteção e recuperação."

Dessa forma, a Lei nº 8.080/90 reconhece que o dever do Estado de garantir a saúde pressupõe condições econômicas e sociais que favoreçam o bem-estar do cidadão, confere a tarefa de promoção da saúde aos dirigentes do SUS e salienta a integração da assistência e da prevenção, modalidades de proteção à saúde indissociáveis, que, certamente, englobam o acesso aos medicamentos necessários para a proteção e restabelecimento da saúde, conforme o caso.

Por essa razão, estão incluídos no campo de atuação do Sistema Público a *assistência terapêutica integral, inclusive farmacêutica, (artigo 6º, I, d), a formulação da política de medicamentos, equipamentos, imunobiológicos e outros insumos de interesse para a saúde e a participação na sua produção* (VI) *e o controle e a fiscalização de serviços, produtos e substâncias de interesse para a saúde* (VII).

Nesse contexto, cumpre observar que o Ministério da Saúde, por meio da Portaria de Consolidação 2, de 28 de setembro de 2017, anexo XXVII, estabeleceu a Política Nacional de Medicamentos, cujo objetivo é *garantir a necessária segurança, eficácia e qualidade destes produtos, assim como a promoção do uso racional e **o acesso da população àqueles considerados essenciais.*"

É cristalino o dever que incumbe ao Poder Público de fornecer medicamentos, especialmente os essenciais, aos cidadãos que porventura deles dependam para a manutenção e/ou recuperação de sua saúde. Em perfeita consonância com esse sistema de proteção à saúde, formado pelo texto constitucional, Lei Orgânica da Saúde e demais dispositivos regulatórios acima referidos, são inúmeras as decisões das Cortes Superior e Suprema do Poder Judiciário brasileiro, exemplificadas a seguir:

> "CONSTITUCIONAL. RECURSO ORDINÁRIO. MANDADO DE SEGURANÇA OBJETIVANDO O FORNECIMENTO DE MEDICAMENTO (RILUZOL/RILUTEK) POR ENTE PÚBLICO À PESSOA PORTADORA DE DOENÇA GRAVE: ESCLEROSE LATERAL AMIOTRÓFICA – ELA. PROTEÇÃO DE DIREITOS FUNDAMENTAIS. DIREITO À VIDA (ART. 5º, *CAPUT*, CF/88) E DIREITO À SAÚDE (ARTS. 6º E 196, CF/88). ILEGALIDADE DA AUTORIDADE COATORA NA EXIGÊNCIA DE CUMPRIMENTO DE FORMALIDADE BUROCRÁTICA.
>
> 1. A existência, a validade, a eficácia e a efetividade da Democracia está na prática dos atos administrativos do Estado voltados para o homem. A eventual ausência de cumprimento de uma formalidade burocrática exigida não pode ser óbice suficiente para impedir a concessão da medida porque não retira, de forma alguma, a gravidade e a urgência da situação recorrente: a busca para garantia do maior de todos os bens, que é a própria vida.
>
> 2. É dever do Estado assegurar a todos os cidadãos, indistintamente, o direito à saúde, que é fundamental e está consagrado na Constituição da República nos artigos 6º e 196.
>
> 3. Diante da negativa/omissão do Estado em prestar atendimento à população carente, que não possui meios para a compra de medicamentos necessários à sobrevivência, a jurisprudência vem se fortalecendo no sentido de emitir preceitos pelos quais os necessitados podem alcançar o benefício almejado (STF, AG nº 238.328/RS, rel. Min. Marco Aurélio, *DJ* 11/05/99; STJ, Resp nº 249.026/PR, Rel. Min. José Delgado, *DJ* 26/06/2000).
>
> 4. Despicienda de quaisquer comentários a discussão a respeito de ser ou não a regra dos arts. 6º e 196, da CF/88, normas programáticas ou de eficácia imediata. Nenhuma regra hermenêutica pode sobrepor-se ao princípio maior estabelecido, em 1988, na Constituição Brasileira, de que 'a saúde é direito de todos e dever do Estado' (art. 196).
>
> 5. Tendo em vista as particularidades do caso concreto, faz-se imprescindível interpretar a lei de forma mais humana, teleológica, em que princípios

de ordem ético-jurídica conduzam ao único desfecho justo: decidir pela preservação da vida.

6. Não se pode apegar, de forma rígida, à letra fria da lei, e sim, considerá-la com temperamentos, tendo-se em vista a intenção do legislador, mormente perante preceitos maiores insculpidos na Carta Magna garantidores do direito à saúde, à vida e à dignidade humana, devendo-se ressaltar o atendimento das necessidades básicas dos cidadãos.

7. Recurso ordinário provido para o fim de compelir o ente público (Estado do Paraná) a fornecer o medicamento Riluzol (Rilutek) indicado para o tratamento da enfermidade da recorrente" (grifos nossos) (STJ, ROMS 11183/PR – Relator Ministro José Delgado).

"RECURSO ESPECIAL. MANDADO DE SEGURANÇA. FORNECIMENTO GRATUITO DE MEDICAMENTOS. SUS. LEI N. 8080/90.

O v. acórdão proferido pelo egrégio Tribunal a quo decidiu a questão no âmbito infraconstitucional, notadamente à luz da Lei 8080, de 19 de setembro de 1990.

O Sistema Único de Saúde pressupõe a integralidade da assistência, de forma individual ou coletiva, para atender cada caso em todos os níveis de complexidade, razão pela qual, comprovada a necessidade do medicamento para a garantia da vida da paciente, deverá ser ele fornecido.

Recurso especial provido. Decisão unânime" (STJ – Recurso Especial nº 212.346 – Rio de Janeiro).

"MANDADO DE SEGURANÇA. ADEQUAÇÃO. INCISO LXIX, DO ARTIGO 5º DA CONSTITUIÇÃO FEDERAL. UMA VEZ ASSENTADO NO ACÓRDÃO PROFERIDO O CONCURSO DA PRIMEIRA CONDIÇÃO DA AÇÃO MANDAMENTAL. DIREITO LÍQUIDO E CERTO. DESCABE CONCLUIR PELA TRANSGRESSÃO DO INCISO LXIX DO ARTIGO 5º DA CONSTITUIÇÃO FEDERAL.

Saúde – Aquisição e Fornecimento de medicamentos. Doença rara. Incumbe ao Estado (gênero) proporcionar meios visando a alcançar a saúde, especialmente quando envolvida criança e adolescente. O SUS torna a responsabilidade linear alcançando a União, os Estados, o Distrito Federal e os Municípios" (grifos nossos) (STF – Recurso Extraordinário nº 195.192-3 – Rio Grande do Sul)

"SAÚDE PÚBLICA. FORNECIMENTO GRATUITO DE MEDICAMENTOS A PESSOAS CARENTES E A PORTADORES DO VÍRUS HIV. RESPONSABILIDADE REPASSADA TAMBÉM A MUNICÍPIO CONTRARIANDO ACORDO CELEBRADO COM ESTADO-MEMBRO. ADMISSIBILIDADE.

O direito público subjetivo que representa prerrogativa jurídica indisponível assegurada a todas as pessoas pela norma do art. 196 da CF, qualquer que seja a esfera institucional de sua atuação no plano da organização federativa brasileira, mostra-se indiferente ao problema da saúde da população, sob pena de incidir em grave comportamento inconstitucional, não havendo se falar em ofensa ao art. 2º da Lex Mater, no fato de a responsabilidade pela distribuição gratuita de medicamentos a pessoas carentes, bem como remédios para portadores do HIV, ser repassada também a Município, mesmo contrariando acordo celebrado com Estado-membro" (STF Agravo Regimental no Recurso Especial nº 259.508 – Rio Grande do Sul, 2000).

Diante das inúmeras disposições legais, pode-se concluir, como faz a jurisprudência, que, em face da obrigação do Estado, é "direito líquido e certo do paciente", uma vez demonstrada sua impossibilidade financeira, obter junto ao autor, Município de Itaquaquecetuba, os medicamentos, e insumos, que sejam necessários para seu tratamento médico.

A questão da responsabilidade solidária do Município é matéria já longamente superada pela jurisprudência. Com efeito, existe, quanto a este assunto, clara e evidente solidariedade entre os entes federativos (União, Estadual e Município).

A interpretação correta dos artigos 196 e 198 da Constituição Federal impõe obrigação concorrente na prestação e execução de serviços de saúde. A descentralização do Sistema Único de Saúde não afasta a responsabilidade concorrente das três pessoas públicas de nossa Federação, muito menos impõe uma obrigação exclusiva na prestação de serviços de saúde a um dos entes, como quer o Município de Itaquaquecetuba, carreando obrigação sua ao Estado de São Paulo ou à União.

A descentralização do Sistema Único de Saúde refere-se apenas ao modo de execução dos serviços de saúde, que melhor atenda aos interesses da população. Por outras palavras, a descentralização do SUS visa facilitar o acesso da população aos serviços de saúde e não restringi-lo, ao carrear toda a responsabilidade exclusivamente para o Estado.

A se encampar o raciocínio do réu, teríamos não uma rede descentralizada de saúde, mas uma estrutura estanque e estática, em que só ao Estado caberia a prestação de serviços de saúde, nestes incluídos o fornecimento de medicamentos e insumos terapêuticos.

Recorde-se que a Constituição Federal coloca como competência material comum de todos os entes federados cuidar da saúde e da assistência pública (art. 23, II), o que, por si só, derruba o argumento "descentralizado" do réu, e impõe a ele a obrigação de fornecer os medicamentos e insumos de que necessita o paciente.

Nesse sentido, a jurisprudência:

"RECURSO ESPECIAL. PROCESSUAL CIVIL. OFENSA AO ART. 535, II, DO CPC. INEXISTÊNCIA. FORNECIMENTO DE MEDICAMENTOS PARA PESSOA CARENTE. LEGITIMIDADE DA UNIÃO, DO ESTADO E DO MUNICÍPIO PARA FIGURAREM NO POLO PASSIVO DA DEMANDA. 1. Inexiste ofensa ao art. 535, II, do CPC, quando as questões levadas ao conhecimento do Órgão Julgador foram por ele apreciadas. 2. Recurso no qual se discute a legitimidade passiva da União para figurar em feito cuja pretensão é o fornecimento de medicamentos imprescindíveis à manutenção de pessoa carente, portadora de atrofia cerebral gravíssima (ausência de atividade cerebral, coordenação motora e fala). 3. A Carta Magna de 1988 erige a saúde como um direito de todos e dever do Estado (art. 196). Daí, a seguinte conclusão: é obrigação do Estado, no sentido genérico (União, Estados, Distrito Federal e Municípios), assegurar às pessoas desprovidas de recursos financeiros o acesso à medicação necessária para a cura de suas mazelas, em especial, as mais graves. 4. Sendo o SUS composto pela União, Estados e Municípios, impõe-se a solidariedade dos três entes federativos no polo passivo da demanda. 5. Recurso especial desprovido" (STJ – Resp 507205/PR – 1ª T. – rel. Min. José Delgado; DJ 17.11.2003 p. 213).

Dos Pedidos:

Ante todo o exposto, "requer-se" seja a presente ação JULGADA IMPROCEDENTE, ou na eventualidade dela ser conhecida, seja reconhecido, em reexame necessário, o direito do réu aos medicamentos que oportunamente pleiteou e recebeu do Município de Itaquaquecetuba-SP.

Requer, outrossim, os benefícios da justiça gratuita, vez que se declara pobre no sentido jurídico do termo, conforme declaração anexa.

Provará o que for necessário, usando de todos os meios permitidos em direito, em especial pela juntada de documentos (anexos), perícia médica (avaliação da condição de saúde do réu), oitiva de testemunhas e depoimento pessoal dos representantes do autor, em especial o Secretário Municipal de Saúde.

Termos em que
Pede deferimento.

Mogi das Cruzes/São Paulo, 00 de outubro de 0000.

Gediel Claudino de Araujo Júnior
OAB/SP 000.000

10.48 CONTESTAÇÃO DE AÇÃO REVISIONAL DE ALIMENTOS MOVIDA PELO PAI EM FACE DA FILHA COM PRELIMINAR DE INCOMPETÊNCIA DO JUÍZO E INÉPCIA DA PETIÇÃO INICIAL

Excelentíssimo Senhor Doutor Juiz de Direito da 1ª Vara de Família e Sucessões de Sorocaba, São Paulo.

Processo nº 0000000-00.0000.0.00.0000
Ação Revisional de Alimentos

G. A. dos S. S., brasileira, menor púbere, assistida por sua genitora L. da S. S., brasileira, divorciada, desempregada, titular do e-mail lss@gsa.com.br, portadora do RG 00.000.000-0-SSP/SP e do CPF 000.000.000-00, residente e domiciliada na Rua Graciliano Ramos, nº 00, Parque Marciano, cidade de Biritiba-Mirim – SP, CEP 00000-000, por seu Advogado, que esta subscreve (mandato incluso), com escritório na Rua Francisco Martins, nº 00, Centro, cidade de Mogi das Cruzes-SP, *onde recebe intimações* (e-mail: gediel@gsa.com.br), nos autos do processo que lhe move S. L. de S. C. B., vem à presença de Vossa Excelência oferecer **contestação**, nos termos a seguir articulados:

Dos Fatos:

O autor ajuizou o presente feito asseverando que atualmente tem a obrigação de pagar à ré alimentos no valor de um salário mínimo e também o seu convênio médico, demonstrando o ânimo de ver aquele valor reduzido à metade, ou seja, 1/2 (meio) salário mínimo e, ainda, exonerar-se do pagamento do convênio médico.

Recebida a inicial, entendeu o magistrado por não conceder tutela antecipada, marcando audiência de tentativa de conciliação cujo não comparecimento da ré se deu devido à distância de seu domicílio à comarca de propositura da ação, conforme será melhor explicado na preliminar abaixo.

Em apertada síntese, os fatos.

Preliminarmente:

"Da incompetência do juízo"

O foro competente para conhecer e julgar o presente feito é o da Comarca de Mogi das Cruzes-SP, que engloba a cidade de Biritiba-Mirim-SP, onde residem a ré e sua mãe, que a assiste. Nesse sentido a norma do art. 53 do CPC:

"Art. 53. É competente o foro:

(...)

II – de domicílio ou residência do alimentando, para a ação em que se pedem alimentos".

A exceção expressa pela norma procura proteger os interesses do alimentando. Sobre o tema, a Ministra Nancy Andrighi já declarou que "*o descumprimento de obrigação alimentar, antes de ofender a autoridade de uma decisão judicial, viola o direito à vida digna de quem dela necessita. Em face dessa peculiaridade, a interpretação das normas que tratam de competência, quando o assunto é alimentos, deve, sempre, ser a mais favorável para o alimentando*" (STJ, CC 118.340/MS, Rel. Min. Nancy Andrighi, 2ª Seção, *DJe* 19.09.2013).

Mesmo que se ignorasse a regra especial de competência indicada no referido dispositivo, o autor deveria ter, ao menos, observado a regra geral do art. 46 do CPC, *in verbis*:

"Art. 46. A ação fundada em direito pessoal ou em direito real sobre bens móveis será proposta, em regra, no foro de domicílio do réu".

Como se vê, qualquer que seja a regra que escolha aplicar este douto Juízo, a competência para o conhecimento da "ação revisional de alimentos" proposta pelo autor é da Comarca de Mogi das Cruzes-SP, seja porque é o domicílio da alimentanda (art. 53, II, CPC), seja porque é o domicílio da ré (art. 46, CPC).

Como declara o próprio autor na sua exordial, a ré, sua filha, reside na cidade de Biritiba-Mirim-SP, Comarca de Mogi das Cruzes-SP, para onde devem ser remetidos os autos.

Destarte, **REQUER-SE** seja reconhecida a incompetência deste douto Juízo para conhecer e julgar o presente feito, remetendo-se os autos para o Foro de Mogi das Cruzes-SP, onde deverão ser livremente distribuídos para um dos juízos cíveis, visto que na comarca não há organizadas varas da família.

"Da inépcia da petição inicial"

Declara o art. 1.699 do Código Civil que "*se, fixados os alimentos, sobrevier mudança na situação financeira de quem os supre, ou na de quem os recebe, poderá o interessado reclamar ao juiz, conforme as circunstâncias, exoneração, redução ou majoração do encargo*"; ou seja, o pedido de revisão do valor fixado a título de pensão alimentícia tem como pressuposto a demonstração, por parte do interessado, de que houve alteração, mudança, substancial na sua situação financeira.

Este é o entendimento do Egrégio Superior Tribunal de Justiça, *in verbis*:

"**A modificação das condições econômicas de possibilidade ou de necessidade das partes, constitui elemento condicionante da revisão e da exoneração de alimentos, sem o que não há que se adentrar na esfera de análise do pedido, fulcrado no art. 1.699 do CC/02. As necessidades do reclamante e os recursos da pessoa obrigada devem ser sopesados tão somente após a verificação da necessária ocorrência da mudança na situação financeira das partes, isto é, para que se faça o cotejo do binômio, na esteira do princípio da proporcionalidade, previsto no art. 1.694, § 1º, do CC/02, deve o postulante primeiramente demonstrar de maneira satisfatória os** elementos condicionantes da revisional de alimentos, nos termos do art. 1.699 do CC/02" (STJ, REsp n° 1.046.296/MG. Rel. Ministra Nancy Andrighi, 3ª Turma, j. 17.03.2009).

Em sua inicial, o autor se limita a falar em dificuldades, sem, no entanto, detalhar como estas supostas dificuldades tiveram o condão, a força de alterar a sua situação financeira; ele nem mesmo chegou a declarar a sua renda e como esta se alterou no decorrer dos meses ou anos. Ora, alegar de forma genérica dificuldades financeiras não atende à norma expressa no art. 1.699 do Código Civil, fato que impede venha a ser apreciado efetivamente o pedido de revisão do valor da pensão alimentícia; **ora, como poderá o douto Juiz apreciar se houve ou não alteração na situação financeira do alimentante, a justificar o pedido de revisão, se este na exordial não detalhou, não demonstrou qual era e qual é a sua situação financeira?**

Informa o art. 330, I, do CPC que a petição inicial deve ser indeferida quando for inepta; no presente caso, a inicial deve ser declarada inepta porque lhe falta causa de pedir (art. 330, § 1°, I, CPC), extinguindo-se o feito sem julgamento de mérito.

Do Mérito:

Como demonstrado em preliminar, a petição inicial do autor é inepta, visto que não expõe de forma clara como a situação financeira mudou desde que foram fixados os alimentos. Como dito, este fato demanda seja a exordial indeferida, extinguindo-se o feito sem julgamento de mérito, visto que a falta de fatos impossibilita aprecie o juízo a existência ou não de elementos suficientes para arrimar a revisão do valor da pensão alimentícia.

Além disso, a falta de fatos dificulta a defesa, que, não sabendo as razões pelas quais o autor deseja efetivamente a revisão, não pode impugná-las (no presente caso, parece simples vingança pelo afastamento que existe entre as partes, imputável, registre-se, unicamente ao autor que abandonou moralmente sua filha).

Todavia, considerando a possibilidade de este douto Juízo vir a afastar a referida preliminar (princípio da eventualidade), a ré deve, mesmo considerando as limitações impostas pela inepta inicial, se manifestar sobre o mérito do pedido, que deve com certeza ser julgado IMPROCEDENTE.

Além de reclamar de forma genérica da sua situação financeira, sem nada especificar quanto ao tema, o autor informa, também de maneira extremamente parcial e genérica, que constituiu nova família, contudo tal fato, como se sabe, não é bastante por si só para arrimar pedido de revisão do valor da pensão alimentícia. Nesse sentido a lição do eminente desembargador José Aparício Coelho Prado Neto, que em recente julgamento declarou que *"a circunstância de o autor constituir nova família ou ter outra filha, não é motivo para a redução do valor dos alimentos a que já estava obrigado, pois ao assumir os encargos decorrentes da nova fase de sua vida que se iniciava, tinha ele pleno conhecimento de seus compromissos anteriores, o que impede que dita modificação possa ser considerada imprevista"* (TJSP, Processo n° 0013874-93.2013.8.26.0229 – Apelação, Rel. José Aparício Coelho Prado Neto, *DJ* 02.08.2016).

Se, de um lado, o autor não apresentou elementos fáticos que justifiquem a diminuição do valor da pensão alimentícia, há que se registrar que as necessidades da ré, sua filha, nunca foram maiores, visto que se encontra em idade difícil que envolve um número crescente de despesas com a proximidade do curso superior.

Apenas para controle deste douto juízo, pede-se vênia para mensurar algumas destas despesas, observando que residem juntas apenas mãe e filha: (I) energia elétrica R$ 78,00; (II) fornecimento de água: R$ 67,00; (III) aluguel R$ 600,00; (IV) internet R$ 65,00; (V) telefone R$ 53,00; (VI) supermercado R$ 400,00 (em média); (VII) roupas R$ 100,00 (em média); (VIII) material escolar, R$ 500,00 (em média); (IX) medicamentos, R$ 300,00 (em média); (X) gás, R$ 60,00; (XI) IPTU, R$ 250,00; (XII) transporte, R$ 160,00; (XIII) curso de inglês, R$ 180,00.

As despesas indicadas são apenas aquelas regulares, das quais nenhum cidadão consegue fugir.

Como se vê, a pensão paga pelo autor não é bastante nem mesmo para cobrir 1/3 (um terço) da meação que cabe à alimentanda.

Sendo assim, tendo o autor falhado em demonstrar efetivamente a mudança de sua situação financeira, considerando, ademais, que as necessidades da alimentanda nunca foram tão grandes, de rigor a improcedência do pedido revisional, mantendo-se a pensão nos patamares atuais.

Dos Pedidos:

Ante o exposto, REQUER-SE:

a) a concessão dos benefícios da justiça gratuita, vez que se declara pobre no sentido jurídico do termo, conforme declaração anexa;

b) seja reconhecida a incompetência deste douto Juízo, remetendo-se o feito para uma das varas cíveis do Foro de Mogi das Cruzes-SP;

c) seja indeferida a petição inicial em razão da sua inépcia, extinguindo-se o feito sem julgamento de mérito;

d) se eventualmente superada a preliminar, a improcedência do pedido de revisão do valor da pensão alimentícia, mantendo-se "inalteradas" as obrigações do alimentante em face da sua filha.

Provará o que for necessário, usando de todos os meios permitidos em direito, em especial pela juntada de documentos (anexos), perícia social e oitiva de testemunhas.

Termos em que
p. deferimento.

M. Cruzes-SP/Sorocaba-SP, 00 de agosto de 0000.

Gediel Claudino de Araujo Junior
OAB/SP 000.000

10.49 CONTESTAÇÃO DE AÇÃO REVISIONAL DE ALIMENTOS MOVIDA PELO PAI EM FACE DA FILHA COM RECONVENÇÃO

Excelentíssimo Senhor Doutor Juiz de Direito da 3ª Vara Cível do Foro de Mogi das Cruzes, São Paulo.

Processo nº 0000000-00.0000.0.00.0000
Ação Revisional de Alimentos

B. R. de L., brasileira, menor impúbere, representado por sua genitora R. A. R., brasileira, solteira, desempregada, portadora do RG 00.000.000-SSP/SP e do CPF 000.000.000-00, titular do e-mail rar@gsa.com.br, residente e domiciliada na Rua Adelino Torquato, nº 00, Jardim Belém, cidade de Mogi das Cruzes-SP, CEP 00000-000, por seu Advogado, que esta subscreve (mandato incluso), com escritório na Rua Francisco Martins, nº 00, Centro, cidade de Mogi das Cruzes-SP, *onde recebe intimações* (e-mail: gediel@gsa.com.br), nos autos do processo que lhe move E. S. de L., vem à presença de Vossa Excelência oferecer **contestação**, nos termos a seguir articulados:

Dos Fatos:

O autor ajuizou o presente feito asseverando, em apertada síntese, que no acordo de pensão alimentícia, feito quando da separação consensual do autor e da mãe da ré, não foi fixado o valor mensal da pensão devida por ele a sua filha para o caso de desemprego. Alegando justamente estar desempregado, requereu fosse fixada a pensão alimentícia para tal hipótese no valor de ½ (meio) salário mínimo.

Recebida a exordial, este douto Juízo indeferiu o pedido liminar, designando audiência de conciliação, na qual, não obstante os esforços dos conciliadores, não foi possível uma composição amigável, iniciando-se então o prazo para apresentação da defesa.

Em síntese, o necessário.

Do Mérito:

Douto Magistrado, não são verdadeiros os fatos informados pelo autor na petição inicial.

Ao contrário do que informa, o alimentante não se encontra desempregado, mas sim trabalhando "sem vínculo empregatício". Com efeito, o autor é programador de sistemas e deixou o seu último emprego com escopo de desenvolver atividades de forma autônoma e obter ainda maior renda mensal.

De fato, a ré tem notícia de que a situação financeira do autor é, "felizmente", cada vez melhor.

Ora, **não estando o autor desempregado, é de rigor a improcedência do seu pedido**; contudo, por cautela é prudente impugnar-se o valor que este oferece a título de alimentos para a situação de desemprego ou trabalho sem vínculo empregatício.

Primeiro, há que se considerar que as necessidades da menor são grandes. Com efeito, as suas necessidades envolvem, entre outras, as seguintes despesas mensais (50%): alimentação R$ 300,00; plano de saúde R$ 187,79; babá R$ 500,00; luz R$ 82,47; água R$ 25,00; roupas R$ 400,00; condomínio R$ 245,00; moradia, prestação, R$ 306,00; lazer R$ 400,00; medicamentos R$ 350,00.

De outro lado, há que se observar que o alimentante exerce profissão valorizada nos tempos atuais, auferindo ótima renda mensal, como já se disse.

Não se pode ainda deixar de considerar que infelizmente a genitora da menor encontra-se, no momento, desempregada, atingida que foi pela grave crise que se abate sobre o nosso país. Na verdade, as despesas da menor têm sido custeadas com a pensão que o autor paga "eventualmente" e com a ajuda da família da mãe.

Reconvenção:

Como informado no item anterior, o alimentante deixou o seu último emprego para começar negócio próprio, prestando acessória na área de informática.

Embora a alimentanda não saiba informar o montante total dos rendimentos do reconvindo, é evidente que está faturando mais do que seu último emprego, onde recebia aproximadamente R$ 5.000,00 (cinco mil reais). Os sinais de prosperidade são bem evidentes, visto que a empresa do autor reconvindo tem sede própria e ele trocou de carro recentemente (vejam-se os documentos anexos, inclusive fotos do local).

De outro lado, as despesas da reconvinte só fazem aumentar com sua chegada à adolescência, como demonstrado no item anterior. A soma dessas duas circunstâncias, assim como a constatação de que não foi fixada pensão alimentícia para a situação de trabalho sem vínculo, demanda a revisão do valor da pensão, com escopo de fixar-se novo valor para a atual situação. Considerando-se as necessidades da menor e as possibilidades do genitor, REQUER-SE seja a presente reconvenção julgada procedente, com escopo de fixar o valor da pensão para o caso de desemprego ou trabalho sem vínculo em 2 (dois) salários mínimos, com vencimento para todo dia 10 (dez) de cada mês.

Registre-se que as partes, reconvinte e reconvindo, já se encontram regularmente qualificadas nos autos, dando-se à reconvenção o valor de R$ 21.120,00 (vinte e um mil, cento e vinte reais), REQUER-SE determine este douto Juízo a intimação do autor, na pessoa de seu advogado, para, caso queira, apresentar resposta no prazo de 15 (quinze) dias, nos termos do que determina o parágrafo primeiro do art. 343 do CPC.

Dos Pedidos:

Ante o exposto, considerando que o alimentante não se encontra EFETIVAMENTE desempregado, bem como o fato de que o valor ofertado está aquém das necessidades da menor e das possibilidades do genitor, REQUER-SE a improcedência do pedido, condenando-se o autor nos ônus da sucumbência, julgando, outrossim, procedente o pedido feito em reconvenção, com escopo de fixar o valor da pensão para o caso de desemprego ou trabalho sem vínculo em 2 (dois) salários mínimos, com vencimento para todo dia 10 (dez) de cada mês.

Requer, outrossim, os benefícios da justiça gratuita, vez que se declara pobre no sentido jurídico do termo, conforme declaração anexa.

Provará o que for necessário (ação e reconvenção), usando de todos os meios permitidos em direito, em especial pela juntada de documentos (anexos), perícia social, oitiva de testemunhas (rol anexo) e depoimento pessoal do autor (reconvindo).

Termos em que
p. deferimento.

Mogi das Cruzes, 00 de março de 0000.

Gediel Claudino de Araujo Júnior
OAB/SP 000.000

10.50 CONTESTAÇÃO DE AÇÃO REVISIONAL DE ALIMENTOS MOVIDA PELO PAI EM FACE DO FILHO COM PRELIMINAR DE FALTA DE PRESSUPOSTO PROCESSUAL

Excelentíssimo Senhor Doutor Juiz de Direito da 3ª Vara Cível do Foro de Mogi das Cruzes, São Paulo.

Processo nº 0000000-00.0000.0.00.0000
Ação Revisional de Alimentos

K. de S. G., representado por sua genitora *C. de S.*, já qualificada, por seu Advogado, que esta subscreve (mandato incluso), com escritório na Rua Francisco Martins, nº 00, Centro, cidade de Mogi das Cruzes-SP, *onde recebe intimações* (e-mail: gediel@gsa.com.br), nos autos do processo que lhe move **T. dos S. G.**, vem à presença de Vossa Excelência oferecer ***contestação***, nos termos a seguir articulados:

Dos Fatos:

O autor ajuizou o presente feito asseverando que não possui condições de continuar arcando com a pensão alimentícia, devida a seu filho, fixada nos autos do Processo nº 0000000-00.0000.0.00.0000, que tramitou perante o douto Juízo da Terceira Vara Cível desta Comarca, requerendo, por fim, fosse revisto judicialmente o valor da pensão para 26,32% do salário mínimo, quando empregado, e 15% do salário mínimo, quando desempregado.

Recebida a exordial, este douto Juízo deferiu a tutela antecipada, fixando os alimentos provisórios em 20% (vinte por cento) dos rendimentos líquidos do alimentante, designando audiência de conciliação, instrução e julgamento e determinando a citação e intimação do réu.

Em síntese, o necessário.

Preliminarmente//Falta de Pressuposto Processual:

O autor não reúne os pressupostos para o desenvolvimento válido e regular do processo.

O art. 1.699 do CC declara que "*se, fixados os alimentos, sobrevier mudança na situação financeira de quem os supre, ou na de quem os recebe, poderá o interessado reclamar ao juiz, conforme as circunstâncias, exoneração, redução ou majoração do encargo*". Diante do texto expresso da lei, doutrina e jurisprudência já fixaram que constitui pressuposto da ação revisional de alimentos a alteração da situação financeira do alimentante.

Em outras palavras, na petição inicial o autor deve apresentar de forma clara, didática, as alterações que ocorreram na sua situação financeira após o acordo anterior que justificam, arrimam, o pedido de revisão da pensão.

Embora tenha reclamado de forma geral sobre sua situação financeira (*fato que infelizmente não é privilégio do autor*), este não apresentou qualquer fato novo. Com efeito, quando fez o acordo de alimentos, o autor já possuía outro filho; já morava no fundo da casa de sua mãe; já ganhava salário mínimo, conforme declaração fornecida por sua mãe.

Ora NÃO TENDO HAVIDO alteração na situação financeira do alimentante, que se apresenta tão boa, ou tão ruim, como na época em que fez o acordo de alimentos vigente, não reúne ele os pressupostos para ter apreciado o seu pedido revisional, devendo, portanto, ser o presente feito extinto sem julgamento de mérito (art. 485, IV, CPC).

Neste sentido, a jurisprudência:

"**Ação revisional. Alimentos. Pretensão à redução da verba fixada em ação anterior. Desemprego. Ausência de prova de alteração nas condições econômicas do devedor. Pedido julgado improcedente**" (TJMG, Ap. cível nº 198.633-0/00, rel. Des. José Francisco Bueno, DJMG 22.06.2001).

Do Mérito:

Douto Magistrado, como já argumentado na preliminar, o alimentante não trouxe qualquer fato novo que justifique a revisão do valor da pensão alimentícia. Na verdade, talvez o único fato novo que tenha trazido seja de que está trabalhando registrado, auferindo renda mensal de 01 (um) salário mínimo, a mesma que já declarava ter anteriormente quando firmou o acordo.

Por outro lado, não se pode deixar de registrar que as despesas do filho do autor não só não diminuíram como vêm aumentando, vez que ele se encontra em tratamento de saúde, em razão de suspeita de um "sopro" no coração. Tal situação exige ainda mais atenção da mãe.

Além da renda que declara, o alimentante exerce outras atividades, ajudando no comércio de sua mãe, que, em contrapartida, continua remunerando-o.

Sendo assim, não tendo havido alteração na situação financeira do alimentante, de rigor a mantença do valor mensal da pensão nos patamares atuais.

Dos Pedidos:

Ante o exposto, considerando que não houve mudança nas possibilidades do alimentante e que as necessidades do alimentando cresceram, requer-se a improcedência do pedido, mantendo-se inalterada a obrigação alimentícia do autor em face do réu.

Requer, outrossim, lhe sejam concedidos os benefícios da justiça gratuita, vez que se declara pobre no sentido jurídico do termo, conforme declaração anexa.

Provará o que for necessário, usando de todos os meios permitidos em direito, em especial pela juntada de documentos (anexos), perícia social, oitiva de testemunhas e depoimento pessoal do autor.

Termos em que
p. deferimento.

Mogi das Cruzes, 00 de julho de 0000.

Gediel Claudino de Araujo Júnior
OAB/SP 000.000

10.51 CONTESTAÇÃO DE AÇÃO REVISIONAL DE ALIMENTOS MOVIDA PELOS FILHOS EM FACE DO PAI BUSCANDO O AUMENTO DO VALOR DA PENSÃO ALIMENTÍCIA COM PRELIMINAR DE FALTA DE PRESSUPOSTO PROCESSUAL

Excelentíssimo Senhor Doutor Juiz de Direito da 3ª Vara do Foro e Comarca de Araçuaí, Minas Gerais.

Processo nº 0000000-00.0000.0.00.0000
Ação Revisional de Alimentos

L. B. dos S., brasileiro, solteiro, desempregado, portador do RG 00.000.000-SSP/SP e do CPF 000.000.000-00, sem endereço eletrônico, residente e domiciliado na Avenida Irlanda, nº 00, Jundiapeba, cidade de Mogi das Cruzes-SP, CEP 00000-000, por seu Advogado, que esta subscreve (mandato incluso), com escritório na Rua José Urbano, nº 00, Centro, Mogi das Cruzes-SP, *onde recebe intimações* (e-mail: gediel@gsa.com.br), nos autos do processo que lhe move **M. B. B. e outro**, vem à presença de Vossa Excelência oferecer *contestação*, nos termos a seguir articulados:

Dos Fatos:

Os autores ajuizaram a presente ação em face do réu, asseverando, em apertada síntese, que desejam a revisão do valor da pensão alimentícia anteriormente fixada (15% de um salário mínimo); alegaram que no momento as suas despesas são maiores e que o valor da pensão se mostra insuficiente para a sua manutenção. Por fim, requereram fosse o valor da pensão alimentícia devida pelo réu aos seus filhos revisto para 50% (cinquenta por cento) de um salário mínimo.

Recebida a inicial, este douto Juízo designou audiência de conciliação para 00.00.0000 às 15h00, determinando a intimação e citação do réu.

Em síntese, os fatos.

Preliminarmente/Da Impossibilidade de Comparecimento na Audiência de Conciliação:

Inicialmente o réu registra que não poderá comparecer à audiência de conciliação designada por este douto Juízo, fls. 00, visto que não reúne condições financeiras para se locomover até a cidade de Araçuaí-MG.

Com efeito, o réu é pessoa pobre e encontra-se desempregado (vejam-se documentos anexos), sendo, no momento, totalmente impossível atender à ordem judicial.

Sendo assim, requer-se que sua ausência seja considerada justificada.

Preliminarmente/Falta de Pressuposto Processual:

Segundo o art. 1.699 do Código Civil, pressuposto da ação revisional de alimentos é a demonstração por parte do autor de que houve modificação das circunstâncias sob as quais foi acordado ou fixado o valor anterior da pensão. Neste sentido, a lição do eminente **Nelson Nery Junior**, que declara em seu livro *Leis civis comentadas*, 2ª edição, Editora RT, páginas 183/184, que *"modificadas as circunstâncias de fato ou de direito sob as quais foi proferida a sentença de alimentos já transitada em julgado, pode ser ajuizada outra ação, visando à diminuição, à elevação ou à exoneração da pensão alimentícia; trata-se de outra ação, completamente diferente da primeira, porque fundada em outra causa de pedir".*

A fim de atender a norma legal, não basta que o interessado apenas declare na exordial que suas despesas aumentaram, ele deve indicar especificamente quais foram estas alterações; deve, ainda, demonstrar as razões pelas quais acredita que o alimentante pode arcar com o aumento da obrigação, mormente como no presente caso quando a fixação da pensão em vigor "claramente" teve como limite as possibilidades do réu.

Os autores não agiram desta forma; eles se limitaram a dizer que suas necessidades hoje são maiores e que o alimentante estaria ganhando algo em torno de dois salários mínimos e, portanto, poderia pagar por uma pensão maior. Note-se que os alimentandos não tiveram sequer o cuidado de indicar a natureza e o valor das suas despesas.

Douto Magistrado, afirmações vagas e protestos genéricos não são bastante para arrimar a pretensão dos autores, devendo o feito ser extinto sem julgamento de mérito (art. 485, IV, CPC).

Do Mérito:

Douto Magistrado, mesmo que a questão preliminar venha a ser afastada, fato que se aceita, como já se disse, apenas em respeito ao princípio da eventualidade, melhor sorte não aguarda aos autores, visto que, no mérito, o pedido de revisão da pensão deve ser INDEFERIDO.

Mesmo que os autores venham a provar que suas despesas aumentaram, embora, como se disse, na exordial não se fez referência a nenhuma despesa em especial, há que se observar que a situação financeira do réu não podia ser pior.

O alimentante está desempregado e vivendo de pequenos bicos; estas atividades lhe proporcionam rendimento mensal aproximado de R$ 500,00 (quinhentos reais). Registre-se, no entanto, que ele nem sempre consegue trabalhar, ficando não raras vezes semanas seguidas sem nenhuma renda.

Na verdade, pessoa pobre e sem estudos, o réu tem encontrado muitas dificuldades para conseguir emprego, mesmo que informal (bicos).

Embora desejasse oferecer melhor pensão para seus filhos, o valor atual está no limite da sua capacidade de pagamento (possibilidades). Há ainda que se considerar que o valor do salário mínimo tem seguidamente subido muito acima da inflação, fato que vem sistematicamente aumentando as dificuldades de pagamento do alimentante.

Como se vê, não há como se alterar o valor da pensão alimentícia para a situação de "desemprego" ou "trabalho sem vínculo empregatício", que deve ser mantida no patamar de 15% (quinze por cento) de um salário mínimo nacional. Todavia, o alimentante não se opõe à fixação da pensão alimentícia para o caso de "emprego regular", com vínculo empregatício, no importe de 30% (trinta por cento) de seus rendimentos líquidos, mediante desconto em folha de pagamento.

Dos Pedidos:

Ante o exposto, "requer-se a improcedência do pedido dos autores", mantendo-se a pensão alimentícia para o caso de desemprego ou trabalho sem vínculo no patamar atual, qual seja, 15% (quinze por cento) de um salário mínimo nacional, sendo que o alimentante não se opõe à fixação da pensão para o caso de emprego regular, com vínculo empregatício, em 30% (trinta por cento) de seus vencimentos líquidos, incluindo-se férias, 13º salário e verbas rescisórias, excluindo-se o FGTS e a sua multa, mediante desconto em folha de pagamento.

Requer-se, por fim, os benefícios da justiça gratuita, vez que se declara pobre no sentido jurídico do termo, conforme declaração anexa.

Provará o que for necessário, usando de todos os meios permitidos em direito, em especial pela juntada de documentos (anexos), perícia social, oitiva de testemunhas (rol anexo) e depoimento pessoal da representante dos autores.

Termos em que
p. deferimento.

Mogi das Cruzes-SP / Araçuaí-MG, 00 de julho de 0000.

Gediel Claudino de Araujo Júnior
OAB/SP 000.000

10.52 CONTESTAÇÃO DE MEDIDA CAUTELAR DE BUSCA E APREENSÃO DE MENOR

Excelentíssimo Senhor Doutor Juiz de Direito da 1ª Vara da Família e Sucessões da Comarca de Mogi das Cruzes, SP.

Processo nº 0000000-00.0000.0.00.0000
Medida Cautelar de Busca e Apreensão

     E. C. dos S., brasileiro, solteiro, vendedor, portador do RG 00.000.000-SSP/SP e do CPF 000.000.000-00, titular do *e-mail* ecs@gsa.com.br, residente e domiciliado na Rua José Moreira, nº 00, Vila Regina, cidade de Mogi das Cruzes-SP, CEP 00000-000, por seu Advogado que esta subscreve (mandato incluso), com escritório na Rua Francisco Martins, nº 00, Centro, Mogi das Cruzes-SP, CEP 00000-000, *onde recebe intimações (e-mail*: gediel@gsa.com.br), nos autos do processo que lhe move **D. P. de D.**, vem à presença de Vossa Excelência oferecer ***contestação***, nos termos a seguir articulados:

Dos Fatos:

     A requerente ajuizou a presente medida asseverando, em apertada síntese, que o genitor de suas filhas, após retirá-las para visita regular, recusou-se a devolvê-las com objetivo claro de se escusar de cumprir obrigação alimentícia regularmente estabelecida. Por fim, requereu fosse concedida, *inaudita altera pars*, a busca e apreensão das menores.

     Recebida a exordial, este douto Juízo designou audiência de justificação, intimando-se e citando-se o requerido para comparecer; na audiência, realizada na sede da comarca, o genitor se viu convencido a devolver provisoriamente os menores para sua genitora.

     Em síntese, os fatos.

Do Mérito:

     Os fatos informados na exordial pela requerente não são verdadeiros. O que motivou a atitude do genitor, que de fato se recusou a devolver suas filhas à genitora, não foi, como se afirmou, o desejo de fugir de suas responsabilidades alimentícias, muito ao contrário. Primeiro há que se registrar que o argumento da requerente não tem qualquer fundamento, mormente ao se considerar que a manutenção das filhas sob os seus cuidados custaria ao genitor muito mais do que o valor da pensão; segundo, porque o genitor apenas atendeu pedido expresso das suas filhas, que, após terem narrado graves fatos que estariam acontecendo na casa da genitora, pediram para ficar morando com ele.

A menor "T" informou ao pai que sua mãe a teria levado para participar de pequenos furtos em supermercados, o que muito a teria constrangido e assustado, razão pela qual não queria voltar para a casa dela.

Ciente da gravidade dos fatos apontados pela menor, o requerido procurou o conselho tutelar, onde registrou ocorrência e foi orientado a manter a guarda provisória das menores até que fossem tomadas providências (documentos anexos).

Registre-se, por fim, que o requerido já procurou o serviço da Defensoria Pública local com escopo de ajuizar ação de modificação de guarda e exoneração de pensão alimentícia, estando no momento aguardando a data agendada por aquele órgão.

Dos Pedidos:

Ante o exposto, requer-se:

a) os benefícios da justiça gratuita, vez que se declara pobre no sentido jurídico do termo, conforme declaração anexa;

b) que o pedido de busca e apreensão seja julgado improcedente, mantendo-se a guarda provisória das menores com o genitor.

Provará o que for necessário, usando de todos os meios permitidos em direito, em especial pela juntada de documentos, estudo social e psicológico e oitiva de testemunhas (rol anexo).

Termos em que,
p. deferimento.

Mogi das Cruzes, 00 de setembro de 0000.

Gediel Claudino de Araujo Junior
OAB/SP 000.000

10.53 EMBARGOS À AÇÃO MONITÓRIA COM PROPOSTA DE ACORDO

Excelentíssimo Senhor Doutor Juiz de Direito da 3ª Vara Cível da Comarca de Mogi das Cruzes, São Paulo.

Processo nº 0000000-00.0000.0.00.0000
Ação Monitória

E. de S. e **R. M. de S.**, já qualificados, ambos por seu Advogado firmado *in fine* (mandatos inclusos), com escritório na Rua Francisco Martins, nº 00, Jardim Armênia, cidade de Mogi das Cruzes-SP, CEP 00000-000,*onde recebe intimações* (e-mail: gediel@gsa.com.br), nos autos do processo que lhes move **R. L. F.**, também já qualificado, vêm à presença de Vossa Excelência, com arrimo no art. 702 do Código de Processo Civil, oferecer **embargos monitórios**, nos termos a seguir articulados:

Dos Fatos:

O autor ajuizou o presente feito asseverando, em apertada síntese, que seria credor dos réus, sendo que a dívida estaria representada por um cheque que juntaram à exordial. Com a inicial apresentou cálculos, fls. 4, informando que o débito seria de R$ 995,44 (novecentos e noventa e cinco reais, quarenta e quatro centavos). Requereu, por fim, a condenação dos réus ao pagamento do valor que apontou.

Recebida a inicial, fls. 18, este douto juízo determinou a expedição do mandado de pagamento.

Em síntese, os fatos.

Do Mérito:

Os embargantes reconhecem que emitiram o título como parte de pagamento da compra de um carro. Infelizmente, premidos por inesperadas dificuldades financeiras, não foram capazes de honrar o cheque, que acabou sendo devolvido por falta de provimento de fundos. Sempre foi intenção dos devedores quitarem a obrigação em aberto, porém tal não foi possível em razão dos já informados problemas de ordem financeira que têm assolado suas vidas.

Embora reconheçam a existência do débito, não concordam com o valor que é cobrado pelo embargado, que, além da atualização monetária, incluiu em seus cálculos, fls. 4, multa e juros não expressamente pactuados, além, é claro, de incluir honorários advocatícios que, neste caso, não são devidos, vez que os embargantes, assim como o autor, são beneficiários da justiça gratuita.

Desta forma, os embargantes reconhecem como devido apenas o valor de R$ 685,57 (seiscentos e oitenta e cinco reais, cinquenta e sete centavos); isto é, o valor do cheque devidamente corrigido, conforme cálculos anexos.

Com escopo de quitar o débito, propõem fazê-lo em 10 (dez) parcelas de R$ 70,00 (setenta reais). Registre-se que de acordo com as atuais condições financeiras dos embargantes, esta é a melhor proposta que podem fazer.

Dos Pedidos e das Provas:

Ante o exposto, considerando que o embargado cobrou valores indevidos, requerem o provimento dos presentes embargos, com escopo de que seja declarada a improcedência do pedido, ou, no caso de o credor aceitar a proposta de parcelamento, seja o presente feito suspenso até final e cabal cumprimento do acordo.

Reiteram, outrossim, o pedido de justiça gratuita, conforme declaração já juntada aos autos.

Provarão o que for necessário, usando de todos os meios permitidos em direito, em especial pela juntada de documentos, perícia contábil, oitiva de testemunhas (rol anexo) e depoimento pessoal do autor.

Termos em que
p. deferimento.

Mogi das Cruzes, 00 de março de 0000.

Gediel Claudino de Araujo Júnior
OAB/SP 000.000

10.54 EMBARGOS À AÇÃO MONITÓRIA COM RECONVENÇÃO E PEDIDO DE CONDENAÇÃO EM LITIGÂNCIA DE MÁ-FÉ

Excelentíssimo Senhor Doutor Juiz de Direito da 3ª Vara Cível da Comarca de Mogi das Cruzes, São Paulo.

Processo nº 0000000-00.0000.0.00.0000
Ação Monitória

S. A. de A., brasileira, casada, professora, portadora do RG 00.000.000-0-SSP/SP e do CPF 000.000.000-00, titular do endereço eletrônico professorasaa@gsa.com.nr, residente e domiciliada na Rua José Urbano, nº 00, Vila Oliveira, cidade de Mogi das Cruzes-SP, CEP 00000-000, por seu Advogado que esta subscreve (mandato incluso), com escritório na Rua Francisco Martins, nº 00, Jardim Armênia, cidade de Mogi das Cruzes-SP, CEP 00000-000, *onde recebe intimações* (e-mail: gediel@gsa.com.br), nos autos do processo que lhe move **MG CORTINAS LYDA.**, já qualificada, vem à presença de Vossa Excelência, com arrimo no art. 702 do Código de Processo Civil, oferecer **embargos monitórios**, nos termos a seguir articulados:

Dos Fatos:

A empresa autora ajuizou o presente feito asseverando, em apertada síntese, que em meados de setembro de 0000 vendeu bens e serviços para a ré consistentes em um jogo de seis cortinas, de diversos modelos, que teriam sido entregues e instaladas conforme acordo de compra e venda. Com a inicial, juntou notas fiscais e ordem de serviço firmada, segundo declarou, pela própria ré. Declarou, ainda, que o valor total do negócio seria de R$ 14.257,00 (quatorze mil, duzentos e cinquenta e sete reais); valor este atualizado a partir da suposta conclusão do serviço, ou seja, 00 de novembro de 0000. Requereu, por fim, a condenação da ré ao pagamento do valor que apontou.

Recebida a inicial, fls. 00, este douto juízo determinou a expedição do mandado de pagamento.

Em breve síntese, os fatos.

Do Mérito:

Douto Magistrado, parcialmente verdadeiros os fatos informados pela embargada na sua petição inicial.

De fato, as partes firmaram acordo de compra e venda envolvendo a instalação de seis cortinas na casa da embargante, na época e nos valores informados. No entanto, nem as cortinas foram entregues com a qualidade prometida, nem sua instalação foi corretamente concluída, tendo os prepostos da autora simplesmente abandonado o serviço.

Inicialmente, registre-se que os contatos, que ocorreram via telefone e e-mail (cópias anexas), entre as partes sempre foram feitos por meio da gerente da empresa, conhecida pela embargante apenas pelo nome de "K".

O "pedido" firmado entre as partes, cópia anexa, detalha o tipo do tecido que seria usado, as metragens de cada cortina (largura e cumprimento), assim como o tipo de varão e das argolas. Tudo deveria se harmonizar com os ambientes e os móveis da casa da consumidora. O pedido também indica o pagamento de um sinal, no valor de R$ 2.000,00 (dois mil reais), assim como a data prevista para entrega (trinta a quarenta dias).

Começado o trabalho de instalação, a consumidora de pronto percebeu que os varões não eram da cor e da qualidade prometida, assim como o forro das cortinas. De imediato, a embargante ligou para a gerente "K", que compareceu ao local. Confirmado o problema, esta convenceu a consumidora a permitir a continuação da instalação, sob a promessa de que em quinze dias os varões e os forros seriam trocados conforme as especificações da cliente.

Entretanto, os problemas estavam só começando.

No segundo dia, iniciou-se a instalação da cortina da sala, a maior e a mais complexa, visto que esta se destinava a uma parede lateral de vidro, com portas para o jardim. Infelizmente as especificações de metragem não foram cumpridas, ou seja, as cortinas não só ficaram curtas (quase dez centímetros do chão), mas também não se enquadravam nos limites da porta deslizante com a parede. Não fossem bastante estes erros grosseiros, a fixação dos pinos causaram vários danos à parede da sala, quebrando o gesso e deixando marcas na parede.

Novamente a gerente compareceu e prometeu resolver os problemas. A cortina foi retirada e alguns dias depois se fez nova instalação, mas ainda com o forro e varão errados.

A partir daí foram muitos telefonemas e mensagens trocadas (cópias anexas), até que a gerente informou que não teria como proceder com a troca dos forros e dos varões nos termos do pedido; foram então oferecidas algumas alternativas, mas nenhuma delas agradou a embargante, seja pelo fato de que não tinham a qualidade esperada e prometida, seja porque não combinavam com a decoração da casa.

Diante do impasse, a embargante requereu a rescisão amigável do contrato, com a retirada do material, a devolução do sinal e a indenização pelos danos provocados na decoração de gesso da sala (fotos anexas).

Enquanto aguardava uma resposta da embargada, a consumidora foi surpreendida com a citação neste processo, fruto exclusivo da sua má-fé, visto que alterou a verdade dos fatos (art. 80, II, CPC), com escopo de cobrar o que não lhe é devido.

Além de ter o seu pedido julgado improcedente, a autora deverá ser condenada por litigância de má-fé, nos termos do art. 81 do CPC.

Da Reconvenção:

A autora-reconvinda não cumpriu o contrato firmado pelas partes no tempo e na forma estipulada, razão pela qual se faz necessário sua rescisão judicial, com devolução do sinal e pagamento de perdas e danos.

Como demonstra os documentos juntados, inclusive fotos, as cortinas não foram entregues e instaladas conforme o pedido, mais especialmente quanto a qualidade do forro e dos suportes (varões) e a metragem, cumprimento e largura, da cortina da sala.

Não obstante a consumidora tenha dado várias oportunidades para que a fornecedora emendasse o seu serviço, seja reparando os danos causados, seja entregando as mercadorias efetivamente compradas, esta se limitou a dar desculpas e adiar o cumprimento de suas obrigações, culminando com o ajuizamento da presente ação monitória em sinal de absoluta má-fé.

Como já informado, quando da instalação da cortina da sala o enfeite de gesso do teto foi quebrado, além de dano à própria parede, sendo que sua reparação, segundo três orçamentos que se junta, demanda um custo médio de R$ 650,00 (seiscentos e cinquenta reais). Necessário, ainda, a retirada qualificada, ou seja, com cuidado e sem causar maiores danos às paredes da casa da autora, das cortinas parcialmente instaladas (com forros e varões errados).

Nestes termos, a rescisão do contrato é medida que se impõe, determinando-se a devolução do sinal pago, atualizado e acrescido de juros legais, assim como a condenação ao pagamento de perdas e danos no valor de R$ 650,00 (seiscentos e cinquenta reais), referente aos danos no gesso e na parede da sala. Por fim, a imposição de obrigação de fazer à autora-reconvinda, no sentido de que proceda a retirada das cortinas e materiais que instalou na casa da ré-reconvinte no prazo improrrogável de 30 (trinta) dias, sob pena de multa diária no valor de R$ 300,00 (trezentos reais).

Registre-se que as partes, reconvinte e reconvinda, já se encontram regularmente qualificados nos autos, dando-se à reconvenção o valor de R$ 4.000,00 (quatro mil reais), REQUER-SE determine este douto Juízo a intimação da autora, na pessoa de seu advogado, para, caso queira, apresentar resposta no prazo legal, nos termos do que determina o § 1º do art. 343 do CPC.

Dos Pedidos e das Provas:

Ante o exposto, requer-se:

a) a procedência dos presentes embargos, com escopo de que seja declarada a improcedência do pedido exordial, condenando-se a embargada em litigância de má-fé, nos termos do art. 80, II, CPC, assim como no ônus da sucumbência em valor máximo;

b) a procedência da reconvenção, com escopo de, rescindindo o contrato firmado entre as partes, condenar a autora-reconvinda a devolver o sinal pago, atualizado e acrescido de juros legais, assim como a condenação ao pagamento de perdas e danos no valor de R$ 650,00 (seiscentos e cinquenta reais), referente aos danos no gesso e na parede da sala. Por fim, a imposição de obrigação de fazer à autora-reconvinda, no sentido de que proceda a retirada "cuidadosa" das cortinas e materiais parcialmente instalados na casa da ré-reconvinte no prazo improrrogável de 30 (trinta) dias, sob pena de multa diária no valor de R$ 300,00 (trezentos reais).

Ressaltando que a responsabilidade da autora, na qualidade de fornecedora de serviços, é objetiva (art. 14, Lei nº 8.078/90-CDC), indica que provará o que for necessário, usando de todos os meios permitidos em direito, em especial pela juntada de documentos (anexos) e oitiva de testemunhas (rol anexo).

Termos em que
p. deferimento.

Mogi das Cruzes, 00 de fevereiro de 0000.

Gediel Claudino de Araujo Júnior
OAB/SP 000.000

10.55 EMBARGOS À EXECUÇÃO ONDE O EMBARGANTE ALEGA EXCESSO DE EXECUÇÃO E NULIDADE DA PENHORA

Excelentíssimo Senhor Doutor Juiz de Direito da 3ª Vara Cível da Comarca de Mogi das Cruzes, São Paulo.

Distribuição por Dependência
Processo nº 0000000-00.0000.0.00.00000
Execução contra Devedor Solvente

S. A. R., brasileira, divorciada, vendedora, portadora do RG 00.000.000-SSP/SP e do CPF 000.000.000-00, titular do *e-mail* sar@gsa.com.br, residente e domiciliada na Rua Rodrigues Alves, nº 00, Vila Esperança, cidade de Mogi das Cruzes-SP, CEP 00000-000, por seu Advogado que esta subscreve (mandato incluso), com escritório na Rua Francisco Martins, nº 00, Centro, Mogi das Cruzes-SP, CEP 00000-000, *onde recebe intimações* (*e-mail*: gediel@gsa.com.br), vem à presença de Vossa Excelência oferecer ***embargos à execução***, observando-se o procedimento previsto nos arts. 914 a 920 do Código de Processo Civil, em face de **V. F.**, brasileiro, casado, aposentado, portador do RG 00.000.000-SSP/SP e do CPF 000.000.000-00, titular do *e-mail* vf@gsa.com.br, residente e domiciliado na Rua José Eurico França, nº 00, Jardim Europa, cidade de Mogi das Cruzes-SP, CEP 00000-000, pelos motivos de fato e de direito que a seguir expõe:

Dos Fatos:

Em agosto de 0000, o embargado ajuizou ação de execução contra devedor solvente fundado em título extrajudicial, consistente num contrato de locação, em face da embargante asseverando, em síntese, que esta fora sua inquilina por 18 (dezoito) meses, tendo sido despejada judicialmente. Alegou, ainda, que, ao deixar o imóvel, a embargante teria deixado uma dívida no valor total de R$ 12.300,00 (doze mil, trezentos reais), referente a aluguéis não pagos, multas, juros e honorários advocatícios.

Recebida a petição inicial, este douto Juízo fixou os honorários advocatícios em 15% e determinou a citação da executada para efetuar o pagamento no prazo legal, sob pena de penhora de tantos bens quanto bastem para quitar o débito.

Em resumo, os fatos.

Do Excesso de Execução:

Não obstante seja verdade que a embargante ficou devendo algum valor para o locador, há que se observar que não estão corretos os cálculos que apresentou com sua petição inicial. Com efeito, entre os valores do suposto débito incluiu o exequente a importância de R$ 1.400,00 (um mil, quatrocentos reais) a título de honorários advocatícios referente à sucumbência na ação de despejo por falta de pagamento que moveu em face da embargante, que correu junto à Terceira Vara local, processo nº 0000000-00.0000.0.00.0000.

Embora tenha realmente sido condenada a pagar tal valor naquele processo, a título de sucumbência, a cobrança ficou suspensa por ser a locatária beneficiária da justiça gratuita, conforme norma do § 3º do art. 98 do CPC, sendo, portanto, ilegal a sua cobrança, uma vez que infelizmente a embargante continua pobre no sentido jurídico do termo (veja-se declaração anexa).

Há que se observar, ainda, que o embargado incluiu nos cálculos o valor de R$ 420,00 (quatrocentos e vinte reais), referente a uma conta de água e luz, competência do último mês em que esteve na casa a embargante, contudo, como se observa dos documentos juntos a este, as referidas contas foram devidamente quitadas pela embargante.

Também a cobrança do aluguel vencido no mês de abril se mostra indevida, visto que, conforme recibo anexo, o pagamento foi feito pela embargante.

Segundo cálculos anexos, o valor correto do débito, descontadas as cobranças indevidas, é de R$ 9.380,00 (nove mil, trezentos e oitenta reais).

Da Nulidade da Penhora:

Uma semana após ter sido regularmente citada na ação de execução movida pelo embargado, a executada recebeu a visita do Oficial de Justiça, que, adentrando em sua casa, procedeu com a penhora de sua geladeira, lavrando o respectivo auto, no qual nomeou a devedora como depositária.

Entretanto, há que se reconhecer a nulidade da referida penhora, uma vez que o bem penhorado é, por força legal, impenhorável. Nesse sentido o art. 833, II, do CPC: *"os móveis, os pertences e as utilidades domésticas que guarnecem a residência do executado, salvo os de elevado valor ou os que ultrapassem as necessidades comuns correspondentes a um médio padrão de vida."*

Não fosse bastante clara a lei, a conclusão é amplamente endossada pela jurisprudência, *in verbis*:

> **"PENHORA – BEM DE FAMÍLIA – GELADEIRA – BEM INDISPENSÁVEL DO LAR, MÁXIME QUANDO LÁ EXISTEM CRIANÇAS MENORES – IMPENHORABILIDADE – RECURSO NÃO PROVIDO. Negar, nos dias de hoje, que uma geladeira é indispensável ao lar, máxime quando lá existem crianças menores, é pretender argumentar com rematado absurdo"** (Ap. 243.354-2, Jales, Rel. Pinheiro Franco, TJSP, *JTJ* 164/136).

Dos Pedidos:

Ante o exposto, requer-se:

a) os benefícios da justiça gratuita, uma vez que se declara pobre no sentido jurídico do termo, conforme declaração anexa;

b) a intimação do embargado, na pessoa de seu advogado, para que, querendo, apresente impugnação no prazo legal;

c) sejam julgados procedentes os presentes embargos, a fim de fixar-se como valor correto do débito a importância de R$ 9.380,00 (nove mil, trezentos e oitenta reais), bem como declarar-se a nulidade da penhora da geladeira da embargante, liberando-se o bem e condenando--se o embargado nos ônus da sucumbência.

Das Provas:

Provará o que for necessário, usando de todos os meios permitidos em direito, em especial pela juntada de documentos (anexos), declarados autênticos pelo subscritor desta, sob sua responsabilidade pessoal, oitiva de testemunhas (rol anexo) e depoimento pessoal do embargado.

Do Valor da Causa:

Dá-se à causa o valor de R$ 9.380,00 (nove mil, trezentos e oitenta reais).

Termos em que
p. deferimento.

Mogi das Cruzes, 00 de novembro de 0000.

Gediel Claudino de Araujo Júnior
OAB/SP 000.000

10.56 EMBARGOS DE TERCEIROS EM QUE SE BUSCA A LIBERAÇÃO DE BEM MÓVEL PENHORADO EM EXECUÇÃO MOVIDA CONTRA O MARIDO DA EMBARGANTE

Excelentíssimo Senhor Doutor Juiz de Direito da 3ª Vara Cível da Comarca de Mogi das Cruzes, São Paulo.

Distribuição por Dependência
Autuação em Apenso
Processo nº 0000000-00.0000.0.00.00000
Execução contra Devedor Solvente

T. C. P. L., brasileira, casada, vendedora, portadora do RG 00.000.000-SSP/SP e do CPF 000.000.000-00, titular do *e-mail* tcpl@gsa.com.br, residente e domiciliada na Rua Rodrigues Alves, nº 00, Jardim Maia, cidade de Mogi das Cruzes-SP, CEP 00000-000, por seu Advogado que esta subscreve (mandato incluso), com escritório na Rua Francisco Martins, nº 00, Centro, Mogi das Cruzes-SP, CEP 00000-000, *onde recebe intimações* (*e-mail*: gediel@gsa.com.br), vem à presença de Vossa Excelência oferecer **embargos de terceiro**, observando-se o procedimento previsto nos arts. 674 a 681 do Código de Processo Civil, em face do **BANCO B. S/A.**, inscrito no CNPJ 00.000.000/0000-00, com agência situada na Avenida Brasil, nº 00, Centro, cidade de Mogi das Cruzes-SP, CEP 00000-000, pelos motivos de fato e de direito que a seguir expõe:

1. Este douto Juízo, a pedido do embargado, determinou a penhora de uma televisão de 55 polegadas, marca SAMSUNG, nomeando como depositário o Senhor **V. A. L.-ME**, fls. 00, que está sendo executado pelo embargado (processo suprarreferido).

2. Não obstante seja casada com o executado, Senhor "V", sob o regime da comunhão parcial de bens, o bem penhorado pertence exclusivamente à requerente, que o adquiriu em seu nome, com o fruto de seu trabalho (a embargante é vendedora), junto à loja P. F., conforme faz prova documentos anexos.

3. A legislação civil, no art. 1.659, VI, do Código Civil, informa que se excluem da comunhão "os proventos do trabalho pessoal de cada cônjuge"; justamente a hipótese que se trata nos autos, visto que o bem penhorado foi comprado, como provam os documentos, unicamente com os proventos do trabalho pessoal da mulher. Registre-se, ainda, que, quando da compra, o processo de execução já estava em andamento.

4. No mais, o bem penhorado sempre esteve na posse exclusiva da embargante, desde a compra.

Ante o exposto, considerando que a pretensão da embargante encontra arrimo nos arts. 1.210 e 1.228 do Código Civil, **requer:**

a) a expedição liminar de mandado de manutenção de posse a favor da embargante;

b) a citação, via correio, do embargado, para que, querendo, apresente impugnação no prazo legal, sob pena de sujeitar-se aos efeitos da revelia;

c) seja decretada a nulidade da penhora efetuada, fls. 00 dos autos principais, liberando-se o bem, tornando definitiva liminar de manutenção de posse em favor da embargante.

Provará o que for necessário, usando de todos os meios permitidos em direito, em especial pela juntada de documentos (anexos), oitiva de testemunhas (rol anexo) e depoimento pessoal do representante legal do embargado.

Dá ao pleito o valor de R$ 3.500,00 (três mil, quinhentos reais).

Termos em que
p. deferimento.

Mogi das Cruzes, 00 de setembro de 0000.

Gediel Claudino de Araujo Júnior
OAB/SP 000.000

10.57 EMBARGOS DE TERCEIROS EM QUE SE BUSCA A LIBERAÇÃO DE VEÍCULO BLOQUEADO EM EXECUÇÃO

Excelentíssimo Senhor Doutor Juiz de Direito do Juizado Especial Cível, Comarca de Mogi das Cruzes, São Paulo.

Autuação em Apenso
Processo nº 0000000-00.0000.0.00.0000
Ação de Reparação de Danos

    A. C. da S., brasileira, solteira, agente de segurança, portadora do RG 00.000.000-SSP/SP e do CPF 000.000.000-00, titular do *e-mail* acs@gsa.com.br, residente e domiciliada na Avenida Edmilson Rodrigues Marcelino, nº 00, Cidade Miguel Badra, cidade de Suzano-SP, CEP 00000-000, por seu Advogado que esta subscreve (mandato incluso), com escritório na Rua Francisco Martins, nº 00, Centro, Mogi das Cruzes-SP, CEP 00000-000, *onde recebe intimações* (*e-mail*: gediel@gsa.com.br), vem perante Vossa Excelência propor **embargos de terceiro**, observando-se o procedimento especial previsto nos arts. 674 a 681 do Código de Processo Civil, *com pedido liminar*, em face de **A. de S.**, brasileiro, solteiro, motorista carreteiro, portador do RG 00.000.000-SSP/SP e do CPF 000.000.000-00, sem endereço eletrônico conhecido, e **N. V. de M.**, brasileira, solteira, funcionária pública, portadora do RG 00.000.000-SSP/SP e do CPF 000.000.000-00, sem endereço eletrônico conhecido, residentes e domiciliados na Rua Oito, nº 00, Nova Biritiba, cidade de Biritiba Mirim-SP, CEP 00000-000, pelos motivos de fato e de direito que passa a expor:

    1. Os embargados ajuizaram, em 00.00.0000, ação de reparação de danos em face do *Sr. E. L. Z.*, alegando, em apertada síntese, que ele seria responsável por acidente ocorrido em 00.00.0000.

    2. Encerrada a instrução, o feito foi sentenciado em 00 de julho de 0000; na r. sentença, fls. 00/00, o pedido exordial foi julgado IMPROCEDENTE.

    3. Inconformados, os embargados recorreram, sendo dado provimento ao seu recurso em 00.00.0000, fls. 00/00.

    4. Transitado em julgado a r. decisão do colegiado, fls. 00, verso, os embargados deram início à execução, fls. 00/00, sendo os cálculos feitos pelo contador da serventia às fls. 00.

    5. Iniciada a execução, não se encontraram bens do executado, Sr. "E", fls. 00/00; porém, determinou o Juízo, a pedido dos embargados, o bloqueio judicial do veículo FORD/FIESTA, ano 0000, placas CMG 0000, assim como a expedição de mandado de penhora sobre o referido bem, fls. 00/00.

6. O Senhor Oficial de Justiça certificou que o referido carro já havia sido vendido pelo executado há aproximadamente 03 (três) anos, fls. 00 (f/v). Registre-se, ainda, que atendendo a ordem judicial, o DETRAN procedeu com o bloqueio do veículo e informou que este já estava registrado em nome da embargante, fls. 00/00.

7. Ciente de que o veículo estava no nome da embargante há longa data, os embargados requereram ao Juízo que declarasse que a alienação do veículo ocorreu em fraude de execução, determinando a sua penhora e mantendo-se o bloqueio judicial, fls. 00/00.

8. O Juízo da execução fundamentadamente INDEFERIU O PEDIDO DE RECONHECIMENTO DE FRAUDE À EXECUÇÃO, indeferindo, ademais, o pedido de penhora do referido bem, que já estava há longo tempo na propriedade de terceiros de boa-fé, fls. 00.

9. Ora, reconhecendo a impossibilidade da penhora do referido bem, que como muito bem observado pelo próprio Juízo em decisão já preclusa nos autos (*não foi oportunamente impugnada*), pertence a terceiro de boa-fé, deveria ter o próprio Juízo liberado o bem do bloqueio judicial, que, devido à referida decisão, se tornou ilegal e indevido.

10. Infelizmente, não o fez o Juízo, mantendo indevidamente o bloqueio do veículo da embargante.

11. Tendo tomado conhecimento de que seu veículo estava bloqueado, fato que impediu o seu licenciamento, a embargante procurou o DETRAN e, há muito custo, descobriu que a ordem de bloqueio tinha partido deste douto Juízo.

12. Por meio de seu Advogado, a embargante teve vista dos autos e tomou "finalmente" conhecimento da r. decisão de fls. 00, que, como se disse, afastou, indeferiu, o pedido de penhora do referido bem, deixando apenas de determinar seu desbloqueio, que, assim, sofreu turbação sem que ao menos se determinasse a citação da proprietária.

13. Entendendo que a permanência do bloqueio teria sido apenas fruto de "erro material", afinal o pedido de penhora havia sido indeferido, assim como o de bloqueio (veja-se o último parágrafo da r. decisão de fls. 00), a embargante requereu nos próprios autos de execução a liberação do seu carro, fls. 00, sendo que tal pedido "não foi apreciado pelo juízo", sob o argumento de que a Sra. A. C. não seria parte dos autos.

14. Ora, tratando-se claramente de erro material, qualquer pessoa, mesmo um terceiro, poderia apontá-lo para o Juízo, que deveria ter agido de ofício. De qualquer forma, a atitude do Juízo da execução fez nascer a efetiva necessidade dos presentes embargos, com escopo de finalmente liberar o veículo da embargada do INDEVIDO bloqueio judicial.

15. A questão não demanda debate, visto que, como já se disse, o Juízo da execução já apreciou o mérito do pedido de penhora do referido bem, fls. 00; a decisão esta protegida há longa data pela força da "preclusão".

16. Por fim, há que se registrar que o bloqueio judicial do bem vem trazendo à embargante muitos prejuízos materiais, visto que se vê impossibilidade de licenciar o bem e, portanto, de usá-lo (posse turbada), sendo que os embargados, responsáveis pelo ocorrido, tenham sequer providenciado a notificação da embargante.

Ante o exposto, considerando que a pretensão da embargante encontra arrimo nos arts. 1.210 e 1.228 do Código Civil, **requer:**

a) os benefícios da justiça gratuita, uma vez que se declara pobre no sentido jurídico do termo, conforme declaração anexa;

b) a concessão, *in limine litis*, de medida liminar, determinando o imediato desbloqueio do veículo marca FORD/FIESTA, ano 0000, placa CMG 0000, RENAVAM 000000000, a fim de possibilitar à embargante, e proprietária registrada, a regularização do licenciamento (neste particular, lembre-se que o juízo da execução já afastou a possibilidade de penhora do referido bem, fls. 00);

c) a citação dos embargantes, na pessoa do seu Procurador (Dr. D. B. V., com escritório na Rua Schwartzmann, nº 00, Braz Cubas, cidade de Mogi das Cruzes-SP, CEP 00000-000), para que, querendo, apresentem impugnação no prazo legal, sob pena de sujeitarem-se aos efeitos da revelia;

d) a liberação do bloqueio judicial imposto ao veículo marca FORD/FIESTA, ano 0000, placa CMG 0000, RENAVAM 000000000, de propriedade e posse da embargante, confirmando-se a liminar.

Provará o que for necessário, usando de todos os meios permitidos em direito, em especial pela juntada de documentos (anexos), oitiva de testemunhas (rol anexo), perícia técnica e depoimento pessoal dos embargados.

Dá ao pleito o valor de R$ 18.000,00 (dezoito mil reais).

Termos em que
p. deferimento.

Mogi das Cruzes, 00 de novembro de 0000.

Gediel Claudino de Araujo Júnior
OAB/SP 000.000

10.58 "HABEAS CORPUS" CONTRA DECISÃO QUE DECRETOU A PRISÃO CIVIL DO EXECUTADO

Excelentíssimo Senhor Doutor Desembargador Presidente do Egrégio Tribunal de Justiça do Estado de São Paulo.

GEDIEL CLAUDINO DE ARAUJO JÚNIOR, brasileiro, casado, Advogado, portador do RG 00.000.000-SSP/SP e do CPF 000.000.000-00, titular do *e-mail* gediel@gsa.com.br, com escritório na Rua Central, nº 00, Centro, Mogi das Cruzes-SP, CEP 00000-000, *onde recebe intimações*, vem respeitosamente à presença de Vossa Excelência, com arrimo no art. 5º, LXVIII, da Constituição Federal, impetrar o presente *habeas corpus, com pedido liminar*, em favor de L. F. S. O., brasileiro, solteiro, desempregado, residente e domiciliado na Rua Sebastião Michel Miguel, nº 00, Cocuera, cidade de Mogi das Cruzes-SP, CEP 00000-000, que se encontra na iminência de sofrer constrangimento ilegal por parte do Douto Magistrado da 3ª Vara Cível da Comarca de Mogi das Cruzes-SP, que, em ação de execução de alimentos, Processo nº 0000000-00.0000.0.00.0000, decretou a sua prisão civil, em conformidade com as razões de fato e de direito que a seguir passa a expor:

Dos Fatos:

A filha do paciente, N. A. O., ajuizou ação de execução de alimentos asseverando, em apertada síntese, que seu genitor estaria em atraso com suas obrigações alimentícias, no valor total de R$ 4.200,00 (quatro mil, duzentos reais), requerendo a citação para pagamento ou apresentação de justificativas. Recebida a exordial, determinou o douto Juízo impetrado a citação do executado para que, no prazo de 3 (três) dias, pagasse a quantia requerida ou justificasse a impossibilidade.

Citado, o alimentante, não podendo quitar o débito, ofertou suas justificativas, onde reconhecia que estava em mora de suas obrigações perante a menor, informando, no entanto, que tal fato não era fruto da sua vontade, mas de circunstâncias alheias a ela, que o mantinham em longo e não querido desemprego. Requereu, ademais, a cisão da execução quanto às prestações vencidas há mais de 3 (três) meses, requerendo, quanto a estas, fosse concedido um parcelamento em 6 (seis) prestações de 1/2 (meio) salário mínimo, assumindo o compromisso de, apesar de suas dificuldades, manter-se em dia com as pensões vincendas.

Com as justificativas, o alimentante juntou comprovante da 1ª parcela do parcelamento requerido. Alguns dias depois, requereu a juntada de comprovante de pagamento da pensão do mês e da 2ª parcela do parcelamento requerido (vejam-se documentos anexos).

Não obstante toda a seriedade mostrada pelo alimentante, a exequente insistiu no pedido de sua prisão, pedido que, ouvido o ilustre membro do Ministério Público, foi deferido pelo douto Magistrado *a quo*, que, sucintamente, afastou as justificativas do paciente e decretou sua prisão civil pelo prazo de 30 (trinta) dias.

Em síntese, os fatos.

Da Ilegalidade do Decreto de Prisão:

Doutrina e jurisprudência são unânimes em asseverar a excepcionalidade da medida de prisão civil. Medida extrema e odiosa, só deve ser tomada, ensinam doutrinadores e julgadores, como último recurso para levar o alimentante inadimplente ao pagamento. Nesse diapasão, é oportuno citar-se o art. 5º, LXVIII, da Constituição Federal, *in verbis*:

> "Art. 5º
> LXVII – não haverá prisão civil por dívida, salvo a do responsável pelo inadimplemento voluntário e inescusável de obrigação alimentícia e a do depositário infiel."

Oportuno, ainda, lembrar-se da lição do mestre Yussef Said Cahali, na sua obra *Dos alimentos*, da Editora Revista dos Tribunais, 3ª edição, *in verbis*:

> "... a prisão por dívida foi banida de nossa legislação; a dívida alimentar, entretanto, constitui exceção à regra e, por isso mesmo, há de ser examinada com o rigor que se exige na exegese das normas excepcionais". (TJSP, 4ª CC, 06.06.1991, *RJTJSP* 134/381)

Analisando-se todas as circunstâncias que envolvem o caso, veja-se cópia integral do processo anexo, fica muito fácil perceber que o decreto de prisão do douto juízo *a quo* se apresenta, *data venia*, ilegal e inadequado ao caso.

Ilegal porque o alimentante encontra-se em dia com as pensões, tendo pago integralmente as pensões que venceram nos meses de outubro e novembro (vencimento em novembro e dezembro). Já quanto ao débito pretérito, o paciente fez proposta séria de pagamento, já tendo efetuado o pagamento de 2 (duas) parcelas, mesmo que com grande sacrifício pessoal, uma vez que, como provou, encontra-se desempregado.

Estando o paciente efetuando os pagamentos reclamados (recibos anexos), como justificar a aplicação da medida excepcional?

Com certeza a decisão do ilustre Magistrado impetrado não encontra supedâneo na Constituição Federal e no CPC, que só admitem a medida extrema em casos excepcionais, quando existe inadimplência inescusável. Contudo, a atitude do paciente, que se mantém em dia com sua obrigação, é de conciliação e responsabilidade.

Note-se, ademais, que a autoridade impetrada não limitou a prisão ao pagamento das últimas 3 (três) prestações, conforme jurisprudência deste Egrégio Tribunal, colocando o paciente na situação de ter como única forma de evitar seu encarceramento o pagamento de todo o débito pretérito, que, segundo cálculo da exequente, seria de R$ 4.200,00 (quatro mil, duzentos reais).

Como fazê-lo encontrando-se desempregado?

Não é só a evidente ilegalidade da medida que desafia a decisão do ilustre Juiz impetrado, a decretação da prisão civil do alimentante também se mostra inadequada ao caso.

Regularmente citado, o paciente procurou o Serviço de Assistência Judiciária a fim de apresentar suas justificativas, uma vez que não possui condições de quitar o valor total do débito de uma só vez em razão de estar desempregado desde março de 0000. Informado pelo impetrante da seriedade do problema, o paciente pediu ajuda a seus familiares a fim de retomar imediatamente o pagamento das pensões vincendas e fazer uma proposta séria de parcelamento do débito em aberto.

Cônscio da seriedade da situação ofereceu suas justificativas, fazendo prova do seu desemprego e informando que só não já ajuizara ação revisional de alimentos, por puro desconhecimento da lei. Assumiu o compromisso de manter-se em dia com as pensões vincendas e requereu um parcelamento sério do débito, juntando, inclusive, comprovante de pagamento da 1ª parcela.

Note-se: em nenhum momento fugiu de suas responsabilidades; em nenhum momento demonstrou intransigência; em nenhum momento deixou de atender às determinações judiciais. Todavia, o ilustre Magistrado impetrado de forma absolutamente açodada decretou sua prisão.

Ora, estando os pagamentos em dia, havendo vontade de pagar o débito em aberto, que, inclusive, abrangia período superior a 3 (três) meses, por que decretou o impetrado a prisão civil do alimentante? Acharia por acaso que pessoa, como ele, beneficiário da justiça gratuita, possui condições financeiras para quitar à vista débito no valor de R$ 4.200,00 (quatro mil, duzentos reais)?

Afinal, estando em dia os pagamentos, por que não designou, ao menos, uma audiência de conciliação? Por que não deu oportunidade para que o alimentante apresentasse uma contraproposta? Por que a pressa diante de pessoa que está representada nos autos e procurando resolver o impasse?

Data venia, nada, absolutamente nada, naqueles autos justifica a decisão judicial. De fato, nem a lei, nem os fatos lhe dão amparo.

Do Pedido:

Ante o exposto, requer-se seja *liminarmente* concedido o presente *writ*, determinando ao Magistrado de primeiro grau que expeça imediatamente a favor do paciente contramandado de prisão, e, por decisão de mérito, seja acolhido o presente, reconhecendo a ilegalidade da decisão da Autoridade Coatora, confirmando-se a liminar.

Termos em que
p. deferimento.

Mogi das Cruzes, 00 de dezembro de 0000.

Gediel Claudino de Araujo Júnior
OAB/SP 000.000

10.59 IMPUGNAÇÃO AO CUMPRIMENTO DEFINITIVO DA SENTENÇA SOB O ARGUMENTO DE EXCESSO DE EXECUÇÃO E IMPENHORABILIDADE DO BEM DE FAMÍLIA (ART. 525, § 1º, IV E V, CPC)[2]

Excelentíssimo Senhor Doutor Juiz de Direito da 3ª Vara Cível do Foro de Mogi das Cruzes, São Paulo.

Processo nº 0000000-00.0000.0.00.0000
Ação de Cobrança
Fase de Cumprimento de Sentença

A. L. M. D., já qualificada, por seu Advogado, que esta subscreve (mandato incluso), com escritório na Rua Francisco Martins, **no** 00, Centro, cidade de Mogi das Cruzes-SP, *onde recebe intimações* (e-mail: gediel@gsa.com.br), nos autos de cumprimento de sentença que lhe move **F. F. de C.**, vem à presença de Vossa Excelência oferecer, conforme permissivo do art. 525, § 1º, IV, do Código de Processo Civil, ***impugnação***, pelos motivos de fato e de direito que passa a expor:

Dos Fatos:

O impugnado ajuizou ação de cobrança em face da impugnante, asseverando, em síntese, que havia lhe emprestado o valor de R$ 10.000,00 (dez mil reais), expresso em título de crédito juntado às fls. 00. Designada audiência de conciliação, as partes firmaram acordo onde a ré "concordou" em pagar 20 (vinte) parcelas de R$ 500,00 (quinhentos reais), fls. 00/00.

Não obstante a sua vontade de cumprir com o acordado, a executada, que se encontra impossibilitada para o trabalho em razão de doença grave (câncer de mama – documentos anexos), conseguiu pagar apenas três parcelas. Diante da inadimplência da devedora, o credor deu requereu o início do cumprimento da sentença, apontando como devido o valor total de R$ 12.670,00 (doze mil, seiscentos e setenta reais), conforme cálculos que apresentou.

Recebida a petição, este douto Juízo determinou a intimação da executada nos termos do art. 523 do CPC, ou seja, para que o executado efetue o pagamento do débito no prazo de 15 (quinze) dias.

Em síntese, os fatos.

---

[2] Não há consenso na doutrina sobre a natureza jurídica da impugnação (ação ou defesa); embora não indique de forma clara, entendo que o NCPC disciplinou a impugnação como uma forma de defesa; registro, no entanto, para aqueles que a veem como um tipo de ação ser necessário incluir no presente modelo não só a qualificação completa das partes, mas também o "valor da causa".

Do Excesso de Execução:

Os cálculos apresentados do credor estão claramente incorretos, visto que incluem multa e juros não pactuados, além de honorários advocatícios que, no caso, não são devidos.

No acordo feito na fase de conhecimento, constou apenas que a ré reconhecia a existência do débito e que este seria pago em 20 (vinte) parcelas mensais e consecutivas, com vencimento para todo dia 15 (quinze) de cada mês; ou seja, as partes não pactuaram multa moratória, nem a cobrança de juros de mora por eventual atraso no pagamento, daí ser indevida sua inclusão nos cálculos como fez o exequente.

A "cláusula penal" só é exigível quando livremente pactuada pelas partes (art. 409, CC).

Indevida, outrossim, a cobrança de honorários advocatícios, visto que no processo principal foi deferida à executada os benefícios da justiça gratuita, fls. 00/00, e, registre-se, a situação financeira dela não mudou, na verdade, só piorou, daí o inadimplemento.

Diante destes fatos, fica evidente a impropriedade dos cálculos apresentados pelo credor, visto que, como se disse, incluem a cobrança de multa moratória no valor de 10% (dez por cento) do saldo devedor, de juros de mora e, finalmente de honorários advocatícios não devidos. Feita a exclusão destes valores, temos que o valor correto do débito para a presente data é de R$ 8.920,15 (oito mil, novecentos e vinte reais, quinze centavos), conforme demonstram cálculos anexos.

Sendo assim, deve este douto Magistrado limitar os atos executivos ao valor realmente devido, conforme os cálculos apresentados, nesta data, pela executada.

Da Impenhoralidade do Bem de Família:

Usando da faculdade que lhe garante o art. 524, inciso VII, do Código de Processo Civil, o impugnado indicou como bem a ser penhorado, na eventualidade de não quitação do débito, imóvel onde reside a devedora, fls. 00.

Embora este douto Juízo ainda não tenha acatado o pedido do credor, determinando a penhora do bem que apontou, entende a impugnante ser conveniente observar que o referido bem é, por disposição expressa da lei, IMPENHORÁVEL.

Com efeito, a Lei nº 8.009, de 29 de março de 1990, no seu artigo 1º declara ser impenhorável imóvel próprio do casal, ou da entidade familiar. Para maior clareza, pede-se vênia para se transcrever o referido artigo, *in verbis*:

> **Art. 1º O imóvel residencial próprio do casal, ou da entidade familiar, é impenhorável e não responderá por qualquer tipo de dívida civil, comercial, fiscal, previdenciária ou de outra natureza, contraída pelos cônjuges ou pelos pais ou filhos que sejam seus proprietários e nele residam, salvo nas hipóteses previstas nesta lei.**
>
> **Parágrafo único. A impenhorabilidade compreende o imóvel sobre o qual se assentam a construção, as plantações, as benfeitorias de qualquer natu-**

reza e todos os equipamentos, inclusive os de uso profissional, ou móveis que guarnecem a casa, desde que quitados.

Diante dos termos expressos da lei, há que se registrar que o imóvel indicado pelo credor não só é o único bem desta natureza de propriedade da devedora, mas é o local de sua residência, o seu "lar", onde ela reside com os seus filhos e com a sua mãe, conforme provam documentos anexos. Daí não ser possível a sua penhora nos termos requeridos pelo credor.

Diante da evidente impenhorabilidade do bem indicado na petição que requereu o início do cumprimento da sentença que homologou o acordo feito pelas partes, se requer seja, de pronto, indeferido o pedido do credor.

Em sinal de boa-fé, a devedora registra que infelizmente não só não possui condições de adimplir, no momento, o débito em aberto, como não possui bens ou rendas passíveis de penhora, ficando, é claro, o credor livre para procurá-los sob sua conta e risco.

Dos Pedidos:

Ante o exposto, requer-se:

a) a concessão, também nesta fase processual, dos benefícios da justiça gratuita, visto que a executada se declara pobre na acepção jurídica do termo, conforme declaração anexa;

b) intimação do impugnado, na pessoa de seu advogado, para que, querendo, apresente, no prazo legal, resposta, sob pena de sujeitar-se aos efeitos da revelia;

c) seja a presente execução limitada, conforme cálculos que se apresenta, ao valor total de R$ 8.920,15 (oito mil, novecentos e vinte reais, quinze centavos), afastando-se a "indevida" cobrança de multa moratória, juros de mora e honorários advocatícios;

d) seja indeferido o pedido de penhora do imóvel residencial da executada, visto que este é, nos termos do art. 1º da Lei nº 8.009/90, "impenhorável".

Provará o que for necessário, usando de todos os meios permitidos em direito, em especial pela juntada de documentos (anexos) e oitiva de testemunhas (rol anexo).

Termos em que
p. deferimento.

Mogi das Cruzes, 00 de abril de 0000.

Gediel Claudino de Araujo Júnior
OAB/SP 000.00

10.60 IMPUGNAÇÃO AOS EMBARGOS DO DEVEDOR INTERPOSTOS CONTRA EXECUÇÃO DE SUCUMBÊNCIA

Excelentíssimo Senhor Doutor Juiz de Direito da 3ª Vara Cível do Foro de Mogi das Cruzes, São Paulo.

Processo nº 0000000-00.0000.0.00.0000
Embargos à Execução

L. C. S. B., já qualificado, por seu Advogado, que esta subscreve (mandato incluso), com escritório na Rua José Urbano, nº 00, Centro, Mogi das Cruzes-SP, *onde recebe intimações* (e-mail: gediel@gsa.com.br), "atuando na qualidade Curador Especial nomeado pelo Juízo", nos autos do processo que lhe move **Serviço Municipal de Águas e Esgotos de Mogi das Cruzes – SEMAE**, vem à presença de Vossa Excelência oferecer *impugnação aos embargos*, nos termos a seguir articulados:

Dos Fatos:

O embargante ajuizou o presente asseverando, em síntese, irregularidade nos cálculos apresentados pelo exequente, requerendo fosse reduzido o valor da execução para apenas R$ 811,00 (oitocentos e onze reais).

Recebidos os embargos, fls. 00, determinou este douto Juízo a intimação do embargado para responder.

Estes os fatos.

Do Mérito:

Douto Magistrado, os embargos devem ser rejeitados.

Alega o embargante que o valor do débito, R$ 800,00 (oitocentos reais) foi atualizado erroneamente segundo tabela do TJ para "débitos judiciais", o que resultou num débito, para novembro de 0000, de R$ 935,00 (novecentos e trinta e cinco reais), quando o correto, segundo o seu entendimento, seria aplicar a tabela do TJ para cálculo dos débitos judiciais relativos às Fazendas Públicas, que reduziria o valor total devido para apenas R$ 811,00 (oitocentos e onze reais).

De fato, o Egrégio Tribunal de Justiça do Estado de São Paulo, disponibiliza "tabela oficial aplicável aos cálculos judiciais relativos às Fazendas Públicas", elaborada segundo os termos da Lei nº 11.960/2009 e da Resolução nº 510/2010, porém tal tabela não se aplica ao débito cobrado no bojo do processo 0000000-00.0000.0.00.0000, com trâmite por este douto Juízo.

Quem acessa a referida tabela junto ao *site* do Tribunal de Justiça do Estado de São Paulo já tem uma ideia da extensão de sua aplicação no próprio título da referida tabela, qual seja: **DIRETORIA DE EXECUÇÃO DE PRECATÓRIOS**.

Com efeito, a referida tabela destina-se somente à atualização dos débitos cobrados via precatório. Neste sentido, a lição do eminente Desembargador **VENICIO SALLES**, em voto proferido no julgamento da Apelação nº 0001736-27.2011.8.26.0274, ocorrido em março de 2012, declarou que *"no tocante a aplicação da Lei nº 11.960/09, ela somente ocorre a partir da formação do precatório, seja para os processos ajuizados antes ou depois de sua vigência, porque é nessa ocasião que a dívida ingressa no sistema unificado e coletivo de liquidação prevista no art. 100, § 12, da Constituição Federal"*.

Ora, na execução que o embargado move em face do embargante não se expede precatório, visto que ela se enquadra na exceção prevista no § 3º do art. 100 da Constituição Federal (§ 3º O disposto no *caput* deste artigo relativamente à expedição de precatórios não se aplica aos pagamentos de obrigações definidas em leis como de pequeno valor que as Fazendas referidas devam fazer em virtude de sentença judicial transitada em julgado. – Redação dada pela Emenda Constitucional nº 62, de 2009). A Emenda Constitucional nº 37, de 2002, incluiu o art. 87 ao "Ato das Disposições Constitucionais Transitórias", com escopo de estabelecer, em seu inciso segundo, que serão considerados de "pequeno valor" os débitos ou obrigações da Fazenda Municipal que tenham valor igual ou inferior a 30 (trinta) salários mínimos, *in verbis*:

> Art. 87. Para efeito do que dispõem o § 3º do art. 100 da Constituição Federal e o art. 78 deste Ato das Disposições Constitucionais Transitórias serão considerados de pequeno valor, até que se dê a publicação oficial das respectivas leis definidoras pelos entes da Federação, observado o disposto no § 4º do art. 100 da Constituição Federal, os débitos ou obrigações consignados em precatório judiciário, que tenham valor igual ou inferior a: (Incluído pela Emenda Constitucional nº 37, de 2002)
>
> I – quarenta salários mínimos, perante a Fazenda dos Estados e do Distrito Federal; (Incluído pela Emenda Constitucional nº 37, de 2002)
>
> II – trinta salários mínimos, perante a Fazenda dos Municípios. (Incluído pela Emenda Constitucional nº 37, de 2002)
>
> Parágrafo único. Se o valor da execução ultrapassar o estabelecido neste artigo, o pagamento far-se-á, sempre, por meio de precatório, sendo facultada à parte exequente a renúncia ao crédito do valor excedente, para que possa optar pelo pagamento do saldo sem o precatório, da forma prevista no § 3º do art. 100. (Incluído pela Emenda Constitucional nº 37, de 2002)

Estabelecida a abrangência da Lei nº 11.960/2009 e, via de consequência, da tabela referida pelo embargante, considerando, igualmente, que o valor total do débito cobrado é de apenas R$ 935,00 (novecentos e trinta e cinco reais), pouco mais de um salário mínimo, fica claro que o exequente NÃO INCORREU em qualquer erro quando da apresentação dos cálculos do débito.

Dos Pedidos:

    Ante o exposto, considerando a correção dos cálculos apresentados pelo credor, <u>requer-se a rejeição dos embargos</u>, mantendo-se o valor do débito, para novembro de 0000, em R$ 935,00 (novecentos e trinta e cinco reais), valor este que deve ser atualizado, segundo a tabela do TJ para débitos judiciais, até o efetivo pagamento.

    Provará o que for necessário, usando de todos os meios permitidos em direito, em especial por perícia contábil.

    Termos em que
    Pede deferimento.

    Mogi das Cruzes, 00 de maio de 0000.

    Gediel Claudino de Araujo Júnior
    OAB/SP 000.000

10.61 IMPUGNAÇÃO AOS EMBARGOS DO DEVEDOR INTERPOSTOS EM AÇÃO DE EXECUÇÃO DE ALIMENTOS PELO RITO DO ART. 824 DO CPC

Excelentíssimo Senhor Doutor Juiz de Direito da 2ª Vara Cível do Foro de Mogi das Cruzes, São Paulo.

Processo nº 0000000-00.0000.0.00.0000
Embargos à Execução

M. T. de S. e/o, representados por sua genitora, R. A. P., já qualificada, por seu Advogado, que esta subscreve (mandato incluso), com escritório na Rua Francisco Martins, nº 00, Centro, cidade de Mogi das Cruzes-SP, *onde recebe intimações* (e-mail: gediel@gsa.com.br), nos autos do processo que lhes move **R. L. de S.**, vêm à presença de Vossa Excelência oferecer **impugnação aos embargos**, nos termos a seguir articulados:

Dos Fatos:

O embargante ajuizou o presente asseverando, em síntese, a ilegalidade da penhora feita no bojo do Processo nº 0000000-00.0000.0.00.0000, ação de execução de alimentos pelo rito do art. 913 do CPC, que tramita neste mesmo Juízo, onde se cobra pensão alimentícia vencida no período de março de 0000 a janeiro de 0000.

Recebidos os embargos, determinou este douto Juízo a intimação dos embargados para responder.

Estes os fatos.

Do Mérito:

Douto Magistrado, os embargos devem ser rejeitados.

A regularidade da penhora efetuada no bojo do Processo no 0000000-00.0000.0.00.0000 advém da exceção aberta no artigo 3º, inciso III, na própria Lei nº 8.009/1990, como inclusive já apontado por este douto Juízo às fls. 00.

Tal exceção também é confirmada pela jurisprudência do Superior Tribunal de Justiça, *in verbis*:

> "**Impossível alegar a impenhorabilidade do bem de família nas execuções de pensão alimentícia no âmbito do Direito de Família, nos termos do art. 3º, III, da Lei nº 8.009/90. Sendo penhorável, é válido o arresto efetuado sobre o referido bem, que, em caso do não pagamento do débito alimen-**

tar, será convertido em penhora, de acordo com o art. 654 do CPC" (STJ, REsp 697893/MS, Ministro JORGE SCARTEZZINI (1113), T4 – QUARTA TURMA, *DJ* 01/08/2005 p. 470).

A jurisprudência do STJ não só afasta a impenhorabilidade, mas também permite a alienação total do bem, veja-se:

"Ressalvada a posição do Relator, a Corte Especial assentou possível que os bens indivisíveis, de propriedade comum, sejam levados à hasta pública por inteiro, reservando à mulher a metade do preço alcançado" (STJ, REsp 439542/RJ, Ministro CARLOS ALBERTO MENEZES DIREITO (1108), T3 – TERCEIRA TURMA, *DJ* 01/09/2003 p. 279).

Outros assuntos levantados pelo embargante (negatória de paternidade e revisional de alimentos) devem obviamente ser buscados pelas vias próprias.

Dos Pedidos:

Ante o exposto, considerando a legalidade da penhora, requer-se a rejeição dos embargos, mantendo-se a penhora.

Requerem, outrossim, lhes sejam concedidos os benefícios da justiça gratuita, vez que se declaram pobres no sentido jurídico do termo, conforme declaração de pobreza já juntada nos autos principais.

Provarão o que for necessário, usando de todos os meios permitidos em direito, em especial pela juntada de documentos (anexos), perícia técnica, oitiva de testemunhas e depoimento pessoal do embargante.

Termos em que
Pede deferimento.

Mogi das Cruzes, 00 de agosto de 0000.

Gediel Claudino de Araujo Júnior
OAB/SP 000.000

10.62 IMPUGNAÇÃO DE AÇÃO DE INTERDIÇÃO

Excelentíssimo Senhor Doutor Juiz de Direito da 1ª Vara da Família e Sucessões da Comarca de Mogi das Cruzes – SP.

Processo nº 0000000-00.0000.0.00.00000
Ação de Interdição

C. V., brasileiro, casado, aposentado, portador do RG 00.000.000-SSP/SP e do CPF 000.000.000-00, titular do *e-mail* cv@gsa.com.br, residente e domiciliado na Rua José Moreira, nº 00, Vila Regina, cidade de Mogi das Cruzes-SP, CEP 00000-000, por seu Advogado que esta subscreve (mandato incluso), com escritório na Rua Francisco Martins, nº 00, Centro, Mogi das Cruzes-SP, CEP 00000-000, *onde recebe intimações* (*e-mail*: gediel@gsa.com.br), nos autos do processo que lhe move **S. V.**, vem à presença de Vossa Excelência oferecer ***impugnação,*** nos termos a seguir articulados:

Dos Fatos:

A autora ajuizou o presente feito declarando, em apertada síntese, que o requerido, seu marido, é alcoólatra, estando incapaz para os atos da vida civil, em especial para a administração de sua renda e bens. Requereu, então, fosse decretada sua interdição, nomeando-a para o encargo de curadora nos termos da lei.

A tutela provisória foi indeferida, determinando-se a citação do requerido para que comparecesse em audiência com escopo de ser entrevistado por este douto Juízo.

Após oitiva do interditando, abriu-se prazo para impugnação.

Em breve síntese, os fatos.

Do Mérito:

Não obstante entenda as preocupações da sua esposa, o requerido não concorda com o pedido de interdição, mesmo que parcial.

Não nega ser alcoólatra, sendo parcialmente verdadeiros alguns dos episódios narrados pela requerente. Entretanto, a doença, que, como se sabe, é incurável, se encontra sob controle. Como informado na entrevista, o requerido é frequentador assíduo da Associação Recuperar, da qual participa uma vez por semana de terapia de grupo (documentos anexos).

Salvo naquelas ocasiões em que sofre alguma recaída, fato bem raro nos últimos dois anos, é plenamente capaz de administrar a sua vida e renda. Nesse sentido, registre-se que se encontra com o nome limpo junto aos órgãos de proteção ao crédito e tem contribuído com a sua parte nas despesas domésticas.

Não obstante as intenções da requerente sejam boas, não há nos fatos apresentados motivos que se mostrem suficientes para impor ao requerido medida tão pesada, que claramente afronta os seus direitos mais básicos, alienando-o do prazer e da responsabilidade de tomar as suas próprias decisões.

Douto Magistrado, o interditando tem consciência dos seus problemas e "voluntariamente" tem procurado ajuda; como qualquer pessoa, nem sempre toma as decisões corretas, nem sempre consegue fugir da sua doença, mas ele não representa um grave risco para si próprio e para a sua família, daí que os temores da mulher não se justificam.

Aliená-lo da administração da sua renda, em especial da sua aposentadoria, não só, como se disse, representaria uma inaceitável afronta aos seus direitos, mas também colocaria em risco a harmonia familiar, visto que coloria o requerido em situação de submissão em relação a sua mulher, fato que, considerando a sua origem cultural (o interditando é pernambucano), poderia criar conflitos entre o casal.

Dos Pedidos:

Ante o exposto, requer-se que o pedido de interdição do requerido seja julgado improcedente.

Provará o que for necessário, usando de todos os meios permitidos em direito, em especial pela juntada de documentos (anexos), perícia social e psicológica e oitiva de testemunhas (rol anexo).

Termos em que,
p. deferimento.

Mogi das Cruzes, 00 de abril de 0000.

Gediel Claudino de Araujo Junior
OAB/SP 000.000

10.63 JUSTIFICATIVAS EM CUMPRIMENTO DE OBRIGAÇÃO DE PRESTAR ALIMENTOS ONDE O EXECUTADO NEGA A EXISTÊNCIA DE QUALQUER DÉBITO, REQUERENDO A EXTINÇÃO DA EXECUÇÃO (ART. 924, II, CPC)

Excelentíssimo Senhor Doutor Juiz de Direito da 3ª Vara Cível do Foro de Mogi das Cruzes, São Paulo.

Processo nº 0000000-00.0000.0.00.0000
Cumprimento de Obrigação de Prestar Alimentos

E. H. S., já qualificado, por seu Advogado, que esta subscreve (mandato incluso), com escritório na Rua Francisco Martins, nº 00, Centro, cidade de Mogi das Cruzes-SP, *onde recebe intimações* (e-mail: gediel@gsa.com.br), nos autos do processo que lhe move L. H. S., vem à presença de Vossa Excelência apresentar suas *justificativas*, conforme as seguintes razões:

Dos Fatos:

O exequente ajuizou o presente feito asseverando que o alimentante estaria em atraso com suas obrigações alimentícias no valor total de R$ 945,64 (novecentos e quarenta e cinco reais, sessenta e quatro centavos), requerendo a citação para pagamento ou apresentação de justificativas. Recebida a exordial, determinou este douto Juízo a citação do executado para que, no prazo de 3 (três) dias, pagasse a quantia requerida ou justificasse a impossibilidade, sob pena de prisão civil.

Em síntese, o necessário.

Do Mérito:

Douto Magistrado, o executado NÃO SE ENCONTRA em mora com suas obrigações em face do exequente, seu filho, como se vê dos documentos juntados à presente petição. Na verdade, se eventualmente houve alguma mora, esta já se encontra regularmente purgada.

Tal fato deveria ter sido comunicado a este douto Juízo pelo próprio credor (princípio da boa-fé); de qualquer forma, quitado o débito (cálculos elaborados conforme tabela disponibilizada pelo TJSP, de rigor a extinção do presente cumprimento de sentença.

Dos Pedidos:

Ante o exposto, requer-se, após oitiva do ilustre representante do Ministério Público, acate este douto Juízo as justificativas do executado, decretando a extinção da presente execução pelo pagamento (art. 924, II, CPC).

Requer, outrossim, os benefícios da justiça gratuita, vez que se declara pobre no sentido jurídico do termo, conforme declaração anexa.

Provará o que for necessário, usando de todos os meios admitidos em direito, em especial pela juntada de documentos (anexos), oitiva de testemunhas, perícia contábil e depoimento pessoal da representante do exequente.

Termos em que
p. deferimento.

Mogi das Cruzes, 00 de junho de 0000.

Gediel Claudino de Araujo Júnior
OAB/SP 000.000

10.64 JUSTIFICATIVAS EM CUMPRIMENTO DE OBRIGAÇÃO DE PRESTAR ALIMENTOS ONDE O EXECUTADO RECONHECE ESTAR EM DÉBITO, PORÉM DISCORDA DOS CÁLCULOS E REQUER SEU PARCELAMENTO

Excelentíssimo Doutor Juiz de Direito da 3ª Vara Cível do Foro Distrital de Ferraz de Vasconcelos, Comarca de Poá, São Paulo.

Processo nº 0000000-00.0000.0.00.0000
Cumprimento de Obrigação de Prestar Alimentos

D. L. do N., brasileiro, solteiro, vigilante, portador do RG 00.000.000-SSP/SP e do CPF 000.000.000-00, sem endereço eletrônico, residente e domiciliado na Rua Raimundo Mendes Figueiredo, nº 00, Itaim Paulista, cidade de São Paulo, CEP 00000-000, por seu Advogado, que esta subscreve (mandato incluso), com escritório na Rua Francisco Martins, nº 00, Centro, cidade de Mogi das Cruzes-SP, *onde recebe intimações* (e-mail: gediel@gsa.com.br), nos autos do processo que lhe move J. S. do N., vem à presença de Vossa Excelência apresentar suas *justificativas*, conforme as seguintes razões:

Dos Fatos:

A exequente ajuizou o presente feito asseverando que o alimentante estaria em atraso com suas obrigações alimentícias no valor total de R$ 1.489,80 (um mil, quatrocentos e oitenta e nove reais, oitenta centavos), valor este calculado em SUPOSTO SALÁRIO DO EXECUTADO, requerendo a citação para pagamento ou apresentação de justificativas. Recebida a exordial, determinou este douto Juízo a citação do executado para que, no prazo de 3 (três) dias, pagasse a quantia requerida ou justificasse a impossibilidade.

Em síntese, o necessário.

Do Mérito:

Informa o art. 783 do CPC que "a execução para cobrança de crédito fundar-se-á sempre em título de obrigação certa, líquida e exigível".

Ora, a exequente diz que o executado está trabalhando e que, portanto, caberia, segundo o acordo firmado entre as partes, a cobrança de 1/3 dos seus rendimentos líquidos. Em seguida, DE FORMA TOTALMENTE ARBITRÁRIA, informa, "sem qualquer base e sem qualquer prova", que os rendimentos do executado estariam na casa dos R$ 1.500,00 (um mil, quinhentos reais), elaborando, com base nessa fantasiosa informação, os cálculos do débito.

A realidade é bem diferente.

Entretanto, o alimentante realmente encontra-se em débito com suas obrigações em face da sua filha, "J". Tal aconteceu não por descaso deste para com sua filha, mas porque a mãe da menor, percebendo as dificuldades financeiras do executado, que possui outros 2 (dois) filhos (Y. G. G. do N., nascida em 00.00.0000; G. G. de G. N., nascido em 00.00.0000), disse que este não precisava pagar a pensão.

Na verdade, o executado deveria ter ajuizado pedido revisional de alimentos, a fim de adequar o valor da pensão às suas possibilidades. Registre-se que não o fez em razão, principalmente, de não ter recebido correta orientação jurídica.

De qualquer forma, o executado sabe que seus problemas e as conversas verbais que manteve com a representante da exequente não têm o condão de afastar a sua responsabilidade. ENTRETANTO, faz-se necessário apurar-se os valores que são "realmente" devidos.

O alimentante encontra-se empregado junto à empresa V. SEGURANÇA E VIGILÂNCIA LTDA., situada na Rua Conselheiro Ramalho, nº 00, Bela Vista, cidade de São Paulo-SP, CEP 00000-000, onde exerce a função "vigilante", auferindo salário bruto mensal de aproximadamente um salário mínimo.

Destarte, "requer-se", quanto às pensões vincendas, seja oficiado ao referido empregador determinando que proceda com o desconto da pensão alimentícia em folha de pagamento para crédito na conta corrente que a representante da menor indicar.

Já quanto às pensões atrasadas, necessário inicialmente que seja feita a sua liquidação. Para tanto, e em sinal de boa-fé, o executado junta à presente cópia dos seus holerites referente ao período cobrado neste feito (janeiro/0000 a junho/0000, ficando devendo os comprovantes de dezembro de 0000 e julho de 0000 (o primeiro, o executado perdeu, o segundo ainda não recebeu).

Com base nos referidos comprovantes, "requer-se" sejam os autos enviados ao contador da serventia. Ficando desde já requerido seja concedido ao executado o parcelamento do débito a ser apurado em 25 (vinte e cinco) parcelas, que também deverão ser descontadas em folha de pagamento, oficiando ao empregador para tanto, observando-se o limite máximo de 50% (cinquenta por cento) de seus rendimentos líquidos, conforme permissivo do § 3º do art. 529 do CPC.

Embora o número de parcelas possa a princípio parecer excessivo, ressalte-se que esta é a única forma de o executado pagar, quitar o seu débito sem prejuízo do próprio sustento e, o mais importante, o sustento de seus outros dois filhos.

Como pode perceber este douto Juízo, a pensão mensal se apresenta injusta (um terço dos rendimentos para um único filho), mas como o passado não pode ser mudado, o parcelamento do débito se apresenta como única saída possível com escopo de se evitar a prisão civil do alimentante, fato que trará igualmente prejuízos a todos os envolvidos.

Dos Pedidos:

Ante o exposto, requer-se, após oitiva do ilustre representante do Ministério Público, acate este douto Juízo as justificativas do executado, **com escopo de afastar o pedido de prisão civil e conceder o parcelamento do débito nos termos requeridos**, suspendendo-se a presente execução até final e completa liquidação. No caso de a representante da menor não concordar com pedido de parcelamento, "**requer-se**" seja designada audiência de conciliação, onde, eventualmente, as partes poderão discutir uma melhor forma de quitação da obrigação em aberto, com escopo de evitar a aplicação da medida extrema, que, como se disse, vantagem nenhuma trará para qualquer das partes.

Requer, outrossim, os benefícios da justiça gratuita, vez que se declara pobre no sentido jurídico do termo, conforme declaração juntada nos autos.

Provará o que for necessário, usando de todos os meios admitidos em direito, em especial pela juntada de documentos (anexos), estudo social, oitiva de testemunhas e depoimento pessoal da representante da exequente.

Termos em que
p. deferimento.

M. Cruzes/F. Vasconcelos, 00 de agosto de 0000.

Gediel Claudino de Araujo Júnior
OAB/SP 000.000

10.65 JUSTIFICATIVAS EM CUMPRIMENTO DE OBRIGAÇÃO DE PRESTAR ALIMENTOS ONDE O EXECUTADO RECONHECE O DÉBITO E INFORMA O PAGAMENTO, REQUERENDO A EXTINÇÃO DA EXECUÇÃO

Excelentíssimo Senhor Doutor Juiz de Direito da Vara Única do Foro Distrital de Roseira, da Comarca de Aparecida, São Paulo.

Processo nº 0000000-00.0000.0.00.0000
Cumprimento de Obrigação de Prestar Alimentos

F. F. dos S. Jr., brasileiro, casado, desempregado, portador do RG 00.000.000-SSP/SP e do CPF 000.000.000-00, sem endereço eletrônico, residente e domiciliado na Rua Sacadura Cabral, nº 00, Jardim Aeroporto, cidade de Mogi das Cruzes-SP, CEP 00000-000, por seu Advogado, que esta subscreve (mandato incluso), com escritório na Rua Francisco Martins, nº 00, Centro, cidade de Mogi das Cruzes-SP, *onde recebe intimações* (e-mail: gediel@gsa.com.br), nos autos do processo que lhe move **J. H. M. dos S.**, vem à presença de Vossa Excelência apresentar suas *justificativas*, conforme as seguintes razões:

Dos Fatos:

O exequente ajuizou o presente feito asseverando que o alimentante estaria em atraso com suas obrigações alimentícias no valor total de R$ 371,75 (trezentos e setenta e um reais, setenta e cinco centavos). Requereu a citação para pagamento ou apresentação de justificativas.

Em síntese, o necessário.

Do Mérito:

Na verdade, o executado encontrava-se em atraso com suas obrigações perante o exequente, porém, tal fato não era fruto de sua vontade, mas de circunstâncias pessoais que estão além de suas forças.

Citado neste feito e esclarecido sobre a possibilidade de sua prisão civil, o executado conseguiu levantar o valor do débito, considerando: (I) que o valor mensal da pensão é de 30% do salário mínimo; (II) que nos meses de maio a agosto de 0000 ele efetuou o pagamento parcial de R$ 100,00 (cópias dos recibos anexos).

Como prova documento anexo, o valor total do débito, calculado conforme tabela prática do TJSP, foi depositado na conta-corrente da representante do menor.

Dos Pedidos:

Ante o exposto, considerando que houve total quitação do débito, requer-se, após oitiva do ilustre representante do Ministério Público, a extinção do feito pelo pagamento (art. 924, II, CPC).

Requer, outrossim, os benefícios da justiça gratuita, vez que se declara pobre no sentido jurídico do termo, conforme declaração anexa.

Provará o que for necessário, usando de todos os meios admitidos em direito, em especial pela juntada de documentos (anexos), oitiva de testemunhas e depoimento pessoal da representante da menor.

Termos em que
p. deferimento.

Mogi das Cruzes, 00 de agosto de 0000.

Gediel Claudino de Araujo Júnior
OAB/SP 000.000

10.66 JUSTIFICATIVAS EM CUMPRIMENTO DE OBRIGAÇÃO DE PRESTAR ALIMENTOS ONDE O EXECUTADO RECONHECE O DÉBITO E REQUER SEU PARCELAMENTO (SEM QUALQUER PAGAMENTO)

Excelentíssimo Senhor Doutor Juiz de Direito da Vara Única do Foro Distrital de Guararema, Comarca de Mogi das Cruzes, São Paulo.

Processo nº 0000000-00.0000.0.00.0000
Cumprimento de Obrigação de Prestar Alimentos

S. F. R., brasileiro, solteiro, desempregado, portador do RG 00.000.000-SSP/SP e do CPF 000.000.000-00, sem endereço eletrônico, residente e domiciliado na Avenida Katisutoshi Naito, nº 00, de Cidade Boa Vista, cidade de Suzano-SP, CEP 00000-000, por seu Advogado, que esta subscreve (mandato incluso), com escritório na Rua Francisco Martins, nº 00, Centro, cidade de Mogi das Cruzes-SP, *onde recebe intimações* (e-mail: gediel@gsa.com.br), nos autos do processo que lhe move **S. dos S. R.**, vem à presença de Vossa Excelência apresentar suas *justificativas*, conforme as seguintes razões:

Dos Fatos:

O exequente ajuizou o presente feito asseverando que o alimentante estaria em atraso com suas obrigações alimentícias no valor total de R$ 481,20 (quatrocentos e oitenta e um reais, vinte centavos). Requereu a citação para pagamento ou apresentação de justificativas.

Em síntese, o necessário.

Do Mérito:

Na verdade, o executado encontra-se em atraso com suas obrigações perante o exequente, porém, tal fato não é fruto de sua vontade, mas de circunstâncias pessoais que estão além de suas forças.

Como se sabe, o Brasil passa por uma das piores crises financeiras da sua história; também não é segredo que o número de desempregados cresce todos os meses, batendo recortes históricos. Infelizmente, o alimentante já há alguns meses vem engrossando essas estatísticas, não obstante seus enormes esforços na procura de um emprego regular.

Na verdade, até mesmo os serviços informais, aos quais tem se dedicado o executado, estão escassos e difíceis de encontrar. Todas as suas contas estão atrasadas (aluguel, energia elétrica, água, supermercado etc.), conforme provam documentos anexos.

A fome, a miséria, a necessidade e o desespero estão à porta do executado, que sofre não só por si, mas também pelos seus filhos, inclusive o autor.

Citado neste feito e esclarecido sobre a possibilidade de sua prisão civil, o executado buscou, mais uma vez, a ajuda da sua família (pais e irmãos), com escopo de tentar evitar o pior. Pretende retomar de imediato o pagamento das pensões vincendas, juntando a estas justificativas o comprovante de quitação daquela que se venceu este mês. Quanto ao débito pretérito, que hoje alcança o patamar de R$ 1.785,20 (um mil, setecentos e oitenta e cinco reais, vinte centavos), propõe-se que a quitação ocorra em 20 (vinte) parcelas de R$ 89,26 (oitenta e nove reais, vinte e seis centavos), com vencimento para todo dia 15 (quinze) de cada mês, iniciando-se no próximo mês.

Registre-se que esta proposta representa esforço máximo do executado para evitar a sua prisão, fato que só fará aumentar a dor e o sofrimento, seu e da sua família (companheira e filhos), sem trazer qualquer vantagem efetiva ao exequente.

Dos Pedidos:

Ante o exposto, requer-se determine este douto Juízo a intimação do credor para que se manifeste quanto à proposta de pagamento. Na hipótese de o exequente não concordar com o pedido de parcelamento, **requer-se** a designação de audiência de conciliação, a fim de possibilitar às partes outro acordo que atenda aos interesses das partes.

Requer, outrossim, os benefícios da justiça gratuita, vez que se declara pobre no sentido jurídico do termo, conforme declaração anexa.

Provará o que for necessário, usando de todos os meios admitidos em direito, em especial pela juntada de documentos (anexos), oitiva de testemunhas (rol anexo), perícia social e depoimento pessoal da representante do menor.

Termos em que
p. deferimento.

M. Cruzes/Guararema, 00 de janeiro de 0000.

Gediel Claudino de Araujo Júnior
OAB/SP 000.000

10.67 JUSTIFICATIVAS EM CUMPRIMENTO DE OBRIGAÇÃO DE PRESTAR ALIMENTOS ONDE O EXECUTADO RECONHECE O DÉBITO, REQUER A CISÃO DO FEITO EM RAZÃO DA COBRANÇA DE MAIS DO QUE TRÊS MESES, ASSIM COMO REQUER QUE O JUIZ DECLARE JUSTIFICADA SUA INADIMPLÊNCIA

Excelentíssimo Senhor Doutor Juiz de Direito da 3ª Vara Cível do Foro de Mogi das Cruzes, São Paulo.

Processo nº 0000000-00.0000.0.00.0000
Cumprimento de Obrigação de Prestar Alimentos

J. C. de C., já qualificado, por seu Advogado, que esta subscreve (mandato incluso), com escritório na Rua Francisco Martins, nº 00, Centro, cidade de Mogi das Cruzes-SP, *onde recebe intimações* (e-mail: gediel@gsa.com.br), nos autos do processo que lhe movem C. de M. C. e/o, vem à presença de Vossa Excelência apresentar suas *justificativas*, conforme as seguintes razões:

Dos Fatos:

Os exequentes ajuizaram o presente feito asseverando que o alimentante estaria em atraso com suas obrigações alimentícias no valor total de R$ 2.855,49 (dois mil, oitocentos e cinquenta e cinco reais, quarenta e nove centavos), requerendo a citação para pagamento ou apresentação de justificativas. Recebida a exordial, determinou este douto Juízo a citação do executado para que, no prazo de 3 (três) dias, pagasse a quantia requerida ou justificasse a impossibilidade.

Em síntese, o necessário.

Preliminarmente/Da Cisão do Feito (limitação das parcelas):

Ab initio, necessário que este douto Juízo cinda a presente execução em duas, uma envolvendo os últimos 3 (três) meses da obrigação alimentícia (contados do protocolo do presente cumprimento de sentença), obedecendo o rito do art. 528 do CPC, outra envolvendo as demais prestações, vencidas há mais de 3 (três) meses, obedecendo o rito do art. 523 do CPC. Tal medida é necessária em razão da natureza especial da obrigação alimentar, visto que se os alimentandos não a cobraram oportunamente, sobrevivendo sem ela, não seria justo agora submeter o executado à prisão civil, medida excepcional e extrema, em processo de execução que engloba período superior a 01 (um) ano.

Nesse sentido, a letra expressa da lei:

"Art. 528. (...)

§ 7º O débito alimentar que autoriza a prisão civil do alimentante é o que compreende até as 3 (três) prestações anteriores ao ajuizamento da execução e as que se vencerem no curso do processo".

Do Mérito:

No mais, o executado reconhece que não vem cumprindo com suas obrigações perante os exequentes, porém, tal fato não é fruto de sua desídia, nem de sua vontade, mas da situação extremamente precária em que se encontra. O alimentante sempre sobreviveu de catar papel pelas ruas da cidade, conforme é do conhecimento dos alimentandos, porém, esta rude e difícil ocupação acabou completamente com a sua saúde (coração e coluna), até o ponto de absolutamente impossibilitá-lo para o trabalho.

Não podendo trabalhar, o genitor, por mais que queira, não consegue honrar suas obrigações perante os menores, estando ele mesmo a sobreviver graças exclusivamente à bondade de alguns familiares, que o receberam e o mantêm.

Diante deste quadro, deveria ter o executado ajuizado ação de exoneração de pensão alimentícia, não o fez por puro desconhecimento da lei e, portanto, da necessidade de tal atitude.

Deixa de apresentar atestado médico nesta oportunidade, vez que estando aos cuidados de terceiros, de quem depende para tudo, inclusive moradia e alimento, não o possui, contudo se compromete a trazê-lo aos autos no prazo de 20 (vinte) dias.

Registre-se, em resumo, que o alimentante está TOTALMENTE IMPOSSIBILITADO para o trabalho de forma definitiva; infelizmente ele não tem direito a qualquer benefício previdenciário, embora esteja tentando conseguir algum tipo de benefício assistencial (documentos anexos).

Dos Pedidos:

Ante o exposto, requer-se, após oitiva do ilustre representante do Ministério Público, acate este douto Juízo as justificativas do executado, dando como justificada a sua inadimplência das obrigações alimentícias, afastando o pedido de prisão civil, ou designando audiência de conciliação, na qual, após cisão da presente execução, as partes poderão acordar uma forma de quitação das últimas 3 (três) pensões em aberto.

Requer, outrossim, os benefícios da justiça gratuita, vez que se declara pobre no sentido jurídico do termo, conforme declaração anexa.

Provará o que for necessário, usando de todos os meios admitidos em direito, em especial pela juntada de documentos (anexos), oitiva de testemunhas (rol anexo), perícia médica e social e depoimento pessoal da representante dos exequentes.

Termos em que
p. deferimento.

Mogi das Cruzes, 00 de agosto de 0000.

Gediel Claudino de Araujo Júnior
OAB/SP 000.000

10.68 JUSTIFICATIVAS EM CUMPRIMENTO DE OBRIGAÇÃO DE PRESTAR ALIMENTOS ONDE O EXECUTADO RECONHECE O DÉBITO, REQUER EXPEDIÇÃO DE OFÍCIO AO SEU EMPREGADOR E SE PROPÕE A QUITAR O DÉBITO USANDO O SALDO DE SUAS CONTAS DO FGTS

Excelentíssimo Senhor Doutor Juiz de Direito da 1ª Vara de Família e Sucessões da Comarca de Camaçari, Bahia.

Processo nº 0000000-00.0000.0.00.0000
Cumprimento de Obrigação de Prestar Alimentos (Execução de Alimentos)

R. S. da S., brasileiro, divorciado, frentista, portador do RG 00.000.000-0-SSP/SP e do CPF 000.000.000-00, sem endereço eletrônico, residente e domiciliado na Rua Doutor Eduardo Henrique Tassinari, nº 00, Vila Municipal, cidade de Mogi das Cruzes-SP, CEP 00000-000, por seu Advogado, que esta subscreve (mandato incluso), com escritório na Rua Francisco Martins, nº 00, Centro, cidade de Mogi das Cruzes-SP, *onde recebe intimações* (e-mail: gediel@gsa.com.br), nos autos do processo que lhe move **T. A. O. da S. e outros**, vem à presença de Vossa Excelência apresentar suas *justificativas*, conforme as seguintes razões:

Dos Fatos:

Os exequentes ajuizaram o presente feito asseverando que o alimentante estaria em atraso com suas obrigações alimentícias. Requereram a citação para pagamento ou apresentação de justificativas.

Em síntese, o necessário.

Do Mérito:

Na verdade, o executado encontra-se em atraso com suas obrigações perante os exequentes, porém, tal fato não é fruto de sua vontade, mas de circunstâncias pessoais que estão além de suas forças.

Citado neste feito e esclarecido sobre a possibilidade de sua prisão civil, o executado se propõe a retomar imediatamente o pagamento das pensões vincendas, para tanto REQUER determine este douto Juízo a expedição urgente de ofício ao seu empregador determinando que passe a proceder ao desconto da pensão em folha de pagamento, observando-se que se encontra empregado junto à seguinte empresa: AUTO POSTO PORTAL DE M. LTDA., situado na Rua Presidente Getúlio Vargas, nº 00, Mogi Moderno, cidade de Mogi das Cruzes-SP, CEP 00000-000.

Resolvida a questão das vincendas, há ainda que se falar do valor do débito em aberto.

Embora não se aponte na contrafé o valor total do débito, nem seja possível ao executado saber a data da distribuição do feito para os fins do que determina o § 7º do art. 528 do CPC, sabe ele que o valor é grande, muito acima da sua capacidade de pagamento, principalmente se considerarmos que ele paga pensão para mais dois filhos, uma das quais já é descontada em folha de pagamento, como se vê de cópia do holerite anexa.

De outro lado, a prisão do alimentante só fará piorar a situação para todos, visto que ele irá perder a única fonte certa de renda. Diante deste quadro propõe que o débito em aberto, a ser apurado por este douto Juízo, seja pago com o uso de eventual saldo das contas de FGTS dele.

Com efeito, recente jurisprudência tem autorizado o uso do FGTS para quitação de dívida alimentar, *in verbis*:

> "ADMINISTRATIVO. LEVANTAMENTO DE FGTS PARA RECONSTRUÇÃO DE MORADIA ABALADA POR VENDAVAL. POSSIBILIDADE. RECURSO ESPECIAL IMPROVIDO. 1. *A enumeração do art. 20 da Lei 8.036/90 não é taxativa*. Por isso, é possível, em casos excepcionais, a liberação dos saldos do FGTS em situação nele não elencada. Precedentes. 2. O direito à moradia e o princípio da dignidade da pessoa humana autorizam o saque na hipótese em comento, em que a casa em que reside o fundista foi atingida por vendaval, tendo sido constatado risco de desabamento. 3. Recurso especial improvido" (Recurso Especial nº 779.063 - PR (2005/0146755-6) - Rel. Ministro Teori Albino Zavascki).

> "ADMINISTRATIVO. PIS. LEVANTAMENTO DO SALDO. TRATAMENTO DE MOLÉSTIA GRAVE, NÃO ELENCADA NO ART. 20 DA LEI Nº 8.036/90. POSSIBILIDADE. 1. Admite-se, em hipóteses excepcionais, análogas às previstas no art. 20 da Lei 8.036/90, mormente para atendimento de despesas com tratamento de moléstia grave, a liberação de depósito no PIS. Precedentes: REsp 249026/PR, 1ª T., Min. José Delgado, *DJ* de 26.06.00; REsp 481019/PE, 1ª T., Min. Luiz Fux, *DJ* de 02.12.03; REsp 560777/PR, 2ª T., Min. Eliana Calmon, *DJ* de 08.03.04; REsp 486473/RS, 1ª T., Min. José Delgado, *DJ* de 01.12.03; REsp 534250/RS, 1ª T., Min. Francisco Falcão, *DJ* de 12.11.03; REsp571133/CE, 2ª T., Min. João Otávio de Noronha, *DJ* de 04.11.03 e REsp 387846/RS, 1ª T., Min. Humberto Gomes de Barros, *DJ* de 12.08.2002. 2. Recurso especia. a que se nega provimento" (Recurso Especial nº 796.574 - RS (2005/0188301-1), Rel. Ministro Teori Albino Zavascki).

Superada a ideia da taxatividade da lista prevista no art. 20 da Lei nº 8.036/90, o juiz fica liberado para apreciar outros pedidos de liberação do FGTS.

Nesse sentido, importante considerar que a obrigação alimentar é qualificada; sendo que a importância que o legislador lhe atribui é tamanha que afasta a regra da impenhorabilidade do bem de família, possibilitando a constrição da própria residência do alimentante inadimplente, além de autorizar a coerção pessoal deste (prisão civil).

Sendo assim, com escopo de evitar a sua prisão civil, que traria prejuízos para todos os envolvidos, PROPÕE o alimentante que o débito em aberto seja quitado com o saldo das suas contas do FGTS, oficiando-se à CEF no sentido de que informe a existência de contas e seus saldos; de outro lado, apurado o débito total em aberto determine este douto Juízo, no caso de os alimentandos aceitarem a presente proposta, a transferência dos valores para conta judicial aos cuidados deste douto Juízo para depois liberação para os credores.

No caso eventual de o saldo das contas do FGTS do executado não forem suficientes para quitar o débito, PROPÕE o alimentante que o saldo remanescente seja, nos limites apontados no § 3º do art. 529 do CPC, descontados em parcelas junto ao seu empregador, observando-se o limite de 50% (cinquenta por cento) de seus ganhos líquidos.

Dos Pedidos:

Ante o exposto, requer-se determine este douto Juízo a intimação dos credores para que se manifestem quanto às propostas de pagamento, determinando, em caso de concordância, a remessa dos autos ao contador da serventia, para atualização dos cálculos e as providências necessárias para implantação dos descontos, assim como para transferência do saldo das contas de FGTS suficientes para quitar o débito. No caso de o saldo das referidas contas não for suficiente para quitar todo o débito cobrado, se determine o desconto das diferenças em parcelas diretamente em folha de pagamento, observado o limite de 50% (cinquenta por cento) da renda líquida do alimentante.

Requer-se que qualquer decisão seja "comunicada" por meio de correspondência diretamente ao executado.

Provará o que for necessário, usando de todos os meios admitidos em direito, em especial pela juntada de documentos (anexos), oitiva de testemunhas e depoimento pessoal da representante da menor.

Requer, por fim, os benefícios da justiça gratuita, vez que se declara pobre no sentido jurídico do termo, conforme declaração anexa.

Termos em que
p. deferimento.

M. Cruzes/Camaçari, 00 de fevereiro de 0000.

Gediel Claudino de Araujo Junior
OAB/SP 000.000

10.69 MODELO DE DECLARAÇÃO DE POBREZA

DECLARAÇÃO[3]

      Eu, **Gediel Claudino de Araujo Junior**, brasileiro, casado, funcionário público, portador do RG 00.000.000-SSP/SP e do CPF 000.000.000-00, titular do e-mail gediel@gsa.com.br, residente e domiciliado na Rua Francisco Martins, nº 00, Jardim Armênia, cidade de Mogi das Cruzes-SP, CEP 00000-000, **declaro** a quem interessar e para todos os fins de direito, sob pena de ser responsabilizado criminalmente por falsa declaração, que sou pobre no sentido jurídico do termo, pois não possuo condições de pagar as custas e despesas do processo, assim como os honorários advocatícios, sem prejuízo de meu sustento próprio e de minha família, necessitando, portanto, da gratuidade da Justiça, nos termos do art. 98 do Código de Processo Civil.

      Mogi das Cruzes, 00 de janeiro de 0000.

---

[3] Segundo regra do art. 82 do Código de Processo Civil cabe às partes arcar com as despesas dos atos que realizarem ou requererem no processo; no entanto, o próprio Código, buscando garantir a todos acesso à Justiça, prevê a possibilidade de a pessoa carente requerer os "benefícios da justiça gratuita", que envolve a isenção das custas e despesas processuais. Para obter este benefício, basta que o interessado efetue o pedido, sendo costume juntar-se "declaração de pobreza". A declaração feita por pessoa natural deve ser tida como verdadeira (art. 99, § 3º, CPC), sendo que o juiz somente poderá indeferir o pedido se houver nos autos elementos no sentido contrário. Devido ao abuso deste direito, é cada vez mais comum os juízes determinarem, contrariando a norma prevista no citado § 3º do art. 99 do CPC, que o interessado comprove o seu estado de carência, juntando, por exemplo, comprovante de renda (art. 5º, LXXIV, CF).

10.70 PETIÇÃO COBRANDO O ANDAMENTO DO FEITO QUE SE ENCONTRA INDEVIDAMENTE PARADO, SEM MANIFESTAÇÃO DO JUÍZO

Excelentíssimo Senhor Doutor Juiz de Direito da 3ª Vara Cível do Foro e Comarca de Suzano, São Paulo.

Processo nº 0000000-00.0000.0.00.0000
Ação de Revisão de Alimentos

R. H. F., já qualificado, por seu Advogado firmado *in fine*, com escritório na Rua Paulino Ayres de Barro, nº 00, Jardim Marcatto, cidade de Suzano-SP, CEP 00000-000, *onde recebe intimações* (e-mail: gediel@gsa.com.br), nos autos do processo que move em face de **G. A. H.**, vem à presença de Vossa Excelência REQUERER o andamento do feito, observando-se que o Ministério Público já se manifestou há quase DOIS MESES. A demora no recebimento da petição inicial, em especial a apreciação do pedido liminar e a determinação de citação do réu, traz enormes prejuízos à parte.

Sendo assim, aguarda-se urgente manifestação deste douto Juízo quanto ao pedido liminar e o prosseguimento do feito.

Termos em que
p. deferimento.

Suzano, 00 de setembro de 0000.

Gediel Claudino de Araujo Júnior
OAB/SP 000.000

10.71 PETIÇÃO DENUNCIANDO ACORDO FEITO EM CUMPRIMENTO DE OBRIGAÇÃO DE PRESTAR ALIMENTOS

Excelentíssimo Senhor Doutor Juiz de Direito da 3ª Vara Cível do Foro de Mogi das Cruzes, São Paulo.

Processo nº 0000000-00.0000.0.00.0000
Cumprimento de Obrigação de Prestar Alimentos

    K. G., representada por sua genitora *D. C. C.*, já qualificada, por seu Advogado, que esta subscreve (mandato incluso), com escritório na Rua Francisco Martins, nº 00, Centro, cidade de Mogi das Cruzes-SP, CEP 00000-000, *onde recebe intimações* (e-mail: gediel@gsa.com.br), nos autos do processo que move em face de **J. E. G.**, vem à presença de Vossa Excelência informar e, ao final, requerer:

    1. Infelizmente o executado *"já deixou de cumprir"* com o acordado nestes autos, fls. 00/00, estando novamente inadimplente com sua obrigação em face da menor. Na verdade, desde que firmou o acordo o alimentante pagou apenas a primeira parcela do acordo no valor de R$ 100,00, estando TOTALMENTE INADIMPLENTE com as pensões vencidas a partir de novembro de 0000.

    2. O débito total, parcelas acordadas e pensões vencidas após o acordo, é de R$ 3.255,69 (três mil, duzentos e cinquenta e cinco reais, sessenta e nove centavos), conforme cálculos anexos, elaborados de acordo com a tabela prática do TJSP.

    Destarte, "requer-se", nos termos do acordo, seja imediatamente decretada a sua prisão civil pelo prazo de 3 (três) meses, conforme permissivo do art. 528, § 3º, do CPC.

    Sem prejuízo, requer-se ainda determine este douto Juízo o protesto do título, assim como a negativação do nome do executado junto aos serviços de proteção ao crédito.

    Termos em que
    p. deferimento.

    Mogi das Cruzes, 00 de janeiro de 0000.

    Gediel Claudino de Araujo Júnior
    OAB/SP 000.000

10.72 PETIÇÃO INFORMANDO QUE O RÉU CONCORDA COM O PEDIDO DE EXONERAÇÃO DE ALIMENTOS

Excelentíssimo Senhor Doutor Juiz de Direito da 3ª Vara Cível do Foro de Mogi das Cruzes, São Paulo.

Processo nº 0000000-00.0000.0.00.0000
Ação Revisional de Alimentos

C. A. D. F., brasileiro, solteiro, desempregado, portador do RG 00.000.000-SSP/SP e do CPF 000.000.000-00, sem endereço eletrônico, residente e domiciliado na Rua General Francisco Bosco, n.o 00, Jardim Natal, cidade de Mogi das Cruzes-SP, CEP 00000-000, por seu Advogado, que esta subscreve (mandato incluso), com escritório na Rua Francisco Martins, nº 00, Centro, cidade de Mogi das Cruzes-SP, CEP 00000-000, *onde recebe intimações* (e-mail: gediel@gsa.com.br), nos autos do processo que lhe move **W. L. U. F.**, vem à presença de Vossa Excelência informar que "concorda com o pedido de exoneração da pensão alimentícia que lhe é devida", sem prejuízo da pensão que é devida a seus irmãos menores (*A. G. U. F.* e *C. A. D. F.*).

No mais, requer os benefícios da justiça gratuita, vez que se declara pobre no sentido jurídico do termo, conforme declaração anexa.

Termos em que
p. deferimento.

Mogi das Cruzes, 00 de dezembro de 0000.

Gediel Claudino de Araujo Júnior
OAB/SP 000.000

10.73 PETIÇÃO JUSTIFICANDO PEDIDO DE JUSTIÇA GRATUITA FEITO NA PETIÇÃO INICIAL

Excelentíssimo Senhor Doutor Juiz de Direito da 3º Vara Cível do Foro e Comarca de Suzano, São Paulo.

Processo nº 0000000-00.0000.0.00.0000
Ação de Divórcio

C. A. O. de L., já qualificada, por seu Advogado firmado *in fine*, com escritório na Rua Paulino Ayres de Barro, nº 00, Jardim Marcatto, cidade de Suzano-SP, CEP 00000-000, *onde recebe intimações* (e-mail: gediel@gsa.com.br), nos autos do processo que move em face de **V. X. de L.**, vem à presença de Vossa Excelência informar e, ao final, requerer:

Dos Fatos:

Em novembro de 0000, a autora ajuizou o presente feito requerendo, entre outras coisas, os benefícios da justiça gratuita, vez que se declarou pobre no sentido jurídico do termo, conforme declaração que juntou aos autos, fls. 00.

Recebida a exordial, este douto juízo determinou que a autora apresentasse provas quanto a sua real situação financeira.

Das Condições Financeiras da Autora:

A autora é funcionária municipal celetista e encontra-se ***afastada por doença*** junto ao INSS. Seu benefício mensal é no valor de R$ 914,50 (novecentos e quatorze reais e cinquenta centavos), conforme se vê dos documentos anexos.

Desde que o seu ex-marido deixou o lar conjugal, a autora tem arcado com todas as despesas de manutenção da casa, sendo que a única ajuda que recebe do marido é que ele continua pagando a mensalidade do veículo informado na exordial.

As despesas da autora envolvem, como se vê dos documentos anexos, o pagamento de conta de luz, água, telefone e obviamente alimentação.

Não fossem estas despesas já suficientes para consumir os seus parcos recursos, a autora ainda tem que lidar com seu frágil estado de saúde, contando, na maioria das vezes, com a ajuda de amigos e familiares.

Nestes autos, é assistida por Advogado particular, que esta subscreve, não porque possa pagar tal despesa, mas pelo simples fato do referido profissional ter se disposto a ajudá-la neste momento difícil, vez que ambos pertencem à mesma Igreja (Primeira Igreja Batista de Suzano). Na verdade, o contrato de prestação de serviço feito pelas partes até envolve o pagamento de pequeno honorário (até mesmo porque a advocatícia *pro-bono* só é possível com autorização da OAB); contudo, não especificaram as partes data ou prazo para tal pagamento.

Diante destes fatos, fica fácil concluir-se pela ABSOLUTA IMPOSSIBILIDADE de a autora recolher as custas deste feito, sendo que negar a ela os benefícios da justiça gratuita equivale a lhe negar acesso à própria JUSTIÇA.

Do Pedido de Reconsideração:

Ante todo o exposto, requer-se a este douto Juízo que RECONSIDERE o indeferimento da justiça gratuita, determinando o regular prosseguimento do feito.

Termos em que
p. deferimento.

Suzano, 00 de fevereiro de 0000.

Gediel Claudino de Araujo Júnior
OAB/SP 000.000

10.74 PETIÇÃO OFERECENDO MEMORIAIS EM AÇÃO DE REGULAMENTAÇÃO DE GUARDA E VISITAS

Excelentíssimo Senhor Doutor Juiz de Direito da 3ª Vara Cível do Foro de Mogi das Cruzes, São Paulo.

Processo nº 0000000-00.0000.0.00.0000
Ação de Regulamentação de Guarda e Visitas

C. de L. M. C., já qualificada, por seu Advogado, que esta subscreve (mandato incluso), com escritório na Rua Francisco Martins, nº 00, Centro, cidade de Mogi das Cruzes-SP, CEP 00000-000, *onde recebe intimações* (e-mail: gediel@gsa.com.br), nos autos do processo que move em face de S. A. M. C. e/o, vem à presença de Vossa Excelência oferecer, por memorial, as suas *alegações finais*, conforme razões de fato e de direito que a seguir expõe:

Dos Fatos:

Em setembro de 0000, a autora ajuizou a presente ação de regulamentação de guarda e visita em face de S. e J., asseverando que mantinha a guarda fática do menor "M. H. da S. P.", nascido em 00.00.0000, filho dos réus. Considerando o descaso dos pais com o filho, pediu a guarda legal do menor, assim como a disciplina do direito de visitas.

Recebida a exordial, este douto Juízo determinou a expedição de mandado de constatação. Em atenção à ordem judicial, o Oficial de Justiça compareceu na residência da autora e constatou que de fato o menor lá residia, fls. 00.

Os réus foram citados por edital, fls. 00, tendo o Juízo nomeado Curador Especial para representar os seus interesses, fls. 00/00.

Em novas diligências, citou-se pessoalmente a ré Sheila, fls. 00, que havia voltado a residir com a autora.

Saneado o feito, fls. 00, determinou este Juízo a realização de estudo psicossocial, que foi juntado aos autos às fls. 00/00 e 00/00.

Em síntese, esses os fatos.

Do Mérito:

Douto Magistrado, o pedido deve ser julgado procedente, com escopo de conceder à autora a guarda legal, por tempo indeterminado, do menor M.

O descaso dos pais naturais com seu filho fica evidente pela simples análise das circunstâncias fáticas que envolvem o caso. Com efeito, o genitor encontra-se em lugar incerto e não sabido, não tendo sido localizado mesmo após várias diligências determinadas pelo Juízo. A genitora, por sua vez, voltou para a casa da autora, após longo tempo desaparecida, apenas por algumas semanas, tendo novamente "desaparecido" sem deixar notícia.

De outro lado, tanto o estudo social como o psicológico concluíram que a guarda legal do menor M. deve ser concedida à autora, avó materna do menor.

Do Pedido:

Ante o exposto, e mais pelas razões que este douto Juízo certamente saberá lançar sobre o tema, requer-se a *procedência do pedido*, concedendo-se à autora a guarda do menor M. H. da S. P., disciplinando-se o direito de visita dos genitores conforme proposto na exordial.

Termos em que
p. deferimento.

Mogi das Cruzes, 00 de abril de 0000.

Gediel Claudino de Araujo Júnior
OAB/SP 000.000

10.75 PETIÇÃO OFERECENDO MEMORIAIS EM AÇÃO DECLARATÓRIA MOVIDA EM FACE DA EMPRESA BANDEIRANTES ENERGIA

Excelentíssimo Senhor Doutor Juiz de Direito da 3ª Vara Cível do Foro de Mogi das Cruzes, São Paulo.

Processo nº 0000000-00.0000.0.00.0000
Ação Declaratória

D. da S., já qualificado, por seu Advogado, que esta subscreve (mandato incluso), com escritório na Rua Francisco Martins, nº 00, Centro, cidade de Mogi das Cruzes-SP, CEP 00000-000, *onde recebe intimações* (e-mail: gediel@gsa.com.br), nos autos do processo que move em face de **Bandeirantes Energia S.A.**, vem à presença de Vossa Excelência oferecer, por memorial, as suas *alegações finais*, conforme razões de fato e de direito que a seguir expõe:

Dos Fatos:

Em agosto de 0000, o autor ajuizou a presente ação declarando, em apertada síntese, que a ré estava lhe cobrando um débito no valor R$ 2.680,52 referente a diferenças advindas "supostamente" de irregularidades no relógio medidor. Depois de argumentar sobre a ilegalidade da cobrança, o autor requereu fosse declarado a inexistência do débito imputado pela ré, assim como lhe fosse imposta obrigação de não fazer, consistente em não cortar o fornecimento de energia no imóvel do autor em razão do suposto débito.

Recebida a exordial, fls. 00, este douto Juízo concedeu a tutela antecipada, a fim de determinar que a ré "restabeleça o fornecimento de energia na residência do autor, porquanto, tratando-se de episódio alheio à prestação do serviço, de rigor seja procedida uma melhor apuração dos fatos".

Citada, a ré ofereceu contestação, fls. 00/00.

Saneado o feito, fls. 00, o Juízo determinou que a ré apresentasse o medidor de energia elétrica da residência do autor para realização de perícia técnica. Entretanto, mesmo não tendo a ré cumprido a determinação judicial, a perícia foi realizada no ATUAL relógio do autor, fls. 00/00.

O autor impugnou o laudo, fls. 00.

Em síntese, esses os fatos.

Do Mérito:

Douto Magistrado, os pedidos do autor devem ser julgados procedentes.

Como já observado às fls. 00, a ré foi REITERADAMENTE intimada para apresentar o relógio medidor onde supostamente teria ocorrido irregularidade, contudo esta se limitou a apresentar evasivas, deixando de atender à determinação judicial.

A presunção que advém do TOI é relativa, tendo o consumidor expressamente impugnado a ocorrência de qualquer irregularidade em seu medidor, caberia à prestadora do serviço público produzir prova da referida irregularidade e da responsabilidade do consumidor pela sua ocorrência.

Isso não ocorreu. Muito ao contrário, a ré se escondeu atrás de evasivas e argumentos genéricos e repetitivos.

De outro lado, o consumidor demonstrou documentalmente nos autos que sempre cumpriu com suas obrigações, nada devendo à prestadora do serviço público.

No mais, há que se reiterar, por cautela, os argumentos já apresentados na exordial quanto à forma equivocada do cálculo do débito, assim como a impossibilidade, qualquer que seja o entendimento deste douto Juízo quanto a existência de eventual débito, do corte de fornecimento de energia elétrica na residência do autor em razão de cobrança de débito pretérito.

Do Pedido:

Ante o exposto, e mais pelas razões que este douto Juízo certamente saberá lançar sobre o tema, requer-se a procedência dos pedidos, condenando-se a ré nos ônus da sucumbência.

Termos em que
pede deferimento.

Mogi das Cruzes, 00 de agosto de 0000.

Gediel Claudino de Araujo Júnior
OAB/SP 000.000

10.76 PETIÇÃO OFERECENDO RÉPLICA EM RAZÃO DE CONTESTAÇÃO DE AÇÃO DE DIVÓRCIO LITIGIOSO SEM PRELIMINARES

Excelentíssimo Senhor Doutor Juiz de Direito da 6ª Vara Cível do Foro de Mogi das Cruzes, São Paulo.

Processo nº 0000000-00.0000.0.00.0000
Ação de Divórcio Litigioso

D. G., já qualificada, por seu Advogado, que esta subscreve (mandato incluso), com escritório na Rua Francisco Martins, nº 00, Centro, cidade de Mogi das Cruzes-SP, CEP 00000-000, *onde recebe intimações* (e-mail: gediel@gsa.com.br), nos autos do processo que move em face de **G. V.**, vem à presença de Vossa Excelência manifestar-se "*em réplica*" à contestação, fls. 00/00, conforme as seguintes razões:

1. Não há preliminares.

2. No mérito, o réu declara que concorda com o pedido de divórcio e com a guarda unilateral da mãe da única filha do casal, discordando, apenas, da "suspensão" do seu direito de visitas; na verdade, ele argumenta que seria a autora pessoa violenta e não ele. Como já argumentado na exordial, a autora e sua filha é quem foram vítimas do réu, daí o pedido no sentido de que, por ora, não fosse regulamentado o direito de visitas, com escopo de proteger-se a integridade física e moral de mãe e filha. Entende a autora, que o direito de visitas só será possível após realização de estudo social que comprove que o réu não mais represente qualquer perigo para a autora e sua filha.

Ante o exposto, REQUER-SE o saneamento do feito, deferindo-se a produção das provas oportunamente requeridas, em especial a realização de estudos social e psicossocial.

Termos em que
p. deferimento.

Mogi das Cruzes, 00 de dezembro de 0000.

Gediel Claudino de Araujo Júnior
OAB/SP 000.000

10.77 PETIÇÃO OFERECENDO RÉPLICA EM RAZÃO DE CONTESTAÇÃO DE AÇÃO DE INVESTIGAÇÃO DE PATERNIDADE SEM PRELIMINARES

Excelentíssimo Senhor Doutor Juiz de Direito da 7ª Vara Cível do Foro de Mogi das Cruzes, São Paulo.

Processo nº 0000000-00.0000.0.00.0000
Ação de Investigação de Paternidade c/c Alimentos

S. V. R., representada por sua genitora B. R., já qualificada, por seu Advogado, que esta subscreve (mandato incluso), com escritório na Rua Francisco Martins, nº 00, Centro, cidade de Mogi das Cruzes-SP, CEP 00000-000, *onde recebe intimações* (e-mail: gediel@gsa.com.br), nos autos do processo que move em face de **F. R.**, vem à presença de Vossa Excelência manifestar-se "*em réplica*" à contestação, fls. 00/00, conforme as seguintes razões:

1. Não há preliminares.

2. No mérito, o réu se limitou a negar a sua paternidade em face da autora.

Ante o exposto, REQUER-SE o saneamento do feito, deferindo-se a produção das provas oportunamente requeridas, em especial a realização de exame de DNA, oficiando-se imediatamente ao IMESC requerendo data para sua realização.

Termos em que
p. deferimento.

Mogi das Cruzes, 00 de dezembro de 0000.

Gediel Claudino de Araujo Júnior
OAB/SP 000.000

10.78 PETIÇÃO OFERECENDO RÉPLICA EM RAZÃO DE CONTESTAÇÃO DE AÇÃO DE RECONHECIMENTO E DISSOLUÇÃO DE UNIÃO ESTÁVEL SEM PRELIMINARES, REQUERENDO O SANEAMENTO DO FEITO

Excelentíssimo Senhor Doutor Juiz de Direito da 3ª Vara Cível do Foro de Mogi das Cruzes, São Paulo.

Processo nº 0000000-00.0000.0.00.0000
Ação de Reconhecimento e Dissolução de União Estável

S. A., já qualificado, por seu Advogado, que esta subscreve (mandato incluso), com escritório na Rua Francisco Martins, nº 00, Centro, cidade de Mogi das Cruzes-SP, CEP 00000-000, *onde recebe intimações* (e-mail: gediel@gsa.com.br), nos autos do processo que move em face de C. C. de A., vem à presença de Vossa Excelência manifestar-se "*em réplica*" à contestação, fls. 00/00, conforme as seguintes razões:

1. Não há preliminares. No mérito, a ré reconhece a existência da união estável apontada na exordial, assim como o seu período de duração, discordando apenas quanto ao pedido de partilha do bem imóvel adquirido pelo casal, visto que, segundo ela, este bem teria sido adquirido apenas com o seu esforço pessoal.

2. Sem razão a ré: ***primeiro***: as partes estavam juntas quando da aquisição e quitação do imóvel, pouco importando quem pagou a prestação e quem pagou, por exemplo, a conta de luz e água; ***segundo***: como qualquer casal, as partes dividiam as responsabilidades pelas despesas do lar, ora era a mulher quem pagava as prestações, ora era o autor; ***terceiro***, a casa foi construída basicamente com os recursos do autor, nem por isso ele se aventa em dizer que o imóvel é só dele.

Ante o exposto, REQUER-SE o saneamento do feito, deferindo-se a produção das provas oportunamente requeridas, em especial a oitiva de testemunhas e perícia técnica no imóvel, com escopo de apurar o seu valor de mercado e o tempo de sua construção.

Termos em que
p. deferimento.

Mogi das Cruzes, 00 de dezembro de 0000.

Gediel Claudino de Araujo Júnior
OAB/SP 000.000

10.79 PETIÇÃO OFERECENDO RÉPLICA EM RAZÃO DE CONTESTAÇÃO DE AÇÃO DE REGULAMENTAÇÃO DE GUARDA SEM PRELIMINARES, REQUERENDO O SANEAMENTO DO FEITO

Excelentíssimo Senhor Doutor Juiz de Direito da 3ª Vara Cível do Foro de Mogi das Cruzes, São Paulo.

Processo nº 0000000-00.0000.0.00.0000
Ação de Regulamentação de Guarda, Visitas e Alimentos

B. A. de A. e/outros, já qualificados, por seu Advogado, que esta subscreve (mandato incluso), com escritório na Rua Francisco Martins, nº 00, Centro, cidade de Mogi das Cruzes-SP, CEP 00000-000, *onde recebe intimações* (e-mail: gediel@gsa.com.br), nos autos do processo que movem em face de **M. G.**, vêm à presença de Vossa Excelência manifestar-se *"em réplica"* à contestação, fls. 00/00, conforme as seguintes razões:

1. Não há preliminares. No mérito, o réu discorda dos pedidos de guarda unilateral a favor da mãe, assim como dos valores requeridos a título de pensão alimentícia pelos filhos.

2. Não obstante a nova redação do § 2º do art. 1.584 do Código Civil, no caso concreto o juiz deve analisar se a guarda compartilhada representa, de fato, o melhor para os menores envolvidos. No presente caso, as crianças sempre estiveram aos cuidados da genitora e qualquer mudança nesta rotina poderá trazer graves prejuízos a eles; no mais, apesar dos protestos do réu, na prática ele tem mantido pouco contato com os filhos desde que se separou da Sra. "B", fazendo crer que o seu repentino interesse tem razões inconfessáveis.

3. Quanto ao valor da pensão alimentícia estes estão de acordo com os limites impostos pela jurisprudência, visto que se fossem analisadas apenas as necessidades dos menores, o valor da pensão seria bem maior.

Ante o exposto, REQUER-SE o saneamento do feito, deferindo-se a produção das provas oportunamente requeridas, em especial a oitiva de testemunhas e perícia social e psicológica, com escopo de determinar-se qual dos pais reúne melhores condições de exercer a guarda legal dos filhos.

Termos em que
p. deferimento.

Mogi das Cruzes, 00 de dezembro de 0000.

Gediel Claudino de Araujo Júnior
OAB/SP 000.000

10.80 PETIÇÃO OFERECENDO RÉPLICA EM RAZÃO DE CONTESTAÇÃO DE AÇÃO DE REGULAMENTAÇÃO DE GUARDA, VISITAS E ALIMENTOS COM PRELIMINAR E PEDIDO DE JULGAMENTO DO FEITO NO ESTADO

Excelentíssimo Senhor Doutor Juiz de Direito da 1ª Vara Cível do Foro de Mogi das Cruzes, São Paulo.

Processo nº 0000000-00.0000.0.00.0000
Ação de Reconhecimento e Dissolução de União Estável

P. S. de A. e outros, já qualificados, por seu Advogado, que esta subscreve (mandato incluso), com escritório na Rua Francisco Martins, nº 00, Centro, cidade de Mogi das Cruzes-SP, CEP 00000-000, *onde recebe intimações* (e-mail: gediel@gsa.com.br), nos autos do processo que movem em face de **J. M.**, vem à presença de Vossa Excelência manifestar-se "*em réplica*" à contestação, fls. 00/00, conforme as seguintes razões:

1. A preliminar de "inépcia da petição inicial" é confusa e sem nenhum fundamento. A petição inicial foi elaborada de acordo com as normas legais e os autores não precisam justificar por qual razão pediram isso ou aquilo, cabe ao réu impugnar a pretensão que entender injusta ou, como no caso, além da sua capacidade de pagamento.

2. No mérito, o réu NÃO IMPUGNA o pedido de "guarda unilateral", limitando-se a declarar que não tem condições de pagar o valor da pensão alimentícia requerido pelo autor. Na verdade, os valores requeridos estão de acordo com indicação da doutrina e jurisprudência, estando dentro do limite da capacidade de pagamento do alimentante.

Quanto ao tema, valor da pensão alimentícia, os autores não têm outras provas a produzir.

Ante o exposto, REQUER-SE o julgamento do feito no estado, deferindo-se os pedidos exordiais conforme formulados, observando-se que não houve impugnação quanto ao pedido de guarda, sendo que os valores requeridos a título de pensão estão dentro dos parâmetros legais, sendo as MUITAS necessidades do filho do réu conhecidas (notórias).

Termos em que
p. deferimento.

Mogi das Cruzes, 00 de dezembro de 0000.

Gediel Claudino de Araujo Júnior
OAB/SP 000.000

10.81 PETIÇÃO OFERECENDO RÉPLICA EM RAZÃO DE CONTESTAÇÃO DE AÇÃO REVISIONAL DE ALIMENTOS COM PRELIMINAR

Excelentíssimo Senhor Doutor Juiz de Direito da 3ª Vara Cível do Foro de Mogi das Cruzes, São Paulo.

Processo nº 0000000-00.0000.0.00.0000
Ação Revisional de Alimentos

R. E. S., já qualificado, por seu Advogado, que esta subscreve (mandato incluso), com escritório na Rua Francisco Martins, nº 00, Centro, cidade de Mogi das Cruzes-SP, CEP 00000-000, *onde recebe intimações* (e-mail: gediel@gsa.com.br), nos autos do processo que move em face de E. C. S., vem à presença de Vossa Excelência manifestar-se *"em réplica"* à contestação, fls. 00/00, conforme as seguintes razões:

1. Em preliminar, argumenta a requerida que o autor seria CARECEDOR DE AÇÃO, visto que não haveria "possibilidade jurídica do pedido".

Douto Magistrado, difícil entender as razões pela qual a ré requer seja o autor declarado carecer de ação por impossibilidade jurídica do pedido. Além da impossibilidade do pedido não mais consistir "condição da ação", segundo o novo CPC, há que se observar que o autor tem o direito de demandar perante o poder judiciário contra quem quiser (direito constitucional); neste caso em particular, a juridicidade do pedido encontra claro fundamento no art. 1.699 do Código Civil, sendo questão de mérito a análise se houve efetivamente, ou não, "mudança na situação financeira do alimentante". Sendo assim, a preliminar de carência de ação deve ser afastada.

2. No mérito, a ré, como é seu direito, resiste ao pedido de revisão do valor mensal da pensão alimentícia. Neste particular, há que se "reiterar" o amor e a preocupação que o autor tem para com a sua filha. Com efeito, a única razão que o faz demandar a revisão do valor mensal da pensão alimentícia após tantos anos é ter infelizmente constatado a simples e inarredável verdade de que não tem condições financeiras de manter o pagamento da pensão no patamar atual. Veja-se: o alimentante não se encheu de filhos, ele simplesmente, como tantos brasileiros, foi tendo a sua situação financeira piorada ano após ano, fato que não lhe deixa outra alternativa do que buscar a tutela jurisdicional a fim de evitar eventual prisão civil.

Ante o exposto, REQUER-SE o saneamento do feito, deferindo-se a produção das provas oportunamente requeridas, em especial a oitiva de testemunhas, intimando-se aquelas já arroladas nos autos, fls. 22, para que compareçam e prestem depoimento pessoal.

Termos em que
p. deferimento.

Mogi das Cruzes, 00 de dezembro de 0000.

Gediel Claudino de Araujo Júnior
OAB/SP 000.000

10.82 PETIÇÃO OFERECENDO RÉPLICA EM RAZÃO DE JUSTIFICATIVAS EM EXECUÇÃO DE ALIMENTOS, COM ACEITAÇÃO DE PEDIDO DE PARCELAMENTO

Excelentíssimo Senhor Doutor Juiz de Direito da 3ª Vara Cível do Foro de Mogi das Cruzes, São Paulo.

Processo nº 0000000-00.0000.0.00.0000

Cumprimento de Obrigação de Prestar Alimentos (execução de alimentos)

G. H. S., representado por sua genitora L. P. de S., já qualificada, por seu Advogado, que esta subscreve (mandato incluso), com escritório na Rua Francisco Martins, nº 00, Centro, cidade de Mogi das Cruzes-SP, CEP 00000-000, *onde recebe intimações* (e-mail: gediel@gsa.com.br), nos autos do processo que move em face de **D. F. S.**, vem à presença de Vossa Excelência manifestar-se "*em réplica*" à justificativas do executado, fls. 00/00, conforme as seguintes razões:

1. Primeiro, os credores confirmam o recebimento dos pagamentos noticiados pelo devedor, fls. 00/00, observando que os meses de abril e outubro de 0000 não foram pagos (ressalte-se que nestes autos estão sendo cobradas apenas as pensões vencidas a partir de maio/0000).

2. Ainda com razão, o executado ao afirmar que as partes acordaram, quando da conversão de sua separação em divórcio, a diminuição do valor da pensão para a situação de desemprego de 44% (quarenta e quatro por cento) para 38% (trinta e oito por cento), observando, no entanto, que tal acordo aconteceu apenas em 00.00.0000; ou seja, o novo valor passou a valer apenas a partir de julho de 0000, visto que a pensão de junho já estava vencida nesta oportunidade.

3. Considerando os pagamentos informados, o período cobrado neste feito e a alteração do valor da pensão a partir de julho de 0000, temos, segundo cálculos elaborados conforme a tabela prática do TJSP (anexos), um débito atual de **R$ 459,07 (quatrocentos e cinquenta e nove reais, sete centavos)**.

4. Os credores "concordam" em conceder o parcelamento do referido débito em 04 (quatro) parcelas de R$ 114,76 (cento e quatorze reais, setenta e seis centavos), devendo a primeira ser no valor de R$ 114,79 (a fim de quitar o valor total do débito).

Ante o exposto, REQUER-SE a intimação do executado, na pessoa de seu advogado, para que efetue os pagamentos (iniciando-se em 00.00.0000), SUSPENDENDO-SE o feito até final e total quitação do débito, observando-se que nova inadimplência implica e vencimento antecipado das prestações não pagas e IMEDIATA decretação de sua prisão civil.

Termos em que,
Pede deferimento.

Mogi das Cruzes, 00 de fevereiro de 0000.

Gediel Claudino de Araujo Júnior
OAB/SP 000.000

10.83 PETIÇÃO OFERECENDO RÉPLICA EM RAZÃO DE JUSTIFICATIVAS EM EXECUÇÃO DE ALIMENTOS, COM PEDIDO DE PRISÃO CIVIL

Excelentíssimo Senhor Doutor Juiz de Direito da 3ª Vara Cível do Foro de Mogi das Cruzes, São Paulo.

Processo nº 0000000-00.0000.0.00.0000

Cumprimento de Obrigação de Prestar Alimentos (execução de alimentos)

L. F. G., representada por sua genitora A. P. M. G. M., já qualificada, por seu Advogado, que esta subscreve (mandato incluso), com escritório na Rua Francisco Martins, nº 00, Centro, cidade de Mogi das Cruzes-SP, CEP 00000-000, *onde recebe intimações* (e-mail: gediel@gsa.com.br), nos autos do processo que move em face de **M. A. M.**, vem à presença de Vossa Excelência manifestar-se *"em réplica"* à justificativas do executado, fls. 00/00, conforme as seguintes razões:

1. As justificativas do executado, fls. 18/25, devem ser afastadas.

2. Primeiro, há que se impugnar o suposto pagamento parcial de fls. 00, visto que o recibo juntado não foi firmado pela guardiã dos credores; razão pela qual não se reconhece o referido pagamento.

3. No mais, se o executado tem problemas financeiros, imagine-se a sua filha que não pode sequer contar com o seu apoio.

4. O pedido de parcelamento não interessa, não só pelo fato de não abranger todo o débito, mas pelo fato de não ser acompanhado de comprovante de pagamento "pontual" da pensão vincenda (agosto).

5. Para registro, observe-se que o débito atual é de **R$ 801,92 (oitocentos e um reais, noventa e dois centavos)**, conforme demonstram cálculos anexos, elaborados de acordo com tabela prática do TJSP.

Ante o exposto, considerando que a inadimplência permanece e que a proposta de parcelamento não atende aos interesses da credora, REQUER-SE seja decretada a prisão civil do executado, conforme permissivo do art. 528, § 3º, do CPC.

Termos em que,
Pede deferimento.

Mogi das Cruzes, 00 de agosto de 0000.

Gediel Claudino de Araujo Júnior
OAB/SP 000.000

10.84 PETIÇÃO REQUERENDO A CITAÇÃO POR EDITAL DO RÉU APÓS DILIGÊNCIAS NEGATIVAS

Excelentíssimo Senhor Doutor Juiz de Direito da 1ª Vara da Família e Sucessões do Foro de Mogi das Cruzes, São Paulo.

Processo nº 0000000-00.0000.0.00.0000
Ação de Divórcio

P. K. R., já qualificada, por seu Advogado, que esta subscreve (mandato incluso), com escritório na Rua Francisco Martins, n**o** 00, Centro, cidade de Mogi das Cruzes-SP, CEP 00000-000, *onde recebe intimações* (*e-mail*: gediel@gsa.com.br), nos autos do processo que move em face de **R. L.**, vem à presença de Vossa Excelência, considerando que o réu encontra-se em lugar incerto ou não sabido, restando infrutíferas todas as tentativas de sua citação pessoal, fls. 00/00, REQUERER determine este douto Juízo a sua citação por edital.

Após o decurso do prazo do edital, requer-se nova vista.

Termos em que
r. deferimento.

Mogi das Cruzes, 00 de agosto de 0000.

Gediel Claudino de Araujo Júnior
OAB/SP 000.000

10.85 PETIÇÃO REQUERENDO A CONVERSÃO DE DIVÓRCIO LITIGIOSO EM "DIVÓRCIO CONSENSUAL"

Excelentíssimo Senhor Doutor Juiz de Direito da 3ª Vara Cível do Foro de Mogi das Cruzes, São Paulo.

Processo nº 0000000-00.0000.0.00.0000
Ação de Divórcio

C. de S. V. R., já qualificada, por seu Advogado, que esta subscreve (mandato incluso), com escritório na Rua Francisco Martins, nº 00, Centro, cidade de Mogi das Cruzes-SP, CEP 00000-000, *onde recebe intimações* (e-mail: gediel@gsa.com.br), nos autos do processo que move em face de **M. S. de P.**, já qualificado, vem à presença de Vossa Excelência requerer a conversão do divórcio litigioso em consensual, observando-se o seguinte acordo:

1. que as partes mantêm o seu nome, visto que não houve alteração quando do casamento;

2. os requerentes dispensam reciprocamente pensão alimentícia, visto que possuem meios próprios de subsistência;

3. que o filho menor do casal, K. G. R. de P., ficará sob a guarda da mãe, podendo o genitor visitá-lo em domingos alternados (podendo ser também no sábado, mediante combinação prévia), podendo retirar a criança às 9h00 e devendo devolvê-lo até 16h00; após o menor completar 03 anos de idade, as visitas passarão a ser em finais de semanas alternados, podendo o genitor retirá-lo às 9h00 do sábado e devendo devolvê-lo até às 18h00 do domingo; nas festas de final de ano, o menor ficará de forma alternada com os pais, sendo que este ano será Natal com a mãe e Ano Novo com o pai; nas férias de janeiro de julho, o genitor poderá ter o menor nas duas primeiras semanas;

4. que o requerente M. contribuirá para o sustento da menor A. com pensão alimentícia no valor de 33% (trinta e três por cento) dos seus rendimentos líquidos, incluindo-se férias, indenização de férias, 13º salário e verbas rescisórias, quando empregado, mediante desconto em folha de pagamento; no caso de desemprego, ou trabalho sem vínculo, a pensão será de ½ (meio) salário mínimo, com vencimento para todo dia 10 (dez) de cada mês.

Em qualquer dos casos, a pensão deverá ser depositada na conta que a Sra. C. mantém junto à Caixa Econômica Federal, agência 000, conta 00-0000-0;

5. não foram adquiridos bens imóveis durante o casamento, sendo que os bens móveis que guarneciam o lar conjugal foram amigavelmente partilhados.

Ante o exposto, requerem a homologação do presente acordo e a decretação do divórcio, expedindo-se o competente mandado.

O requerente "M" requer, ademais, os benefícios da justiça gratuita, vez que se declara pobre no sentido jurídico do termo.

Termos em que
p. deferimento.

Mogi das Cruzes, 00 de junho de 0000.

Gediel Claudino de Araujo Júnior
OAB/SP 000.000

10.86 PETIÇÃO REQUERENDO A DESISTÊNCIA DE AÇÃO DE EXECUÇÃO DE ALIMENTOS

Excelentíssimo Senhor Doutor Juiz de Direito da 3ª Vara Cível do Foro de Mogi das Cruzes, São Paulo.

Processo nº 0000000-00.0000.0.00.0000
Ação de Execução de Alimentos

L. R. C. S. e/o, representados por sua genitora *C. A. de C.*, já qualificada, por seu Advogado, que esta subscreve (mandato incluso), com escritório na Rua Francisco Martins, nº 00, Centro, cidade de Mogi das Cruzes-SP, CEP 00000-000, *onde recebe intimações* (e-mail: gediel@gsa.com.br), nos autos do processo que move em face de **R. S. S.**, vem à presença de Vossa Excelência **requerer** a "desistência" da presente execução, vez que a Sra. "C", genitora e guardiã dos credores, voltou a viver em união estável com o executado. Destarte, requer-se a extinção do presente feito (art. 924, IV, CPC).

Termos em que
r. deferimento.

Mogi das Cruzes, 00 de novembro de 0000.

Gediel Claudino de Araujo Júnior
OAB/SP 000.000

10.87 PETIÇÃO REQUERENDO A EXECUÇÃO DE ACORDO DE VISITAS FEITO EM DIVÓRCIO, VISTO QUE A GUARDIÃ NÃO VEM PERMITINDO AS VISITAS DO GENITOR

Excelentíssimo Senhor Doutor Juiz de Direito da 3ª Vara Cível do Foro de Mogi das Cruzes, São Paulo.

Processo nº 0000000-00.0000.0.00.0000
Ação de Divórcio

    E. B. de A., brasileiro, casado, desempregado, portador do RG 00.000.000-SSP/SP e do CPF 000.000.000-00, sem endereço eletrônico, residente e domiciliado na Rua Pedro Paulo dos Santos, nº 00, Jundiapeba, cidade de Mogi das Cruzes-SP, CEP 00000-000, por seu Advogado, que esta subscreve (mandato incluso), com escritório na Rua Francisco Martins, nº 00, Centro, cidade de Mogi das Cruzes-SP, *onde recebe intimações* (e-mail: gediel@gsa.com.br), nos autos do processo que moveu conjuntamente com **G. K. D. de A.**, vem à presença de Vossa Excelência "informar" e, ao final, requerer:

    1. Em acordo homologado por este douto Juízo, as partes estabeleceram que o genitor poderia visitar sua filha *J. V. D. de A.*, nascida em 00.00.0000 (hoje com sete anos), em domingos alternados, podendo retirá-la da casa materna às 8h00 e devendo devolvê-la até às 18h.

    2. Desde o início, a guardiã dificultou o exercício do direito de visitas do genitor, sempre procurando uma razão para não permitir que ele levasse a criança.

    3. Com o tempo a situação só piorou; por fim, a guardiã se mudou sem informar seu destino para o pai, que teve muita dificuldade para finalmente localizá-la.

    4. Hodiernamente, a guardiã não inventa mais desculpas; ela simplesmente NÃO PERMITE que o genitor visite a sua filha, não obstante este cumpra fielmente suas obrigações financeiras.

    5. Tal atitude não afronta somente os direitos do requerente, mas principalmente o direito da menor J., que se vê injustamente privada de ter contato com o genitor e com seus familiares paternos.

    6. Inconformado e desesperado, o requerente busca a tutela jurisdicional.

    Ante o exposto, requer-se:

    a) o desarquivamento do feito e os benefícios da justiça gratuita, vez que se declara pobre no sentido jurídico do termo, conforme declaração anexa;

    b) a intimação pessoal da guardiã, Sra. G. K. D. B. (nome de solteira, que voltou a usar), residente na Avenida Miguel Gemma, Conjunto Toyama, Bloco 00, apartamento 00-B, Mogi das Cruzes-SP, para que não só permita a visita do genitor nos termos acordados, mas tenha a menor preparada para tanto (*física – arrumada/emocionalmente, esclarecendo a criança que é o domingo do papai*), sob pena de responder pelo crime de DESOBEDIÊNCIA e multa diária no valor de ½ (meio) salário mínimo.

   Termos em que
   p. deferimento.

Mogi das Cruzes, 00 de março de 0000.

Gediel Claudino de Araujo Júnior
OAB/SP 000.000

10.88 PETIÇÃO REQUERENDO A EXPEDIÇÃO DE "CARTA DE SENTENÇA" EM AÇÃO DE ALIMENTOS

Excelentíssimo Senhor Doutor Juiz de Direito da 3ª Vara Cível do Foro Distrital de Brás Cubas, Comarca de Mogi das Cruzes, São Paulo.

Processo nº 0000000-00.0000.0.00.0000
Ação de Alimentos

   V. F. da S., representada por sua genitora *É. C. C.*, já qualificada, por seu Advogado, que esta subscreve (mandato incluso), com escritório na Rua Francisco Martins, nº 00, Centro, cidade de Mogi das Cruzes-SP, CEP 00000-000, *onde recebe intimações* (e-mail: gediel@gsa.com.br), nos autos do processo que moveu em face de **F. A. da S.**, vem à presença de Vossa Excelência requerer a expedição de *"carta de sentença"*, com escopo de possibilitar o ajuizamento de ação de execução em outro foro. Para tanto, requer o desarquivamento dos autos e os benefícios da justiça gratuita, vez que se declara pobre no sentido jurídico do termo, conforme declaração anexa.

   Termos em que
   p. deferimento.

   Mogi das Cruzes, 00 de maio de 0000.

   Gediel Claudino de Araujo Júnior
   OAB/SP 000.000

10.89 PETIÇÃO REQUERENDO A EXPEDIÇÃO DE "CERTIDÃO DE OBJETO E PÉ" DO PROCESSO EM ANDAMENTO

Excelentíssimo Senhor Doutor Juiz de Direito da 3ª Vara Cível do Foro de Mogi das Cruzes, São Paulo.

Processo nº 0000000-00.0000.0.00.0000
Ação de Investigação de Paternidade

    M. A. da S. e/o, já qualificados, por seu Advogado, que esta subscreve (mandato incluso), com escritório na Rua Francisco Martins, nº 00, Centro, cidade de Mogi das Cruzes-SP, CEP 00000-000, *onde recebe intimações* (e-mail: gediel@gsa.com.br), nos autos do processo que movem em face de **J. F. da S. e/o**, vêm à presença de Vossa Excelência "requerer" a expedição de CERTIDÃO DE OBJETO E PÉ do presente processo, com escopo de atender exigência do INSS em processo administrativo de pedido de concessão de benefício a favor da menor M. A.

  Termos em que
  p. deferimento.

  Mogi das Cruzes, 00 de outubro de 0000.

  Gediel Claudino de Araujo Júnior
  OAB/SP 000.000

10.90 PETIÇÃO REQUERENDO A EXPEDIÇÃO DE MANDADO DE LEVANTAMENTO E A CONTINUIDADE DO PROCEDIMENTO DE CUMPRIMENTO DE OBRIGAÇÃO DE PRESTAR ALIMENTOS ("EXECUÇÃO DE ALIMENTOS")

Excelentíssimo Senhor Doutor Juiz de Direito da 3ª Vara da Família e das Sucessões do Foro de Mogi das Cruzes, São Paulo.

Processo nº 0000000-00.0000.0.00.0000
Cumprimento de Obrigação de Prestar Alimentos
Execução de Alimentos

M. H. da S. L., representado por sua genitora *J. S. da S. L.*, já qualificada, por seu Advogado que esta subscreve (mandato incluso), com escritório na Rua Francisco Martins, nº 00, Centro, Mogi das Cruzes-SP, CEP 00000-000, *onde recebe intimações* (*e-mail*: gediel@gsa.com.br), nos autos do processo que move em face de **K. H. da S. P.**, vem à presença de Vossa Excelência, em atenção ao determinado às fls. 00, declarar-se ciente do pagamento feito pelo executado nos autos (depósito judicial), requerendo determine este douto juízo a expedição do competente mandado de levantamento. Considerando, no mais, que o referido pagamento não quita totalmente o débito cobrado nestes autos, visto que não inclui os meses de dezembro de 0000 e janeiro de 0000, REQUER-SE nova intimação do executado, na pessoa do seu advogado, fls. 00, para que efetue pagamento complementar no valor de R$ 925,41 (novecentos e vinte e cinco reais, quarenta e um centavos), conforme cálculos anexos, sob pena de ser decretada a sua prisão civil (art. 528, § 1º, CPC).

Termos em que
r. deferimento.

Mogi das Cruzes, 00 de fevereiro de 0000.

Gediel Claudino de Araujo Júnior
OAB/SP 000.000

10.91 PETIÇÃO REQUERENDO A EXPEDIÇÃO DE OFÍCIO AO NOVO EMPREGADOR DO ALIMENTANTE

Excelentíssimo Senhor Doutor Juiz de Direito da 3ª Vara Cível do Foro de Mogi das Cruzes, São Paulo.

Processo nº 0000000-00.0000.0.00.0000
Ação de Alimentos

M. da S. R., representado por sua genitora, A. A. da S., por seu Advogado, que esta subscreve (mandato incluso), com escritório na Rua Francisco Martins, nº 00, Centro, cidade de Mogi das Cruzes-SP, CEP 00000-000, *onde recebe intimações* (e-mail: gediel@gsa.com.br), nos autos do processo que moveu em face de S. H. R., vem à presença de Vossa Excelência "informar" o nome e endereço do novo empregador do alimentante, qual seja: **BME BRASILIA, situada na Rua João Antônio Cebriam, nº 00, Chácara Bela Vista, cidade de Poá-SP, CEP 00000-000**. Destarte, "requer-se" a expedição de ofício ao referido empregador determinando que proceda com o desconto da pensão fixada nestes autos em folha de pagamento para crédito na conta que a Sra. "A" mantém junto ao Banco do Brasil S.A., agência 000, conta nº 00000-0.

Para tanto, requer o desarquivamento do feito e os benefícios da justiça gratuita, vez que se declara pobre no sentido jurídico do feito conforme declaração anexa.

Termos em que
Pede deferimento.

Mogi das Cruzes, 00 de julho de 0000.

Gediel Claudino de Araujo Júnior
OAB/SP 000.000

10.92 PETIÇÃO REQUERENDO A EXPEDIÇÃO DOS OFÍCIOS DE PRAXE A FIM DE TENTAR-SE A LOCALIZAÇÃO DO EXECUTADO (EXECUÇÃO DE ALIMENTOS)

Excelentíssimo Senhor Doutor Juiz de Direito da 2ª Vara da Família e Sucessões do Foro de Mogi das Cruzes, São Paulo.

Processo nº 0000000-00.0000.0.00.0000
Cumprimento de Obrigação de Prestar Alimentos (Execução de Alimentos)

A. C. de A., representado por sua genitora S. A. A., já qualificada, por seu Advogado, que esta subscreve (mandato incluso), com escritório na Rua Francisco Martins, no 00, Centro, cidade de Mogi das Cruzes-SP, CEP 00000-000, *onde recebe intimações* (*e-mail*: gediel@gsa.com.br), nos autos do processo que move em face de **M. L. C. de A.**, vem à presença de Vossa Excelência requerer, considerando que o executado se encontra em lugar incerto ou não sabido, fls. 00, acesse este douto Juízo o cadastro dele junto à Receita Federal, assim como os sistemas BACENJUD, INFOJUD e SIEL, tudo a fim de obterem-se eventuais endereços cadastrados do procurado. Requer-se, ainda, a expedição de ofício ao Instituto de Identificação Ricardo Gumbleton Daunt – IIRGD, da Secretária da Segurança Pública do Estado de São Paulo, assim como ao Serviço de Proteção ao Crédito – SPC, determinando que remetam a este douto juízo cópia do cadastro do procurado.

Com as respostas, requer-se nova vista.

Termos em que
r. deferimento.

Mogi das Cruzes, 00 de abril de 0000.

Gediel Claudino de Araujo Júnior
OAB/SP 000.000

10.93 PETIÇÃO REQUERENDO A EXPEDIÇÃO DOS OFÍCIOS DE PRAXE A FIM DE TENTAR-SE A LOCALIZAÇÃO DO EXECUTADO, SEM CPF NOS AUTOS (EXECUÇÃO DE ALIMENTOS)

Excelentíssimo Senhor Doutor Juiz de Direito da 2ª Vara da Família e Sucessões do Foro de Mogi das Cruzes, São Paulo.

Processo nº 0000000-00.0000.0.00.0000
Cumprimento de Obrigação de Prestar Alimentos (Execução de Alimentos)

A. C. de A., representado por sua genitora S. A. A., já qualificada, por seu Advogado, que esta subscreve (mandato incluso), com escritório na Rua Francisco Martins, n**o** 00, Centro, cidade de Mogi das Cruzes-SP, CEP 00000-000, *onde recebe intimações (e-mail:* gediel@gsa.com.br*)*, nos autos do processo que move em face de **M. L. C. de A.**, vem à presença de Vossa Excelência requerer, considerando que o executado se encontra em lugar incerto ou não sabido, fls. 00, acesse este douto Juízo o cadastro dele junto à Receita Federal, com arrimo na filiação materna, fls. 00, com escopo de obter-se não só o endereço lá cadastrado, mas principalmente o número do seu CPF (não consta nos autos); obtidos estes dados, requer-se acesse então este douto Juízo os sistemas BACENJUD, INFOJUD e SIEL, tudo a fim de obterem-se eventuais endereços cadastrados do procurado.

Com as respostas, requer-se nova vista.

Termos em que
r. deferimento.

Mogi das Cruzes, 00 de abril de 0000.

Gediel Claudino de Araujo Júnior
OAB/SP 000.000

10.94 PETIÇÃO REQUERENDO A EXTINÇÃO DE AÇÃO DE EXECUÇÃO DE ALIMENTOS EM RAZÃO DE PAGAMENTO PARCIAL E REMISSÃO DO SALDO

Excelentíssimo Senhor Doutor Juiz de Direito da 3ª Vara Cível do Foro de Mogi das Cruzes, São Paulo.

Processo nº 0000000-00.0000.0.00.0000
Ação de Execução de Alimentos

   E. A. S., representada por sua genitora *F. A. A.*, já qualificada, por seu Advogado, que esta subscreve (mandato incluso), com escritório na Rua Francisco Martins, nº 00, Centro, cidade de Mogi das Cruzes-SP, CEP 00000-000, *onde recebe intimações* (e-mail: gediel@gsa.com.br), nos autos do processo que move em face de **A. C. S.**, vem à presença de Vossa Excelência "*informar*" que o executado efetuou pagamento parcial no valor de R$ 1.500,00 (um mil, quinhentos reais); no mais, a representante da menor deseja conceder remissão, perdão, quanto ao restante do débito (até junho/0000), nada mais havendo que reclamar. Destarte, requer a extinção da presente execução (art. 924, II e III, CPC).

   Termos em que
   r. deferimento.

   Mogi das Cruzes, 00 de junho de 0000.

   Gediel Claudino de Araujo Júnior
   OAB/SP 000.000

10.95 PETIÇÃO REQUERENDO A EXTINÇÃO DE AÇÃO DE EXECUÇÃO DE ALIMENTOS EM RAZÃO DO CUMPRIMENTO DE ACORDO

Excelentíssimo Senhor Doutor Juiz de Direito da 3ª Vara Cível do Foro de Mogi das Cruzes, São Paulo.

Processo nº 0000000-00.0000.0.00.0000
Ação de Execução de Alimentos

B. L. G. de C., representada por sua genitora *K. G. D.*, já qualificada, por seu Advogado, que esta subscreve (mandato incluso), com escritório na Rua Francisco Martins, nº 00, Centro, cidade de Mogi das Cruzes-SP, CEP 00000-000, *onde recebe intimações* (e-mail: gediel@gsa.com.br), nos autos do processo que move em face de **T. M. de C.**, vem à presença de Vossa Excelência *"informar"* que o executado cumpriu com acordo feito nestes autos. Destarte, requer a extinção da presente execução (art. 924, II, CPC).

Termos em que
p. deferimento.

Mogi das Cruzes, 00 de janeiro de 0000.

Gediel Claudino de Araujo Júnior
OAB/SP 000.000

10.96 PETIÇÃO REQUERENDO A EXTINÇÃO DE PROCEDIMENTO DE CUMPRIMENTO DE OBRIGAÇÃO DE PRESTAR ALIMENTOS PELO PAGAMENTO ("EXECUÇÃO DE ALIMENTOS") – COM PEDIDO DE EXPEDIÇÃO DE MANDADO DE LEVANTAMENTO

Excelentíssimo Senhor Doutor Juiz de Direito da 3ª Vara da Família e das Sucessões do Foro de Mogi das Cruzes, São Paulo.

Processo nº 0000000-00.0000.0.00.0000
Cumprimento de Obrigação de Prestar Alimentos
Execução de Alimentos

M. H. da S. L., representado por sua genitora *J. S. da S. L.*, já qualificada, por seu Advogado que esta subscreve (mandato incluso), com escritório na Rua Francisco Martins, nº 00, Centro, Mogi das Cruzes-SP, CEP 00000-000, *onde recebe intimações* (*e-mail*: gediel@gsa.com.br), nos autos do processo que move em face de K. H. da S. P., vem à presença de Vossa Excelência, em atenção ao determinado às fls. 00, declarar-se ciente do pagamento feito pelo executado nos autos (depósito judicial). Considerando, ademais, que o referido pagamento quita todo o débito cobrado neste procedimento (até fevereiro/0000), requer-se a extinção da presente execução (art. 924, II, CPC), determinando este douto Juízo a expedição do competente "mandado de levantamento".

Termos em que
r. deferimento.

Mogi das Cruzes, 00 de fevereiro de 0000.

Gediel Claudino de Araujo Júnior
OAB/SP 000.000

10.97 PETIÇÃO REQUERENDO A EXTINÇÃO DE PROCEDIMENTO DE CUMPRIMENTO DE OBRIGAÇÃO DE PRESTAR ALIMENTOS PELO PAGAMENTO ("EXECUÇÃO DE ALIMENTOS") – COM PEDIDO DE TRANSFERÊNCIA DO VALOR DEPOSITADO JUDICIALMENTE PARA CONTA PESSOAL DA GUARDIÃ

Excelentíssimo Senhor Doutor Juiz de Direito da 3ª Vara da Família e das Sucessões do Foro de Mogi das Cruzes, São Paulo.

Processo nº 0000000-00.0000.0.00.0000
Cumprimento de Obrigação de Prestar Alimentos
Execução de Alimentos

M. H. da S. L., representado por sua genitora *J. S. da S. L.*, já qualificada, por seu Advogado que esta subscreve (mandato incluso), com escritório na Rua Francisco Martins, nº 00, Centro, Mogi das Cruzes-SP, CEP 00000-000, *onde recebe intimações* (*e-mail*: gediel@gsa.com.br), nos autos do processo que move em face de **K. H. da S. P.**, vem à presença de Vossa Excelência, em atenção ao determinado às fls. 00, declarar-se ciente do pagamento feito pelo executado nos autos (depósito judicial). Considerando, ademais, que o referido pagamento quita todo o débito cobrado neste procedimento (até fevereiro/0000), requer-se a extinção da presente execução (art. 924, II, CPC), determinando este douto Juízo, conforme permissivo do parágrafo único do art. 906 do CPC, a transferência eletrônica do valor depositado pelo devedor, fls. 00, para conta que a guardiã do exequente mantém junto ao Banco "B", agência 0000, conta 00-00000.

Termos em que
r. deferimento.

Mogi das Cruzes, 00 de fevereiro de 0000.

Gediel Claudino de Araujo Júnior
OAB/SP 000.000

10.98 PETIÇÃO REQUERENDO A HOMOLOGAÇÃO DE ACORDO EM CUMPRIMENTO DE OBRIGAÇÃO DE PRESTAR ALIMENTOS

Excelentíssimo Senhor Doutor Juiz de Direito da 4ª Vara Cível da Comarca de Mogi das Cruzes, São Paulo.

Processo nº 0000000-00.0000.0.00.0000
Cumprimento de Obrigação de Prestar Alimentos

W. E. F. P., representado por sua genitora C. F., por seu Advogado, que esta subscreve (mandato incluso), com escritório na Rua Francisco Martins, nº 00, Centro, cidade de Mogi das Cruzes-SP, CEP 00000-000, *onde recebe intimações* (e-mail: gediel@gsa.com.br), e E. P., já qualificado, neste ato representado sua mulher K. R. *de J. P.*, brasileira, casada, ajudante geral, sem endereço eletrônico, portadora do RG 00.000.000-0-SSP/SP e do CPF 000.000.000-00, residente e domiciliada Rua Itaquaquecetuba, nº 00, Vila Cléo, cidade de Mogi das Cruzes-SP, CEP 00000-000, vem à presença de Vossa Excelência informar que acordaram nos seguintes termos:

1. O executado, *que declara não ter advogado constituído*, reconhece a existência de um débito a favor de seu filho, referente a pensão alimentícia vencida no período de dezembro de 0000 até julho de 0000, no valor de R$ 5.861,34 (cinco mil, oitocentos e sessenta e um reais, trinta e quatro centavos), cujo pagamento será feito da seguinte forma: (I) R$ 3.001,34 (três mil e um reais, trinta e quatro centavos) à vista, em dinheiro, servindo esta petição de recibo de quitação; (II) R$ 2.860,00 a ser quitado em 28 (vinte e oito) parcelas de R$ 102,14 (cento e dois reais, quatorze centavos), com vencimento para todo dia 10 (dez).

A inadimplência de qualquer das parcelas, provoca o vencimento antecipado de todas.

2. Sem prejuízo do retroestipulado, o executado se compromete a manter as pensões vincendas em dia, sendo que qualquer nova inadimplência, seja quanto ao parcelamento, seja quanto às pensões vincendas, sujeitará o alimentante à **imediata decretação de sua prisão civil**, conforme permissivo do § 3º do art. 528 do CPC, bastando para tanto que a representante dos menores noticie tal fato nos autos.

3. O parcelamento e as pensões vincendas deverão ser descontados diretamente em folha de pagamento junto ao empregador do executado, qual seja: LOJAS S. MOV. E DECORAÇÕES LTDA., situada na Rua Coronel Souza Franco, nº 00, Centro, cidade de Mogi das Cruzes-SP, CEP 00000-000; para crédito na conta que a Sra. "C" mantém junto ao Banco do Brasil S.A., agência 0000, conta 00-000000-0.

Ante o exposto, estando nestes termos acordados, firmam o presente acordo, requerendo, após oitiva do ilustre representante do Ministério Público, a sua homologação, SUSPENDENDO-SE o feito até final pagamento do débito. Requer-se, ainda, a urgente expedição de **alvará de soltura, visto que o executado está preso no Primeiro DP**.

Requer-se URGENTE expedição de ofício ao empregador para que proceda com o desconto da pensão e do parcelamento.

Termos em que
p. deferimento.

Mogi das Cruzes, 00 de julho de 0000.

Gediel Claudino de Araujo Junior
OAB/SP 000.000

10.99 PETIÇÃO REQUERENDO A TRANSFERÊNCIA ELETRÔNICA DE VALOR DEPOSITADO PELO EXECUTADO E A CONTINUIDADE DO PROCEDIMENTO DE CUMPRIMENTO DE OBRIGAÇÃO DE PRESTAR ALIMENTOS ("EXECUÇÃO DE ALIMENTOS")

Excelentíssimo Senhor Doutor Juiz de Direito da 3ª Vara da Família e das Sucessões do Foro de Mogi das Cruzes, São Paulo.

Processo nº 0000000-00.0000.0.00.0000
Cumprimento de Obrigação de Prestar Alimentos
Execução de Alimentos

M. H. da S. L., representado por sua genitora *J. S. da S. L.*, já qualificada, por seu Advogado que esta subscreve (mandato incluso), com escritório na Rua Francisco Martins, nº 00, Centro, Mogi das Cruzes-SP, CEP 00000-000, *onde recebe intimações* (*e-mail*: gediel@gsa.com.br), nos autos do processo que move em face de **K. H. da S. P.**, vem à presença de Vossa Excelência, em atenção ao determinado às fls. 00, declarar-se ciente do pagamento feito pelo executado nos autos (depósito judicial), requerendo determine, conforme permissivo do art. 906, parágrafo único, este douto juízo a transferência eletrônica do referido valor para conta que a representante do menor mantém junto ao Banco "B", agência 0000, conta 00-00000. Considerando, no mais, que o referido pagamento não quita totalmente o débito cobrado nestes autos, visto que não inclui os meses de dezembro de 0000 e janeiro de 0000, REQUER-SE nova intimação do executado, na pessoa do seu advogado, fls. 00, para que efetue pagamento complementar no valor de R$ 925,41 (novecentos e vinte e cinco reais, quarenta e um centavos), conforme cálculos anexos, sob pena de ser decretada a sua prisão civil (art. 528, § 1º, CPC).

Termos em que
r. deferimento.

Mogi das Cruzes, 00 de fevereiro de 0000.

Gediel Claudino de Araujo Júnior
OAB/SP 000.000

10.100 PETIÇÃO REQUERENDO DILIGÊNCIAS EM ENDEREÇOS OBTIDOS PELA EXPEDIÇÃO DOS OFÍCIOS DE PRAXE (PROCURA PELO EXECUTADO)

Excelentíssimo Senhor Doutor Juiz de Direito da 1ª Vara da Família e Sucessões do Foro de Mogi das Cruzes, São Paulo.

Processo nº 0000000-00.0000.0.00.0000
Cumprimento de Obrigação de Prestar Alimentos (Execução de Alimentos)

A. C. de A., representado por sua genitora S. A. A., já qualificada, por seu Advogado, que esta subscreve (mandato incluso), com escritório na Rua Francisco Martins, nº 00, Centro, cidade de Mogi das Cruzes-SP, CEP 00000-000, *onde recebe intimações* (*e-mail*: gediel@gsa.com.br), nos autos do processo que move em face de **M. L. C. de A.**, vem à presença de Vossa Excelência se declarar "ciente" das respostas de fls. 00/00. Considerando que o executado já foi procurado no endereço de fls. 00, REQUER-SE determine este douto Juízo o necessário para tentar--se a sua citação pessoal nos endereços fornecidos nos ofícios de fls. 00/00.

Termos em que
r. deferimento.

Mogi das Cruzes, 00 de maio de 0000.

Gediel Claudino de Araujo Júnior
OAB/SP 000.000

10.101 PETIÇÃO REQUERENDO JUNTADA DE CERTIDÃO DE ÓBITO E EXTINÇÃO DO FEITO DE INTERDIÇÃO

Excelentíssimo Senhor Doutor Juiz de Direito da 3ª Vara Cível do Foro de Mogi das Cruzes, São Paulo.

Processo nº 0000000-00.0000.0.00.0000
Ação de Interdição

L. B. B. de F., já qualificada, por seu Advogado, que esta subscreve (mandato incluso), com escritório na Rua Francisco Martins, nº 00, Centro, cidade de Mogi das Cruzes-SP, CEP 00000-000, *onde recebe intimações* (e-mail: gediel@gsa.com.br), nos autos do processo que move em face de **M. de S. M. B.**, vem à presença de Vossa Excelência informar que a interditanda veio falecer no último dia 00.00.0000, conforme prova certidão de óbito anexa. Destarte, requer-se a extinção do feito sem julgamento de mérito (art. 485, IV, CPC).

Termos em que
p. deferimento.

Mogi das Cruzes, 00 de junho de 0000.

Gediel Claudino de Araujo Júnior
OAB/SP 000.000

10.102 PETIÇÃO REQUERENDO JUNTADA DE PROCURAÇÃO E VISTA DOS AUTOS PARA O PREPARO DE DEFESA

Excelentíssimo Senhor Doutor Juiz de Direito da 3ª Vara Cível do Foro de Mogi das Cruzes, São Paulo.

Processo nº 0000000-00.0000.0.00.0000
Ação de Divórcio

N. R. de L., por seu Advogado, que esta subscreve (mandato incluso), com escritório na Rua Francisco Martins, nº 00, Centro, cidade de Mogi das Cruzes-SP, CEP 00000-000, *onde recebe intimações* (e-mail: gediel@gsa.com.br), nos autos do processo que lhe move **F. J. de L.**, vem à presença de Vossa Excelência requerer a juntada da procuração, anexa, e vista dos autos, fora do cartório, com escopo de que possa preparar sua resposta.

Requer, outrossim, os benefícios da justiça gratuita, vez que se declara pobre no sentido jurídico do termo, conforme declaração anexa.

Termos em que
r. deferimento.

Mogi das Cruzes, 00 de março de 0000.

Gediel Claudino de Araujo Júnior
OAB/SP 000.000

10.103 PETIÇÃO REQUERENDO O JULGAMENTO DO FEITO NO ESTADO

Excelentíssimo Senhor Doutor Juiz de Direito da 1ª Vara Cível do Foro e Comarca de Suzano, São Paulo.

Processo nº 0000000-00.0000.0.00.0000
Ação de Interdição

R. G. R., já qualificada, por seu Advogado, que esta subscreve (mandato incluso), com escritório na Rua Francisco Martins, nº 00, Centro, cidade de Mogi das Cruzes-SP, CEP 00000-000, *onde recebe intimações* (e-mail: gediel@gsa.com.br), nos autos do processo que move em face de **L. R.**, vem à presença de Vossa Excelência declarar-se ciente da **contestação** apresentada pelo ilustre Curador Especial, fls. 00/00. No mais, não havendo preliminares, **requer-se**, após oitiva do ilustre representante do Ministério Público, o julgamento do feito no Estado, observando-se que já se encontra juntado nos autos o laudo pericial, fls. 00/00, que confirma os problemas mentais do interditando, com escopo de declarar-se a sua interdição, nomeando-se a autora sua Curadora, conforme pedido na exordial.

Termos em que
p. deferimento.

Suzano, 00 de janeiro de 0000.

Gediel Claudino de Araujo Júnior
OAB/SP 000.000

10.104 PETIÇÃO REQUERENDO RECONSIDERAÇÃO DE ALIMENTOS PROVISÓRIOS FIXADOS EM AÇÃO DE ALIMENTOS MOVIDA PELOS FILHOS EM FACE DO PAI

Excelentíssimo Senhor Doutor Juiz de Direito da 3ª Vara Cível do Foro de Mogi das Cruzes, São Paulo.

Processo nº 0000000-00.0000.0.00.0000
Ação de Alimentos

E. B. de J., já qualificado, por seu Advogado, que esta subscreve (mandato incluso), com escritório na Rua Francisco Martins, nº 00, Centro, cidade de Mogi das Cruzes-SP, CEP 00000-000, *onde recebe intimações* (e-mail: gediel@gsa.com.br), nos autos do processo que lhe movem **G. M. B. e/o**, vem à presença de Vossa Excelência requerer a **reconsideração da r. decisão de fls. 00** que fixou os alimentos provisórios em 1/3 (um terço) dos rendimentos líquidos do alimentante, pelos motivos de fato e de direito que a seguir expõe:

Dos Fatos:

Os autores ajuizaram o presente pedido de alimentos asseverando, em apertada síntese, que são filhos do autor e que este tem descurado do seu dever de sustento. Diante de tal fato, requereram a fixação de alimentos provisórios nº valor de 1/3 (um terço) dos rendimentos líquidos do réu e alimentos definitivos no mesmo valor, quando empregado, e 2 (dois) salários mínimos quando desempregado.

Recebida a exordial, fls. 00, este douto Juízo fixou os provisórios em 30% (trinta por cento) dos rendimentos líquidos do alimentante, determinando a citação e expedição de ofício ao empregador.

Tendo o ofício chegado mais rápido ao empregador do que a carta precatória para citação do réu, este veio a Juízo e se deu por citado.

Estes os fatos.

Do Pedido de Reconsideração:

Douto Magistrado, maliciosamente os autores informaram a este ilustre Juízo apenas parte dos fatos, buscando induzi-lo em erro, a fim de obterem, como de fato obtiveram, INDEVIDA vantagem em face do réu.

Primeiro, os autores, por meio de sua representante legal, deixaram de informar que o alimentante é pai de outra criança, **L. R. de J.**, nascido em 00.00.0000, fruto de relacionamento anterior, a quem o réu já paga pensão alimentícia descontada em folha, conforme se vê dos documentos anexos.

Tal fato por si só é bastante para fundamentar o presente pedido de "reconsideração" dos alimentos provisórios fixados em 30% (trinta por cento) dos rendimentos líquidos do alimentante, vez que se mantida esta decisão, o réu se verá sem condições de arcar com suas despesas básicas de manutenção, fato que poderá até mesmo provocar a sua demissão no serviço.

Entretanto, não é só este fato que demanda a URGENTE revisão dos provisórios. Abandonado em São Paulo por sua mulher, mãe dos autores, o réu se viu sozinho para cumprir todos os encargos que o casal havia assumido (*v. g.*, empréstimo bancário, cartão de crédito, cheque especial – num total de quase R$ 4.000,00 – negativos), fato que já provocou, inclusive, a devolução do carro financiado que o casal possuía.

Pai extremamente amoroso, o réu, apesar das noticiadas dificuldades, ainda manteve o pagamento do plano de saúde para os filhos, mesmo abandonado pela mulher, fato que lhe traz um custo extra de cerca de R$ 250,00 (duzentos e cinquenta reais), mesmo estando impedido pela genitora de ver as crianças.

Dos Pedidos:

Ante o exposto, considerando a existência de um terceiro filho, nascido antes mesmo dos autores a quem o réu já paga pensão, bem como o fato de o réu ter arcado sozinho, até aqui, com o passivo do casal, "***requer-se***" a reconsideração da decisão que fixou os alimentos provisórios em 30% (trinta por cento) dos rendimentos líquidos, passando-se, até decisão final, para 18% (dezoito por cento) dos rendimentos líquidos do alimentante, oficiando-se com urgência para o seu empregador.

Requer, outrossim, os benefícios da justiça gratuita, vez que se declara pobre no sentido jurídico do termo, conforme declaração anexa.

Termos em que
p. deferimento.

Mogi das Cruzes, 00 de outubro de 0000.

Gediel Claudino de Araujo Júnior
OAB/SP 000.000

10.105 PETIÇÃO REQUERENDO RECONSIDERAÇÃO DE ALIMENTOS PROVISÓRIOS FIXADOS EM AÇÃO REVISIONAL DE ALIMENTOS MOVIDA PELOS FILHOS EM FACE DO PAI

Excelentíssimo Doutor Juiz de Direito da 3ª Vara do Foro Distrital de Brás Cubas, Comarca de Mogi das Cruzes, São Paulo.

Processo nº 0000000-00.0000.0.00.0000
Ação Revisional de Alimentos

A. de O. P., já qualificado, por seu Advogado, que esta subscreve (mandato incluso), com escritório na Rua Francisco Martins, nº 00, Centro, cidade de Mogi das Cruzes-SP, CEP 00000-000, *onde recebe intimações* (e-mail: gediel@gsa.com.br), nos autos do processo que lhe movem **M. H. C. P.** e/o, vem à presença de Vossa Excelência requerer ***reconsideração*** da r. decisão de fls. 00/00 que fixou os alimentos provisórios em 1/3 (um terço) dos rendimentos líquidos do alimentante, pelos motivos de fato e de direito que a seguir expõe:

Dos Fatos:

Os autores ajuizaram o presente feito, asseverando que o réu teria sofrido alterações favoráveis nas suas condições financeiras e que, portanto, estaria em condições de contribuir com um valor maior para a sua manutenção. Alegaram ainda que este, não obstante a sensível melhora que experimentara em seus ganhos, nada vinha fazendo em especial pelos seus filhos.

Informaram, outrossim, que o alimentante estaria trabalhando com vínculo empregatício, pedindo, então, fossem fixados alimentos provisórios no valor de 1/3 (um terço) dos seus rendimentos, devendo-se oficiar ao empregador para desconto em folha de pagamento.

Recebida a exordial, este douto Juízo deferiu o pedido de antecipação de tutela, fixando os alimentos provisórios em 33% (trinta e três por cento) dos rendimentos líquidos do alimentante, determinando-se que se oficiasse com urgência ao noticiado empregador. Designou, ainda, audiência de conciliação, instrução e julgamento.

Em síntese, os fatos.

Do Pedido de Reconsideração:

Douto Magistrado, maliciosamente os autores informaram a este douto Juízo apenas parte dos fatos, buscando induzi-lo a erro, a fim de obterem, como de fato obtiveram, indevida vantagem em face do alimentante.

Primeiro, o alimentante não possui apenas os autores como filhos. Após ter se separado da genitora dos autores, o réu constituiu nova família onde lhe adveio mais uma filha "K. V. de O. P.", nascida em 00.00.0000, conforme prova certidão de nascimento anexa.

Tal fato por si só é bastante para afastar a fixação da pensão alimentícia em 33% (trinta e três por cento) dos rendimentos líquidos do alimentante, vez que não se pode ignorar a existência da nova prole, não se pode favorecer apenas os autores, relegando à fome a terceira filha do alimentante.

Note-se que tal fato é há longa data de conhecimento da representante dos autores, que o omitiu na sua petição inicial, buscando, como já disse, maliciosamente induzir a erro este douto Juízo, fato que coloca em cheque as outras informações prestadas na petição inicial.

Entretanto, não é apenas este fato que está a reclamar a "reconsideração" da r. decisão deste douto Juízo. Com efeito, há longa data que o alimentante não vem contribuindo apenas com 58% (cinquenta e oito por cento) de 1 (um) salário mínimo para o sustento de seus filhos.

Pai extremamente amoroso, o réu sempre se preocupou com o bem-estar de seus filhos. Quando da separação, os autores e sua mãe ficaram morando em imóvel que pertence ao pai do alimentante, sendo que este é quem paga diretamente a seus pais os valores de conta de luz e água, vez que no local existe apenas um relógio. Em outras palavras, além do valor em dinheiro, o alimentante sempre se responsabilizou por fornecer moradia a seus filhos e, mais, pelo pagamento da conta de luz e água, valor este que por si só quase dobra o valor da pensão alimentícia.

No mais, assim que teve a sorte de conseguir emprego registrado, o réu passou imediatamente a pagar o plano de saúde para seus filhos (médico e odontológico). Note-se bem, fez isto sem estar legalmente obrigado, por amor a seus filhos.

Considerando que preferiu o plano de saúde de melhor qualidade (*classe executiva*), pensando em seus filhos, o alimentante é obrigado a desembolsar caro valor de mensalidade que chega, no total, a somar algo perto de R$ 350,00 (plano médico e odontológico).

Além de fornecer moradia, além de pagar a conta de luz e água dos filhos e de sua genitora, além de fornecer plano médico e odontológico, o alimentante vem se responsabilizando pela compra das roupas de seus filhos e do material escolar necessário.

Como se vê, **douto Magistrado**, ao contrário do que fizeram crer os autores na exordial, o alimentante tem se mostrado um pai responsável e extremamente preocupado com o bem-estar de seus filhos. Encontra-se na verdade já longamente comprometido com obrigações a favor dos menores que envolvem despesas que não poderá deixar de fazer de imediato, fato que torna extremamente danosa a decisão judicial que fixou os alimentos provisórios em 1/3 (um terço de seus rendimentos líquidos), vez que este continuará com as obrigações e não terá os recursos para cobri-las.

No caso de a representante dos menores preferir fazer ela própria os pagamentos (roupas, cadernos, moradia, luz e água, plano médico e odontológico etc.), será necessário um período de transição, permitindo-se que o alimentante quite o que há pendente e tome as providências necessárias quanto ao mais (cancelamento dos planos de saúde, que é sua obrigação, instalação de relógio individual quanto a luz e água, retomada do imóvel etc.).

Não fossem bastantes as razões já lançadas, a demandar a "reconsideração" da r. decisão que fixou os alimentos provisórios em 1/3 (um terço) dos rendimentos líquidos do alimentante, há que se considerar que o réu encontra-se passando por sérias dificuldades financeiras, estando obrigado a pagar aluguel (*porque deixou os autores no imóvel que seria seu por direito*), entre outras muitas despesas, conforme se vê do extrato de sua conta corrente anexo.

Dos Pedidos:

Ante o exposto, considerando a existência de um terceiro filho, considerando que o alimentante já vem pagando, além do fixado judicialmente, as contas de luz, água e plano de saúde e odontológico, e se responsabilizando por fornecer moradia, "***requer-se reconsideração da r. decisão***" que fixou os alimentos provisórios em 33% (trinta e três por cento) passando-se, até decisão final a ser proferida em sentença, para 15% (quinze por cento) dos rendimentos líquidos do alimentante, oficiando-se com urgência ao seu empregador.

Requer, outrossim, os benefícios da justiça gratuita, vez que se declara pobre no sentido jurídico do termo, conforme declaração anexa.

Termos em que
p. deferimento.

Mogi das Cruzes, 00 de junho de 0000.

Gediel Claudino de Araujo Júnior
OAB/SP 000.000

Bibliografia

ARAUJO, Gediel C. Jr. *Prática no Processo Civil*. 21. ed. São Paulo: Atlas, 2017.

BARBOSA, José Carlos. *O Novo Processo Civil Brasileiro*. 29. ed. Rio de Janeiro: Forense, 2016.

CABRAL, Antônio do Passo; CRAMER, Ronaldo. *Comentários ao Novo Código de Processo Civil*. 2. ed. Rio de Janeiro: Forense, 2015.

CÂMARA, Alexandre Freitas. *O Novo Processo Civil Brasileiro*. 3. ed. São Paulo: Atlas, 2017.

DONIZETTI, Elpídio. *Curso Didático de Direito Processual Civil*. 19. ed. São Paulo: Atlas, 2016.

DONIZETTI, Elpídio. *Novo Código de Processo Civil Comentado*. 19. ed. São Paulo: Atlas, 2015.

FUX, Luiz. *Teoria Geral do Processo Civil*. 2. ed. Rio de Janeiro: Forense, 2016.

HARTMANN, Rodolfo Kronemberg. *Curso Completo do Novo Processo Civil*. 4. ed. Rio de Janeiro: Impetus, 2016.

LOURENÇO, Haroldo. *Processo Civil Sistematizado*. 3. ed. Rio de Janeiro: Método, 2017.

MARINONI, Luiz Guilherme; ARENHART, Sérgio Cruz; MITIDIERO, Daniel. *Novo Código de Processo Civil Comentado*. 3. ed. São Paulo: RT, 2017.

MEDINA, José Miguel Garcia. *Novo Código de Processo Civil Comentado*. 5. ed. São Paulo: RT, 2017.

MONTENEGRO, Misael Filho. *Processo Civil Sintetizado.* 14. ed. Rio de Janeiro: Método, 2017.

NEGRÃO, Theotonio; GOUVÊA, José Roberto F.; BONDIOLI, José Guilherme A.; FONSECA, João Francisco N. da. *Código de processo civil e legislação processual em vigor.* 48. ed. São Paulo: Saraiva, 2017.

NERY JÚNIOR, Nelson; NERY, Rosa Maria de Andrade. *Comentários ao Código de Processo Civil.* São Paulo: RT, 2015.

THEODORO JÚNIOR, Humberto. *Curso de direito processual civil.* 50. ed. Rio de Janeiro: Forense, 2016. 1, 2 e 3 v.

THEODORO JÚNIOR, Humberto. *Novo Código de Processo Civil Anotado.* 20. ed. Rio de Janeiro: Forense, 2016.

WAMBIER, Teresa Arruda Alvim; CONCEIÇÃO, Maria Lúcia Lins; RIBEIRO, Leonardo Ferres da Silva; MELLO, Rogerio Licastro Torres. *Primeiros Comentários ao Novo Código de Processo Civil Artigo por Artigo.* São Paulo: RT, 2015.